| 国家教材建设重点研究基地（职业教育教材建设和管理政策）成果 |

帕尔格雷夫教材研究手册

［德］埃克哈特·福克斯（Eckhardt Fuchs）
安娜卡特琳·博克（Annekatrin Bock）编

徐国庆等 译

THE PALGRAVE HANDBOOK OF TEXTBOOK STUDIES

华东师范大学出版社
·上海·

图书在版编目(CIP)数据

帕尔格雷夫教材研究手册/(德)埃克哈特·福克斯,(德)安娜卡特琳·博克编;徐国庆等译.—上海:华东师范大学出版社,2022
ISBN 978-7-5760-1772-4

Ⅰ.①帕… Ⅱ.①埃… ②安… ③徐… Ⅲ.①经济学—教材—研究—手册 Ⅳ.①F0-43

中国版本图书馆 CIP 数据核字(2022)第 011647 号

帕尔格雷夫教材研究手册

编　者　[德]埃克哈特·福克斯(Eckhardt Fuchs)
　　　　[德]安娜卡特琳·博克(Annekatrin Bock)
译　者　徐国庆等
责任编辑　李　琴
特约审读　王冰如
责任校对　时东明　王丽平
装帧设计　俞　越

出版发行　华东师范大学出版社
社　　址　上海市中山北路 3663 号　邮编 200062
网　　址　www.ecnupress.com.cn
电　　话　021-60821666　行政传真 021-62572105
客服电话　021-62865537　门市(邮购)电话 021-62869887
地　　址　上海市中山北路 3663 号华东师范大学校内先锋路口
网　　店　http://hdsdcbs.tmall.com

印 刷 者　浙江临安曙光印务有限公司
开　　本　787×1092　16 开
印　　张　25
字　　数　497 千字
版　　次　2022 年 3 月第 1 版
印　　次　2022 年 3 月第 1 次
书　　号　ISBN 978-7-5760-1772-4
定　　价　98.00 元

出版人　王　焰

(如发现本版图书有印订质量问题,请寄回本社客服中心调换或电话 021-62865537 联系)

序

养其根　俟其实

从上小学学教材开始,到在大学工作教教材、编写教材,再到在教育部负责教材工作,我和教材的"缘分"迄今已近50年。可能是缘于管理者和曾经的研究者身份,我对"教材研究"四个字很敏感,也很感兴趣。华东师范大学徐国庆教授组织翻译《帕尔格雷夫教材研究手册》(以下简称《手册》)期间曾联系我,问能否为中文版写个序。说实在的,我是不太具备写序资格的,因为关于教材研究做得比较少,但最后还是答应了徐国庆教授的邀请,可能是专业情感使然。拿到书稿后,通篇阅读了一遍,不仅专业方面收获丰硕,更重要的是德国人对教材研究这件事的态度和做法,使我感慨颇多。

一直以来,我们国家十分重视教材工作。新中国建立之初,百废待兴,普及教育,扫除文盲,提高国民受教育水平成为当务之急。为此,毛泽东主席指示要调集全国力量编写教材,并为人民教育出版社题写社名。改革开放之初,在国家外汇非常紧张的情况下,邓小平同志指示安排专款购买国外教材,供学习借鉴之用,并为课程教材研究所题名。十八大以来,党中央、国务院高度重视教材工作,成立国家教材委员会。习近平总书记强调教材是国家事权,必须坚持马克思主义的指导地位,体现马克思主义中国化要求,体现中国和中华民族风格,体现党和国家对教育的基本要求,体现国家和民族的基本价值观,体现人类文化的知识积累和创新成果,指明了教材建设的指导思想和总体要求,为做好新时代教材建设提供了基本遵循。

经过70年的建设和发展,我国教材工作取得了显著成绩,教材品种从少到多,从残缺不全到体系基本成型,涌现出了一批高质量的教材,为提高我国教育的整体质量发挥了基础性和支撑性作用。但我们也应看到,我国目前的教材体系还不尽完善,教材质量还不能很好满足从教育大国走向教育强国的需要,教材形态应对网络新媒体迅速普及带来的挑战还准备不足。同时,现有教材还存在这样那样需要不断改进之处,如有的教材思想性不够,育人立意不高,如同写文章主题不鲜明,少了灵魂;再如,有的教材可读性不强,吸引力不够;还有的教材内容脱离学生生活实际,枯燥难学,等等。要有效解决上述问题,主动应对新挑战,加强教材研究是根本。

长期以来,我国的教材研究虽然未曾间断,但从总体上看还存在一些需要改进的问题,主要表现在以下几点:一是认识上摆位不正,认为教材没什么可研究的,既没有"教材学"或"教材论",也没有专项资金支持。二是现有教材研究基本上是处于自发、零散的状态,缺乏系统规划。三是形成的研究成果精品不多,对教材建设的指导和影响不显著。四是研究的方法和技术手段比较单一。与《手册》介绍的情况相比,我们在这方面的工作是有明显差距的。德国早已有专门研究机构,有一批专家在从事专门的教材研究,而且研究成果丰硕:既有关于教材本体论的基础理论探讨,回答教材是什么的根本问题;也有关于研究方法的评价分析,回答教材研究如何做的问题;还有围绕内容涉及的主题、教材使用等具体方面研究成果和结论的介绍,回答如何解决教材相关的具体实践问题。这些内容对我们的教材研究工作具有很大的借鉴意义,相信会给我们开展教材研究带来很多有益的启发。在此谨代表广大读者、有志于教材研究者对徐国庆教授的翻译团队表示感谢。根据《手册》介绍的内容,结合我国教材建设要求和发展趋势,我对教材研究有以下几点思考,陈述如下,供大家参考。

首先,要把准培养时代新人的教材研究方向。《手册》第一编涉及关于教材是什么的内容,这个问题的答案似乎很明确,其实不然。《手册》第一章就开宗明义地说,教材的内容、设计和教育目的与目标一直在随着时间的推移而变化,因此,教材是什么的答案是需要不断研究的。当前,中国特色社会主义已经进入新时代,社会主要矛盾发生变化,科技创新、产业升级步伐加快,国家参与全球治理的力度进一步加大。十八大明确提出立德树人是新时代教育的根本任务,要培养德智体美劳全面发展的时代新人。教材是国家意志的集中体现,是教育教学育人活动的直接载体。如何发挥教材独特的育人功能,把党对新时代教育的新要求有机地落实在教材中,这是当前和今后教材研究必须考虑的问题。要回答这一根本问题,还要不断细化、具体化相关研究课题。例如,如何既旗帜鲜明,又润物细无声,把社会主义核心价值观系统地融入各级各类教材?再如,我们强调要给下一代打好中国底色,注入红色基因,必须加强中华优秀传统文化和革命传统教育,那么相关学习要求和学习内容如何进教材,具体进什么、进多少、进到哪?还有,信息技术快速发展,网络普及,新形态教材应该是什么样?诸如此类。我们既要登高望远,把握育人新要求,又要脚踏实地解决具体问题,完善教材功能。《手册》中介绍了大量专题研究,如价值观、种族、性别、战争等等,这些研究聚焦的主题实质上反映的是教材思想性问题,对我们开展此类研究是有借鉴意义的。教材研究的关键是选好题,只有把准方向,厘清要求,才能确保教材研究的意义和价值。

其次,要有"持久战"的思想准备和设计。育人是一个长周期的系统工程,教材使用伴随学生学习全程。学生在成长,教育在发展,对教材的研究不可能一蹴而就,"成功不必在我,而功力必不唐捐"应该成为研究者的基本心态。众所周知,不同学段的具体教育目标不尽相同,学生身心发展特征也不一样。教材不仅要落实育人要求,还应符合学生成长规律,同时也要遵循学科知识的逻辑演进体系。由此可见,教材研究需要系统设计。《手册》中提到的历时性研究与共时性研究设计非常值得重视。通过对变化过程的历时性考察,把握教材内容、设计及教育目标随经济、社会、科技发展所呈现的变化规律和趋势;通过对同一时期、同一地区、同一教材中同样内容(或概念、主题)不同表述的横向比较,了解"情境中的教材",认识处理具体问题的立场和方式。把历时性和共时性研究结合起来设计和规划教材研究应该成为我们努力的方向。发展心理学中采用的一种名为"聚合交叉设计"的研究方法就是把这两种研究设计结合起来的样板。这种综合设计,一方面对不同年龄段的人在特定研究变量上进行测量,开展共时性比较,了解组间差异;另一方面对这些人进行纵向追踪,定期进行再次测量,考察发展变化过程。与此同时,每次追踪都增加一组新的研究对象,新增研究对象与第一次研究取样年龄结构相同,以便分析比较不同时期同龄研究对象的异同,厘清社会历史变化因素的作用。最典型的研究案例就是"西雅图追踪研究",从1956年开始到1991年最后一次施测,前后持续35年,获得了大量有重要意义的结果。今天我们面临的许多教材问题单靠一种研究设计是无法很好解决的。例如教材难度,这是个相对概念,与学生学习准备度、认知发展水平、教师对教材理解把握程度、讲授方式等诸多因素密切相关,如何判定教材所选内容、结构体例、呈现方式等是适宜的?要科学地回答诸如此类的问题,必须借助综合性研究设计,兼顾历时性和共时性分析。

  第三,要不断丰富优化研究方法和手段。教材研究看似一个比较单一的研究领域,其实不然。无论是从教材涉及的种类、数量、内容,还是人群、年龄跨度,抑或是相关的各种因素,以及这些变量的交互作用,所构成的研究问题不仅会数量庞大,而且因应采取的研究方法与手段也必然是多样的。《手册》所提及的内容分析、视觉资料分析、话语分析、历史比较、叙事访谈、参与式观察等都是开展教材研究可用的方法。除了这些常见的定性分析为主的研究方法外,也可以运用实验法、测量法等定量研究方法。教材首先具有"质"的规定性,如教材体现国家、政党、阶级的意志,在育人功能方面有其目的指向性,与这些属性有关的研究,理所当然定性的研究方法是必要的。同时,教材也蕴含"量"的规定性,如深度、广度、适宜度等"度"的客观描述则需要定量研究的方法。质的规定性与量的规定性是密不可分的,因此,教材研究要注重综合运用多种方法,要注重运用信息技术改进和完善测量、记录的手段。当然,具体采用什么研究方法要视具体研究课题而定。

  正如《手册》中提到的,教材是情境中的教材,教材建设与管理受制于诸多因素。但读完《手册》我形成的最重要的认识就是,"教材研究"是众多影响因素中最为根本的,高质量的研究一定能催生高质量的教材。"养其根而俟其实,加其膏而希其光",希望每位教材研究者都能成为真正的教材建设的"养根"者和"加膏"者。

  是为序。

申继亮

2020年3月9日于教育部

前　言

对教材的重视和研究在我国进入了一个全新阶段。教材是教学实施的主要工具，是师生展开教与学活动的基本蓝本。教材质量对教学质量的影响非常大，没有高质量教材，教学质量难以得到全面、大幅度提升。教材又是科学性要求极强的教学工具，提高教材质量，需要加强对教材的理论研究。然而，教材理论研究在我国尚处于起步阶段，为了快速提升教材研究的学术意识，我们翻译了这部著作。

《帕尔格雷夫教材研究手册》并非工具手册，而是一本详尽综述多国教材研究的学术著作。主编埃克哈特·福克斯，现任格奥尔格·埃克尔特研究所—莱布尼兹国际教材研究所所长。福克斯主编该部著作的目的，是希望使教材研究成为一门独立学科。这部著作综述的研究成果涉及教育学、政治经济学、社会学、文化、历史、心理学、传播学等多个视角，由多位作者集思广益而成。其内容丰富，对译者来说也极具挑战。通过对如此广泛、多视角研究成果的综述，虽然尚不能说教材学已经形成，但至少为深化教材的学术研究提供了非常好的基础。这部著作翻译期间，翻译团队到德国布伦瑞克拜访了福克斯。在谈到教材学是否已成熟这一问题时，福克斯还是完全没有信心，因为现有作者仍然分散在不同学科，还没有形成一支独立的研究队伍。

决定翻译这本著作之初，我们成立了一支翻译队伍，由华东师范大学职业技术教育学科的老师和博士生们组成，研究所所长徐国庆教授担任主译。翻译团队于2019年暑假期间按照分工开始各章翻译，同年9月底完成各自初稿。因普遍反映翻译难度较大，其间我们组织了两次讨论会，集中讨论翻译中的难点和技术问题。之后，我们在将第一稿交至出版社前，请范竹君通读译稿，请郑杰校译全稿并对问题较多的一些章节做了重新翻译，对博士生们负责的章节也给予了一对一的翻译指正。如此，译稿的第一稿交至出版社已是2020年2月29日了。此后近两年的时间里，我们一直处于跟出版社编审的二校、三校完善译稿当中。

这是一本学术著作，作为译者我们希望尽可能地保证术语的准确性和内容的完整性。然而，从语言学角度来讲，从源语到目的语的转换过程中出现缺失现象在所难免。引发翻译中缺失的原因有多种，社会情境、生活经验的差异，文化、风俗、习惯的迥异，政治、宗教信仰及世界观价值观的不同，都影响着译者的翻译。本书原版共30章，翻译版27章。本书中涉及的宗教、殖民主义等研究反映的是对世界各地教材研究结果的呈现，并非代表译者观点。

本书各章的译者如下：第1至4章徐国庆，第5至8章蔡金芳、郑杰，第9、10章范竹君，第11、12章石伟平、李鹏，第13章石伟平、李小文，第14、15章周英文，第16、19、22章郑杰，第17、18章吕玉曼，第20、21章付雪凌，第23、27章宾恩林，第24至26章李政。《致谢》和《索引》由郑杰翻译，《作者简介》由李小文翻译。因《手册》研究内容跨度较大，译者的语言功底和专业知识受到极大考验，诸位译者亦在翻译过程中付出了相当多的时间和精力。此外，范竹君在统稿过程中做了大量的辅助及出版沟通工作。本书各章最后由郑杰统校。华东师范大学出版社资深审校编辑也为整本书的翻译提供了宝贵的反馈意见。

最后，我们必须指出，本书的作者毕竟是西方研究教材的学者，书中的立场观点和方法或有不适合于我国之处，望读者能以批判的视角明鉴。译者水平有限，书中疏错之处难免，望著译界、读者对我们的译作给予批评、建议。

徐国庆

2021年12月25日

《帕尔格雷夫教材研究手册》致谢

译者　郑杰

这本《手册》的理念源于格奥尔格·埃克尔特研究所—莱布尼兹国际教材研究所（Georg Eckert Institute – Leibniz Institute for International Textbook Research，GEI）。座落于德国布伦瑞克的格奥尔格·埃克尔特研究所拥有独一无二的教材图书馆，也是世界上唯一一所借鉴历史和文化研究，系统地开展教育媒介研究的机构。凭借其深厚的专业知识、丰富的教材研究经验和学科的多样性，研究所编写此类手册似乎也是理所当然的。因其学术研究的独创性和对教育实践的贡献，格奥尔格·埃克尔特研究所不仅在德国享有盛誉，而且声名远播。一方面，研究所的学者们探索了教育媒介如何表征社会变革及描述社会本身。这方面的研究检视了教材中观念、身份建构、规范和知识的连续性及转化。另一方面，研究所的兴趣在于媒介的生产、使用和改编。在文化研究的基础上，沿着这些思路进行的经验性研究工作为教育媒介研究指明了新的路径，为该领域方法论上的多样性做出了贡献，并加强了其理论基础。这些研究探讨了以下问题：学校使用了哪些类型的媒介？某些媒介是如何被选择并用于课堂的？如何将媒介整合于学校日常之中？此外，这些研究也关注年轻人如何与特定内容互动，即年轻人如何接受、挑战和内化教材所提供的内容解读。

《手册》总结了所有关于这些问题的研究，并融合了来自世界各地备受推崇的教材学者的专业知识。这也是研究所多年来建立的国际网络的显著成果。所有作者都参与了《手册》概念上和实质性的开发，编者们非常感谢他们的付出与耐心。《手册》的主要章节由研究所人员协作完成。因此，特别感谢芭芭拉·克里斯托夫（Barbara Christophe）、费利西塔斯·麦吉克里斯（Felicitas Macgilchrist）、马库斯·奥托（Marcus Otto）和史蒂芬·萨姆勒（Steffen Sammler）。他们的专业知识在确保《手册》的成功方面发挥了巨大作用。此外，没有我们经验丰富的翻译人员耐心和建设性的支持，这本《手册》是永远无法出炉的。因此，非常感谢凯瑟琳·埃比希-伯顿（Katherine Ebisch-Burton）、温迪-安妮·科皮施（Wendy-Anne Kopisch）、索菲·珀尔（Sophie Perl）和尼古拉·沃森（Nicola Watson）为此书的工作。编者们还要感谢琳达·桑德罗克（Linda Sandrock），她为本《手册》提供了大量编辑上的帮助并整合了所有术语。

我们希望这本《手册》成功概述了当前的教材研究和未来的研究趋势，并能够引发读者们的积极共鸣。我们希望您有一个愉快的思考性的阅读之旅！

作者简介

译者　李小文

1. **彼得·巴戈里-西莫**(Péter Bagoly-Simó)是柏林洪堡大学的地理系主任、地理教育教授。他的专业经验包括对欧洲和拉丁美洲各国的K–12和高等教育的研究。他重点研究教材、学科专业知识和可持续发展教育。

2. **伊冯·贝恩克**(Yvonne Behnke)是柏林洪堡大学视觉传播专业毕业的设计师和地理教育专业的博士生。她的专业工作和科研重点是教育媒介。她的研究聚焦于(印刷和数字)教育媒介的视觉方面,如教材设计、图文关系、视觉资料(图形、照片)、教材分析以及作为视觉分析方法的眼动追踪。

3. **克里斯托夫·布拉西**(Christophe Bläsi)是德国美因茨约翰内斯古腾堡大学的图书研究教授(自2009年起)。在担任教授之前,他曾在德国各大出版社担任数字出版和战略信息管理方面的高级职位。这位计算语言学家在教育方面的主要研究领域包括学校教材和数字人文学方法在(文学)小说之外的书籍类型中的应用。

4. **安娜卡特琳·博克**(Annekatrin Bock)是德国格奥尔格·埃克尔特国际教材研究所"作为媒介的教材"部副主任,她的研究聚焦开放教育和数字媒介。她从事的研究项目涉及媒介变革、媒介使用的理论和方法以及技能和知识的获取等领域,曾在大众传媒、视觉传播、参与性观察领域发表成果。

5. **帕特里夏·布罗姆利**(Patricia Bromley)是斯坦福大学的教育学助理教授和社会学客座教授。她的研究关注了一种文化的兴起和全球化,这种文化强调在教育和组织这两个经验背景下的理性、科学的思维和广泛的权利形式。在教育领域,她专门从事跨国的、纵向的社会科学教材内容分析。她的一系列相关研究解释了诸如人权、个人机构、环境保护主义、多样性和多元文化主义等主题的兴起。

6. **彼得·卡利**(Peter Carrier)是位于布伦瑞克的格奥尔格·埃克尔特国际教材研究所的研究员。他曾在图宾根大学、巴黎第七大学、柏林大学、位于布达佩斯的中欧大学和加拿大女王大学任教。他在大屠杀纪念碑、史学、法国和德国的国家记忆等方面发表了大量著作,并正在研究在欧洲学校中传播的种族灭绝史学。

7. **琳达·奇泽姆**(Linda Chisholm)是南非约翰内斯堡大学教育学院教育权利与变革中心的教授。她发表了大量关于南非和该地区教育政策与课程的历史、当代及比较方面的著作。她的最新著作《世界之间：德国传教士与从传教到班图教育的过渡》（2017）由金山大学出版社出版。

8. 芭芭拉·克里斯托夫（Barbara Christophe）是格奥尔格·埃克尔特国际教材研究所的高级研究员和政治学家。她发表过关于民族主义、国家建设和种族冲突的文章。在教材研究领域，她开展了一些国际研究项目，关注教材对国家身份认同等特殊问题的表征。此外，她还在一系列背景下对教材叙事与教师和学生创作的叙事进行了比较。

9. 卡尔-克里斯蒂安·费（Carl-Christian Fey）是一名教育科学家，并于2011—2014年在奥格斯堡大学的研究项目"在线教育媒介"中担任重要职位。他是《奥格斯伯格光栅》(《奥格斯伯格手册》)的开发者——该手册被用于教育媒介的分析和评估，并就模拟和数字媒介/开放教育资源的评估与使用以及相关的教育政策等不同主题发表了文章。

10. 斯图尔特·福斯特（Stuart Foster）是伦敦大学学院大屠杀教育中心和第一次世界大战百年战场考察项目的执行主任。他的研究兴趣包括历史的教学、学习和评价，大屠杀教育以及国内外学校历史教材和课程的研究。他撰写了50多篇以历史的教与学为主题的学术论文和书籍章节，著有（包括合著）六本书。他最近与人合著的出版物是《开创性的国家研究：学生对大屠杀了解多少？》（大屠杀教育中心，2016）。

11. 埃克哈特·福克斯（Eckhardt Fuchs）是德国格奥尔格·埃克尔特国际教材研究所所长，以及布伦瑞克工业大学的比较教育和教育史教授。他曾在多个学术机构工作，并在多个国家担任访问教授。他的研究兴趣包括全球现代教育史、国际教育政策以及课程和教材发展。

12. 彼得·高奇（Peter Gautschi）是德国卢塞恩教师教育大学历史教育和记忆文化研究所所长，也是德国弗莱堡教师教育大学的名誉教授。他的主要研究领域包括课堂中历史的教与学、历史教材和媒介以及20世纪教学。他是多本历史教材的作者，曾获得许多奖项。

13. 西尔维·格依查德（Sylvie Guichard）是日内瓦大学的法律和政治思想高级讲师。她的博士研究主要探讨了印度历史教材争议，聚焦于国家建设、历史、学校教育和教材之间的联系。就这一主题，她出版了一本书并发表了一些文章。她正在研究印度最高法院及其在教育政策中的作用，以及与桑托什·迈赫罗特拉（Santosh Mehrotra）合作编辑一卷关于印度计划委员会的书。她还从事宗教自由史的研究和教学。

14. 托马斯·伊勒姆·汉森（Thomas Illum Hansen）是利利贝特大学学院教育和社会科学学院应用研究系主任。自2007年以来，他一直担任丹麦国家学习材料知识中心主任。他的专业领域是研究多模态教材、数字学习材料、学校发展、现象符号学以及将现象学与量化研究相结合的混合方法的研究。

15. 凯瑟琳·海恩（Kathrin Henne）是格奥尔格·埃克尔特国际教材研究所的研究员。她的研究主要集中在教育史，特别是教材研究的历史和国际/跨国化。她还曾担任过多年的教材编辑。

16. 托马斯·赫恩（Thomas Höhne）是教育科学教授，主要研究教育和形态的政治与经济条件。他的主要研究兴趣包括教育政治经济学、教育经济化、教育媒介与教材研究、知识社会中的教育机构以及批判性话语分析。

17. 托比亚斯·伊德（Tobias Ide）负责协调格奥尔格·埃克尔特国际教材研究所的"和平与冲突"研究领域，最近他在墨尔本大学担任访问研究员。他致力于和平与冲突研究、政治地理学和教材研究的交叉领域。他最近发表了两篇关于学校教材中对环境变化的描述和学生对这些内容的接受的研究。

18. 埃琳尼·卡拉伊安妮（Eleni Karayianni）是伦敦大学学院大屠杀教育中心的研究和评估助理。她曾在各种教育机构担任小学教师，并在塞浦路斯大学担任教师培训师。她的研究兴趣包括历史的教与学、历史教材研究以及历史教育在身份认同形成中的作用。

19. 乔治·科尔贝克（Georg Kolbeck）是美因茨大学的社会学博士。他对教材作为物质媒介的发展进行了质性研究。他的兴趣领域包括知识社会学、科学技术研究、物质性以及媒介理论。

20. 茱莉亚·勒奇（Julia Lerch）是加利福尼亚大学尔湾分校的社会学助理教授。她的研究重点是教育社会学和比较社会学。她近期的成果发表于《社会力量》《国际社会学》《欧洲教育杂志》和《全球化、社会与教育》等杂志。

21. 费利西塔斯·麦吉克里斯（Felicitas Macgilchrist）是位于布伦瑞克的格奥尔格·埃克尔特国际教材研究所的部门主任，也是哥廷根大学媒介研究教授。她目前的研究探索了（数字）媒介与教育的交叉点，尤其关注教育技术的社会、政治和经济内涵。

22. 伊娃·马特斯（Eva Matthes）是奥格斯堡大学教育科学和国际教材与教育媒介研究协会主席。她的研究兴趣包括教育/教育科学史和教育媒介。她是奥格斯堡大学研究项目"在线教育媒介"和"借由教育媒介的教育经济化"的领导者之一。

23. 拉尔斯·穆勒（Lars Müller）是德国布伦瑞克工业大学的讲师。他的研究兴趣是历史教育媒介和知识史，以及殖民主义史、去殖民化和发展援助。他目前的研究项目是"关于非洲的知识：1945年以来德意志联邦共和国、德意志民主共和国和英格兰教材发展的论述和实践"。

24. 英加·尼豪斯(Inga Niehaus)是德国格奥尔格·埃克尔特国际教材研究所"教材与社会"部副主任,也是该研究所国际关系/欧盟部的官员。她的工作和研究领域是多样性和教育媒介,重点关注移民、融合以及文化和宗教少数群体。英加·尼豪斯管理过各种与教育实践相关的国家级和国际级项目,尤其是与教师和教材作者培训相关的项目。

25. 马库斯·奥托(Marcus Otto)是格奥尔格·埃克尔特国际教材研究所的高级研究员、历史学家和社会学家。他出版了关于法国现代史、后殖民主义记忆政治、现代学科谱系、后结构主义和社会学理论的专著和文章。他也是在线史学杂志《身体政治》的联合编辑。

26. 托比亚斯·罗尔(Tobias Röhl)是德国锡根大学社会科学系的博士后研究员。目前,他正在参与一个关于公共交通故障的研究项目。在此之前,他研究了教育实践的社会物质性。他的研究兴趣包括教育与知识社会学、科学技术研究和质性研究方法。

27. 尤金妮娅·罗尔德·维拉(Eugenia Roldán Vera)是墨西哥城高等研究中心的教育史教授。她的研究关注了教育史中的教材史、概念史和语言史,以及历史视野下的教学模式和教育材料的国际化。她是《墨西哥教育历史》杂志的编辑。

28. 史蒂芬·萨姆勒(Steffen Sammler)是格奥尔格·埃克尔特国际教材研究所的高级研究员,也是研究工业世界发展和表征的历史学家。他在莱比锡大学教授现代和当代欧洲历史。他在该研究所的研究重点是教材生产的政治、经济和文化史。

29. 兹琳卡·什蒂马克(Zrinka Štimac)是德国格奥尔格·埃克尔特国际教材研究所的高级研究员,也是该研究所"宗教变革和社会多样性"研究领域的负责人。她曾在不同的大学执教,并在欧洲教育机构工作。她的研究兴趣包括宗教与政治、宗教多元化、跨国教育话语、国际组织和宗教教育。

30. 西蒙娜·绍卡奇(Simona Szakács)是德国格奥尔格·埃克尔特国际教材研究所的博士后研究员,她在该研究所专门从事社会学视角下教育媒介的比较教育研究。她对教育领域从欧洲化到全球文化变革和后社会主义转型的跨国进程与动态尤其感兴趣。在之前的工作中,她分析了罗马尼亚、法国和英国战后的教育模式。目前,西蒙娜在德国海外学校开展质性研究,旨在了解国际教育背后的政策和实践的跨国动态。

31. 斯蒂芬妮·兹洛克(Stephanie Zloch)是德国格奥尔格·埃克尔特国际教材研究所"1945年以来德国的移民和教育"莱布尼茨研究小组的负责人。她的研究范围是中欧和东欧(德国、波兰、捷克共和国和俄罗斯),特别关注移民史、民族主义、地区、离散和跨国空间、教育以及知识。

目 录

第 1 章　引论 /1

第一编
教材研究的历史、理论和方法 /9

第 2 章　学校教材的历史 /11

第 3 章　教材研究的历史 /20

第 4 章　教材研究的理论和方法 /55

第二编
各种情境中的教材 /69

第 5 章　教育出版商与教育出版 /71

第 6 章　教材作者、作者身份与作者功能 /89

第 7 章　教材与教育 /96

第 8 章　教育媒介、再生产与技术：走向教育媒介的批判政治经济学 /108

第 9 章　在人文与社会科学教学情境中使用教材的理念和概念 /118

第 10 章　学科教育视野中的科学与地理教材 /132

第 11 章　教材的质量标准与评估 /147

第 12 章　教材的物质性与媒介性 /157

第三编
教材及其内容 /167

- 第13章 1951年至2017年间教材研究中的国家、国家地位和国家主义 /169
- 第14章 教材与课程中的跨国身份认同和价值观 /186
- 第15章 地区 /203
- 第16章 教材中的阶级、种族和性别表征 /214
- 第17章 作为教材分析主题的宗教：范例性概述 /227
- 第18章 关于教材对纳粹主义与大屠杀描述的研究 /241
- 第19章 殖民主义 /255
- 第20章 教材中的战争 /267
- 第21章 我们的教材差异有多大？国际视野中的研究发现 /279
- 第22章 作为文化全球化的人权：教材中人权的出现（1890—2013）/295
- 第23章 环境 /306

第四编
教材的使用、效果与实践 /317

- 第24章 教材使用 /319
- 第25章 教材的作用与效果 /331
- 第26章 转向教材实践：阅读文本，触及书本 /348

第五编
总　结 /361

- 第27章 新方向 /363

索　引 /370

第1章 引论

作者／埃克哈特·福克斯　安娜卡特琳·博克（Eckhardt Fuchs and Annekatrin Bock）
译者／徐国庆

教材至关重要。教材的内容、设计和教育目的与目标一直在随着时间的推移而变化，形成了它们的出版方式、在课堂中的角色以及使用者获取其中被认可为经典知识的方法。今天的教材或与其他形式的教育媒介共存，或与之竞争，而它们自身也正在数字革命时代经历着一个变革过程。尽管有了这些发展，研究表明，世界各国的学校中，教材仍然是最为重要的教育媒介，它是在社会层面的协商过程中创生的，并将这些社会认为最有价值的知识传给下一代。

但是，教材又不仅仅是知识媒介。它们总是要包含和承载更深层次的规范和价值观；它们要促进身份建构；它们还要形成特定的认知世界的模式。这意味着教材是不同社会形态以及不同政治、社会、宗教和道德群体之间不断争夺的对象。

因此，教材吸引研究者们的关注已超过了一个世纪，这一点也不稀奇。这些研究发现已经对教材出版商，尤其是课程开发者产生了推动作用，这一作用今天还在继续。然而人们会很吃惊地发现，虽然教材作为一门学科是显而易见的，但其本身还处于空想状态；这一领域离形成清晰的边界和影响范围还差得很远，它也还没有在高等教育中使自身成为一门独特的学科。

无论如何，这一充满活力的领域正在快速向前发展。在它存在的最初几十年，研究者主要聚焦于教材内容；最近10年中，这一领域已出现分化，关注点主要转向了教材出版的情境。对教材背后的政治、文化和社会情境的考察，使得对教材生产过程的研究和对它们在课堂中使用的反思成为必需。从本质上看，教材研究已开始成熟，成为了一个有着宽广学科视野的领域，迎来了一个新的发展时期。

这种以学科为核心的图谱意味着，大多数聚焦于教材的研究者并不是明确地把自己看作"教材研究者"，而是仍然把自己置于他们首要学科方向的队伍中。这也意味着这一领域的新人，尤其是处于生涯发展早期的学者，常常要为在这一高度多样化的领域中找到他们的声音和方向而备受煎熬，对此开展调查很具挑战性。教材研究领域正呼唤对其迥异的图景做一个综合性的介绍，对它的研究主题、理论路径和方法实施做一个清晰的概览。

《手册》试图对这一需求做出回应，尽管在这样做的过程中会强烈感受到来自教材研究多样化的挑战。基于这一原因，概念的焦点从文化研究视角出发，清晰地围绕教材研究相关问题展开。认知研究和教学研究则留到下一卷，《手册》只聚焦社会和文化视角的研究,诸如传记研究、知识社会学、话语理论以及媒介理论,与此同时从社会与教育科学中提取成果,包括社会—经济理论、新制度主义以及课程研究。研究方法上主要涉及在教材研究中得到应用的当代主流研究方法,如内容分析、视觉资料分析、话语分析、历史比较法、叙事访谈、参与式观察以及民族志方法。如此,《手册》描绘了教材研究中各种各样、截然不同的理论和方法路径。

《手册》的内容结构

《手册》超越了内容分析的范围,从四个层面开展教材研究,探索教材的历史、理论以及方法、情境、内容和接受。《手册》的目标是:(1)系统归纳教材研究的各个领域以及主要趋势、理论观点和方法论路径;(2)促进新的研究领域的发展,提供新的方法路径以及提出新的研究方案;(3)使研究者能在该领域找到他们的研究路径,并展开理论与方法的讨论;(4)确定利益相关者的范围,包括但不一定局限于研究者、高级修习者、教师和教育实践者。

《手册》分为四编:第一编为"教材研究的历史、理论和方法",第二编为"各种情境中的教材",第三编为"教材及其内容",第四编为"教材的使用、效果与实践"。第一编对教材的历史、理论和方法维度进行了反思,确定了理解教材研究的基本框架,第二编到第四编聚焦在教材以及施加于教材的多种需求。本卷书在三个层面为教材研究领域提供了创意与灵感。受到媒介研究的启发,《手册》对媒介生产的背景、内容或产品本身与对媒介的接受和欣赏做出了区分。这使得系统描述这个曾经很难从整体上获得概览的领域成为可能。对这一领域研究的比较分析展示了各种理论与研究方法的异同,这些研究被划分成了三类(生产、产品和接受)。最后一章提出了现有文献中的不足,并阐述了未来教材研究的新方向,通过梳理教材表征以及研究尚不充分的教材生产与接受领域的优秀成果,为这一领域进一步开展理论成熟的和经验性研究指明了潜在方向。

第一编 教材研究的历史、理论和方法

《手册》的开篇《学校教材的历史》(第2章)追溯了从现代早期至今教材的历史发展过程,重构了学校通过特定媒介所传授的知识的经典化过程,并把这一媒介与其他提供了这一知识的载体和媒介联系了起来。

第3章《教材研究的历史》提供了研究的国际视野,阐明了教育政策对教材生产与教材包含哪些知识的影响。它探索了教材研究的主要趋势,从对少数族裔、性别和国民身份认同的研究到欧洲化与跨国视野。它也关注了教材影响与接受的研究的发展、教导性教材的研究、教材质量与使用的研究以及教材生产。

人们曾一度认为教材研究理论化不足。而这一领域也持续处于主张的接受端,因

把关注点过于集中在内容分析上,造成了诸如专家访谈或课堂观察这些研究方法在使用上的边缘化,而这些方法的应用却有可能丰富对教材生产、分配和使用的实践探索。《教材研究的理论和方法》(第4章)围绕"教材"的理论建构对大量还没有联系起来的概念做了系统的概括。它不仅强调了教材研究中成熟的研究方法,也着重介绍了教材研究中被边缘化了的研究方法,旨在为进一步研究提供新方向。

第二编　各种情境中的教材

教材是一个多面向的研究对象,它在广阔的社会情境中扮演着特定角色。它要经历各种领域中的协商过程,因为它需要与这些领域的规则和主体逻辑框架保持一致。第二编的各章因此从给教材赋予特定功能和话语构成状态的机制研究入手。立足其社会情境,它们考察了教材经常受到诸如学校教育的建制化、国际关系情境中的协商以及政治或意识形态冲突等进程影响的方式。这一编也观察了教材是如何成为公共领域与/或大众传媒的争议对象,抑或经济指标或经济开发的对象。

第二编的核心是教材生产涉及的社会条件、利益相关者和过程,以及包含在其中的知识。因此,它讨论了当前关于直接从事教材生产的作者和出版商以及相关技术、媒介和新方法的研究。进而,它还考察了在更广泛意义上影响教材生产的课程开发、该领域的决策者的作用、制度框架以及社会情境范围。这一编触及了教材生产研究的各种理论方法,包括组织理论、新制度理论、社会经济学、话语理论以及行动者网络理论。与此同时,它还探讨了与教材相关的利益相关者、网络、组织结构与过程、经济与市场的逻辑形式、国家控制的教材体系,以及大众传媒所反映和传递的公共话语领域,尤其是教育政策。

基于从特定学科教学法到媒介语言学中获得的洞见,《教育出版商与教育出版》(第5章)总结了对跨学科教材出版商的研究洞见。这一章对当前教材出版研究中的问题、方法和理论路径采取了批判观点,并明确了未来的研究趋势。

《教材作者、作者身份与作者功能》(第6章)关注的是这一组教材生产者的特定情境。它认为无视教材的读者和研究者长期影响了作者的教材编写工作。这一章展现了当前一种很有前途的研究,其明确了教材作者与其他行动者或网络相互作用并实践作者身份的不同路径。

《教材与教育》(第7章)概括了教育研究中教材角色的变化,展示了教材的作用与功能是如何随着时间变化而变化的。它追踪了教材生产与建制化过程错综复杂的关系,提供了当前对教材生产及其在制度化教育中的角色进行理论化的研究案例。

《教育媒介、再生产与技术:走向教育媒介的批判政治经济学》(第8章)在教材编辑与出版情境中讨论了当前对教材生产的研究。它考察了目前关于文化政治经济学的核心话语,特别是(再)生产的逻辑,并描述了教材生产与教育媒介中的破坏性变革。

教材是教与学过程的辅助手段。教材要用某种方式为学生提供与其年龄相适应的知识和信息，而教师要用特定模式和交流方式传递这些知识和信息，在这个过程中教材要面对根本性挑战。在"教材"有条理地准备、呈现和传播信息过程中，教育媒介的功能包含了许多不同方面：告知、再确定、实践、激励、测试、协调。通常，预备教师不会把教材作为一门特定学科或技术来学习；与教材相关的问题通常在要专门学习如何教授相关科目的课程中讨论。下面两章涉及在人文与社会科学教学情境中使用教材的理念和概念（第9章），也包括科学教育，这是在《学科教育视野中的科学与地理教材》（第10章）中讨论的内容，目的是把关于教材使用的当前研究成果汇总起来。

《教材的质量标准与评估》（第11章）是对目前关于如何确保教育材料质量的讨论的综述，它归纳了不同国家关于这一主题的最新研究成果。作者概述了教材评估的普遍因素、方法原则以及教材评估的方向。最后，他们重点讨论了教材评估对教育政策、文化趋势、指导教学的价值观和潜在应用的作用。

这一编的最后一章（第12章）回应了是教材的物质性与媒介性问题。它讨论了一些新近的研究路径，致力于探索教材的内容、语言、多模态形式和物理材料对特定认知方式、存在方式和理解方式的规范化的影响。作者描绘了跨学科对话、非相关性以及数字的（非）物理性，这些都是未来很有前途的研究领域。

💡 第三编　教材及其内容

考虑到教材因其与话语趋势和社会力量的纠葛而产生的历史易变性，作为一种媒介，它促进了在探索事件与概念表征时对历时和共时比较方法的应用。基于这一背景，第三编从三个不同的方向研究了教材对社会相关问题和类别表征的方法。

第三编第一部分各章（第13—17章）与文化概念有关，涉及的是对教材中建构的国家、跨国与地区身份的研究。

第13章《1951年至2017年间教材研究中的国家、国家地位和国家主义》，介绍了其中的代表性成果，范围包括从教材中对国家地位的理论概念化到把国家看作合法参照框架的研究。这一章介绍了已成功应用于教材研究的领域之外的研究方法，如历史化、比较法以及国家叙事、图像与语义解构。《教材与课程中的跨国身份认同和价值观》（第14章）把跨国身份看作一种新的隶属关系，把跨国价值观看作共享道德价值观的基础。通过仔细回顾和系统梳理有关这一主题的文献，这一章描绘了反映教材研究中对当前跨国身份认同与价值观忧虑的主要发现与论争。把"地区"（第15章）看作教材研究的中心点挑战了长期以来未受质疑的一个观点，即教材是建构国家与州身份认同的核心媒介。这一章探索了地区对教材研究的重要性，评述了可用于研究区域表征的不同种类教材，并分析了迄今应用于这一特定主题的研究路径。

这一编的各章也关注了关于身份模式是如何在教材中或通过教材进行生产和再生

产的,社会话语认为这些身份模式与在那些会在许多不同层面展示自己的在校生密切相关。在考察关于不同国家和学校科目教材中的阶级、种族和性别表征的研究的同时,第16章还追踪了方法与理论的融合。在指出关于阶级的表征中存在研究空白、研究方法运用得当但缺乏创造性这些问题时,作者引入了更多围绕情境与教材表征之间难以预见的冲突的研究。

宗教是这一编感兴趣的另一个关键主题。对教材和宗教的研究跨越了学科和学校科目,这使它成了一个困难的研究对象。《作为教材分析主题的宗教:范例性概述》(第17章)因此关注了一个特定方面,强调了诸如对宗教多样性的领会和政治驱动的研究这样一些偏好与趋势。

第三编第二部分各章涉及的是过去的概念(第18—20章),考察了历史和社会研究教材中对过去表征的已有分析。对关注层面的选取基于三个具体问题:哪些问题似乎是教材研究中的"热点话题"?哪些过去被视为与今天的主流话语特别相关?哪些过去的内容对在一系列社会情境中的协商和稳定文化记忆提出了持续性的挑战?通过对这些问题进行反思,我们把纳粹主义与大屠杀以及殖民主义等问题做为每章的中心。用美国历史学家C·梅耶(C. Mayer)的话来说,这些问题代表了20世纪对暴力与创伤的主要典型经验。

通过对1962—2015年关于教材对纳粹主义与大屠杀描述的研究进行分析,第18章展示了大量被应用的理论和方法路径。作者们认为这其中缺乏对指导这些分析的研究原理的反思与表达。通过对最佳实践研究(best-practice studies)的观察,他们就这一领域的未来研究提供了建议。接下来的一章(第19章)反思了过去20年间人们对与殖民主义相关的主题日益增长的兴趣。通过阐明变迁与研究上的空白,这一章指出了未来的研究主题,如在研究与殖民主义相关的问题时考虑视觉要素、扩大系统比较研究的体量,或对教材与其他媒介进行更多的比较分析。

第二部分剩下的章节考察了对教材中战争观念的研究,因为该问题涉及潜在的对立的和有争议的诠释。《教材中的战争》(第20章)聚焦了历史教材和它们对战争的表述。分析指出教材通常被看作国家叙事的载体,这些研究探索了对战争的表征随着时间推移而发生的变化,指出了目前研究的局限,如只关注了20世纪欧洲国家、美国、日本和以色列的战争。

第三编第三部分(第21—23章)涉及的是关于教材中政治、经济观念表征的研究。这一部分选择的问题既在社会话语和争论中,也在教材研究中扮演着非常重要的角色。这一部分详细阐述并讨论了教材中围绕多样性、人权和环境的话语所进行的分析。

《我们的教材差异有多大?国际视野中的研究发现》(第21章)检视了世界各地围绕教材中对移民、宗教与文化上的少数族裔以及种族主义的表征所进行的研究。作者得出的结论是,多样性虽然得到了表征,并被看作对社会融合的挑战,但因其有可能导致冲突和争论而被视为是有问题的。人权作为一个相对普遍的课堂议题也是教材研究的主题之一。《作为文化全球化的人权：教材中人权的出现（1890—2013）》（第22章）综述了关于人权教育的争论，概述了核心问题与应用方法，并提出了未来富有希望的研究趋势。第23章把"环境"作为教材研究的一个问题，从环境教育、灾难教育与批判地缘政治学三个与环境主题相关的研究领域评估了教材分析在理论与经验上的相关性。这一章也指出了关于环境议题的教材研究是如何能够在其他学科与环境相关的研究（例如环境治理或环境安全）中丰富争论与研究的。

第四编　教材的使用、效果与实践

第四编使用了媒介研究的经典划分，系统描绘教师和学生如何在正式课堂教学与其他非正式情境中实际使用教材的当前研究。各章关注的主要是教材使用模式的量化研究，（某种程度上）关于教材效果的实验研究，以及着眼于创造性和偶尔颠覆性的教材物理形态与内容实践的社会与文化研究方法。

在《教材使用》（第24章）中，作者讨论了对教材在课堂中使用广度与深度的研究。这一章聚焦在关于教师和学生如何与传统（纸质）教材互动的量化研究。这一章反思了创新性的研究方法，权衡了量化研究方法的优劣，并介绍了四种混合研究方法的设计，以克服教材使用研究中纯量化研究导向所带来的挑战。

《教材的作用与效果》（第25章）综述了关于教材在语言领域的作用，社会文化与社会经济因素，可视化教材的范围，认知、情感与行为效果，以及新技术方法的研究成果。

最后，关于接受过程的这一章借鉴了实践理论。《转向教材实践：阅读文本，触及书本》（第26章）把教材理解为物理上形成的文本形式的人工制品。作者描绘了这一领域关于探究特定主题在课堂中是如何进行、被打断、引起争议以及被转换的研究。

新　方　向

在终章即《新方向》（第27章）中，作者总结了教材研究中理论、方法与主题的变化趋势，因为它们贯穿于《手册》的各个章节。作者们也指出了研究上的不足，评判性地反思了这卷书在结构上的局限性。鉴于此，作者们认为，教材研究进入到了一个跨学科的研究领域，一个已经成功应用、调整和继续发展来自社会科学与文化研究的理论和方法的领域。他们也指出，《手册》范围之外的教材研究问题应当通过未来的研究得到解决。

整体而言，《手册》对当前教材研究做了一个大范围的概述。它由处于学术前沿的各章构成，每章都由当前教材研究中在理论、方法和主题方面处于领先地位的专家和新兴学者撰写。《手册》追溯了这一领域的历史，综述了当前的思考，并指出了教材研究未来富有潜力的领域。因此，它把目标指向了在跨学科领域中产生的新颖的研究方法、观点与争鸣。其国际的与跨学科的视野是与其所讨论的宽广多样的主题和方法一致的。《手册》既是一部综合性的,也是一部做了充分研究的引论,给这一领域的后来者提供了理论、方法路径和实践的综述,并为高级修习者提供了独一无二的参考资料。因此它填补了文献上的空白,支持了学者、学生和教育实践者如教师,以及教材作者从广阔而多样的视角为教材研究而努力。

第一编

教材研究的历史、理论和方法

第 2 章 学校教材的历史

作者 / 史蒂芬·萨姆勒（Steffen Sammler）
译者 / 徐国庆

💡 引言

  学校教材在欧洲成为儿童和青年教育的主要媒介始于16世纪，这一时期为课堂设计的经典知识与源于活字印刷的特定材料形式结合了起来。20世纪初，它是基于记忆与复述的教学知识传递的理想手段。以书籍形式印刷的文本的权威性给教师讲解提供了制衡，有效地确保了政治上所期望的学校知识标准的传播。与此同时，尤其是在小学阶段，教材成为了教师——他们往往没有接受过充分的教育——不可或缺的资源。

  在更广泛的意义上，教材的历史比本章所展现的发展过程要早得多。地中海、阿拉伯、非洲、美洲和亚洲的古代文明，都产生了用莎草纸、棕榈叶、竹子、无花果树皮制作、采用卷轴或风琴褶形式的学校教育的经典教材（Del Corso & Pecere，2010）。中世纪晚期，简单的启蒙读物是以角贴书的形式印刷的，并且在许多地方，雕版印刷与活字印刷在教材制作中长期并存、相互竞争（Tuer，1897；Chow，2007）。

  从16世纪开始，随着国家书面语言代替拉丁语成为通用语言，欧洲的教材发展开始成型。借助始于19世纪的建制化国家教育体系，教材迅速成为国家教育的核心媒介。即使到了今天，教材生产仍然不断受到这些张力的影响：专门化知识与教育学，国家控制与得到许可的特例、特权、国家垄断与自由市场（Sammler et al.，2016）。与此同时，教材生产的技术要求也发生了很大改变。从20世纪上半叶开始，教材就不得不与视听媒介（如教育电影、校园广播以及教育电视）竞争，并改变了青年人的媒介体验，21世纪之交数字化时代的到来更是使这一领域发展到了一个全新的质量水平。

  本章勾勒了从现代早期至今欧洲教材的演化过程。首先概括了有关教材历史发展的研究，重构了不同文化中教材的词源与概念史。然后考察了在这些不同情境中宗教或国家当局是如何影响教材发展的。它展示了教材如何随特定学科标准的变化而转变，以及社会对儿童与青少年的学校教育的新理解是如何影响教材生产的。之后，它谈及教材的演变是在书籍制作技术与艺术创新的背景下进行的，并探讨了教材发展与国际文化碰撞之间的相互影响。最后，本章通过20世纪初学术研究与技术需求的变化、人们媒介体验的转变及其对"学校"的影响，探讨了20世纪初以来教材所面临的挑战。

教材史研究

从19世纪以来,教材史研究一直是书本史一般性研究的一部分。这一方向的研究动力主要源于书本科学(book sciences),例如1901年成立的国际古腾堡协会。这类研究把鉴别并保存历史上教材材料的愿望与教材研究的一般兴趣结合起来。学者们迅速发展了用于教材史的跨学科研究方法,他们将教材视为获取历史上教育知识和书本艺术发展源泉的研究对象。

教材史研究在20世纪通过教材修订获得了重大的发展。首先,这些研究把历史和语言课教材作为案例来分析民族主义、军国主义和种族主义的出现和发展。在这一方面,位于布伦瑞克的格奥尔格·埃克尔特研究所从一家"教材改进研究所"转向为一个学校教育媒介国际研究中心就是一个生动案例。从20世纪80年代开始,这一研究机构在促进教材历史研究的同时,建立了一个庞大的历史、地理和社会研究科目启蒙读本与教材的历史资料库。

20世纪,对教材史的概述常常是在围绕国家教育体系(再)定义和形成的讨论的启发下产生的,且常常由国家层面的协会发起,如美国国家教育研究学会(Venezky, 1992; Woodward, 1994)。参阅本书彼得·卡利所著教材研究中的国家观念章节。

在西欧,冷战背景下教育体系改革的讨论导致了20世纪70年代教材研究在学术中心和大学的建制化。在这一发展过程中,阿兰·肖邦(A. Choppin)扮演了重要角色,他在位于巴黎的国家教育学研究所(2011年以后改称"法国教育研究所")建立了一支教材史研究团队,对1789年以来法国教材的历史进行系统的、跨学科的研究。源于肖邦的这一工作促使其他拉丁欧洲国家和加拿大纷纷成立教材史研究机构,研究他们各自国家的教材史。

到了20世纪80年代末,国家层面的研究团队开始形成国际网络,例如1988年成立的教材、学校与社会学术研讨会,1997年成立的国际教材历史与体系研究协会,或教育史国际常设会议,其出版物呈现了国际教材研究成果。

埃吉尔·博尔·约翰森(E. B. Johnsen),国际教材与教育媒介研究协会创立者之一,1993年出版了一部关于教材研究情况的综述,主要关注了教材史研究(Johnsen, 1993)。对这一领域特别感兴趣的是专注于教材概念史、研究教育政策影响与界定学校知识标准过程的研究人员。把教材史研究与青少年研究结合起来的动力源于研究历史上的启蒙读本及其读者的学者。最近的许多研究在更为广阔的印刷和艺术发展背景中对教材的历史发展进行了情境化。借鉴围绕数字革命的讨论,他们采取了一个长远的历史观,以突出教材媒介的历史(Giesecke, 1998)。

这些教材研究的历史探究路线确定了以下部分贯穿教材史的结构(主线)。要更为详细地了解教材研究历史的总体情况,参阅本书埃克哈特·福克斯和凯瑟琳·海恩所著章节。

💡 词源与概念发展

从词源上看,通常认为"教材"源于 schola(学校)与 liber(树皮)或 buch(山毛榉)。伴随着 15 世纪书籍印刷在欧洲的出现,把文字印在纸上装订成册,以及该媒介在教室中使用的固有功能,成为这一概念发展的核心。在欧洲不同语言中,教材这一术语或者从词源上源于媒介的物质性(cartilla, kniga),或者用于描述它在教室中的功能(见 Choppin, 2008)。这一功能指儿童很容易携带(manuel, manuele, Handbuch)的作为媒介的物体,或基于记忆与复述宗教经典知识来描述教学的核心原理。"启蒙读本"或"初级课本"这些术语就是指这一方面。由于有大量作品不只是为学校教学写,也是为家庭教学写的,因此概念的内涵一直差别很大。对术语差异的分析使得我们能够洞察学校知识的建制化、统一化与标准化,以及这些知识转移所依据的教学原则。

更具约束力和统一性的概念化是与学校教育体系的建制化携手并进的。在整个 19 世纪,这一概念从描述学校(而非其他地方)使用的书籍转移到了明确为学校教育生产的教育媒介。它的目的是传递明确界定的标准,并且在大多数国家,它需要获得国家的批准。除了强调它是教室中的媒介,这一概念还从仅指宗教教学的经典知识转向了学校课堂中要教的所有经典知识。这两个方面构成了至今仍在不同语种中使用的"教材"这一称谓的基础,如 Schulbuch、Lehrbuch、libro de texto、textbook、yzebnik(Stray, 1997; Choppin, 2008)。

💡 教材生产的政治定义与控制

特定社会中的宗教与/或政治精英要为传递给下一代的知识的生产设定基本政治条件。但是,对许多世纪来说,在长久延续的社会中接受知识传递的人群是限定在一个非常小的圈子里的,同时知识本身也被限定在一个很小的范围内。到了现代早期,学校教育的定义开始发生变化。随着改革引发了不同宗教与政治体系之间越来越强的竞争,理解性创造开始被看作一种探索性学习过程,而不是要毫无疑问地接受无可争辩的事实,例如乔安·阿莫斯·夸美纽斯(J. A. Comenius)的著作中就谈到了这一点(Comenius, 1658)。从这一观点看,教育被理解为接近上帝的必要条件。在随后的时期内,经典知识在启蒙运动中经历了持续的扩充、延伸,超越了创造知识的范围,以适应更多一般性的教育目标。与"在规定时期内通过将出版书籍的副本赠予作者或购书者的鼓励学习行动法案"(Cornish, 2010)一起,英国颁布了第一部版权法。而与英国这一政策不同,大多数欧洲国家的精英直到 19 世纪仍然借助特权牢牢地控制着教育内容。他们对专门用于高等教育学校(Gelehrtenschulen)的教育书籍的印刷享有特权,或是给予宗教或国家机构对教材生产的垄断权。后者最常发生在基础教育领域。在欧洲有些地方,如巴伐利亚或哈布斯堡王朝,18 世纪后期的这些绝对主义国家通过成立学校(图书)委员会或国营出版社控制着基础教育材料的生产(Kissling,1995;Manz,1966)。在18和19世纪这些特权被消除后,教材生产责任转移到了私有出版商(有关现今的教材出版条件与出版社,见本书中克里斯托夫·布拉西所著章节)。

19世纪国民教育体系的发展导致了具有约束力的课程的创建。此后,教材的撰写要符合这些国家课程,国家则通过审批程序实施控制。这使得教材组织形式与内容范围发生了根本性的变化。19世纪后半叶法国确立了广泛豁免审批程序的想法,这一想法在20世纪传播到了其他国家(Choppin,1980;Matthes & Schütze,2016)。但国家通过课程实施的内容控制越来越严格。与此同时,关于学校经典知识界定(控制)和国家用于教材生产的成本的争论也促使利益相关者重新考虑生产统一的教材,即使在19世纪特权就已经被废除。但是,统一的教材并不能在所有国家都能建立起来。它们是一些发展中国家(Altbach & Kelly,1988)教育体系的常见现象。统一的教材是促进国家融合的一个宝贵因素。这些教材的广泛使用可以在教育系统中实现,其中学校学习("学校教育法则";见Tyack & Tobin,1994)被定义为清晰描述的学术经典知识的传播,而不是一个不断质疑和重新定义经典知识的过程。

在大多数欧洲国家和美国,科学界和进步教育家可以主张不同教材间的角逐,这保障了对知识持续的重新定义及转移。

💡 经典知识开发

人们通过字母书(alphabet book)获得第一语言习得,因而长期以来以读本形式生产的学校书籍形成了初级教学的基础。在宗教社区中,它们是对儿童和青少年进行宗教和道德教学的基础。在基督教影响下的区域,现代早期为读本选择的文本围绕教理问答不断演进,而它们往往是由同一作者撰写的。读本中包含了关于十条诫命的问题和答案,以及供学校使用的祈祷文和圣经文本。18世纪开始,为读本选择的文本跨越了教理问答,包含了世俗的内容,如寓言和故事,也鼓励与社会认可的道德标准保持一致,服从权威,具备爱国主义精神(Hellekamps et al.,2012)。到了19世纪,通过吸收历史、地理、自然科学的知识,读本进一步得到了扩充,成为更为广泛的有关自然与社会世界的内容的作品,它们构成了20世纪的基础教育。

通过对材料的选择,读本在由移民构成的社会,如美国、加拿大或拉丁美洲国家,对新来者的国家融合发挥了重要作用(Westerhoff,1978),这一过程始于19世纪。

在高等学校,希腊和罗马作家的作品直到19世纪仍然很好地构成了教学的基础,这些作品很少进行教学法的修订。在犹太社区的高等学校(Yeshivas)中,犹太古代法典《塔木德》及对它的注释是其教育内容的核心,并辅以数学和历史。

从19世纪开始,中等教育在自然科学中扮演了越来越重要的角色。教学材料反映了自然科学各个领域的发展。教学方法(定理、各种形式的练习)明显不同于初等教育中的描述性方法。用于高级自然科学课的教材是由许多国家的顶尖科学家撰写的,并由知名的科学出版社出版,出版社也通过出版教材拓展了它们的专业声誉。

成为明确为课堂教学撰写的书籍

正如以上对发展所做的概括,教材作为专门为在学校教授儿童和青年而生产的作品,的确经历了一个从家庭中使用的普通说教文学作品这种原始形式脱离出来的过程。在现代早期,教材中开始出现了图像,以满足儿童和青少年学习的需要。图像首先是为了训练儿童的记忆力。欧洲流行的是17世纪以来盛行的教育观,教材作者受到了夸美纽斯的《世界图解》的启发。启蒙运动的作者主张课程要反映儿童发展水平,与他们的年龄相适应。他们给每个年龄组的学生引入了分年级的教材,并提倡适合儿童的开本(八开本)及恰当的版式(Haug & Frimmel, 2015)。启蒙时代的教材也把关于儿童与学习的新观念与新技术和视觉表征方式结合了起来。对初等教育来说,插图成了教材的重要设计要素并延续至今,按照教育学理论,它特别有助于刺激儿童学习的好奇心和兴奋感。

20世纪之交,进步教育运动使得教材作者和其他人开始从儿童的角度(根据他们的身体比例和空间观)设计读本;玛丽亚·罗斯(M. Roos)撰写的读本《农场》(Sörgarden)就是一个鲜活的案例(Wille, 1997)。20世纪初,随着学科内容的扩充,教材设计开始包含越来越多的彩色图像和照片。这带来了一个问题:如果要求某一年龄段的儿童携带教材,教材多重合适?汇聚而成的一致意见是,一部教材的重量尽可能不要超过500克。

教材生产中的艺术设计与技术开发

中世纪从亚洲传播到阿拉伯国家再到欧洲的造纸技术,与欧洲活字印刷技术的发明一起,构成了教材生产的基础。它们使得为学校课堂发明一种可持续使用、便于儿童携带的媒介成为可能。书籍是知识交流的前提条件,这些知识是随着时间的推移而建立起来的。与彼此隔离且数量非常有限的传统手稿副本不同,书籍可以随着学校经典知识的改变而改变。

从手工制纸转向19世纪的机器造纸,适应了打字与印刷技术的发展,如快速印刷(schnellpresse),这一进步后来继续从机器打字发展到了摄影打字,再到计算机打字。这一发展不仅使得廉价、批量的教材生产成为可能,而且使教材质量提升成为可能(Raven, 2015)。与此同时,教材生产从艺术书籍的发展中获益颇多,借鉴了艺术中源于18世纪晚期的版式、图像和图表设计的新方法。思想超前的教育学者聘请了艺术家,通过铜版雕刻和平面印刷推进了关于课堂学习的教育学新理念。

💡 教材"十字军":作为文化碰撞产品的教材

高等教育学校的教育传统上以希腊语、拉丁语、希伯来语和阿拉伯语文本的学习为基础,直到19世纪这些经典篇目很少发生变化。但是现代早期学校教育的扩张促使教材分别用各自国家的语言来生产。19世纪国际版权法建立前,大多数教材作者都会任意从他们更为成功的同行那里摘取文本。例如,由人文学家或喜剧演员用拉丁语撰写的教材,被翻译成了大量的欧洲语言(Lukas & Munjiza, 2014)。16世纪以来欧洲的发展也受到将成功作品从一国语言翻译成其他国家语言的实践的影响。在其他时候,这样做的目的是为了形成共同的宗教信仰社区,或加强由几个民族构成的国家(如哈布斯堡王朝或俄罗斯帝国)的政治与文化融合(Rokitjanskij, 1990; Kissling, 1995)。

虽然把优秀作品翻译成不同国家的语言已经成为一种传统,并产生了大量基于双边协议的教材,但那些希望跨越国家教育管理框架,形成国际地区或全球范围学校教育的教材却是例外(见本书斯蒂芬妮·兹洛克所著章节)。

从16世纪开始,教材一直被定义为表征"西方"社会知识的产品。通过殖民过程,它取代了传递学校知识的其他形式或传统。作为诸如耶稣会这些组织的使命,基督教学校或传播基督教知识的协会,把学校模式移植到了非洲、美洲和亚洲,教材也同时传播到了这些地方。他们把字母书与教理问答在初等教育中相结合的理念输入到了大量的拉丁美洲、非洲和亚洲地区,并把教材翻译成了原住民社区的语言(Üçerler, 2000)。

19世纪晚期,亚洲和非洲那些源于欧洲和美国的西方学校教育模式呼吁实行教育改革以适应现代化进程。明治维新期间,日本采取了分科教学的理念,因而按照不同学科领域构建了教材。伴随着20世纪去殖民化进程,新独立的民族国家保留了西方教育模式。与此同时,它们努力使自己从以前殖民主义者教材的深刻影响中脱离出来,建立属于自己的教材生产体系(Altbach, 1991)。本书拉尔斯·穆勒所著章节对殖民主义与教材生产的关系做了进一步研究。

💡 教材以及媒介与教育的新方法

甚至在现代早期,教材就是与专门为课堂教学设计的地球仪、地图以及图表结合在一起使用的。由于欧洲学校教育法则长期围绕着必须严格遵守的经典知识的记忆和再生产向前发展,教材一直是最适合、最重要的教育媒介。20世纪之交,进步教育运动批判了这种传统的"书本学校",为教师和学生独立开发教与学的材料铺平了道路。这一主张导致了对教育电影和学校广播的开放,并把它们整合到教学设计中。从那以后,教材的主导作用反复受到来自新媒介和学生不断变化的媒介体验的质疑。教育电影、学校广播和学校电视改变了教材内容和材质的设计,而这些媒介从来没有设法(或打算)取代教材。20世纪后半叶,美国和苏联领导的两大阵营的对立加快了教育领域的竞争,产生了对教材内容及其传递方法进行改革的需求。结果，传统的教材丧失了它作为学校知识传播主要载体的垄断地位，不得不与特别为课堂使用而设计的教学电影、学校广播或电视节目相竞争。

千年之交，数字革命率先为广泛地接触与学校教育相关的经典知识创生了必要的技术与文化条件，以及与学习者一起不断重新定义和改写这些知识的能力。

这些新能力对在传统上占据教育媒介核心地位的教材提出了极大挑战。与此同时，它们鼓励学者研究学校知识随着时间推移被经典化的途径；一个长期的历史视角有助于研究者更好地理解教材媒介的历史性质。这类分析应当更为深入地考察教材知识的历史形成与其他权威机构的跨文化互动，以及学校情境下的知识传递形成。

参考文献

Altbach, P. G. (1991). Textbooks: The International Dimension. In M. W. Apple & L. K. Christian-Smith (Eds.), *The Politics of the Textbook*. London/New York: Routledge.

Altbach, P. G., & Kelly, G. P. (Eds.). (1988). *Textbooks in the Third World: Policy, Content and Context*. New York/London: Taylor & Francis.

Choppin, A. (1980). L'histoire des manuels scolaires. Une approche globale. *Histoire de l'Education*, 3(9), 1–25.

Choppin, A. (2002). L'histoire du livre et de l'éducation scolaire: vers un état des lieux' in M. Del Mar del Ponzo Andrés, J. Dekker, F. Simon and W. Urban (eds), 'Books and Education: 500 Years of Reading and Learning', Paedagogica Historica. *International Journal of Education*, 38(1), 21–49.

Choppin, A. (2008). Le manuel scolaire, une fausse évidence historique. *Histoire de l'éducation*, 23(117), 7–56.

Chow, K.-W. (2007). Reinventing Gutenberg: Woodblock and Movable-Type Printing in Europe and China. In S. A. Baron, E. N. Lindquist, & E. F. Shevlin (Eds.), *Agent of Change: Print Culture Studies After Elizabeth L. Eisenstein* (pp. 169–192). Amherst/Boston: University of Massachusetts Press.

Comenius, J. A. (1658). *Orbis Senbsualium Pictus*. Nürnberg: Endter.

Cornish, W. (2010). The Statute of Anne 1709–10: Its Historical Setting. In L. Bently, U. Suthersanen, & P. Torremans (Eds.), *Global Copyright: Three Hundred Years Since the Statute of Anne, from 1709 to Cyberspace* (pp. 14–26). Cheltenham: Elgar.

Del Corso, L., & Pecere, O. (2010). *Libri di scuola e pratiche didattiche: Dall 'antichità al rinascimento*. Cassino: Università di Cassino.

Giesecke, M. (1998). *Der Buchdruck in der Frühen Neuzeit. Eine historische Fallstudie über die Durchsetzung neuer Informations- und Kommunikationstechnologien*. Frankfurt am Main: Suhrkamp.

Haug, C., & Frimmel, J. (Eds.). (2015). *Schulbücher um 1800. Ein Spezialmarkt zwischen staatlichem, volksaufklärerischem und konfessionellem Auftrag*. Wiesbaden: Harrassowitz.

Hellekamps, S., Le Cam, J., & Conrad, A. (Eds.). (2012). Schulbücher und Lektüren in der vormodernen Unterrichtspraxis. Schoolbooks and Reading in Early Modern Lessons. *Zeitschrift für Erziehungswissenschaft*, special issue 17.

Johnsen, E. B. (1993). *Textbooks in the Kaleidoscope: A Critical Survey of Literature and Research on Educational Texts*. Oslo: Scandinavian University Press.

Kissling, W. (1995). "… Die Jugend aus keinem anderen als den vorgeschriebenen Büchern unterweisen" — Das Hilfsmittel Schulbuch als historisches Medium staatlicher Unterrichtskontrolle. In R. Olechowski (Ed.), *Schulbuchforschung* (pp. 116 – 174). Frankfurt am Main: Peter Lang.

Lukas, M., & Munjiza, E. (2014). Education System of John Amos Comenius and Its Implications in Modern Didactics. *Zivot I skola*, *31*(1), 32 – 44.

Manz, W. (1966). Der Königlich-bayerische Zentralschulbücherverlag 1785 bis 1849 (1905). Der Staat als Schulbuchverleger im 19. Jahrhundert. *Archiv für Geschichte des Buchwesens*, *6*, 2 – 312.

Matthes, E., & Schütze, S. (Eds.). (2016). *Schulbücher auf dem Prüfstand. Textbooks Under Scrutiny*. Bad Heilbrunn: Klinkhardt.

Raven, J. (2015). The Industrial Revolution of the Book. In L. Howsam (Ed.), *The Cambridge Companion to the History of the Book* (pp. 143 – 160). Cambridge: Cambridge University Press.

Rokitjanskij, V. R. (1990). *Istorija skol'nych ucebnych knig*. Moskow: Prosvescenie.

Sammler, S., Macgilchrist, F., Müller, L., & Otto, M. (2016). *Textbook Production in a Hybrid Age: Contemporary and Historical Perspectives on Producing Textbooks and Digital Educational Media* (p. 6). Eckert: Dossiers.

Stray, C. (1997). Paradigms Lost: Towards a Historical Sociology of the Textbook. In S. Selander (Ed.), *Textbooks and Educational Media: Collected Papers 1991 – 1995* (pp. 57 – 73). Stockholm: University of Tartu Press.

Tuer, A. W. (1897). *History of the Horn Book*. London: The Leadenhall Press.

Tyack, D., & Tobin, W. (1994). The "Grammar" of Schooling: Why Has It Been So Hard to Change? *American Educational Research Journal*, *31*(3), 453 – 479.

Üçerler, M. A. J. (2000). Missionary Printing. In M. F. Suarez & H. R. Woudhuysen (Eds.), *The Oxford Companion to the Book* (pp. 73 – 78). Oxford: Oxford University Press.

Venezky, R. L. (1992). Textbooks in School and Society. In P. W. Jackson (Ed.), *Handbook of Research on Curricula* (pp. 436 – 461). New York: Macmillan.

Westerhoff, J. H. (1978). *McGuffrey and His Readers: Piety, Morality, and Education in Nineteenth-Century America*. Nashville: Abingdon Press.

Wille, I. (1997). Das schwedische ABC Buch vergangener Jahrhunderte. In G. Teistler (Ed.), *Fibelgeschichte/History of Primers*. Internationale Schulbuchforschung/International Textbook Research, 19(3), 239 – 248.

Woodward, A. (1994). Textbooks. In T. Husén, T. Neville, & H. W. Postlet (Eds.), *The International Encyclopedia of Education* (Vol. 11, 2nd ed., pp. 6366 – 6371). Oxford/New York/Tokyo: Pergamon Press.

第 3 章 教材研究的历史

作者／埃克哈特·福克斯 凯瑟琳·海恩（Eckhardt Fuchs and Kathrin Henne）
译者／徐国庆

💡 主题简介

历代教材研究者纠结于如何精确定义什么是教材、什么是它们特有的分析方法等问题，但至今没有达成共识。然而，如果把教材及其相关研究看作一个要经历持续变化与广泛定义的可变条件，那么大可不必将缺乏界限当作焦躁不安的理由（见如Choppin，1992）。传统上教材是为了中小学生学习、接受教导、依据它进行作业而设计的工具。根据学校类型与科目的不同，教材要适应不同课程或标准，以及其中所定义的特定目标、能力与内容。一般地说，它的使用要持续一个学年或学期，是课堂中的主要媒介（见Stöber，2010）。

从教学观点看，教材集教学、学习与练习于一体；它包含了一系列的任务与作业，用于能力开发，并包含了各种媒介。根据高奇（Gautschi）的观点，这一"媒介组合"，特别是在历史书方面，包含了作为补充文本的教师手册、说明、教学方法、提示、解决方法以及练习和资源这些补充性数字材料，这些材料可以在网上获取，也可能存储在光盘上（Gautschi，2010）。教学材料应当与中小学生的生活环境相关，用差异化的、发展的观点为他们提供指导，建构和共同建构（合作学习、对相关性和意义进行合作研究），为独立学习以及导向和系统化提供帮助，支持基本概念的建构，打开多元视角，提供各表征形式的组合且代表一个兴趣范围（如特定性别），并把目标指向鼓励和发展综合的、问题导向的学习过程（反思、评价与评估）（见Aeberli，2004；Handro & Schtönemann，2011）。因此，教材的作用本质上是结构、表征、管理、动机、差异化、实践和控制（见Hacker 1980）。最近的研究又给这个列表增加了其他类别，即创新的作用：教材被看作实施课程的最有效的工具，因此它应当是进行教学与方法革新并在实践中应用这些创新的最适合的手段（见Bullinger et al.，2005）。教材的角色是系统化并综合地再生产遵循课程要求应教授的学科的各种基础知识，并用某种方式，按照主题顺序和教育方式表征知识。教材应该激发中小学生的动机，同时为各种学习水平的学生提供接受知识的不同途径，并使学习地点弹性化（见Rauch & Wurster，1997）。

从社会和文化研究的观点看，教材是从媒体网络中观察社会的媒介。这里对观察的理解基于尼克拉斯·卢曼（N. Luhmann）的观点，他借助媒介识别了对现实的表征和／或建构（见Luhmann，1991）。教材知识，作为既是包含在教材中又是关于教材的知识，由于其教学结构而与其他媒介明显不同，但它也不能仅仅局限于此。为了确定教材所包含的社会—文化知识的叙事模式和潜在的解释模式,一定要通过分析它的语义结构、功能和形式来理解(见 Höhne, 2003)。这种话语分析方法的功能不仅限于考察教材中叙述了什么、没叙述什么,同时也用于探索信息是如何关联的,以及使用了哪种叙事策略或描述片段来传播其内容(见 Handro & Schtönemann, 2010)。这一文化研究方法的优势在于,它使得我们也能把教材作为一种媒介进行分析,提供了"对社会争论与自我概念化过程的复杂洞察"(Christophe, 2014:1)。

鉴于在学习过程中的重要性以及其教导性功能,更多近期的研究思考了教材的工具和社会作用。教材的社会作用体现于对内容的选择性和标准化选择和对社会的教育使命的表征(见 Heitzmann & Niggli, 2010)。尽管有这些观察,极少有研究对教材在社会情境中的位置进行系统的批评。2010 年出版的一部名为《聚焦教科书》的著作,首次试图从学者、教育家、教师、教材作者、教育政策制定者和出版商的视角考察教材的所有方面,包括社会的、学术的、教育学的、经济的以及相关教育政策的。其目的是使未来的教师、政治决策者和教材研究者能初步进入这一领域(Fuchs et al., 2010)。

💡 教材研究的发端

对教材或关于教材的初步研究可追溯到 19 世纪末,阅读理解考试是最早涉及教材研究的领域之一。最早的研究是 19 世纪 80 年代在美国进行的,旨在探索技术手册的可读性。由于阅读理解是任何教学的基础,因此与学校和教材有着不可避免的联系。这种双向研究部分聚焦在对教材、识字课本的实用性分析上,研究它们的可读性和可理解性,同时也努力发展其背后的理论。这两个方面是通过 20 世纪初相关公式的关键性发展联系起来的。此外,对阅读理解的理论研究也是与作为学科的心理学的进步发展联系在一起的。具有深远意义的一些著作,如埃德蒙·伯克·休伊(E. B. Huey)的《心理学与阅读教学》(1908)和爱德华·桑代克(E. Thorndike)的《教师词汇手册》(1921),奠定了这一领域的理论基础(Pearson, 2009)。

相反,可读性研究也得到了发展,但它不是基于心理学,而是基于教育家们的儿童中心教育思想,如裴斯泰洛奇、福禄贝尔或赫尔巴特。他们的目的是开发适合儿童兴趣和能力发展水平的文本(Pearson, 2009)。1928 年威高(Vogel)和沃什伯恩(Washburne)在美国发展了一个更为复杂的定理,名为"温尼特卡公式"(winnetka formula),它在文本要素的难度和阅读能力水平之间建立了联系。它也建立了新的基本理论路径:以往的研究和公式仅仅是基于使用的词汇,而温尼特卡公式还考虑了介词的使用和简单的句子结构(Chall, 1947)。第二次世界大战后,英国和奥地利等国也进行了类似的研究(Olechowski, 1995)。随后几十年公式的发展本质上都遵循了温尼特卡公式的基本原理。

教材研究的第一次高潮出现在第一次世界大战后的教材修订。今天,教材修订仍然要遵循其目标,即去除教材中的民族主义、沙文主义以及单边解释,以促进国际和平与理解(见如,Hüfner,2000;Höpken,2005;Pingel,2008,2010a;Bachmann,2009)。一项历史研究表明,教材研究还遭受到了来自政治和规范的压力,这在学科初创阶段尤其突出。对学术、政治与教育实践关系的控制是传统教材研究的特征,这在今天许多教材相关研究中依然存在(见 Pingel,2010b)。自两次世界大战期间诺顿协会(the Norden Association)或国际联盟(the League of Nations)以及战后联合国教科文组织或欧盟委员会开展初步研究以来,教材的对比分析一直在影响着这一领域。与双边教材相关的讨论同样影响了这一领域。

早期教材研究背后的政治议题是包含在提升"国际理解"中的,并影响了20世纪50年代和60年代对教材的修订。它们的主要观点反映在了联合国教科文组织宪章的序言中:"既然战争源自人们的意念,就必须在人们的意念中建构对和平的维护。"(UNESCO,1945)民主教育是当时的核心工具,尤其是在以往不民主的国家,如日本和德国。其他一些旨在在世界版图内的国家和文化之间建立联系的项目也出台了。教材修订,往往是双边教材修订,在那一意义上提供了一个焦点,因此从未受到过批判性检验,直到1966年,至少西欧活动被更加密切地检示(Schüddekopf,1966)。然而,直到近些年来,联合国教科文组织等相关国际组织的作用才成为一个研究焦点。它们各自在国际教育过程和相关项目及这些项目在不同国家和地区的后续实施情况,一度在研究兴趣中占据了非常重要的位置(见如,Faure,2015;Fuchs,2014;Kulnazarova & Ydesen,2017)。与此同时,国际教材修订史受到了更多关注。另外,研究者并不仅仅在狭窄的学校教育情境中考察和平教育的各个方面(Bachet,2008),他们也研究国际移植过程以及跨国机构的作用(见如,Lindmark,2008,2010;Fuchs,2010a,2010b)。对过去及后续含义的解释的社会冲突可以在国家层面追溯到19世纪。尤其在美国,有许多研究围绕教材考察了社会论争的历史(见如,FitzGerald,1980;Giordano,2003;Moreau,2003)。阿马尔维(Amalvi)在考察法国1899—1914年源于政治和宗教利益冲突的"教材战争"时,表达出了同样的认知兴趣。

直到20世纪70年代,没有一个系统的教材研究值得称道。战后初期的教材分析服从的是政治和规范目的,除了由诸如戈兰·安道尔夫(G. Andolf)等学者所做的少量量化研究。始于20世纪60年代的社会变革,其特征是人口增长、教育扩张、社会动荡、政治危机以及快速增长的全球经济,使得更多关注点被放在了教材的社会与政治功能上。教育改革运动促进了由政治家、教材、出版商和学者领导的对教材的公共讨论(见 Hacker,1980;Wendt,2000;Pöggeler,2003)。这些争论主要以教材研究的理论基础和教材赖以存在的社会情境为中心。

教材研究者批评了围绕如此重要的媒介的讨论中理论的缺失,既没有研究方法也没有对作为媒介的教材的理论反思(Fritzsche,1992;Marienfeld,1976)。他们认为这一缺失源于教材生产及其内容要受到经济利益和管理权威的左右,从而使得这一领域对学术界缺乏吸引力(Hacker,1980)。后续几年出现的自我反思式的教材研究范式并没有带来综合性教材理论的发展。但教材研究开始超越单纯的内容分析,获得了更为系统的结构。例如彼得·温布伦纳(P. Weinbrenner)区分出了:"过程导向的教材研究",考察教材从开发到在课堂中实施的生命周期;"产品导向的教材研究",主要把教材视为一种视觉交流媒介;"影响导向的教材研究",研究教材在课堂中作为社会化因素的作用,同时考察教材的使用对教师和学生的影响。研究方法开始扩展,并从大量其他学科中借鉴了理论路径,这一过程持续至今。

最近十年或者更早时,话语分析就以各种形式在教材研究中扎根了。有一种特别适合对教材这种媒介进行详细描述的方法,高度关注教材的混合性质,特别是当,甚至可以说是由于,它们叠加和交叉了不同话语的时候。赫恩(Höhne,2008)把这一逻辑运用到了教材分析中,以揭示不同话语线索之间的不连贯与摩擦。在研究历史教材时,克雷里兹(Klerids,2010)开发了一个相对易于使用的方法工具,使研究者可以在教材中追溯话语线索。他研究的其中一个方面是运用"群体系统排列"建立历史叙事的框架:谁是主动的且与谁互动,谁是被动的,谁是可见的而谁不是?随后有一系列研究运用了这些方法,以发现教材内容中的矛盾与不连贯(Höhne et al.,2005;Christophe,2010,2012,2013,2014)。

少数族裔与性别

始于20世纪70年代对教材内容的学术批评,主要针对意识形态内容和教学文本的可理解性(见Mayer,2001)。教材当前既被视为社会进程的产物和因素,亦是政治利益的对象(见如,Stein,1974,1982)。杜伊斯堡教材研究所在德国领导了由此产生的意识形态批判,以及格尔德·斯坦(G. Stein)把教材界定为教育的、获取信息的或政治利益的对象,这一经久不衰的定义持续影响着研究。不论其自身的学科倾向,研究者们第一次明确主张教材不仅仅是政治内容的传播器,而且本身就是一个政治媒介。围绕着教材社会功能的疑问可能已经在东方和西方产生了不同答案,不管是从意识形态进行批判还是认同,在教材的教育作用方面已存在广泛的共识(Institut für Schulbuchforschung und Lernförderung,1994)。

在美国,这种意识形态批评最为突出的支持者是米歇尔·W.阿普尔(M. W. Apple)。第一批以教材中少数族裔、种族、性别或社会阶层为主题的研究出版于20世纪60年代。这些早期的研究包括对美国少数族裔和种族问题的描述,而性别平等的主题则是在20世纪80年代首次被探索(见Woodward et al.,1988)。但是,阿普尔是第一个把这些主题视为教材中合法知识生产的相关因素。他着手研究的前提假设是,无论内容还是形式,教材所表征的是现实的具体建构和经过深思熟虑的知识的选择和组织。教材生产是复杂的协商过程与权力建构的结果,反映了利益相关者在社会阶层、种族、性别/男女(gender/sex),以及宗教归属方面的差异。阿普尔对这些群体和教材生产者与接受者进行了区分。他也敏锐地意识到教材会受到经济压力的影响,特别是在实行教材竞争性市场的国家,如美国、英国或德国(Apple & Christian-Smith,1991)。对"阶层""种族"和"性别"主题的进一步研究见本书琳达·奇泽姆所著章节。

这些主题在今天仍然争论不休(Fuchs et al.,2014)。德语国家有一系列新的研究探索了教材中对移民、宗教和文化少数群体以及种族主义的表征。在对中小学社会科学书籍中有关移民描述的前沿研究中,托马斯·赫恩、托马斯·孔兹(T. Kunz)和弗兰克·奥拉夫·雷德克(Frank-Olaf Radtke)的研究显示,社会科学教材内容通过语义的二元并列突出了文化差异与移民的"外国性",如我们/他们、德国人/外国人、现代/前现代以及自己/别人(Kunz & Radtke,2005)。贝亚特丽斯·齐格勒(B. Ziegler)对瑞士历史教材的研究也能显示,移民一词仅在移民劳工和被外国人"淹没"或"横行"的情境下被提出来,来自移民家庭的学生面临一种移民叙事,这种叙事总是让他们返回到"新来者"或"陌生人"状态(Ziegler,2010)。西班牙的一项研究也显示,西班牙教材中关于移民的"新知识"反映并强化了围绕融合与同化的社会主流话语,几乎没有给小学生留下批判性反思的空间。

来自其他多元文化国家的研究揭示了教材中的种族主义表征和对黑人的刻板描述,历史上"白人统治"的主题则被禁止了。关于这一主题的研究还有巴西教材的种族主义研究(da Silva et al.,2013)和美国社会科教材中有关针对美国黑人的种族主义暴行的描述(Brown & Brown,2010),也可参见布莱恩(Bryan,2012)对美国教材中种族主题的研究。

教材中对伊斯兰教和穆斯林的描述同样是本质主义的和刻板的。2010 年格奥尔格·埃克尔特研究所的一项研究考察了五个欧洲国家的历史和社会科教材,发现主流教材几乎都没有给学生提供伊斯兰教和穆斯林的不同形象。大多数教材的欧洲中心论是很有问题的,因其普遍的做法是把伊斯兰世界的历史压缩成了中世纪、20 世纪和 21 世纪的片段,而不是提供持续的时间线索(Kamp et al.,2011)。

尽管多年来共同努力开发对性别问题有敏感认识的教材和教育媒介,2008 年联合国教科文组织的一项国际比较研究显示,大多数教材虽然没有公开表达歧视,但它们仍然传递了大量的刻板印象(Brugeilles & Cromer,2008)。联合国教科文组织的报告基于实践发现和科学的教材分析,记录了教材中对妇女和女孩的表征仍然存在偏见。与男性和男孩相比,她们被描述的频率较低,并被刻画为典型的性别角色。对马来西亚教材中性格表征的一项量化研究支持了这些发现(Othman et al.,2012)。一项对 42 部用乌尔都语、英语和普什图语出版的巴基斯坦教材的研究也显示,过时的性别认同是由男性语言的主导地位造成的,进而强化了社会结构(Khan et al.,2014)。两项探索伊朗

(Foroutan,2012)和乌干达(Barton & Sakwa,2012)教材中性别表征的研究得出了相似结论。更令人担忧的是,在巴勒斯坦和约旦,历史和公民教育教材中女性表征是缺失的(Alayan & Ai-Khalidi,2010)。其他人文科学类学科中的学术研究也证实了以上发现。苏珊·努森(S. Knudsen)指出,她对瑞典教材的研究发现,其对女性作者、艺术家或历史人物的表征不足,并主张在教材研究中对性别问题进行更加深入的思考(Knudsen,2005)。

对课堂教学和教学法的研究开始解决一般性的性别问题。这包括了对与教学实践密切相关的各级学校教材的调查(Mörth & Hey,2010)。朱塔·哈特曼(J. Hartmann)强调了把性别研究形成的基本标准转化成适合课堂的形式所面临的挑战(Hartmann,2010)。安吉拉·波纳(A. Pointner)运用话语分析法对小学的阅读、语言和科学教材所描述的生活方式进行了研究。研究发现毫不令人吃惊:教材内容被传统规范主导着。作为不同年龄学生的异性恋标杆和刻板印象,把父亲—母亲—子女家庭表征为理想的,性别有明确区别、男女之间有传统的角色分配是同等重要的决定性因素(Pointner,2010)。在对德国中学低年级历史、生物和英语教材的分析中,梅兰妮·比特纳(Melanie Bittner)也展示了,异性恋规范在整个中学低年级阶段都得到了支持。尽管反歧视的法律方面已经得到解决,但是没有对性别取向(同性恋的、双性恋的、易性癖的和双性人的)的范围或任何表现形式(如常态)做出任何解释(Bittner,2011)。

目前与教材相关的研究在课程分析以及教材中的文化差异建构的情境下考察了接纳与排斥问题(见如,Banerjee & Stöber,2010;Chikovani,2008;Körber,2001)。这涉及到教材中差异多大就能够视为截然不同的传统观念,要考虑的因素有本质上的复杂性、教学实施、具体学科的导向、对教育目标的遵守;这就是说异域性在教材中是如何建构的,它的表征是否会影响文化融合(Helgason & Lässig,2010;Matthes & Heinze,2004)。毫无疑问,世界范围内的教育体系面临发展新的概念以迎接课堂中日益扩大的文化、民族与宗教多样性的挑战(见 Schiffauer et al.,2002)。对目前研究状态进行更为深入的探索,以及对理论和方法路径的概述,请参阅本书英加·尼豪斯所著章节。

💡 国家身份、欧洲化和跨国视角

自20世纪70年代以来对刻板印象的传统研究因多边主义、欧洲化和跨国观等新视角而得以充实(Höpken,2003)。1989年以来全球政治格局的变化,特别是发生在欧洲的新的种族和政治冲突,及欧洲化和全球化进程,为内容分析提供了新的主题。

目前多数与教材相关的研究已经脱离了常规的政治假设,这些假设主导了初期的教材修订,但这些假设在冲突后社会和仍处于战争的社会中发挥着重要作用。在这种情况下,教材研究包含了针对刻板印象和敌人形象表征所进行的对教材和教学材料的分析,目的是为这种材料的修订提供政策相关建议。这种研究目前主要在三个地区进行：巴尔干、中东，由于涉及教材冲突，也包括东亚。最近对这些地区进行的研究，其最终目的是为了支持政治与社会和解进程，并提高教材内容的客观性（见如，Dimou，2009；Helmedach，2007；Dorschner & Sherlock，2007）。在中东进行的研究试图为阿拉伯国家之间的对话提供支持，在以色列和巴基斯坦进行的研究则是为了寻求不同历史解释及对这些解释的客观呈现的相互理解（见 Firer & Adwan，2004；Pingel，2004；Alayan et al.，2012）。而另一方面，东亚虽然不是一个冲突后地区，却是一个围绕教材一直争论不休的地区。在这里，教材修订主要关注的是历史学家和教育实践者的专业知识，而不是教材分析。最近研究这一地区的论文不仅分析了围绕教材的冲突，而且还积极寻求解决方案（见 Nozaki & Selden，2009；Richter，2008；Saaler，2005）。本书中西尔维·格依查德所著章节对战争与冲突的描述提供了更为综合的概括，尤其是历史教材。

教材及其相关研究，当与充满冲突的社会情境下的修订相关时，不仅仅具有政治爆炸性。同时也存在许多教材冲突，历史教材尤其饱受争议，这源于某些社会中作为国家争论主题的所谓"历史之战"（见 Liakos，2008/2009）。这些争论的中心是诸如民族传统的培养、身份认同感的维护和身份建构这些内容。冲突总是遵循相似的模式，借助国际争论扩散开来，在更广泛的公共领域获得共鸣，且通常会导致激烈的大讨论。1994 年在美国，举一个早期实例，围绕历史教学国家标准和课程的引入存在争议。新标准得到了这一领域专家的认可，但它鼓励对文化解放运动进行更深入的思考，并打破了传统的对美国历史的宏大叙述（见 Nash et al.，1997；Bender，2009）。

过去十年间，伴随着针对历史教材对历史事件的解释和选择的质疑，这种公共冲突在世界范围内出现了上升（见如，Repoussi，2006/2007，2008/2009；Popp，2008/2009；McIntype & Clark，2003；Linenthal & Engelhardt，1996；Richter，2008；Saaler，2005）。总体情况显示，在历史的催化作用下，争论导致了国家之间隔阂的加深。随着世界全球化趋势的加强，倾听那些在社会地位、宗教和种族上处于不利地位群体"未被听见的声音"的呼声越来越强，导致了对一些国家叙事的质疑，而一些国家的历史则被情境化，甚至被抛弃。多元种族课堂的挑战和试图构建超国家身份的尝试，暴露了排他性的国家历史叙事的局限性。

教材研究正越来越多地从欧洲和跨国研究中汲取方法。教材如何作用于国家身份构建这些问题正通过参考国家身份研究（Furrer，2004；非欧洲国家的观点，见 Rojas，2013）或欧洲研究（相关实例见塞浦路斯案例，Philippou，2012）得到答案。本书中彼得·卡利所著章节对国家的建构和解构，以及国家身份形成做了详细阐述。尽管统一的、不可更改的欧洲历史叙事观受到了学术界的质疑，大多数关于欧洲的概念排斥一个单一的、综合的历史叙事（Fuchs & Lässig，2009；Langer et al.，2009）。教材研究者抓住了这一主题，他们不仅质疑了现有教材中对欧洲和"欧洲性"的表征的差异，也同时使用了比较分析法研究教材的历史演变,进而指出教材中对与欧洲相关的自我与他者的趋同或并行的观点(Jackson & Iris, 2002; Kotte, 2007; Natterer, 2001; Riemenschneider, 2001; Schissler, 2003; Stöber, 2002)。但是,在欧洲身份构建框架和欧洲竞争性表征的差异中,研究的情境化仍然处于初创阶段(Anklam & Grindel, 2010)。

教材研究一个正在发展的分支是探索对帝国和殖民历史、刻板印象和地理边界的看法,这逐渐使得此类研究更容易接受跨国的和后殖民理论与观念(Fuchs & Otto, 2013; Grindel, 2008, 2013; Hong & Halvarson, 2014; Macgilchrist, 2011a; Macgilchrist & Müller, 2012; Müller, 2013; Oetting, 2006; Otto, 2011, 2013; Poenicke, 2002)。在这一背景下,出现了一种把全球和世界史这一维度引入教材研究的趋势。由于以上提及的那些遭受了社会、宗教和种族歧视的群体越来越多地要求他们的历史不再被忽视,许多国家正在讨论世界史观的转变。尽管最近的研究成果显示,国家身份认同模式,不同于地方、地区和全球身份认同模式,仍然是教材的中心,但它同时也显示了国家叙事正越来越扎根于全球背景(Fuchs, 2005; Schissler & Soysal, 2005)。关于目前的理论、方法和研究视角更详细的阐述,可参阅本书拉尔斯·穆勒所著章节。

教材研究领域也更加关注文化研究的各个方面,如记忆文化研究。人们将教材作为反映记忆的文本加以阅读,纪念性的文化协商过程能够借此得到重构。这通常会导致两种截然不同的研究路径。有些研究突出记忆与身份的联系,例如关于欧洲、国家和宗教身份认同的哪种观念可通过对过去教材叙事的共时比较揭示出来(Christophe, 2013)。其他研究则更为关注在对过去的叙事中寻找当下的痕迹,并运用历史比较法来弄清楚特定历史阶段或事件,如大屠杀(参阅本书中斯图尔特·福斯特所著章节;又见Carrier et al., 2014; Christophe & Macgilchrist, 2011)是如何在教材中被表征的。

宏观社会学研究也为全球教材和课程开发提供了解释模式。此类国际和比较研究考察教材研究趋势和相关理论形成,并坚定地追随新制度主义方法,已经令人信服地表明,从全球视角看,课程结构与教材内容是相匹配的(Bromley, 2013; Bromley et al., 2010; Foster & Crawford, 2006; Meyer et al., 2010; Ramirez et al., 2000; Ramirez & Meyer, 2002)。其他全球研究的结果表明世界发展具有多样性和特定的国家特征(Carrier et al., 2014)。

💡 影响与接受研究

20 世纪 80 年代中期以来,一个社会科学取向的教材研究分支正在发展起来,这种与美国大众媒介研究相联系的研究取向已经发现,媒介内容并没有对受众产生显而易见的影响(Lange, 1981)。在教材研究方面,这意味着学习成果无法直接追溯到教材内容。东方阵营的国家也基于教材理论家德米特里·苏朱(D. Sujew)的工作对教材内容的习得与运用展开了类似的研究(Johnsen, 1993)。至少直到 20 世纪 90 年代初,应用研究都主要关注内容获取和学生的实际成绩，而不是所传播的知识的来源或中小学生的社会文化背景（Apple & Christian-Smith, 1991）。

用社会学方法研究课堂中教材的影响与接受越来越重要。这一领域尚处于初创阶段，这类研究还包含在与历史和地理教学相关的更为一般的研究中（von Borries, 2005, 2006; Gautschi et al., 2007）。但无论如何，人们已经对教材在课堂中应用的方法及其可能对学生历史意识发展产生的影响有了越来越浓厚的兴趣。教材作者和教育家期望历史教学材料在课堂教学中发挥指导作用，并积极地影响教学质量（Schär & Sperisen, 2011）。但是，这一媒介的具体效果相对来说还处于未知状态，对其他媒介和社会化机构来说更是如此。

质量问题的发生常常与教学材料有关，并经常被公开讨论，但质量与学习成果的关系迄今为止尚未引起学术界或教育政策制定者的浓厚兴趣。一项关于教学材料的影响的实证研究为教师如何传递教材内容和学生如何接受等问题提供了答案（见 Wiater, 2005）。另一项关于在瑞士引入英语教材的研究得出结论，在该情境中体验到的问题更多地与外语教学的再组织和教育政策框架相关，而不与教材本身的质量有关（见 Criblez et al., 2010）。这类研究发现在教学和学校系统这些相关因素的基础上揭示了一个影响教学材料如何在教学过程中发挥作用的补充机制层。为了评估教材的内容对学生态度和行动的影响，除了学生与教学材料的关系外，有必要考虑社会政治和文化背景。诸如社会背景、社会群体和协会成员身份以及个人情况等因素都发挥着重要作用（见 Kalmus, 2004）。

随着当前媒介的变化，关于教材对学习成果、学习成功和动机的影响的研究越来越成为关注的焦点。有研究显示，教材对学生学习动机的刺激不如其他教学媒介强烈（见 von Borries, 1995; Hemmer & Hemmer, 2010）。为数不多关于教材与学习成功之间关系的研究中的一项，研究了 1963—1979 年美国的高考成绩，发现成绩越来越糟可归因于语言教材复杂性的降低及随后对阅读与口语技能的负面影响（见 Hayes et al., 1996）。一项关于大学教学材料的研究探究了教材选择是否影响学生对特定主题的理解，得出的结论是两者之间没有相关性（见 Durwin & Sherman, 2008）。

现有研究几乎都聚焦于数学和科学学科。尽管它们在教学材料对学习成功的贡献上没有结论，但它们还是促进了这一领域的研究（见如，Schmidt et al., 1997; Törnroos, 2001; Haggarty & Pepin, 2002）。这一领域主要聚焦在对与拟实施课程相关的教材分析上，因此它较少关注已实施的课程，而是更多地关注学习机会，即学习成果和学习成功。在一项关于数学课的研究中，教材在其中起着重要作用，结果显示尽管教材量化分析能够对学习可能性做出推断，但这一方法无法在教材使用和学习成功之间得出结论（见 Törnroos, 2001）。

数字和非数字媒介效果的比较在最近的许多研究中占据主导地位：如默克特

（Merkt）等人进行的研究，他们把互动式媒体与插图式教材的使用进行了比较（Merkt et al., 2011）；再比如罗金森－川崎（Rockinson-Szapkiw）等人进行的研究，他们比较了数字教材和纸质教材的效果（Rockinson-Szapkiw et al., 2013）。这两项研究均未发现在印刷版和数字版教学材料之间存在学习成果的显著差异。相比之下，宋（Song）的研究观察到使用数字媒介的学习者的知识有显著增加。

最近的研究显示，教学材料必须满足学习过程的需要，这种学习过程越来越基于合作与个性化学习过程。新开发的教学材料更加关注传授学习方法，如独立学习、合作课。在这些学习方法中，学生对课的形式、课的外部空间延伸以及教师在团队工作的建议者、协调者和组织者之间的角色转换拥有更多话语权（见 Vollstädt, 2002）。对教材影响与效果的进一步探索，参阅本书伊冯·贝恩克所著章节。

尽管过去这些年实验和准实验研究更多地关注了纸质教材和数字教材特定要素的影响，但很少研究教材和教学材料的选择过程及课堂中教师在课堂上的实际实施（见 Kahlert, 2010；Sandfuchs, 2010）。从方法上看，现有研究主要集中在调查教师对教材的使用情况（见 Neumann, 2014；又见 Killus, 1998；Jünger, 2006；Hemmer, 2010）或进行课堂观察（见如, Gautschi et al., 2007；Janík et al., 2014）。学生的观点主要局限在评价教材本身（见 Knecht & Najvarová, 2010），而非教材是如何被使用的（Neumann, 2014）。尽管如此，值得一提的是雷扎特（Rezat）的研究，他应用扎根理论比较并分析了学生对数学教材的预期使用与实际使用（Rezat, 2011）。关于学生对教材使用的进一步研究常常指向数字教材（见如, Ditmyer et al., 2012；Baker-Eveleth & Stone, 2015；Johnston et al., 2015）。

💡 教学教材研究

历史教学的转变和历史教学中的新方法是进一步影响教材研究的因素。从基于材料的课程转向更多地由学习成果引导的课程，给教材研究者提出了新的问题，对历史教材来说，尤其会涉及争议和多元视角（Höpken, 2003；Schönemann & Thünemannr, 2010）。

针对特定学科和专门化的教材研究，最近出现了向实证的和心理学的教与学研究的转变。基于学习心理学的研究方法关注的是认知的建构过程；它们需要建构认知过程，以鼓励学习者思考并发展其认知独立性。在这种情境下，对教学材料有不同看法；它们的作用不再仅仅是传递知识，而是要"支持和鼓励学习与思维过程的发展"（Möller, 2010：98）。在教学材料创新和教与学新方法的改革中，迈克·霍斯利（M. Horsley, 2001）呼唤教材研究理论，反思教育媒介的演变与转型（见 Lässig, 2009）。

正如博多·冯·博里斯（B. von Borries）所说的，从历史教育角度看，历史教材的难度超过了学生的理解力（von Borries, 2006）。那些参编教材的历史学家假设，教材要遵循作为一门学科的历史的基本原理,并传递"扎实的知识"。除了传递知识外,历史教材也应该支持学生的"思维与意识"(Rüsen, 2008:177)。

在外语教学中,教材通常被视为关键媒介,应用广泛。教师使用教材主要是为了确保执行了课程要求(Kurtz, 2010)。对教师来说,教学材料适合学生独立学习也很重要,特别是在校外复习和自我纠错的时候,这种学习提升了学生语言使用的能力和得体性(Michler, 2005)。在过去十年甚至更长的时间内,外语教学材料总体上已经完全实施了学生取向,并按照自主学习进行设计(见 Nodari & Viecelli, 1998)。

研究显示,数学教师把选择课堂中要使用的教材看作他们教学的一个关键因素,教材提供的材料的类型与范围是对它进行评价的关键因素(Van Steenbrugge et al., 2013)。这些发现与美国的一项研究相一致,它能说明数学教师不再把自己局限于规定的教材;他们会把材料综合起来以适应特定的教学要求(Taylor, 2013)。

卡林·布尔斯特里(K. Bölsterli)等人发现,教师总体上不太能接受能力取向的课,尤其是对自然科学中能力取向的教学材料而言。科学教材需要给教师提供能增强他们专业能力的能力取向的材料,以便提高他们对改革的接受度(Bölsterli et al., 2010)。关于教学材料朝能力开发的取向,化学教师们严厉指责文本缺少与学生的关联,并批评教材未能足够地反映学生的先验知识与经验(Gräsel, 2010)。

迪拜一项对科学课教学的研究显示,成功的知识传播,重要的是把训练有素的教师和高质量的教材结合起来。经验性研究得出的结论是,拥有丰富自然科学知识的科学教师在使用阐述这些概念的教材时,能够成功地教授学生基本科学原理(Forawi, 2010)。

💡 质量与应用

美国的研究一度把关注焦点放在教材质量和评价上。第一套教材评价标准是从旨在揭示歪曲、敌人形象和偏见的政治和外交主导的研究方法转向更为牢固地扎根于方法论和方法的研究期间(1950—1970)创立的(见 Fritzsche, 1992)。大多数这种评价标准,包括源于特定学科教育领域的标准,阐明了教材的一般设计与内容。但是,真正客观的教材评价是否可能存在? 这一问题在当时就产生了争议,并持续至今(见 Kahlert, 2006)。目前对教学材料的研究是基于这样一个假设,即由于对教材的众多要求及对教材的各种影响,教材评价必须以广泛的评价标准为基础(见 Pohl, 2010)。目前已经建立了许多不同的评价标准模型,包括比勒费尔德和鲁特林根模式(Bielefeld & Reutlingen Patterns)、维也纳标准目录(Vienna Criterion Catalogue)和基于网络的雷万托评价工具(Levanto Evaluation Tool)。本书中卡尔-克里斯蒂安·费和伊娃·马特斯所著章节深入探讨了理论路径和当前的研究方法。

有关教材和教学材料的选择过程与课堂中教师在课堂上的实践使用的研究还处于

初级阶段,关于学生对教材的使用情况同样鲜为人知。教学材料作为一个研究主题仍然被学术教育学和经验心理学所忽视(见 Mayer,2001),但得益于国际比较研究发现,它们的概况正变得越来越重要。作为 PISA 和 TIMSS 研究中发现的关于德国教育体系值得警醒的结果,教材也一度成为非常负面的关注焦点。它们被严厉地指责没有足够地鼓励对知识的理解和应用(见 Wiater,2005)。如何才能提升和测量教材质量导致了这一领域新的经验性研究的产生。科妮莉亚·格雷泽尔(C. Gräsel)指出,经验性的教学研究,尤其是在数学和科学领域中,在过去十年中通过与教育研究和心理学的紧密合作明显有所收获(Gräsel, 2010;见如,Westwood Taylor, 2010)。人文科学与社会科学也正在赶上来:近些年来这些领域经验性研究的数量正在上升。通过研究教育媒介,赫尔曼·阿斯特莱特纳(H. Astleitner)观察到了把教材与"新媒介"结合起来对学习过程产生的积极效果。媒介的结合能更好地满足学生个体的需求,且更容易把学与教体系中互相独立的各要素内在地联系起来;教学材料也更容易被个性化地配置(Astleitner,2012)。托马斯·伊勒姆·汉森所著章节详细阐述了这一领域目前的研究状态。

自 20 世纪 80 年代以来,教材的设计(Baumann, 1971)与适用性也成了研究的突出主题(Institut für Schulbuchforschung und Lernförderung, 1994)。在全面的教材设计概念下,除了文本的恰当性,对其他设计要素如照片、图形、表格也进行了研究。教学材料设计应当遵循一般媒介的设计要求。这就是要基于格式塔心理学原理,并遵循应用于形态、色彩和字母(或字母系统)的特定的正式规则(马克思·韦特海默的格式塔组织规律)(Pettersson, 2010; Schelmann et al., 2010)。相应的研究考察了教学法、教育心理学、媒体科学和设计之间的结合点(见如,Ballstaedt, 1997; Schnotz, 1994, 2011; Weidenmann, 2006; Vogl, 2005; Iluk, 2014; Aprea & Bayer, 2010)。

到了 20 世纪 90 年代,巴尔敦(Ballstaedt)已经发展起了通用的和针对特定媒介的设计原理,这一原理应用至今,最近的研究又对它进行了扩充(见如,Schellmann et al., 2010)。例如,陈宝金(Bao-Jing Chan)、叶伟林(Wei-Ling Yeh)和陈理华(Li-Hua Chen)从教材的排版和图示如何能够激励学习过程的角度研究了教材的视觉设计(Chan, Yeh & Chen, 2012)。作者比较了美国和日本社会科教材,提出了排版是如何与学习相关并有助于学习的,从而在课堂中激发兴趣和批判思维。

恰当性与适合性的概念构成了教材设计的核心原则。美国研究人员早在 20 世纪 20 年代就首次通过研究阅读理解(见 Pearson, 2009)涉足了这一问题,20 世纪 80 年代以来,研究者们就一直在将教材视为整体的情境下探索这一概念(见 Woodward et al., 1998)。但是,适合性不仅适用于教材设计,也涉及教材内容。例如,恩斯特·辛里奇(E. Hinrichs)质疑了历史教材的学术适合性(见 Hinrichs, 1992)。二十年来,学生们一直抱怨历史教材令人费解,因此在课堂中对它们关注较少(von Borries, 1995;又见 von Borries, 2010)。研究分支如语言学,今天正在给这一领域的研究提供新方法(见如

Kiesendahl & Ott, 2015）。

最近这些年，作为图像学发展的一个结果，图像分析越来越受重视。教育学很早以前就"发现"了图像，但媒体革命产生了大量图像，在多媒体教材中尤其能看到，这给教育带来了新的挑战。教材中关于图像的传统概念有时仅限于文本中的简单图示，教材中关于图像的这种传统概念正在受到质疑，且分析方法也在发生改变。图像不再根据内容，而是根据由图像所创造的意义的建构进行分析，并把它与文本分析结合起来（Maier, 2004; Heinze & Matthes, 2010; Sauer, 2000）。"图像话语"与文本话语和其他社会话语交织在一起。研究者一定会问，学生为解码图像准备得如何？答案是需要图像教学法，它探索了课堂中视觉习得的方法，特别是图像的复杂性和学生对它们的接受（Lieber, 2008）。对捷克共和国8部地理和德语教材中1 300多个图像的分析（Janko & Knecht, 2013）显示了针对特定学科的图像分析的重要性。

💡 教材生产

在许多国家，教材是商业出版社生产的商品。教材生产不仅要满足教育政策要求，还要服务于有着很高经济利益的广阔市场。生产成本，包括作者稿酬和顾问费、编辑、广告、印刷和营销成本，不同程度地取决于印刷次数和教材寿命。这些成本主要由出版商承担，他们还要承担不景气市场的经济风险，在这种市场中购买者和销售者不一定必然在交易的对立面。在这一点上，本书回顾了教材生产的历史研究；克里斯托夫·布拉西所著章节更为详细地考察了当前的研究和生产条件，托马斯·赫恩所著章节拓展了我们对政治和经济的生产条件的洞察。马库斯·奥托研究了教材作者和他们的角色。

在欧洲，直到20世纪70年代，一直没有对教材生产中教材出版商、作者和其他利益相关者的角色进行彻底的研究，尽管在美国自20世纪30年代开始这一研究就很普遍了（Johnsen, 1993）。其主要原因是，在美国，教育是每个州的责任，教材市场是完全自由竞争的，没有政府的监管。在这一背景下，也正是在美国，进行了最初的关于教材选择和在课堂中应用的研究。直到三十年后，欧洲关于这一主题的第一项研究才得以发表。后来成为位于德国布伦瑞克的韦斯特曼出版社主任的卡尔·奥古斯特·施罗德（C. A. Schröder）在他的学位论文中，探索了当教材修订成为国际合作的结果时国家和国际利益相关者（包括公立的和私营的）的角色。以德意志联邦共和国为例，他展示了当国家和国际或跨国利益集团和利益相关者的优先权发生冲突时教材修订的任务、可能性以及局限（Schröder, 1961）。多年来，他的著作在欧洲都是独一无二的，直到几十年后教材的生产条件才再次成为研究者感兴趣的主题。

现有研究中对教材出版商的历史，他们的生产机制、社会与公众影响，或是对作者及其与教育机构和实践的互动的研究极少。以往对教材历史的研究当然也涉及了这些方面,但是没有系统分析教材的复杂社会状况(见 Rommel,1968;Manz,1966;Nietz,1961)。这些问题在德国一项对韦森豪斯出版社(这家出版社出版过历史和地理教材)19世纪历史进行的意义重大的研究中基本都涉及了(Kreusch,2008;又见 Jäger,2003)。英格堡·雅克林(I. Jaklin)在奥地利做过一项比较研究,分析了两家出版社18世纪的教材生产(Jaklin,2003)。在美国,科迪(Cody,1990)最早对这一主题进行了研究。瑞士教育历史学家安妮·博什(A. Bosche)研究了20世纪60年代和70年代在社会与文化变革背景下把能获得的新信息和新教学方法引入到苏黎世州小学的情况(Bosche,2013)。

相对来说,数量更多的研究考察了教材的生产与分销以及教材市场的发展,如维诺(Viñao)研究了现代早期西班牙的情况。艾曼纽尔·查普伦(E. Chapron)的研究表明,18世纪法国教材市场的发展绝不是同质的,它是在区域层面由不同的行政法规、家庭关系和地方零售网络构成的(Chapron,2012;又见 Titel,2002;Giordano,2003)。在19世纪,不同国家教材市场是由国家密切监管的,审批程序的引入使这一点更加复杂,B. G. 托伊布纳出版社的贾格尔(Jäger)的研究表明了这一点(Jäger,2003)。同一时期,大多数西方国家都建立了强大的教材出版社(Titel,2002)。在德国,这些出版社与学术出版社联系密切(Keiderling,2002)。

1871—1945年间教材出版社的历史记录得相对完整,尤其是德国(Jäger,2003;Kreusch,2012;Blänsdorf,2004)。直到20世纪早期,德国的教材生产体系都是唯一有组织的:教材的部分销售收入为小学教师建立了一种社会保险,因为教材出版商被要求与教师联合会、孤寡与孤儿基金会合作(Jäger,2003)。一些现有研究关注的是个体出版公司(Tröhler & Oelkers,2001);尽管有些研究不够细致,但有些研究还是提供了全面的概况(Jaklin,2003)。基德林(Keiderling)研究了19世纪和20世纪出版公司和作者之间的关系,得出的结论是在这一时期教材出版商对文本草稿的影响在逐渐提高。通过分析教材,朱利欧·鲁伊斯·贝里奥(J. R. Berrio)考察了隐藏在西班牙富有影响力的出版商卡列哈(Calleja)背后的政治议程。该公司从1876年开始出版教材,它做得非常成功,但下意识地鼓吹国家现代化(Ruiz Berrio,2002)。除了这些研究,还有一些出版商的传记,如路易·阿歇特(L. Hachette)对莫利埃的描述(Hachette,1999),或施罗德(Schröder)关于卡尔·奥古斯特·施罗德的作品(Schröder,2005)。

最近的研究把出版社描述为话语生产的组织(见 Macgilchrist,2011b),它不仅能够从经济角度考虑再生产并稳定文化知识体系,还能够补充、替代进而破坏它们的稳定。教材生产方法融入了人的要素也融入了非人的要素。教材出版商不仅遵循利益最大化的逻辑,而且如上文所述,还充当话语生产的组织,再现由课程决定的"经典知识",但同时也会去改变它(见 Macgilchrist,2011b,2012,2015)。

结论

教材研究是一个广泛而又学科多元的研究领域,由于不同方法之间在水平上存在许多差异,因而很难对它做出测量和评估。作者们给为教材撰写的文本带来了许多维度和问题,他们的专业知识来源于不同的理论话语,他们把自己置于不同学科情境中,并应用了一系列方法与分析过程。这么多的差异自身就可用于进行类型学的区分。"教材研究"还没有成为一个被清晰描述的研究领域;因此"教材取向的研究"更适合描述这一学科。这个术语一方面强调了这一领域巨大的主题和方法的差异,另一方面定义了超越大学经典学术知识的跨学科和多学科维度(Fuchs,2011a,2011b)。

教材研究既没有自己的理论,也没有作为特定武器的研究方法;相反,它使用的方法来自最适合相关问题的人文科学和文化与社会研究。主流方法仍是比较法、解释学和批判性文本分析,这些方法允许对教材内容做系统分析,以探索一系列不同的问题。教材分析越来越扎根于教材生产、使用和实施的文化背景。这种定位与教材和其他教育媒介之间的相互联系促进了教材研究与当前学术的、教学的和社会的发展的关联,并揭示了它们之间的平行关系。这一领域在越来越多使用话语分析方法的同时,也采用了来自民族志、媒体科学、视觉研究以及社会科学等领域的方法,例如在对课堂中教材的评估与影响进行分析或需要进行量化分析时都会用到这些方法。教材分析不同于其他研究领域,是因为它是在学术知识生产与教育政策和实践的重叠与冲突中进行的。

参考文献

Aeberli, C. (Ed.). (2004). *Lehrmittel neu diskutiert. Ergebnisse des 1. Schweizer Lehrmittelsymposiums am 29./30. Januar 2004 auf dem Wolfsberg in Ermatingen*, TG. Zürich: Lehrmittelverlag des Kantons Zürich.

Alayan, S., & Al-Khalidi, N. (2010). Gender and Agency in History, Civics, and National Education Textbooks of Jordan and Palestine. *JEMMS*, 2(1), 78-96.

Alayan, S., Rohde, A., & Dhouib, S. (2012). *The Politics of Education Reform in the Middle East: Self and Other in Textbooks and Curricula*. New York: Berghahn Books.

Amalvi, C. (1979). *Les héros de l'Histoire de France: recherche iconographique sur le panthéon scolaire de la troisième République*. Paris: Phot'oeil.

Anklam, E., & Grindel, S. (2010). Europa im Bild — Bilder von Europa: Europarepräsentationen in deutschen, französischen und polnischen Geschichtsschulbüchern in historischer Perspektive. In C. Heinze & E. Matthes (Eds.), *Das Bild im Schulbuch*. Bad Heilbrunn: Klinkhardt.

Apple, M. W., & Christian-Smith, L. K. (1991). *The Politics of the Textbook*. New York: Routledge.

Aprea, C., & Bayer, D. (2010). Instruktionale Qualität von grafschen Darstellungen in Lehrmitteln: Kriterien zu deren Evaluation. *Beiträge zur Lehrerbildung*, *28*, 73–83.

Astleitner, H. (2012). Schulbuch und neue Medien im Unterricht: Theorie und empirische Forschung zur Hybridisierung und Komplementarität. In J. Doll, K. Frank, D. Fickermann, & K. Schwippert (Eds.), *Schulbücher im Fokus: Nutzungen, Wirkungen und Evaluation*. Münster: Waxmann.

Bachmann, S. (2009). Internationale Schulbuchrevision als systemübergreifende Kooperation: bilaterale Schulbuchkonferenzen von Historikern und Geographen aus der Bundesrepublik Deutschland sowie aus Polen und Rumänien. In S. Bachmann (Ed.), *Gesellschaft im Übergang: Prozesse soziokulturellen Wandels; kleine Schriften von 1954 bis 1994*. Hannover: Weber.

Baker-Eveleth, L., & Stone, R. W. (2015). Usability, Expectation, Confrmation, and Continuance Intentions to Use Electronic Textbooks. *Behaviour & Information Technology*, *34*, 992–1004.

Ballstaedt, S.-P. (1997). *Wissensvermittlung. Die Gestaltung von Lernmaterial*. Weinheim: Beltz.

Banerjee, B. K., & Stöber, G. (2010). Textbook Revision and Beyond: New Challenges for Contemporary Textbook Activities. *JEMMS*, *2*(2), 13–28.

Barton, A., & Sakwa, L. N. (2012). The Representation of Gender in English Textbooks in Uganda. *Pedagogy, Culture and Society*, *20*(2), 173–190.

Baumann, M. (1971). Lerntheoretische Aspekte der Schulbuchforschung. *Wissenschaftliche Hefte des Pädagogischen Instituts Köthen*, *2*, 11–18.

Bechet, C. (2008). La révision pacifste des manuels scolaires. Les enjeux de la mémoire de la guerre 14–18 dans l'enseignement belge de l'Entre-deux-guerres. *Cahiers d'Histoire du Temps Présent*, *20*, 49–101.

Bender, T. (2009). Can National History Be De-Provincialized? U. S. History Textbook Controversies in the 1940s and 1990s. *JEMMS*, *1*(1), 25–38.

Bittner, M. (2011). *Geschlechterkonstruktionen und die Darstellung von Lesben, Schwulen, Bisexuellen, Trans * und Inter * (LSBTI) in Schulbüchern: eine* *gleichstellungsorientierte Analyse*. Frankfurt a. M.: Gewerkschaft Erziehung und Wissenschaft.

Blänsdorf, A. (2004). Lehrwerke für Geschichtsunterricht an Höheren Schulen 1933 – 1945: Autoren und Verlage unter den Bedingungen des Nationalsozialismus. In H. Lehmann & O. G. Oexle (Eds.), *Nationalsozialismus in den Kulturwissenschaften. Bd. 1: Fächer — Milieus — Karrieren*. Göttingen: Vandenhoeck & Ruprecht.

Bölsterli, K., Wilhelm, M., & Rehm, M. (2010). *Empirisch gewichtetes Schulbuchraster für den naturwissenschaftlichen kompetenzorientierten Unterricht*. Retrieved from http://www.sciencedirect.com/science/article/pii/S2213020914000718.

von Borries, B. (1995). Das Geschichts-Schulbuch in Schüler- und Lehrersicht: einige empirische Befunde. *Internationale Schulbuchforschung*, *17*, 45 – 60.

von Borries, B. (2005). *Schulbuchverständnis, Richtlinienbenutzung und Refexionsprozesse im Geschichtsunterricht: eine qualitativ-quantitative Schüler- und Lehrerbefragung im deutschsprachigen Bildungswesen 2002*. Neuried: Ars Una.

von Borries, B. (2006). Schulbuch-Gestaltung und Schulbuch-Benutzung im Fach Geschichte: zwischen empirischen Befunden und normativen Überlegungen. In S. Handro (Ed.), *Geschichtsdidaktische Schulbuchforschung: III. Nachwuchstagung der "Konferenz für Geschichtsdidaktik", die vom 5. – 7. August 2005 in WittenBommerholz stattfand*. Berlin: LIT-Verlag.

von Borries, B. (2010). Wie wirken Schulbücher in den Köpfen der Schüler? Empirie am Beispiel des Faches Geschichte. In E. Fuchs, J. Kahlert, & U. Sandfuchs (Eds.), *Schulbuch konkret. Kontexte — Produktion — Unterricht*. Bad Heilbrunn: Klinkhardt.

Bosche, A. (2013). *Schulreformen steuern: die Einführung neuer Lehrmittel und Schulfächer an der Volksschule (Kanton Zürich, 1960er- bis 1980er-Jahre)*. Bern: Hep, der Bildungsverlag.

Bromley, P. (2013). Holocaust Education and Human Rights: Holocaust Discussions in Social Science Textbooks Worldwide, 1970 – 2008. In M. Proske & W. Meseth (Eds.), *"Holocaust Education" als Gegenstand International-vergleichender Erziehungswissenschaft*. Münster: Waxmann.

Bromley, P., Meyer, J. W., & Ramirez, F. O. (2010). *The Worldwide Spread of Environmental Discourse in Social Science Textbooks, 1970 – 2008: Cross-National*

Patterns and Hierarchical Linear Models. Retrieved from https://worldpolity.fles.wordpress.com/2010/08/bromley-meyer-ramirez-environmentalism-in-textbooks-6-2010.pdf.

Brown, A. L., & Brown, K. D. (2010). Strange Fruit Indeed. Interrogating Contemporary Textbooks Representations of Racial Violence Toward African Americans. *Teachers College Record*, *112*(1), 31–67.

Brugeilles, C., & Cromer, S. (2008). *Comment promouvoir l'égalité entre les sexes par les manuels scolaires? Guide méthodologique à l'attention des acteurs et actrices de la chaîne du manuel scolaire.* Paris: UNESCO.

Bryan, A. (2012). "You've Got to Teach People That Racism Is Wrong and Then They Won't Be Racist": Curricular Representations and Young People's Understandings of "Race" and Racism. *Journal of Curriculum Studies*, *44*(5), 599–629.

Bullinger, R., Hieber, U., & Lenz, T. (2005). Das Geographiebuch — ein (un) verzichtbares Medium(!)? *Geographie heute*, *26*(231/232), 67–71.

Carrier, P., Fuchs, E., & Messinger, T. (2014). *The International Status of Education About the Holocaust: A Global Mapping of Textbooks and Curricula.* Paris: UNESCO.

Chall, J. S. (1947). This Business of Readability. *Educational Research Bulletin*, *26*(1), 1–13.

Chan, B.-J., Yeh, W.-L., & Chen, L.-H. (2012). Applying Illustrations and Layout Design for Textbooks to Enhance the Art of Teaching: A Case of Social Studies Textbook. *Journal of Textbook Research*, *5*(1), 47–84.

Chapron, E. (2012). Das Elementarschulbuch im 18. Jahrhundert: räumliche Ausbreitung und Handelspraktiken zwischen Paris und der Champagne (1680–1730). In S. Hellekamps (Ed.), *Schulbücher und Lektüren in der vormodernen Unterrichtspraxis. Zeitschrift für Erziehungswissenschaft. Sonderheft 17.* Wiesbaden: Springer Fachmedien.

Chikovani, N. (2008). The Problem of a Common Past in Multiethnic Societies: The Case of Georgian History Textbooks. *Internationale Schulbuchforschung*, *30*(4), 797–810.

Choppin, A. (1992). *Les manuels scolaires: histoire et actualité.* Paris: Hachette.

Christophe, B. (2012). Ambivalenz als Ressource in erinnerungskulturellen Aushandlungsprozessen: Repräsentationen des Sozialismus in litauischen

Geschichtsschulbüchern. In T. A. Bogoljubova & N. I. Devjatajkina (Eds.), *Kul'turnaja pamiat' i memorial'nye kommunikacii v sovremennych učebnikach i učebnoj literature: opyt ' Rossii i Zapadnoj Evropy; sbornik dokladov i materialov meždunarodnoj konferencii*. Saratov: Nauka.

Christophe, B. (2013). Religiös und doch modern? Nation und Europa in polnischen und türkischen Schulbüchern. *Geschichte in Wissenschaft und Unterricht*, 64(1-2), 61-79.

Christophe, B. (2014). *Kulturwissenschaftliche Schulbuchforschung Trends, Ergebnisse und Potentiale*. Eckert. Working Papers 2014/6. Retrieved from http://repository. gei. de/handle/11428/140.

Christophe, B., & Macgilchrist, F. (2011). *Translating Globalization Theories into Educational Research: Thoughts on Recent Shifts in Holocaust Education*. Retrieved from https://doi. org/10. 1080/01596306. 2011. 537080.

Cody, C. (1990). The Politics of Textbook Publishing, Adoption and Use. In D. L. Elliot & A. Woodward (Eds.), *Textbooks and Schooling in the United States. Eightyninth Yearbook of the National Society for the Study of Education, Part 1*. Chicago: University of Chicago Press.

Criblez, L., Nägeli, A., & Stebler, R. (2010). *Schlussbericht. Begleitung der Einführung des Englischlehrmittels Voices auf der Sekundarstufe I*. Zürich: Universität Zürich.

Dimou, A. (2009). *"Transition" and the Politics of History Education in Southeast Europe*. Göttingen: V&R Unipress.

Ditmyer, M. M., Dye, J., Guirguis, N., Jamison, K., Moody, M., Mobley, C. C., & Davenport, W. D. (2012). Electronic vs. Traditional Textbook Use: Dental Students' Perceptions and Study Habits. *Journal of Dental Education*, 76, 728-738.

Dorschner, J., & Sherlock, T. (2007). The Role of History Textbooks in Shaping Collective Identities in India and Pakistan. In E. A. Cole (Ed.), *Teaching the Violent Past: History Education and Reconciliation*. Lanham, MD: Rowman & Littlefeld.

Durwin, C. C., & Sherman, W. M. (2008). Does Choice of College Textbook Make a Difference in Students' Comprehension? *College Teaching*, 56(1), 28-34.

Faure, R. (2015). *Netzwerke der Kulturdiplomatie: die internationale Schulbuchrevision in Europa 1945-1989*. Berlin: De Gruyter.

Firer, R., & Adwan, S. (2004). *The Israeli-Palestinian Confict in History and Civics Textbooks of Both Nations*. Hannover: Hahn.

FitzGerald, F. (1980). *America Revised. History Schoolbooks in the Twentieth Century*. Boston: Little, Brown.

Forawi, S. A. (2010). Impact of Teachers' Conceptions of the Nature of Science and Use of Textbooks on Students. *International Journal of Learning*, *17*(5), 281–294.

Foroutan, Y. (2012). Gender Representation in School Textbooks in Iran: The Place of Languages. *Current Sociology*, *60*(6), 771–787.

Foster, S. J., & Crawford, K. A. (2006). *What Shall We Tell the Children? International Perspectives on School History Textbooks*. Greenwich, CT: IAP, Information Age Publ.

Fritzsche, K. P. (Ed.). (1992). *Schulbücher auf dem Prüfstand. Perspektiven der Schulbuchforschung und Schulbuchbeurteilung in Europa*. Frankfurt a. M.: Diesterweg.

Fuchs, E. (2005). Die internationale Revision von Geschichtsbüchern und -lehrplänen: Historische Perspektiven und aktuelle Tendenzen. In E. Matthes & C. Heinze (Eds.), *Das Schulbuch zwischen Lehrplan und Unterrichtspraxis*. Bad Heilbrunn: Klinkhardt.

Fuchs, E. (2010a). Introduction: Contextualizing School Textbook Revision. *Journal of Educational Media, Memory, and Society*, *2*(2), 1–12.

Fuchs, E. (2010b). Wie international sind Schulbücher? In E. Fuchs, J. Kahlert, & U. Sandfuchs (Eds.), *Schulbuch konkret. Kontexte — Produktion — Unterricht*. Bad Heilbrunn: Klinkhardt.

Fuchs, E. (2011a). Schulbuchforschung. In E. Kiel & K. Zierer (Eds.), *Unterrichtsgestaltung als Gegenstand der Wissenschaft. Basiswissen Unterrichtsgestaltung, Band 2*. Baltmannsweiler: Schneider-Verlag Hohengehren.

Fuchs, E. (2011b). Aktuelle Entwicklungen der schulbuchbezogenen Forschung in Europa. *Bildung und Erziehung*, *64*(1), 7–22.

Fuchs, E. (2014). The (Hi) story of Textbooks: Research Trends in a Field of TextbookRelated Research. *Bildungsgeschichte: International Journal for the Historiography of Education: IJHE*, *4*(1), 63–80.

Fuchs, E., Kahlert, J., & Sandfuchs, U. (Eds.). (2010). *Schulbuch konkret.*

Kontexte — Produktion — Unterricht. Bad Heilbrunn: Klinkhardt.

Fuchs, E., & Lässig, S. (2009). Europa im Schulbuch. *Geschichte für heute*, 2(1), 66-69.

Fuchs, E., Niehaus, I., & Stoletzki, A. (2014). *Das Schulbuch in der Forschung. Analysen und Empfehlungen für die Bildungspraxis.* Göttingen: V&R Unipress.

Fuchs, E., & Otto, M. (2013). Introduction: Postcolonial Memory Politics in Educational Media. *JEMMS*, 5(1), 1-13.

Furrer, M. (2004). *Die Nation im Schulbuch — zwischen Überhöhung und Verdrängung: Leitbilder der Schweizer Nationalgeschichte in Schweizer Geschichtslehrmitteln der Nachkriegszeit und Gegenwart.* Hannover: Hahn.

Gautschi, P., Moser, D. V., Reusser, K., & Wiher, P. (Eds.). (2007). *Geschichtsunterricht heute: eine empirische Analyse ausgewählter Aspekte.* Bern: hep-Verlag.

Gautschi, P. (2010). Anforderungen an heutige und künftige Schulgeschichtsbücher. *Beiträge zur Lehrerbildung*, 28(1), 125-137.

Giordano, G. (2003). *Twentieth-Century Textbook Wars: A History of Advocacy and Opposition.* New York: Lang.

Gräsel, C. (2010). Lehren und Lernen mit Schulbüchern — Beispiele aus der Unterrichtsforschung. In E. Fuchs, J. Kahlert, & U. Sandfuchs (Eds.), *Schulbuch konkret. Kontexte — Produktion — Unterricht.* Bad Heilbrunn: Klinkhardt.

Grindel, S. (2008). Deutscher Sonderweg oder europäischer Erinnerungsort? Die Darstellung des modernen Kolonialismus in neueren deutschen Schulbüchern. *Internationale Schulbuchforschung*, 30(3), 695-716.

Grindel, S. (2013). The End of Empire: Colonial Heritage and the Politics of Memory in Britain. *JEMMS*, 5(1), 33-49.

Hacker, H. (Ed.). (1980). *Das Schulbuch. Funktion und Verwendung im Unterricht.* Bad Heilbrunn: Klinkhardt.

Haggarty, L., & Pepin, B. (2002). An Investigation of Mathematics Textbooks and Their Use in English, French and German Classrooms: Who Gets an Opportunity to Learn What? *British Educational Research Journal*, 28(4), 567-590.

Handro, S., & Schönemann, B. (Eds.). (2010). *Geschichte und Sprache*. Berlin: LIT-Verlag.

Handro, S., & Schönemann, B. (Eds.). (2011). *Geschichtsdidaktische Schulbuchforschung: III. Nachwuchstagung der "Konferenz für Geschichtsdidaktik", die vom 5.–7. August 2005 in Witten-Bommerholz stattfand*. Berlin: LIT-Verlag.

Hartmann, J. (2010). Differenz, Kritik, Dekonstruktion. Impulse für eine mehrperspektivische Gender-Didaktik. In A. P. Mörth & B. Hey (Eds.), *Geschlecht und Didaktik*. Graz: Leykam.

Hayes, D. P., Wolfer, L. T., & Wolfe, M. F. (1996). *Schoolbook Simplifcation and Its Relation to the Decline in SAT-Verbal Scores*. Retrieved from http://journals.sagepub.com/doi/pdf/10.3102/00028312033002489.

Heinze, C., & Matthes, E. (Eds.). (2010). *Das Bild im Schulbuch*. Bad Heilbrunn: Klinkhardt.

Heitzmann, A., & Niggli, A. (2010). Lehrmittel. Ihre Bedeutung für Bildungsprozesse und die Lehrerbildung. *Beiträge zur Lehrerbildung*, 28(1), 6–19.

Helgason, Þ., & Lässig, S. (Eds.). (2010). *Opening the Mind or Drawing Boundaries? History Texts in Nordic Schools*. Göttingen: V&R Unipress.

Helmedach, A. (2007). *Pulverfass, powder keg, baril de poudre? Südosteuropa im europäischen Geschichtsschulbuch; South Eastern Europe in European History Textbooks*. Hannover: Hahn.

Hemmer, M. (2010). Interesse von Schülerinnen und Schülern an einzelnen Themen, Regionen und Arbeitsweisen des Geographieunterrichts — ein Vergleich zweier empirischer Studien aus den Jahren 1995 und 2005. In I. Hemmer & M. Hemmer (Eds.), *Schülerinteresse an Themen, Regionen und Arbeitsweisen des Geographieunterrichts: Ergebnisse der empirischen Forschung und deren Konsequenzen für die Unterrichtspraxis*. Weingarten: Selbstverlag des Hochschulverbandes für Geographie und ihre Didaktik.

Hemmer, I., & Hemmer, M. (Eds.). (2010). *Schülerinteresse an Themen, Regionen und Arbeitsweisen des Geographieunterrichts: Ergebnisse der empirischen Forschung und deren Konsequenzen für die Unterrichtspraxis*. Weingarten: Selbstverlag des Hochschulverbandes für Geographie und ihre Didaktik.

Hinrichs, E. (1992). Zur wissenschaftlichen Angemessenheit von Schulbuchtexten:

Beispiel Geschichtsbücher. In K. P. Fritzsche (Ed.), *Schulbücher auf dem Prüfstand. Perspektiven der Schulbuchforschung und Schulbuchbeurteilung in Europa*. Frankfurt a. M.: Diesterweg.

Höhne, T. (2003). *Schulbuchwissen: Umrisse einer Wissens- und Medientheorie des Schulbuches*. Frankfurt a. M.: Fachbereich Erziehungswissenschaften der Johann-Wolfgang-Goethe-Universität.

Höhne, T. (2008). Die thematische Diskursanalyse — dargestellt am Beispiel von Schulbüchern. In R. Keller (Ed.), *Handbuch Sozialwissenschaftliche Diskursanalyse*. Wiesbaden: VS Verlag für Sozialwissenschaften.

Höhne, T., Kunz, T., & Radtke, F.-O. (2005). *Bilder von Fremden. Was unsere Kinder aus Schulbüchern über Migranten lernen sollen*. Frankfurt a. M.: Fachbereich Erziehungswissenschaften der Johann Wolfgang Goethe-Universität.

Hong, W.-P., & Halvarson, A.-L. (2014). Teaching the USA in South Korea Secondary Classrooms: The Curriculum of 'the Superior Other'. *Journal of Curriculum Studies*, *46*(2), 249–275.

Höpken, W. (2003). Warum und zu welchem Zweck betreibt man Schulbuchforschung? Fragestellungen, Methodenprobleme und Perspektiven der Schulbuchforschung in der Bundesrepublik Deutschland. In A. Horvat & G. Hielscher (Eds.), *Sharing the Burden of the Past: Legacies of War in Europe, America, and Asia*. Tokyo: The Asia Foundation and Friedrich-Ebert-Stiftung.

Höpken, W. (2005). Internationale Schulbuchforschung als Beitrag zur interkulturellen Verständigung. *Polis*, *1*, 20–22.

Horsley, M. (Ed.). (2001). *The Future of Textbooks? International Colloquium on School Publishing: Research About Emerging Trends*. Sydney: TREAT.

Hüfner, K. (2000). Konkrete internationale Schulbucharbeit: die Deutsche UNESCOKommission und das Georg-Eckert-Institut. In U. A. J. Becher (Ed.), *Internationale Verständigung: 25 Jahre Georg-Eckert-Institut für Internationale Schulbuchforschung in Braunschweig*. Hannover: Hahn.

Iluk, J. (2014). Der Einfuss des Schwierigkeitsgrades von Lehrwerktexten auf die Lerneffzienz. In P. Knecht, E. Matthes, S. Schütze, & B. Aamotsbakken (Eds.), *Methodologie und Methoden der Schulbuch- und Lehrmittelforschung*. Bad Heilbrunn:

Klinkhardt.

Institut für Schulbuchforschung und Lernförderung. (1994). *Zusammenstellung der internationalen Forschungsergebnisse zur Schulbuchbeurteilung bzw. Schulbuchgestaltung für die Mitglieder der Begutachtungskommission. Forschungsprojekt im Auftrag des BMUk, Abt. V/2*. Wien: Institut für Schulbuchforschung und Lernförderung.

Jackson, S., & Iris, S. (2002). Eurogame. Teaching the Geography of Europe and Its Regions Through Online Multimedia Games. *Internationale Schulbuchforschung*, 24(2), 175–187.

Jäger, G. (2003). Der Schulbuchverlag. In G. Jäger (Ed.), *Geschichte des deutschen Buchhandels im 19. und 20. Jahrhundert. Im Auftrag des Börsenvereins des Deutschen Buchhandels, hrsg. von der Historischen Kommission. Bd. 1: Das Kaiserreich 1871–1918*. Frankfurt a. M.: MVB, Marketing- und Verl. -Service des Buchhandels.

Jaklin, I. (2003). *Das österreichische Schulbuch im 18. Jahrhundert: aus dem Wiener Verlag Trattner und dem Schulbuchverlag*. Wien: Edition Praesens.

Janík, T., Najvarová, V., & Janík, M. (2014). Zum Einsatz didaktischer Medien und Mittel — Ergebnisse einer videobasierten Studie. In P. Knecht, E. Matthes, S. Schütze, & B. Aamotsbakken (Eds.), *Methodologie und Methoden der Schulbuch- und Lehrmittelforschung*. Bad Heilbrunn: Klinkhardt.

Janko, T., & Knecht, P. (2013). *Visuals in Geography Textbooks: Categorization of Types and Assessment of Their Instructional Qualities*. Retrieved from http://www.rigeo.org/vol3no1/RIGEO-V3–N1–5.pdf.

Johnsen, E. B. (1993). *Textbooks in the Kaleidoscope: A Critical Survey of Literature and Research on Educational Texts*. Oslo: Scandinavian University Press.

Johnston, D. J., Berg, S. A., Pillon, K., & Williams, M. (2015). Ease of Use and Usefulness as Measures of Student Experience in a Multi-Platform E-Textbook Pilot. *Library Hi Tech*, 33, 65–82.

Jünger, H. (2006). *Schulbücher im Musikunterricht? Quantitativ-qualitative Untersuchungen zur Verwendung von Musiklehrbüchern an allgemein bildenden Schulen*. Hamburg: LIT.

Kahlert, J. (2006). Was wird es den Lehrern nützen …? Nutzen und Grenzen objektbezogener Lehrwerksforschung. *Grundschule: Ihre verlässliche Partnerin*, 38(12),

10 – 13.

Kahlert, J. (2010). Das Schulbuch — ein Stiefkind der Erziehungswissenschaft? In E. Fuchs, J. Kahlert, & U. Sandfuchs (Eds.), *Schulbuch konkret. Kontexte — Produktion — Unterricht*. Bad Heilbrunn: Klinkhardt.

Kalmus, V. (2004). *What Do Pupils and Textbooks Do with Each Other? Methodological Problems of Research on Socialization Through Educational Media*. Retrieved from http://www.tandfonline.com/doi/pdf/10.1080/00220270310001630670? needAccess=true.

Kamp, M., et al. (2011). *Keine Chance auf Zugehörigkeit? Schulbücher europäischer Länder halten Isalm und modernes Europa getrennt*. Braunschweig: Georg-EckertInstitut (not published).

Keiderling, T. (2002). Der Schulbuchverleger und sein Autor: zu Spezialisierungs- und Professionalisierungstendenzen im 19. und frühen 20. Jahrhundert. In H.-W. Wollersheim (Ed.), *Die Rolle von Schulbüchern für Identifkationsprozesse in historischer Perspektive*. Leipzig: Leipziger Universitäts-Verlag.

Khan, Q., Sultana, N., Bughio, Q., & Naz, A. (2014). The Role of Language in Gender Identity Formation in Pakistani School Textbooks. *Indian Journal of Gender Studies*, *21*(1), 55 – 84.

Kiesendahl, J., & Ott, C. (2015). *Linguistik und Schulbuchforschung: Gegenstände — Methoden — Perspektiven*. Göttingen: V&R Unipress.

Killus, D. (1998). *Das Schulbuch im Deutschunterricht der Sekundarstufe I: Ergebnisse einer Umfrage unter Lehrern aus vier Bundesländern*. Münster: Waxmann.

Klerides, E. (2010). Imagining the Textbook: Textbooks as Discourse and Genre. *JEMMS*, *2*(1), 31 – 54.

Knecht, P., & Najvarová, V. (2010). How Do Students Rate Textbooks? A Review of Research and Ongoing Challenges for Textbook Research and Textbook Production. *JEMMS*, *2*(1), 1 – 16.

Knudsen, S. (2005). Dancing with and Without Gender — Refections on Gender, Textbooks and Textbook Research. In M. Horsley (Ed.), *"Has Past Passed?" Textbooks and Educational Media for the 21st Century*. Stockholm: Stockholm Institute of Education Press.

Körber, A. (Ed.). (2001). *Interkulturelles Geschichtslernen: Geschichtsunterricht unter* den Bedingungen von Einwanderung und Globalisierung; konzeptionelle Überlegungen und praktische Ansätze. Münster: Waxmann.

Kotte, E. (2007). "In Räume geschriebene Zeiten": nationale Europabilder im Geschichtsunterricht der Sekundarstufe II. Idstein: Schulz-Kirchner-Verlag.

Kreusch, J. (2008). Der Verlag der Buchhandlung des Waisenhauses als Schulbuchverlag zwischen 1830 und 1918. Die erfolgreichen Geografe- und Geschichtslehrbücher und ihre Autoren. Halle: Verl. der Franckeschen Stiftungen Halle im Max Niemeyer Verlag Tübingen.

Kreusch, J. (2012). Der Schulbuchverlag: Entwicklungstendenzen, Bildungspolitik und Schulreform, Das Schulbuchzulassungsverfahren, Schulbuchverlag und Schulbuchproduktion. In E. Fischer (Ed.), *Geschichte des deutschen Buchhandels im 19. und 20. Jahrhundert. Im Auftrag des Börsenvereins des Deutschen Buchhandels, hrsg. von der Historischen Kommission, Bd. 2: Die Weimarer Republik 1918 – 1933*. Berlin: de Gruyter.

Kulnazarova, A., & Ydesen, C. (Eds.). (2017). *UNESCO Without Borders. Educational Campaigns for International Understanding*. London, New York: Routledge.

Kurtz, J. (2010). Zum Umgang mit dem Lehrwerk im Englischunterricht. In E. Fuchs, J. Kahlert, & U. Sandfuchs (Eds.), *Schulbuch konkret. Kontexte — Produktion — Unterricht*. Bad Heilbrunn: Klinkhardt.

Lange, K. (1981). ZuMethodologieund Methoden einer sozialwissenschaftlichen Unterrichtsmedienforschung. *Internationale Schulbuchforschung*, *3*, 16 – 28.

Langer, I., Schulz von Thun, F., & Tausch, R. (2009). *Sich verständlich ausdrücken*. München: Reinhard.

Lässig, S. (2009). Textbooks and Beyond: Educational Media in Context(s). *JEMMS*, *1*(1), 1 – 20.

Laubig, M., Peters, H., & Weinbrenner, P. (1986). *Methodenprobleme der Schulbuchanalyse: Abschlußbericht zum Forschungsprojekt 3017 an der Fakultät für Soziologie der Universität Bielefeld in Zusammenarbeit mit der Fakultät für Wirtschaftswissenschaften*. Bielefeld: Universität Bielefeld.

Liakos, A. (2008/2009). History Wars — Notes from the Field. *Jahrbuch der Internationalen Gesellschaft für Geschichtsdidaktik*, *28/29*, 57 – 74.

Lieber, G. (2008). *Lehren und Lernen mit Bildern: ein Handbuch zur Bilddidaktik*.

Baltmannsweiler: Schneider-Verl. Hohengehren.

Lindmark, D. (2008). "Vi voro skyldiga världen ett exempel." Norden I den internationella historieboksrevisionen. In A. Sandén (Ed.), *Se människan. Denograf, rätt och hälsa — en vänbok till Jan Sundin*. Linköping: Linköpings universitet.

Lindmark, D. (2010). Fredsfostran, fredsundervisning och historieboksrevision. Excmpel på pedagogiskt fredsarbete i Sverige och Norden 1886 – 1939. In A. Larsson (Ed.), *Fostran i skola och utbildning. Historiska perspektiv*. Uppsala: Föreningen för Svensk Undervisningshistoria.

Linenthal, E., & Engelhardt, T. (Eds.). (1996). *History Wars: The Enola Gay and Other Battles for the American Past*. New York: Griffn.

Luhmann, N. (1991). *Die Wissenschaft der Gesellschaft*. Frankfurt a. M. : Suhrkamp.

Macgilchrist, F. (2011a). Schulbücher und Postkolonialismus. Die Praxis der Schulbuchentwicklung. In K. W. Hoffmann & P. Kersting (Eds.), *Afrikaspiegelbilder — Was erzählen uns europäische Afrikabilder über Europa?* Mainz: Mainzer Kontaktstudium Geographie.

Macgilchrist, F. (2011b). Schulbuchverlage als Organisation der Diskursproduktion. Eine ethnografsche Perspektive. *Zeitschrift für Soziologie der Erziehung und Sozialisation*, *31*(3), 248 – 263.

Macgilchrist, F. (2012). E-Schulbücher, iPads und Interpassivität: Refexionen über neue schulische Bildungsmedien und deren Subjektivationspotential. *Bildungsforschung*, *9*(1), 180 – 204. Retrieved from http://bildungsforschung. org/index. php/bildungsforschung/article/view/151.

Macgilchrist, F. (2015). Bildungsmedienverlage: zur Ökonomisierung in der Schulbuchproduktion. *Die deutsche Schule*, *107*(1), 49 – 61.

Macgilchrist, F., & Müller, L. (2012). Kolonialismus und Modernisierung — das Ringen um "Afrika" bei der Schulbuchentwicklung. In M. Aßner (Ed.), *AfrikaBilder im Wandel? Quellen, Kontinuitäten, Wirkungen und Brüche*. Frankfurt a. M. : Lang.

Maier, R. (2004). Wie ein Bild im Kopf entsteht — und wie es ins Schulbuch kommt. *Internationale Schulbuchforschung*, *26*(4), 433 – 436.

Manz, W. (1966). Der königlich-bayerische Zentralschulbücherverlag 1785 bis 1849 (1905): der Staat als Schulbuchverleger im 19. Jahrhundert. *Archiv für Geschichte des*

Buchwesens, 6, 2–312.

Marienfeld, W. (1976). Schulbuchanalyse und Schulbuchrevision. Zur Methodenproblematik. *Internationales Jahrbuch für Geschichts- und GeographieUnterricht*, 17, 47–58.

Matthes, E., & Heinze, C. (Eds.). (2004). *Interkulturelles Verstehen und kulturelle Integration durch das Schulbuch? Die Auseinandersetzung mit dem Fremden*. Bad Heilbrunn/Obb: Klinkhardt.

Mayer, B. (2001). Schulbuchforschung. Die Theorie zur Praxis der Lehrmittelentwicklung — was kann sie uns bieten? Überarbeitete Fassung eines Referats an der Delegiertenversammlung der Interkantonalen Lehrmittelzentrale ilz vom 8. Dezember 2000 in Aarau. *ilz. ch*, 1, 4–6.

McIntyre, S., & Clark, A. (2003). *The History Wars*. Melbourne: Melbourne University Press.

Merkt, M., Weigand, S., Heier, A., & Schwan, S. (2011). Learning with Videos vs. Learning with Print. The Role of Interactive Features. *Learning and Instruction*, 21(6), 687–704.

Meyer, J. W., Bromley, P., & Ramirez, F. O. (2010). Human Rights in Social Science Textbooks: Cross-National Analyses, 1970–2008. *Sociology of Education*, 83(2), 111–134. https://doi.org/10.1177/0038040710367936.

Michler, C. (2005). *Vier neuere Lehrwerke für den Französischunterricht auf dem Gymnasium: eine kritische Fallstudie mit Empfehlungen für zukünftige Lehrwerke*. Augsburg: Wißner.

Möller, K. (2010). Lehrmittel als Tools für die Hand der Lehrkräfte — ein Mittel zur Unterrichtsgestaltung? *Beiträge zur Lehrerbildung*, 28(1), 97–108.

Mollier, J.-Y. (1999). *Louis Hachette (1800–1864); le fondateur d'un empire*. Paris: Fayard.

Moreau, J. (2003). *Schoolbook Nation. Conficts Over American History Textbooks from the Civil War to the Present*. Ann Arbor: University of Michigan Press.

Mörth, A. P., & Hey, B. (Eds.). (2010). *Geschlecht und Didaktik*. Graz: Leykam.

Müller, L. (2013). "We Need to Get Away from a Culture of Denial"? The GermanHerero War in Politics and Textbooks. *JEMMS*, 5(1), 50–71.

Nash, G. B., Crabtree, C., & Dunn, R. E. (1997). *History on Trial: Culture Wars and the Teaching of the Past.* New York: Knopf.

Natterer, A. (2001). *Europa im Schulbuch: die Darstellung der europäischen Einigung in baden-württembergischen Schulbüchern für Geschichte und Gemeinschaftskunde der Sekundarstufe I.* Grevenbroich: Omnia.

Neumann, D. (2014). Methoden der Lehrmittelnutzungsforschung. In P. Knecht, E. Matthes, S. Schütze, & B. Aamotsbakken (Eds.), *Methodologie und Methoden der Schulbuch- und Lehrmittelforschung.* Bad Heilbrunn: Klinkhardt.

Nietz, J. A. (1961). *Old Textbooks: Spelling, Grammar, Reading, Arithmetic, Geography, American History, Civil Government, Physiology, Penmanship, Art, Music, as Taught in the Common Schools from Colonial Days to 1900.* Pittsburgh: University of Pittsburgh Press.

Nodari, C., & Viecelli, F. (1998). Zur Förderung des autonomen Lernens in Französischlehrwerken. *Der fremdsprachliche Unterricht. Französisch, 32*(4), 23–26.

Nozaki, Y., & Selden, M. (2009). Historical Memory, International Confict, and Japanese Textbook Controversies in Three Epochs. *JEMMS, 1*(1), 117–144.

Oetting, B. (2006). Bruch mit der kolonialen Vergangenheit? Der Algerienkrieg und die Entkolonisierung in französischen Geschichtsschulbüchern der Troisième. *Internationale Schulbuchforschung, 28*(1), 25–41.

Olechowski, R. (1995). Aspekte der Schulbuchforschung. *Erziehung & Unterricht: österreichische pädagogische Zeitschrift, 145*, 266–270.

Othman, Z., Abdul Hamid, B. D. H., Yasin, M. S. M., Keong, Y. C., & Jaludin, A. (2012). Gender Images in Selected Malaysian School Textbooks: A Frequency Analysis. *International Journal of Learning, 10*(18), 101–126.

Otto, M. (2011). Das Subjekt der Nation in der *condition postcoloniale.* Krisen der Repräsentation und der Widerstreit postkolonialer Erinnerungspolitik in Frankreich. *Lendemains. Etudes comparées sur la France, 39*(144), 54–76.

Otto, M. (2013). The Challenge of Decolonization: School History Textbooks as Media and Objects of the Postcolonial Politics of Memory in France Since the 1960s. *JEMMS, 5*(1), 14–32.

Pearson, P. D. (2009). The Roots of Reading Comprehension Instruction. In S. E.

Israel & G. G. Duffy (Eds.), *Handbook of Research on Reading Comprehension*. New York: Routledge.

Pettersson, R. (2010). *Bilder in Lehrmitteln*. Baltmannsweiler: Schneider-Verlag Hohengehren.

Philippou, S. (Ed.). (2012). *"Europe" Turned Local — The Local Turned European? Constructions of "Europe" in Social Studies Curricula Across Europe*. Münster: LIT.

Pingel, F. (2004). Schulbücher und Menschenrechtserziehung in der Türkei. *Internationale Schulbuchforschung*, 26(2), 203.

Pingel, F. (2008). Friedenserziehung durch internationale Schulbuchforschung? In Y. Tanaka (Ed.), *Geschichtsbewusstsein und Geschichtserziehung — Kontroversen um Geschichtsbücher und das Beispiel der deutsch-polnischen Annäherung*. Osaka: Kansai Universität.

Pingel, F. (2010a). *UNESCO Guidebook on Textbook Research and Textbook Revision* (2nd Rev. and Updated ed.). Paris: UNESCO; Braunschweig: Georg Eckert Institute for International Textbook Research.

Pingel, F. (2010b). Geschichtsdeutung als Macht? Schulbuchforschung zwischen wissenschaftlicher Erkenntnis- und politischer Entscheidungslogik. *JEMMS*, 2(2), 93–112.

Poenicke, A. (2002). Afrika in deutschen Schulbüchern. *Internationale Schulbuchforschung*, 24(1), 97–104.

Pöggeler, A. (2003). Erziehung zur Zahngesundheit. Didaktische und methodische Innovationsprozesse im Schulbuch. In E. Matthes & C. Heinze (Eds.), *Didaktische Innovationen im Schulbuch*. Bad Heilbrunn/Obb: Klinkhardt.

Pohl, K. H. (2010). Wie evaluiert man Schulbücher? In E. Fuchs, J. Kahlert, & U. Sandfuchs (Eds.), *Schulbuch konkret. Kontexte — Produktion — Unterricht*. Bad Heilbrunn: Klinkhardt.

Pointner, A. (2010). Schule zwischen Vielfalt und Norm(alis)ierung: eine Analyse von Grundschulbüchern im Sinne einer Pädagogik vielfältiger Lebensweisen. In A. P. Mörth & B. Hey (Eds.), *Geschlecht und Didaktik*. Graz: Leykam.

Popp, S. (2008/2009). National Textbook Controversies in a Globalizing World. *Jahrbuch der Internationalen Gesellschaft für Geschichtsdidaktik*, 28/29, 109–122.

Ramirez, F. O. , Boli, J. , & Meyer, J. W. (2000). Explaining the Origins and Expansion of Mass Education. In S. K. Sanderson (Ed.), *Sociological Worlds: Comparative and Historical Readings on Society*. London: Fitzroy Dearborn.

Ramirez, F. O. , & Meyer, J. W. (2002). National Curricula. World Models and Historical Legacies. In M. Caruso & H. -E. Tenorth (Eds.), *Internationalisierung. Semantik und Bildungssystem in vergleichender Perspektive*. Frankfurt a. M. : Peter Lang.

Rauch, M. , & Wurster, E. (1997). *Schulbuchforschung als Unterrichtsforschung. Vergleichende Schreibtisch- und Praxisevaluation von Unterrichtswerken für den Sachunterricht (DFG-Projekt)*. Frankfurt a. M. : Peter Lang.

Repoussi, M. (2006/2007). Politics Questions History Education. Debates on Greek History Textbooks. *Jahrbuch der Internationalen Gesellschaft für Geschichtsdidaktik*, 99 – 110.

Repoussi, M. (2008/2009). Common Trends in Contemporary Debates on Historical Education. *Jahrbuch der Internationalen Gesellschaft für Geschichtsdidaktik*, 75 – 90.

Rezat, S. (2011). *Das Mathematikbuch als Instrument der SchülerInnen. Eine Studie zur Mathematikbuchbenutzung in den Sekundarstufen*. Hamburg: Universität Hamburg, Zentrum zur Unterstützung der wissenschaftlichen Begleitung und Erforschung schulischer Entwicklungsprozesse (ZUSE).

Richter, S. (Ed.). (2008). *Contested Views of a Common Past: Revisions of History in Contemporary East Asia*. Frankfurt a. M. : Campus.

Riemenschneider, R. (2001). La construction européenne dans les manuels d'histoire français. In M. Catala (Ed.), *Histoire de la construction européenne: cinquante ans après la déclaration Schuman: colloque international de Nantes 11, 12 et 13 mai 2000*. Nantes: Ouest éditions.

Rockinson-Szapkiw, A. J. , Courduff, J. , Carter, K. , & Bennett, D. (2013). Electronic Versus Traditional Print Textbooks: A Comparison Study on the Infuence of University Students' Learning. *Computers & Education*, *63*, 259 – 266.

Rojas, M. A. (2013). An Examination of U. S. Latino Identities as Constructed In/Through Curricular Materials. *Linguistics and Education*, *24*(3), 373 – 380.

Rommel, H. (1968). *Das Schulbuch im 18. Jahrhundert*. Wiesbaden: Dt. Fachschriften-Verlag.

Ruiz Berrio, J. (2002). *La Editorial Calleja, un agente de modernización educativa en la Restauración*. Madrid: UNED.

Rüsen, J. (2008). *Historisches Lernen: Grundlage und Paradigmen*. Schwalbach/Ts: Wochenschau Verlag.

Saaler, S. (2005). *Politics, Memory, and Public Opinion. The History Textbook Controversy and Japanese Society*. München: Iudicium.

Sandfuchs, U. (2010). Schulbücher und Unterrichtsqualität — historische und aktuelle Refexionen. In E. Fuchs, J. Kahlert, & U. Sandfuchs (Eds.), *Schulbuch konkret. Kontexte — Produktion — Unterricht*. Bad Heilbrunn: Klinkhardt.

Sauer, M. (2000). *Bilder im Geschichtsunterricht: Typen, Interpretationsmethoden, Unterrichtsverfahren*. Seelze-Velber: Kallmeyer.

Schär, B. C., & Sperisen, V. (2011). Zum Eigensinn von Lehrpersonen im Umgang mit Lehrbüchern: das Beispiel "Hinschauen und Nachfragen". In J. Hodel & B. Ziegler (Eds.), *Forschungswerkstatt Geschichtsdidaktik 09: Beiträge zur Tagung "Geschichtsdidaktik Empirisch 09"*. Bern: hep, der Bildungsverlag.

Schellmann, B., Baumann, A., Gaida, P., Gläser, M., & Kegel, T. (2010). *Medien verstehen — gestalten — produzieren. Eine umfassende Einführung in die Gestaltung der Medien* (5. Aufage). Haan-Gruiten: Europa-Lehrmittel Nourney, Vollmer.

Schiffauer, W., Baumann, G., Kastoryano, R., & Vertovec, S. (Eds.). (2002). *Staat — Schule — Ethnizität: politische Sozialisation von Immigrantenkindern in vier europäischen Ländern*. Münster: Waxmann.

Schissler, H. (2003). Der eurozentrische Blick auf die Welt: außereuropäische Geschichten und Regionen in deutschen Schulbüchern und Curricula. *Internationale Schulbuchforschung, 25*, 155–166.

Schissler, H., & Soysal, Y. (Eds.). (2005). *The Nation, Europe, and the World: Textbooks and Curricula in Transition*. New York: Berghahn Books.

Schmidt, W. H., McKnight, C. C., Valverde, G., Houang, R. T., & Wiley, D. E. (Eds.). (1997). *Many Visions, Many Aims. A Cross-National Investigation of Curricular Intentions in School Mathematics*. Dordrecht: Kluwer Academic.

Schnotz, W. (1994). *Aufbau von Wissensstrukturen. Untersuchungen zur Kohärenzbildung bei Wissenserwerb mit Texten*. Weinheim: Psychologie Verlags Union.

Schnotz, W. (2011). *Pädagogische Psychologie* (2. Aufage). Weinheim: Beltz.

Schönemann, B. , & Thünemann, H. (2010). *Schulbucharbeit: das Geschichtslehrbuch in der Unterrichtspraxis*. Schwalbach/Ts: Wochenschau-Verlag.

Schröder, C. A. (1961). *Die Schulbuchverbesserung durch internationale geistige Zusammenarbeit*. Braunschweig: Georg Westermann Verlag.

Schröder, C. A. (2005). *Lebensansichten eines Verlegers: eine Biographie*. Köln: Böhlau.

Schüddekopf, O. -E. (1966). *Zwanzig Jahre westeuropäischer Schulgeschichtsbuchrevision 1945 – 1965: Tatsachen und Probleme*. Braunschweig: Limbach.

da Silva, P. V. B. , Teixeira, R. , & Pacifco, T. M. (2013). Políticas de promoção de igualdade racial e programas de distribuição de livros didáticos. *Educação e Pesquisa*, *39* (1), 127 – 143.

Song, Y. J. (2014). "Bring Your Own Device (BYOD)" for Seamless Science Inquiry in a Primary School. *Computers & Education*, *74*, 50 – 60.

Stein, G. (1974). Das Schulbuch als Politicum. In G. Neumann (Ed.), *Das Schulbuch als Politikum: sozialwissenschaftliche Beiträge zur Medien- und Unterrichtsforschung*. Duisburg: Verlag der Sozialwissenschaftlichen Kooperative.

Stein, G. (1982). Das Schulbuch als Unterrichtsmedium und Forschungsgegenstand. *Erziehen heute*, *32*(2), 2 – 14.

Stöber, G. (2002). *Polen, Deutschland und die Osterweiterung der EU aus geographischen Perspektiven*. Hannover: Hahn.

Stöber, G. (2010). *Schulbuchzulassung in Deutschland: Grundlagen, Verfahrensweisen und Diskussionen*. Eckert. Beiträge 2010/3. Retrieved from http://repository. gei. de/handle/11428/92.

Taylor, M. W. (2010). *Replacing the, 'Teacher-Proof' Curriculum with the, 'CurriculumProof' Teacher. Toward a More Systematic Way to Interact with Their Textbooks*. Dissertation, Stanford University.

Taylor, M. W. (2013). Replacing the, 'Teacher-Proof' Curriculum with the, 'Curriculum-Proof' Teacher. Toward More Effective Interactions with Mathematics Textbooks. *Journal of Curriculum Studies*, *45*(3), 295 – 321.

Titel, V. (2002). Die Marktsituation des Schulbuchhandels im 19. und frühen 20. Jahrhundert. In H.-W. Wollersheim (Ed.), *Die Rolle von Schulbüchern für Identifkationsprozesse in historischer Perspektive*. Leipzig: Leipziger Universitäts-Verlag.

Törnroos, J. (2001). Mathematics Textbooks and Students' Achievement in the 7th Grade. What Is the Effect of Using Different Textbooks? In J. Novotna (Ed.), *Proceedings of European Research in Mathematics Education II*. Band 2. Prag: Karls-Universität.

Tröhler, D., & Oelkers, J. (Eds.). (2001). *Über die Mittel des Lernens: kontextuelle Studien zum staatlichen Lehrmittelwesen im Kanton Zürich des 19. Jahrhunderts*. Zürich: Verlag Pestalozzianum.

UNESCO. (1945). *UNESCO Constitution*. Retrieved from http://portal.unesco.org/en/ev.phpURL_ID=15244&URL_DO=DO_TOPIC&URL_SECTION=201.html.

Van Dijk, T. A., & Atienza, E. (2011). Knowledge and Discourse in Secondary School Social Science Textbooks. *Discourse Studies*, *13*(1), 93–118.

Van Steenbrugge, H., Valcke, M., & Desoete, A. (2013). Teachers' View of Mathematics Textbook Series in Flanders, Does It (Not) Matter Which Mathematics Textbook Series Schools Choose? *Journal of Curriculum Studies*, *43*(3), 322–353.

Viñao, A. (2002). Towards a Typology of the Primers for Learning to Read (Spain, c. 1496–1825). *Paedagogica Historica*, *38*, 73–94.

Vogl, U. (2005). Leichter lesen, besser lernen — mit dem "richtigen" Schulbuch kein Problem! *Erziehung und Unterricht*, *155*, 591–599.

Vollstädt, W. (2002). Zukünftige Entwicklung von Lehr- und Lernmedien: ausgewählte Ergebnisse einer Delphi-Studie. *Internationale Schulbuchforschung*, *24*(2), 213–231.

Weidenmann, B. (2006). Lernen mit Medien. In A. Krapp & B. Weidenmann (Eds.), *Pädagogische Psychologie. Ein Lehrbuch* (5. Aufage). Weinheim, Basel: Beltz.

Weinbrenner, P. (1995). Grundlagen und Methodenprobleme sozialwissenschaftlicher Schulbuchforschung. In *Schulbuchforschung* (pp. 21–45). Frankfurt a. M.: Peter Lang.

Wendt, M. (2000). Weg vom Lehrbuch? In R. Fery & V. Raddatz (Eds.), *Lehrwerke und ihre Alternativen*. Frankfurt a. M.: Peter Lang.

Wiater, W. (2005). Lehrplan und Schulbuch. Refexionen über zwei Instrumente des Staates zur Steuerung des Bildungswesens. In E. Matthes & C. Heinze (Eds.), *Das*

Schulbuch zwischen Lehrplan und Unterrichtspraxis. Bad Heilbrunn：Klinkhardt.

Woodward, A., Elliot, D. L., & Nagel, K. C. (1988). *Textbooks in School and Society: An Annotated Bibliography and Guide to Research*. New York：Garland.

Ziegler, B. (2010). *Politische Bildung im Deutschschweizer Lehrplan（Lehrplan 21）*. Retrieved from https：//plone. unige. ch/aref2010/symposiums-longs/coordinateurs-en-h/nouvelles-demandes-sociales-et-valeurs-portees-par－l2019ecole/Politische%20Bildung. pdf.

第 4 章 教材研究的理论和方法

作者 / 安娜卡特琳·博克（Annekatrin Bock）
译者 / 徐国庆

我们社会当前经历的数字化水平和媒介饱合度提升，正在改变着教材。与所有变化一样，这也带来了挑战，这些挑战正在影响教育媒介研究这个所谓的学科。鉴于媒介领域正在发生的变革，需要对其理论和方法进行回顾，并根据需要进行更新。事实证明，由于教材研究领域的多学科性及其声誉，这些挑战尤其复杂。这一领域自创始以来一直缺乏理论稳健性和方法清晰性（见如，Höhne，2005a；Bamberger，1995；Fritzsche，1992；Marienfeld，1976；Weinbrenner，1995；参阅本书中福克斯和海恩所著章节）。正如尼科尔斯（Nicholls）所指出的，"教材研究基本上仍处于理论建构阶段，绝大多数研究的哲学基础都被忽视了"（Nicholls，2005：24）。平格尔（Pingel）在反思国际教材修订基础上，回应了这些观点（Pingel，2010a：97）。魏因布伦纳（Weinbrenner）也指出教材研究缺乏理论根基，因而强调了作为可靠的经验性教材研究基础的"'教材理论'的必要性"（Weinbrenner，1995：21）。

看看这一领域当前的研究及其学科的、理论的和方法的多样性，应该足以让我们相信，这些论断，尽管在发表之时可能是准确的，但现在已经过时了。因此，本章不会附和那些贬低该领域现状的声音，而是在继续描绘且将之用作未来研究思考的起点之前，试图聚焦于这一研究领域过去十年中发展起来的理论和方法路径。本章仅限于对历史与文化研究中的教材研究的讨论，并只研究从社会科学中获取了理论与方法的人文学科类教材；在这一点上，它将此类研究与受自然科学或心理学启发的研究或涉及 STEM 学科教材的研究区分开来。因此，重点放在克里斯托夫（Christophe）所描述的研究上，即"教材作为相对容易获取的大众媒介"提供了"对社会争论和知识协商过程的复杂洞察"（Christophe，2014：1）。与这些观点相一致，本章将讨论那些视教材为社会争论写照的研究，这些争论有助于给大量引人入胜的问题提供答案，通过这些问题人文与社会科学的研究者正在探索我们这个社会与时代的挑战和现象。

💡 作为理论与方法形成起点的研究主题和问题

与教材相关的研究（Fuchs，2011a）是一个非常广泛、多学科的领域，这是"一项非常复杂的、多维度和多侧面的事业"（Weinbrenner，1992：52），其中包含了极为繁多的理论和方法，它们共同聚焦在与教材相关的教育媒介上。自从这一领域开创以来，有大量作者反复试图归纳出教材研究主题的分类（包括 Wiater，2002；Bamberger，1995；

Weinbrenner，1992）。例如，魏因布伦纳把教材研究划分为"过程导向""产品导向"和"效果导向"三种"类型"，其中的每一种都与特定的研究方法紧密结合（Weinbrenner, 1992：34f.）。他进一步进行了观察，结果发现，产品导向的研究几乎是这一领域独一无二的。同时，怀特（Wiater）区分了五个"教材研究的中心领域"，把教材研究描述为"作为文化历史研究的一部分""作为媒介研究的一部分""从特定学科的角度""作为文本分析的研究"和"作为历史资源研究的一部分"（Wiater, 2002：13f）。

每一项旨在建立分类框架的努力都涉及对抽象的尝试，而且永远都有它的弱点，对教材研究进行分类也不例外。以上这些分类可能会受到混淆标准的指责，例如用主题的或形式的维度进行学科比较，或在把特定研究方法放置到分类框架中时一定程度上存在明显的任意性（Bamberger, 1995：80）。分类在其他方面也可能存在不足，例如描述每一项研究中真正的区分性特征的能力受到制约，因为原则上这些研究是可以同时发生的，尽管它们被贴上了标签进行区分（Wiater, 2002）。当然，不假思索地指责这些对教材研究及其主题方法进行系统化的努力是不公平的，因为用标准化的方式描述研究主题差异很大的领域非常困难。教材研究者们一直在对一系列差异很大的研究问题争论不休，每一个问题都是源于作者的学科背景和相关视角。换句话说，这一领域的研究倾向于扎根具体学科，并相应地借鉴了那些学科正在使用的理论和方法。与以上描述的差异相伴随的是指向争议话题的理论与研究方法的多元化，以及对教育媒介生产和接受情境的主要兴趣相一致的特定发展路径，而不是它们提供给读者的诠释世界的理论和方法。

本章不打算列出"教材研究的宽阔视野"中永无止境的研究课题与问题。相反，这里的讨论将通过触及两个关键问题来概括当前情形，每一个问题都对于促进对构成教材研究的主题、理论和方法，以及这一领域最近发展的思考有很大潜力。首先，正如奥托（Otto, 2012）指出的，教材研究的主要内容目前显然正处于重新定位过程之中。"教材研究的核心在逐步演进——从教材内容到角色、话语和实践，它们要影响教材和教育媒介的生产、转换与接受"（Otto, 2012：90）。这一陈述在一定程度上回应了福克斯的主张，"教材相关的科学研究使其远离了教材修订"，即将其从一种排他性的，甚至主要关注这一领域的行动中解放了出来，"最近它把注意力转向了教材生产和审批机制及其对课堂的影响"（Fuchs, 2011b：27）。第二，与这一领域的研究所依赖的理论和方法出现的类似"转向"有关，显然，对目前理论与方法之间的平衡出现了两种调查研究。研究者或是主张要有新的或其他的理论方法来加强新的方法上的切入点（见如, Otto, 2012：89），或是认为这一领域新的理论方法和不断变动的兴趣焦点已经迫使研究者去寻求新的方法路径（参阅本书克里斯托夫所著章节）。

鉴于教材研究所涵盖的主题和开展研究所采用的理论与方法发生了重组，因此，期待或事实上要求与教材相关的研究形成单一标准的理论和方法框架来囊括这一领域所包含的各种研究问题和学科方法是不合适的。而我们的目的则是调查教材研究领域的现有工作,描绘当前可用的理论和方法,并指出未来教育研究可有效解决的空白点,这超越了文献中时常表达出的对"更多"或"更新"方法的呼唤。

噢理论,你们在哪里?

自从这一领域的工作开展以来,教材研究从多个方面出现了理论的相对缺失(包括 Bamberger, 1995; Fritzsche, 1992; Marienfeld, 1976; Weinbrenner, 1992),在赫恩看来 (Höhne, 2005),其原因在于缺乏对这类理论的需求,"因为学术专家用他们自己的[教材]修订的理性标准来保证过程与媒介的透明度"(Höhne, 2005b: 70)。根据其他作者的观点,教材研究是一个不断发展但仍然小的领域(Fuchs, 2011b: 17),还被刻板地按其组成学科来划分,以致没法提供一个全面的、关键性的、可用的教材理论。平格尔观察到,教材研究"产生于为教材创作提供学术基础的需求,这些教材要用一种尽可能平衡的、不带偏见的方法告诉[学生]其他国家及其文化"(Pingel, 2010a: 93)。有人可能有理由问,这一领域为什么需要宏大理论,因为在这个领域中,工作都与特定对象及其应用紧密相关。

与教材研究所经历的主题转换及上述相伴而来的是对理论方法需求的转变。最近这些年,随着赫恩(Höhne, 2005)和克雷里德(Klerides, 2010)工作的展开,如同有效地找到了转折点,教材研究开始更紧密地填补长期以来令人遗憾的理论空白。对大范围工作的总结性调查告诉我们,总体上看,现有文献包括了以下内容:(1) 提出教材理论的研究(Höhne, 2003);(2) 明确运用其他学科建立的理论进行的研究,如话语理论或媒介理论,或描述教材研究所采用的现有的理论方法(如,Weinbrenner, 1992; Nicholls, 2005; Otto, 2012);(3) 尝试澄清术语,并以此指出教材作为研究对象的理论定位 (Klerides, 2010; Fuchs, 2011b);(4) 尽管不一定对特定理论方向进行详细解释,但可以通过学科交叉点与这些理论方向相联系。这方面的例子可能包括源于社会学情境的结构主义方法,从文化学角度进行的媒介实践研究、传播研究,尤其是对媒介效果的研究,以及源于教育科学的建构主义学习理论。这些工作的广度和细致程度表明,对它们的深入讨论超越了本章能把控的范围。

关于(一种)教材理论的工作

赫恩(Höhne, 2003)发展的"教材理论"应用了源于话语理论、媒介分析和知识社会学的方法。在斯登(Stein, 1979)、舍伦伯格和斯登(Schallenberger & Stein, 1978)之后,赫恩避开教材的常规定义,把它定义为一种"信息载体"(informatorium)、一种"教学载体"(pedagogicum)、一种"政治载体"(politicum)、一种"建构载体"(constructorium) (Höhne, 2005b: 66)。赫恩特别强调的是作为媒介的教材的建构性,他认为建构观"将社会认知与知识的生产方式与异质行动者及社会中心或竞技场联系在一起,并按照它们自身的逻辑或理性标准相互作用"(Höhne,2005b:66)。在赫恩看来,这种对媒介建构性的总体观察是教材的核心,特别是由于它们是教师在课堂中作为媒介来使用的。从斯登和赫恩的工作开始,教材研究在意识到它们是被建构的媒介的同时,还把教材理解为特定质量信息的源泉、教学的工具以及社会与政治争论的对象。福克斯对斯登和赫恩的观点进行反思和综合后,做出了如下评论:

> 在这一意义上,教材被看作多媒体世界中社会观察的媒介。教材知识,包括教材中的知识和关于教材的知识,可通过它的教学结构与其他媒介区别开来,但不能把它局限于这一特征。为了用社会—文化知识的视角对它进行定义,应当根据它的语义结构、功能与形式进行解码(分析)。(Fuchs,2011b:25)

从这些关于教材理论的洞见来看,从话语理论和知识社会学形成的视角来看,源于话语分析的方法论成为这一领域新的研究重点,这显得十分合乎逻辑。

把现有理论迁移到教材研究的工作

尼科尔斯(Nicholls,2005)有关"教材研究的理论与哲学基础"的讨论是那些试图将现有理论方法迁移到教材研究中的关键工作之一。尼科尔斯描绘了实证主义、批判理论、后现代主义、解释学以及新解释学(Nicholls,2005:25)作为思想方向时彼此之间的差别,并思考了它们为教育媒介研究所提供的启航点:

> 其中实证主义者把主体/客体关系看作中立的和被动的,而批判理论者认为它的内在是压迫的[和]以异化和斗争为特征的。此外,基于不断变化的对意义的诠释,解释学家可能会把关系看作是循环的,而后现代主义者可能认为它必定是不确定的、碎片化的和多元的。最近,把关系看作横跨以上这些方面的要素的动态结合已经成为可能。(Nicholls,2005:25)

此外,还存在把理论迁移到教材研究的广泛工作。如泰拉克(Tyack)和托宾(Tobin,1994)、海因兹(Heinze,2010)以及斯特罗姆(Tröhler)和奥尔克斯(Oelkers)等研究者把"学校教育法则"这一概念作为理论参照点和对这一领域进行历史情境化的重点,"把教材置于与它相关的学校和教学历史情境中"。(Fuchs,2011b:26)

把术语作为教材理论化基础的工作

伴随着明确寻求假定教材理论的研究(Höhne,Stein)和把现有理论应用到教材研究的探索(Nicholls,2005;Heinze,2010;Tyack & Tobin,1994;Tröhler & Oelkers,2005),另一项突出的研究明确关注与教材相关领域的术语,通过这一探索有助于将教材作为一个具有理论框架的研究对象紧密联系起来(尤其是见 Van Gorp & Depaepe, 2009)。在这一情境中,把对术语的讨论与协商视为健全理论工作的牢固支撑是非常合适的,如果不能完全算是基础的话。

我们可在克雷里德的研究计划中找到(Klerides, 2010)一个明确使用把理论、术语分类和方法程序结合在一起的后现代方法的例子,其中提出了对教材进行理论研究的两个视角。第一个是"作为话语的教材"(Klerides, 2010: 31),它通过参考"系统语言学",特别是其"文本中语言的功能是理想地表征经验与现实这一观念",界定了教材的三个话语特征,理解如下:"教材话语即多层次媒介,即话语间领域,即多功能范围"(Klerides, 2010: 32)。第二个则视"教材为体裁"(Klerides, 2010: 31),对其任务的看法、对历史学科及其建制的看法以及对它们自己和其观众的看法,都"指向一个特别传统的与作者相关的语言使用方法"(Klerides, 2010: 41)。所有这些构思教材的路径都与不同的研究问题相关。这些把教材看作"话语"(或话语群)的人试图揭示文本中所包含的话语转换的痕迹。相比之下,把教材作为"体裁"进行分析的路径首先感兴趣的是历史教材体裁的变革,进而深入到历史教学的变化和对相关教材产生的影响。

在克雷里德看来,"教材是一个体现混合性、矛盾性、二元困境和妥协的实例,是一种协调差异的效应和表现,并常有与话语和体裁的竞争与冲突"(Klerides, 2010: 49)。这一理解带来了方法论上的意义并"产生了一系列新的教材研究的分析方向"(Klerides, 2010: 50)。

教材理论的总体思考

迄今为止围绕教材理论的争论可概括如下:首先,如前面所讨论的,教材研究长期以来被发现缺乏理论方面的研究,但从近年来完成的工作看,再为此而内疚就不合适了。事实上,现在的情况可能已经相反;正如以上概述和本书其他章所支持的,这一领域已经产生了大量各种各样非常有价值的理论著作,从其他地方迁移理论,以及作为理论发展与概念基础的关键术语(Höhne, 2003; Klerides, 2010)。第二,作为教材研究核心、与具体学科的紧密关系意味着它很可能将继续参与,总体上看,"中观理论"的研究,正如奥托所指出的,由于本质上它的性质是应用的,这意味着它对如卢曼(Luhmann)的系统理论等宏大的元研究或社会学理论的需求没有其他领域那么多。第三,尤其在这种背景下,出现了一种观点,但在迄今为止围绕这一领域公认的理论缺失而进行的争论中,它却几乎没有得到任何描述。这里所思考的教材研究,其学科基础在于历史研究和/或文化研究,因而都是质性的(Pingel, 2010b: 67);而质性研究认为理论产出功能是其核心元素之一。因而,这里讨论的由它们的原始学科和理论模型及与之相关的观念产生的研究,只是考察了对它们有需求的社会现象与挑战,而不是用诸如心理学、科学这些学科中的量化研究方法测试理论。

教材研究的方法论路径

怀特提供了一个有力而又简洁的教材研究史框架（Wiater, 2002: 17），"从一开始就以人文教育学的精神对其来源进行了解释学的、质性的和内容分析的研究"，描绘了历史教材研究的首要地位。在"[20 世纪]70 年代，源于社会科学和语言分析的资料收集和分析程序逐步加入[这一方向]，把重心放在经验方法或意识形态批判；这受到了批判理性主义、批判理论和传播理论教育学的鼓吹"（Wiater, 2002: 17）。

20 世纪 80 年代，兰格（Lange）指出教材研究缺少方法上的有力研究（Lange, 1981）。他所列出的"教材研究方法论与方法的相关讨论"包含在了许多著作的主要章节中，如斯登的《猛击教材：政治问题与挑战》（*Schulbuch-Schelte als Politikum und Herausforderung*, 1979）、舍伦伯格的《学术的教材研究中对方法问题的研究》（*Studient zur Methodenproblematik wissenschaftlicher Schulbucharbeit*, 1976），以及斯登和舍伦伯格主编的《教材分析与教材批评》（*Schulbuchanalyse und Schulbuchkritik*, 1976）。此外，兰格呼吁这一领域进行方法论的调整，从关注教材内容分析转向重点关注理解教材生产过程与接受的研究："对教学媒介的研究需要将生产与接受过程与内容一起同等地包括在其方法中。"（Lange, 1981: 18）兰格也倡导要考虑接纳"社会科学中的全部经典方法"（Lange, 1981: 18）以及这一领域的国际化和学科边界的拓展。例如，他主张"一个研究教学媒介的[学科]要包括在不同政治—经济体系中对生产过程的比较分析，[应该能够]把它自己建设成为真正的国际化的研究方向"（Lange, 1981: 18）。

早在 20 世纪 80 年代末 90 年代初，吉尔伯特（Gilbert, 1989）和约翰森（Johnsen, 1992）就发现了教材研究的路径转向。在他们看来，这一转向是通过聚焦教材结构中隐藏的结构主义分析没有揭示出来的意义，从用量化的内容分析进行的教材修订，向在其情境中理解教材，以及文本与课堂使用方法发展。

接下来的这些年中涌现出了大量方法路径，到了 20 世纪 90 年代中期，方法多到班伯格（Bamberger, 1995）可以把这一领域的方法发展划分为六个阶段："文学解释方法""理论支撑的教材解释""社会学分析""面向特定教材分析形式的社会学方法的发展""[学校]教材系列解释标准的发展"，以及"社会学和传播研究驱动的内容分析"。这一时期，教材研究也要面对新制度主义刺激下宏观社会学的兴起。例如，这些研究使用量化研究方法以全球视野分析诸如人权之类的问题（Ramirez & Meyer, 2002）。

接下来，世纪之交后不久，尼科尔斯（Nicholls, 2003）努力记录了这一领域当前的方法发展状态，并为它的持续发展建议了潜在方向。探讨对第二次世界大战在学校历史教材中的表征进行分析所采用的教材研究方法的尼科尔斯指出，只有"少量出版的作品特别关注方法"（Nicholls, 2003: 8）。尼科尔斯讨论了平格尔（《联合国教科文组织教材研究与教材修订指导手册》, 2010b）、斯特拉德林（Stradling）（《教授 20 世纪欧洲史》，

2001)、米克(Mikk)(《教材:研究与写作》,2000)、魏因布伦纳(Weinbrenner)(《迄今使用的教材分析方法》,1992)、阿普尔(Apple)(《教师与文本》,1986 和《官方知识》,1993),以及斯里特(Sleeter)和格兰特(Grant)(《教材政治学》中的章节;Sleeter & Grant,1991:78-110)。归纳起来,尼科尔斯观察到,"全面地看,在这一领域领导者的关键性工作中,研究方法的程序与过程很少受到关注,且极少有明确和详细的描述"(Nicholls,2003:9)。换言之,方法上的缺失情况发生了变化,更多近期的研究尽管包含了本书各章令人印象深刻地呈现出的方法视角的多样性,但总体上在其特定的理论框架中没有对这些方法的明确引用和定位。

尽管被讨论的这些方法路径至今还在继续使用,总体来说也对现有能获得的教材研究方法的总体情况做了一个很好的描述,但从这一领域出现的新趋势看,有必要更新和完善这些描述。福克斯指出了最近这些年中完成的教材研究所用方法演进的四个方面。

首先,作为话语分析的教材分析是基于这样一个假设,即教材是一个包含了各种各样次话语的混合文本,这些文本通过紧张、冲突和/或竞争用某种方法相互关联,即使它们被置于同样的元话语中。第二,随着图像学转向,图像分析获得了广泛的基础。[……]第三,来自社会科学的方法正越来越重要。[……]最后,教材相关的研究正在被来自文化学的方法所塑造。(Fuchs,2011:21ff)

以下是对这一研究领域方法演变的总结:长期以来,这一领域在方法上被认为是一维的(Höhne,2005b:71),因牢牢地聚焦在内容分析上,而被指责为"方法的一元论"(Lange,1981:20)。从最近五到十年发表的研究成果看,这一领域的观察者现在可以断言,它已经回应了 20 世纪 80 年代兰格的呼吁——这在当时被视为具有创新精神——为了方法的扩展和跨学科的发展,且目前正在巩固其新定位。支撑这一变化的证据包括从内容分析决定的方法转向来自话语分析的方法(Fuchs,2011;参阅本书中克里斯托夫所著章节),以及本书中许多重要作者提到的混合方法和质性与量化方法的结合。

及至 2005 年,赫恩谴责了教材研究的传统倾向,认为该学科自身有意识且自愿地在理论上自我限制,片面地沉浸在"运用这一领域未经检验的常规假设和预设进行(书桌边)的教材修订"(Höhne,2005b:71)。从那以后,这一领域理论和方法相契合的发展,以及它的兴趣对象和核心研究问题,都发生了很大变化。在见证教材研究及教材相关研究已经获得并建立了各种各样方法的工作中,与本章努力对这一领域所做的描述一起,格奥尔格·埃克尔特国际教材研究所及时出版的这份成果是其中的突出代表。该书提及了大量年轻学者发表的令人感兴趣的方法,为未来教材研究趋势提供了一个很好的例子。拉斯(Rath，2017a)通过探索来自叙事学、叙事理论、话语和定因分析的方法，比较了目前正在这一领域使用的来自人文社会科学的质性研究方法和理论路径。埃宁加恩-格雷(Annegarn‐Gläß，2017)对作为教学媒介的历史教育电影的研究把从文学研究借鉴而来的叙事分析与媒介研究联系了起来。关于访谈法的那些章节，与对作为一种近当代历史研究方法的口述史的描述一起(Springborn，2017)，考察了学校情境中研究的小组讨论(Fischer，2017)。计算机辅助分析法(Bischewski，2017)和混合研究方法(Fiedler，2017)，也在本书的人文科学，特别是数字人文科学和社会科学研究中拥有一席之地。本书中教育研究的两份贡献，是分别讨论了来自移民教育相关工作中的一种受人种学启发的理论路径，以及教育体系的权力和机构(Yorulmaz，2017)。

💡 下一步是什么?

本章最后将为未来教材研究的理论和方法路径提供一些新的潜在方向和建议。首先，教材研究者如能使他们的理论假设不仅对于可以更好地对假设进行理解、赞同和争论的读者，而且对于他们自己更加的可视化，这是值得称赞的。这样做，研究者需要联系他们研究的理论基础，并选择相应的方法；这将使他们获得更加聚焦和更加前沿的发现，从而具备更大的为未来工作搭建平台的潜力。

第二，毫无疑问，多元方法设计在这一领域的常规研究中已占有一席之地，教材研究作为一个高度单一的方法论领域的时代已真正成为过去。但是，仍然存在一个缺失的环节，到目前为止，很少有研究者应用它们：各种不同理论路径富有成效的融合，如结构主义方法和以行动者为中心的研究的结合，人类行为学与媒介理论方法的同时运用(尤其是见 Ahlrichs et al.，2015；Macgilchrist et al.，2017)，或是微观与宏观视角的恰当联系。第三，相关研究空白出现在与跨学科相关的工作中，其中鲜有深入研究(参阅本书中贝恩克和卡利所著章节)。

第四，本章已经提出，教材研究的前沿问题和方法需要基于理论的框架，且已显示研究者对研究方法和理论框架的选择与指导他们工作的研究问题和所采用的路径密切相关。从逻辑上可得出结论，在理论与方法的选择中，未来研究者会发现他们将需要更为清晰地突出这些联系，且更为有意识地寻求将其放在首要位置。其中的一个例子是历史记忆研究与记忆理论之间密切联系的锻造，它可以细化对人们阅读和理解教材中事件之间差异的分析(Christophe，2017a)、对教材叙事和来自经历了问题中事件的人们的传记叙事的比较分析(Christophe，2017b)，或是对历史课堂展开的记忆实践的分析(Macgilchrist et al.，2015)。本章对克雷里德(Klerides，2010)研究的描述已经阐明了此类研究在实践中的可能样态。未来的教材研究将在很大程度上受益于在理论、方法和主题之间始终建立联系的研究。

第五，教材研究的标志性转折及由此产生的"视觉教育媒介"研究需求(Bock &

Halder,2015)高度相关。正如艾德(Ide)提及赫克和施拉克(Heck & Schlag,2012)、杨科和克内克特(Janko & Knecht,2014)后指出的,"对教育与政治中视觉文化重要性的意识已经建立起来了。[……]尽管这些研究把教材看作多模态的对象,但它们没有(明确)借助多模态分析工具"(van Leeuwen,2005)。换句话说,教材研究方法体系的、彻底的、一致的和理论上有意识的定位构建及演变仍然完全处于初创时期。分析今天的教育媒介可能会遇到特别的方法上的挑战,这些媒介不断地以数字形式出现,并越来越多地生成视听形态。

这把我们带到了第六点,即本章要触及的这一领域未来发展的最后一个方面。教育领域的数字化进程所展现的势头开辟了教材相关研究的新对象。教育媒介的多样化是推动社会数字化和媒介浸润的共同因素,它正在兴起,且随着它的发展,也给未来的教育媒介研究提出了新的挑战。接下来要看到的是,教材是否还能够捍卫它在课堂中的核心地位(Fuchs,2011b),并作为教材研究新问题发展的核心焦点。这一领域毫无疑问要依赖教育媒介生产过程研究中的丰富经验;不仅如此,媒介样态的转型,数字教育媒介生产与传播中新的参与者与过程的出现,迫使研究者不断调整他们的理论和方法,以应对不断变化的世界。

💡 参考文献

Ahlrichs, J., Baier, K., Christophe, B., Macgilchrist, F., Mielke, P., & Richtera, R. (2015). Memory Practices in the Classroom: On Reproducing, Destabilizing and Interrupting Majority Memories. *Journal of Educational Media, Memory, and Society*, *7* (2), 89–109.

Annegarn-Gläß, M. (2017). Narrativanalyse im historischen Lehrflm — Am Beispiel des kolonialen Fortschrittsnarrativs. In I. Rath (Ed.) (2017). Methoden und Theorien der Bildungsmedien und Bildungsforschung: ein Werkstattbericht von Nachwuchswissenschaftlerinnen und -wissenschaftlern des Georg-Eckert-Instituts. *Eckert-Dossiers*, *14*(2017), 17–23.

Apple, M. W. (1986). *Teachers and Texts: A Political Economy of Class and Gender Relations in Education*. New York: Routledge.

Apple, M. W. (1993). The Politics of Offcial Knowledge: Does a National Curriculum Make Sense? *Teachers College Record*, *95*(2), 222–241.

Bamberger, R. (1995). Methoden und Ergebnisse der internationalen Schulbuchforschung im Überblick. In R. Olechowski (Ed.), *Schulbuchforschung* (pp.46–94). Frankfurt am Main: Lang.

Bischewski, M. (2017). Einsatz von QDA-Software zur Untersuchung von Schulbuchinhalten — ein Praxisbericht. In I. Rath (Ed.) (2017). Methoden und Theorien der Bildungsmedien und Bildungsforschung: ein Werkstattbericht von Nachwuchswissenschaftlerinnen und -wissenschaftlern des Georg-Eckert-Instituts. *Eckert-Dossiers*, *14*(2017), 64 – 72.

Bock, A., & Halder, L. (Eds.). (2015). *Visuelle Bildungsmedien* [Visual Educational Media], special issue of *bildungsforschung*, 01.

Christophe, B. (2014). *Kulturwissenschaftliche Schulbuchforschung — Trends, Ergebnisse und Potentiale, Eckert. Working Papers* 6. Retrieved from http://www.edumeres.net/urn/urn: nbn: de: 0220.

Christophe, B. (2017a). "Eigentlich hingen ja alle mit drin." Entnazifzierung und Kalter Krieg in deutschen Schulbüchern und in den Erzählungen von Lehrenden. In F. Flucke & U. Pfeil (Eds.), *Das geteilte Deutschland im Schulbuch. Die Darstellung des Kalten Krieges am Beispiel Deutschlands in den (Geschichts-) Schulbüchern von 1945 bis in die Gegenwart*. St. Ingbert: Röhrig Universitätsverlag.

Christophe, B. (2017b). Was war der sowjetische Sozialismus? Konfikte um authentische Erinnerung in Litauen. In B. Christophe, C. Kohl, & H. Liebau (Eds.), *Geschichte als Ressource. Politische Dimensionen historischer Authentizität* (pp. 35 – 63). Berlin: Klaus Schwarz Verlag.

Fiedler, M. (2017). Wissensgeschichte aus dem Schulbuch — 'Mixed Analysis' oder Diskurs 2.0? In I. Rath (Ed.) (2017). Methoden und Theorien der Bildungsmedien und Bildungsforschung: ein Werkstattbericht von Nachwuchswissenschaftlerinnen und -wissenschaftlern des Georg-Eckert-Instituts. *Eckert-Dossiers*, *14*(2017), 44 – 63.

Fischer, E. (2017). Die Fokusgruppe als Methode für die Schulbuchanalyse. In I. Rath (Ed.) (2017). Methoden und Theorien der Bildungsmedien und Bildungsforschung: ein Werkstattbericht von Nachwuchswissenschaftlerinnen und -wissenschaftlern des Georg-Eckert-Instituts. *Eckert-Dossiers*, *14*(2017), 35 – 43.

Fritzsche, K. P. (1992). *Schulbücher auf dem Prüfstand. Perspektiven der Schulbuchforschung und Schulbuchbeurteilung in Europa* (Studien zur internationalen Schulbuchforschung, 75). Frankfurt am Main: Diesterweg.

Fuchs, E. (2011a). Aktuelle Entwicklungen der schulbuchbezogenen Forschung in

Europa. *Bildung und Erziehung*, *64*(1), 7 – 22.

Fuchs, E. (2011b). Current Trends in History and Social Studies Textbook Research. *Journal of International Cooperation in Education*, *14*(2), 17 – 34.

Gilbert, R. (1989). Text Analysis and Ideology Critique of Curricular Content. In S. Castell, A. Luke, & C. Luke (Eds.), *Language, Authority and Criticism*. London: Taylor & Francis.

van Gorp, A., & Depaepe, M. (Eds.). (2009). *Auf der Suche nach der wahren Art von Textbüchern*. Bad Heilbrunn: Klinkhardt.

Hagemann, C. (2017). Außenseiter machen Schule — Auswirkungen von EtabliertenAußenseiter-Beziehungen in migrantischen Selbstorganisationen auf die Entwicklung eigener Bildungsmaterialien. In I. Rath (Ed.) (2017). Methoden und Theorien der Bildungsmedien und Bildungsforschung: ein Werkstattbericht von Nachwuchswissenschaftlerinnen und -wissenschaftlern des Georg-Eckert-Instituts. *Eckert-Dossiers*, *14*(2017), 73 – 82.

Heck, A., & Schlag, G. (2012). Securitizing Images: The Female Body and the War in Afghanistan. *European Journal of International Relations*, *19*(4), 891 – 913.

Heinze, C. (2010). Historische Schulbuchforschung als Kontextanalyse. *Journal of Educational Media, Memory and Society*, *2*(2), 122 – 131.

Höhne, T. (2003). *Schulbuchwissen. Umrisse einer Wissens- und Medientheorie des Schulbuches*. Frankfurt am Main: Johann Wolfgang Goethe-Universität.

Höhne, T. (2005a). *Über das Wissen in Schulbüchern: Umrisse einer wissenstheoretischen Perspektive auf Schulbücher*. Gießen: IWB.

Höhne, T. (2005b). Über das Wissen in Schulbüchern — Elemente einer Theorie des Schulbuchs. In E. Matthes & C. Heinze (Eds.), *Das Schulbuch zwischen Lehrplan und Unterrichtspraxis* (pp. 65 – 93). Bad Heilbrunn: Julius Klinkhardt.

Janko, T., & Knecht, P. (2014). Visuals in Geography Textbooks: Increasing the Reliability of a Research Instrument. In P. Knecht, E. Matthes, S. Schütze, & B. Aamotsbakken (Eds.), *Methodology and Methods of Research on Textbooks and Educational Media* (pp. 227 – 240). Bad Heilbrunn: Julius Klinkhardt.

Johnsen, E. B. (1992). Are We Looking for it in the Same Way? Some Remarks on the Problem of Ideological Investigations of Textbooks and Methodological Approaches. In K.

P. Fritzsche (Ed.), *Schulbücher auf dem Prüfstand: Perspektiven der Schulbuchforschung und Schulbuchbeurteilung in Europa* (*Workshop zu Grundfragen der Schulbuchforschung im September 1990 im Georg-Eckert-Institut*) (pp. 79–96). Frankfurt a. M.: Verlag Moritz Diesterweg.

Klerides, E. (2010). Imagining the Textbook: Textbooks as Discourse and Genre. *Journal of Educational Media, Memory, and Society*, 2(1), 31–54.

Lange, K. (1981). Zu Methodologie und Methoden einer sozialwissenschaftlichen Unterrichtsmedienforschung. *Internationale Schulbuchforschung: Zeitschrift des Georg-Eckert-Instituts für Internationale Schulbuchforschung*, 3(1), 16–28.

van Leeuwen, T. (2005). Multimodality, Genre and Design. In S. Norris & R. H. Jones (Eds.), *Discourse in Action: Introducing Mediated Discourse Analysis* (pp. 73–95). London: Routledge.

Macgilchrist, F., Ahlrichs, J., Mielke, P., & Richtera, R. (2017). Memory Practices and Colonial Discourse: Tracing Text Trajectories and Lines of Flight. *Critical Discourse Studies*, 14(4), 341–361.

Macgilchrist, F., Christophe, B., & Binnenkade, A. (2015). Memory Practices and History Education. Special issue of the *Journal of Educational Media, Memory, and Society* (*JEMMS*), 7(2).

Marienfeld, W. (1976). Schulbuchanalyse und Schulbuchrevision. Zur Methodenproblematik. *Internationales Jahrbuch für Geschichts- und Geographie-Unterricht*, 17, 47–58.

Mikk, J. (2000). *Textbook: Research and Writing*. Frankfurt am Main, New York: Peter Lang.

Nicholls, J. (2003). Methods in School Textbook Research. *International Journal of Historical Learning, Teaching and Research*, 3(2), 11–26.

Nicholls, J. (2005). The Philosophical Underpinnings of School Textbook Research. *Paradigm. Journal of the Textbook Colloquium*, 3(3), 24–35.

Otto, M. (2012). International Research on Textbooks and Educational Media. Challenges and Perspectives. In J. Duarte (Ed.), *Os manuais escolares e os jovens: Tedio ou curiosidade pelos* (pp. 87–92). Lisbon: Edições Universitárias Lusófonas.

Pingel, F. (2010a). Geschichtsdeutung als Macht? Schulbuchforschung zwischen wissenschaftlicher Erkenntnis- und politischer Entscheidungslogik. *Journal of Educational*

Media, Memory, and Society, 2(2), 93-112.

Pingel, F. (2010b). *UNESCO Guidebook on Textbook Research and Textbook Revision* (2nd Rev. and Updated ed.). Paris: UNESCO; Braunschweig: Georg Eckert Institute for International Textbook Research.

Ramirez, F., & Meyer, J. (2002). National Curricula: World Models and Historical Legacies. In M. Caruso & E. Tenorth (Eds.), *Internationalisierung* (pp. 91-107). Frankfurt a. M.: Lang.

Rath, I. (Ed.). (2017). Methoden und Theorien der Bildungsmedien und Bildungsforschung: ein Werkstattbericht von Nachwuchswissenschaftlerinnen und -wissenschaftlern des Georg-Eckert-Instituts. *Eckert-Dossiers*, *14*(2017). Retrieved July 17, 2017, from http://repository.gei.de/handle/11428/233.

Rath, I. (2017a). Schulbuchforschung als Herausforderung für qualitative Methoden. In I. Rath (Ed.) (2017). Methoden und Theorien der Bildungsmedien und Bildungsforschung: ein Werkstattbericht von Nachwuchswissenschaftlerinnen und -wissenschaftlern des Georg-Eckert-Instituts. *Eckert-Dossiers*, *14*(2017), 4-16.

Schallenberger, E. H. (Ed.). (1976). *Studien zur Methodenproblematik wissenschaftlicher Schulbucharbeit*. Ratingen: Henn.

Schallenberger, E. H., & Stein, G. (1978). Wissenschaftliche Schulbucharbeit: Aspekte und Kontexte. *IBW-Journal: Zeitschrift des Deutschen Instituts für Bildung und Wissen*, *16*, 155-156.

Sleeter, C., & Grant, C. (1991). Race, Class, Gender and Disability in Current Textbooks. In M. Apple & L. Christian-Smith (Eds.), *The Politics of the Textbook*. New York and London: Routledge.

Springborn, M. (2017). Oral History in der zeithistorischen Bildungsmedienforschung — Anwendung, Intersubjektivität und kommunizierte Erinnerung. In I. Rath (Ed.) (2017). Methoden und Theorien der Bildungsmedien und Bildungsforschung: ein Werkstattbericht von Nachwuchswissenschaftlerinnen und -wissenschaftlern des Georg-Eckert-Instituts. *Eckert-Dossiers*, *14*(2017), 24-34.

Stein, G. (Ed.). (1979). *Schulbuch-Schelte als Politikum und Herausforderung wissenschaftlicher Schulbucharbeit. Analysen und Ansichten zur Auseinandersetzung mit Schulbüchern in Wissenschaft, pädagogischer Praxis und politischem Alltag*. Stuttgart:

Klett-Cotta.

Stein, G. & Schallenberger, H. (Ed.) (1976). *Schulbuchanalyse und Schulbuchkritik.* Im Brennpunkt: Juden, Judentum und Staat Israel. Duisburg, 21 – 31.

Stradling, R. (2001). *Teaching 20th-Century European History.* Strasbourg: Council of Europe Publishing.

Tröhler, D., & Oelkers, J. (2005). Historische Lehrmittelforschung und Steuerung des Schulsystems. In E. Matthes & C. Heinze (Eds.), *Das Schulbuch zwischen Lehrplan und Unterrichtspraxis* (pp. 95 – 107). Bad Heilbrunn: Klinkhardt.

Tyack, D., & Tobin, W. (1994). The "Grammar" of Schooling: Why Has it Been so Hard to Change? *American Educational Research Journal*, *31*(3), 453 – 479.

Weinbrenner, P. (1992). Methodologies of Textbook Analysis Used to Date. In H. Bourdillon (Ed.), *History and Social Studies — Methodologies of Textbook Analysis.* Amsterdam: Swets and Zeitlinger, 33 – 54.

Weinbrenner, P. (1995). Grundlagen und Methodenprobleme sozialwissenschaftlicher Schulbuchforschung. *Schulbuchforschung*, 21 – 45.

Wiater, W. (2002). Das Schulbuch als Gegenstand pädagogischer Forschung. In W. Wiater (Ed.), *Historische Schulbücher der Sondersammlung Cassianeum in der Universitätsbibliothek* (pp. 8 – 25). Augsburg: Univ.-Bibl.

Yorulmaz, E. D. (2017). Die Macht in der Schule. In I. Rath (Ed.) (2017). Methoden und Theorien der Bildungsmedien und Bildungsforschung: ein Werkstattbericht von Nachwuchswissenschaftlerinnen und -wissenschaftlern des Georg-Eckert-Instituts. *Eckert-Dossiers*, *14*(2017), 83 – 92.

第二编

各种情境中的教材

第 5 章　教育出版商与教育出版

作者 / 克里斯托夫·布拉西（Christophe Bläsi）
译者 / 蔡金芳　郑杰

💡 引言

在更大的学校教材研究范畴中，本章将重点关注出版商和出版社的作用，探讨超越纯粹物理过程的生产概念。出版商的典型功能包括"上游"任务（即与作者的沟通）和"下游"任务（即教材的营销和发行步骤）。本章并不涉及一些诸如教材编写（参阅本书奥托所著章节）等生产方面的内容，但至少会提及一些非生产方面的内容，如教材的营销和发行，或出版商在教材审批程序中发挥的作用。

当然，"教材"不只是印刷品，对"教材"的概括很重要。"教育媒介"或"教育材料"一词应包括所有独立的、基于文本的、本质上非交互性的产品。这里的"本质上非交互性"是为了将教育材料与独立归类的电子学习产品区分开来。这里对电子学习产品不作介绍（关于教材的媒介性和物质性，请参阅本书麦吉克里斯所著章节）。

在出版活动方面，本章假定的教育出版概念仅限于初等和中等教育（北美至 12 年级，英国至高中阶段即 A-Levels），明确排除了第三阶段教育或高等教育的出版。值得一提的是，美国和澳大利亚都将第三阶段教育纳入到教育出版的概念中。虽然存在这种差异，本章还是列举了一些关于高等教育教育媒介出版的研究成果，它们确实为学校教育媒介出版提供了借鉴。

由于教育媒介研究领域分为不同的流派，因此，很重要的一点是，在检视教材产品本身时，不要过度探索教材的生产方面（例如"生产者"、生产过程、互动等）。就生产方面而言，产品的特征在内容（命题及其教学的一致性）和"质量"方面都发挥了作用。由于产品和生产之间难以划清界限，只有在必需的情况下，本研究才会提及产品方面的内容，如产品和生产过程相互交织或者产品方面研究不足。本章还特别提到了文本的制作和排版问题。

只有在先前对出版商和出版活动的一般性研究不适用或适用性不够，抑或需要详尽地了解具体情况时，对出版商特别是其教材生产及活动的研究才有意义。一般来说，出版是图书或出版研究的重点，[1] 而对教材和教材出版的研究通常很少为其他学术领域，例如学科教学论和教育研究等所覆盖。当前，因学术领域和文化之间令人惊讶而不可逾越的界限，很难绘制一幅尽可能全面且具体的教材图景。

根据罗伯特·达恩顿（R. Darnton）1982 年发表的一项强有力且无可辩驳的声明，在历史上和不同文化中，图书传播的结构和出版商在这种传播中的作用[2]在本质上具有普遍性（Robert Darnton，1982）。然而，达恩顿所假设的出版周期（被经济学家认为是一个断裂的价值链）近年来已经不再具有解释力，这主要是由于该领域中电子产品的出现。亚内洛（Janello，2010）因此将其描述为一个更复杂、更灵活的（价值）网络。

因此，本章余下部分要回答的主要问题是：（学校）教材有何不同或特别之处，尤其是出版商在教材出版中所起的作用？

多学科视角下的教育媒介观

以下部分介绍了中小学教育媒介生产和出版（广义上：起源）方面的研究发现。本节依据关于出版的一般性观点，一方面借鉴了图书/出版研究的观点，另一方面参考了与学校教材相关的学术文献，范围从出版研究到教育研究，再到媒体商业研究。

尽管教育出版的市场环节及其主要参与者[3]具有巨大的经济意义，但图书/出版领域的研究并没有充分涉及教育出版的具体方面。在大多数关于当前出版研究的调查文本中，学校教材只是作为市场的一部分或多或少被提及，也有一些市场记录数据（例如，占德国每年全部书刊生产总数的5%，不含复印本）。内容更为丰富的研究（德国市场，见Kerlen，2006；盎格鲁-撒克逊市场，见Clark & Phillips，2014；Guthrie，2011）阐述了该细分市场的重要性，包括国家的巨大影响力，产品或产品包的复杂性（不同的媒介；不同的组成部分，如教师指南和学生作业簿），"商业模式"的特殊性（销售数据的大致可预见性、固定的时间表、长远前景、高投入），复杂的流程（与利益相关者的基本联系、测试、审批）以及最近全新的市场竞争者和学校的新实践。大学教材中有关这些方面的文献说明了这一点："新上任的教育部长可以对课程和学校的运作产生巨大影响"（Clark & Phillips，2014：95）；"无论如何，都需要极大的耐心。由于教育著作通常由多名作者策划，经历多轮测试，还要经过文化管理部门的批准，因此筹备周期长"（Kerlen，2006：40，trans. C. B.）；"他们（教育出版商）受到科技公司、平板电脑和免费互联网内容（包括供应资助的开放教育资源）使用的增加以及教师所创造的内容的影响"（Clark & Phillips，2014：61）。除了许多带有数据的表格，格列柯（Greco，2014）呈现了一个初步的态势分析结果（Superiority Weakness Opportunity Threats，SWOT），预测了美国黯淡的经济走势，作为其后果之一，税收的不济也对教材生产构成影响。

在出版研究以外的教育出版文献方面，福克斯（Fuchs，2011）率先在他对学校教材的讨论中提及了生产和出版方面内容。他主要参考范·戈普（van Gorp）和德帕普（Depaepe），提出了以下关于生产和出版的概念和观点：内容定位（内容的"元素化"和"教学性"）、风格定位（适龄性和学习动机）以及对物质性的定位（设计、封面、排版的（跨文化）儿童适宜性）（Fuchs，2011：14）。

福克斯引用了拉西格（Lässig）关于当代教育媒介研究的观点。拉西格强调，教材和教材的出版与生产研究应始终被置于特定的研究框架内，明确地进行情境化，并提出以

下核心论点:

> 学校的教材与其他方面,特别是新媒体的关系;……对学校教材内容的协商过程及其对应的行动者群体;国家的影响与学校教材的生产、审批和使用之间的关系;……学校教材生产的经济层面以及市场在教材质量方面的角色。(Lässig,引自 Fuchs, 2011: 15 – 16, trans. C. B.)

同样,福克斯等人(Fuchs et al., 2010)的研究涉及了生产方面。他们的研究呈现了教材的一般性供应和融资,尤其是德国的教材审批过程,还有教材出版商的工作条件和对于教材作者的意义。

诺伊曼(Neumann, 1989)以法国、德国和英国这样的重要发达国家为例,对学校教材的出版做出了另一种描述。他在文中谈到了供应商市场的结构和选定的源于供应商市场的数据。他认为,这些国家的教育出版

> 是由私人企业来承担的,并受到一系列必要且错综复杂的法律、法规和风俗习惯的约束。在有利条件下,支持、生产和使用教材的各种利益集团会为了一个共同目的一起工作。检查和制衡制度确保学校获得足够的教学材料并使其物尽所用……重要的是,那些向发展中国家提供教材的官员和其他人员要意识到,启动和维持学校教材的出版需要得到其复杂的社会经济系统的支持。(Neumann, 1989: 115)

诺伊曼还提出了一个有趣且具有一定可信度,但目前尚未被系统论证的观点:

> 矛盾的是,学校教材的出版比大多数其他类型的出版更具有衍生性,因为每一本连续出版的教材或系列丛书都是建立在以前出版的材料基础上的,而课程革新带来的新教学内容很容易被剽窃。事实上,交换版权、改编和翻译、合作编辑以及或多或少的完全模仿早已司空见惯。(Neumann, 1989: 118)

接下来,我们围绕学校教材的一系列子议题进行推理和论述。首先是狭义的生产方面,从作为独立机构的出版社和国家(教育)出版业的阵容和竞争开始。紧接着,本章将讨论教育出版社的内外结构和程序,以及针对出版行业的外部控制的各个方面。在教育出版方面,国家或相应的国家机构会特别对其实施直接管控。随后,在介绍超越产品和过程的纯粹的其他条件不变的数字化新模型(但不包括正常的数字化学习,如本章前面所解释的)之前,将对出版社向师生传递知识的方法进行批判性检视。最后,通过对发展中国家的教材出版的讨论,尤其是对英语语言教学出版的强调,我将对中小学教育媒介的生产和出版方面进行描述。

教育材料的生产

在图书行业的情境中,生产方面可以分为那些与产量无关的方面——它们适用于

所谓的"初版",以及与每一份单一副本相关的物质方面(即使对所有副本都提前做出了相应的管理决策)。

关于初版的生产方面:即使主题的推进和表现问题取决于特定的学校科目,人们会期望至少在特定的时间点和某种文化中,教材和其他教学材料出现重复的排版和文本结构模式。这将指定"(学校)教材"的文本组合元素(例如介绍性文字、练习、摘要和助记句子),以及这些元素可能的或典型的呈现方式(例如字体、双页面上的排版、彩色背景)。令人惊讶的是,关于这一点以及各种视觉元素的使用还没能成为具有足够普遍性的研究主题,至少尚未涉及教材。然而,沿着这一思路,塞尔(Searle, 1989)指出了应该考虑的一个非常基本的维度:

> 教材中教学策略的适用性问题很少被提及。有些书具有规范性,其文本、练习和活动设计高度结构化。有些书则建构得比较松散,假设教师将书本作为一种教学资源,以适应他或她的教学计划。(Searle, 1989: 21)

发展中的媒介语言学主要借鉴媒介研究和语言学,通常以文本结构和排版为焦点,正以一种更加可操作化的方式(尚未聚焦于教育媒介)研究此类问题。布赫(Bucher, 2007, 2011)用行动—理论分析代替了早期的表征符号学分析,提出不仅要与数字超文本(这是一种普遍的观点),还要与多模态文本一起对意义进行准交互式建构。多模态文本以各种由较小的文本部分和图像组成的印刷文本为代表,它们构成了最新的学校教材。在这种观点下,应用传播设计的任务(在这个意义上作为生产的一部分)应该被看作非线性结构的操作扩展(例如,由文本和图像组成),这对读者提出了特殊的挑战。由于在这种情况下,一种"自然"的传播设计(纯线性文本)的标准指示"序列"并不由读者所决定,因此传播设计的任务指出或暗示了这种相关性:读者应该在阅读后还是阅读前查看文本右侧的图像,或是都看?另一方面,读者在处理诸如邻接或相似等多模态文本时,必须使用扩展的传播原则库(基于格赖斯(Grice)的最初原则)。基于此,布赫奠定了一个基础,使得教育媒介的设计方面能够从方法论、解释学和经验主义角度进行研究,而非仅仅通过干预的方式,为字体排印师、排版艺术家和传播设计师提供合理的建议。

在教育媒介的绝对物质性,特别是版式、纸张、印刷和装订方面,作为一个整体,其共同标准(例如耐用性)尚未成为明确的研究主题。然而,特别是在发展中国家,研究偶尔也会涉及诸如单一副本的成本等方面的因素(请参阅本章后面部分)。

梅森伯格(Miesenberger)和卢梅尔(Ruemer)的研究填补了本章重点介绍的教育媒介、电子学习产品和用于电子学习产品的非自主内容流之间的空白(Miesenberger & Ruemer, 2006)。他们根据文档类型定义(document type definitions, DTDs),描述了从传统教材转为 XML 文件所发生的系统的、基于人工支持的转换,这种转换将应用于残障人士的学习环境中,特别是将盲文输出,以供视障人士使用。

教育出版社和出版业

和其他领域的出版社一样,教育出版社也可以作为有自身发展史的机构来进行研究。其自身发展史不仅受政策调控的具体方面或教育部门普遍存在的价值创造机构的影响(请参阅本章后面部分),还受出版商自身特点,以及国家更大的经济、科技、文化和政治环境,当然,还有机遇和意外事件的影响。这些方面在有关出版社历史的记述中都有涉及,像奥登伯格出版社(Wittmann,2008,以阅读和写作入门为例)和牛津大学出版社(Fraser,2013)的史料记录中就明确提到其各自的教育出版活动。

同样,教育出版社在国家或超国家供应市场(通常在市场经济中相互竞争)中的地位受其总体发展的影响,例如过去几十年在出版业的大多数部门中观察到的集团企业。以澳大利亚为例,哈格雷夫(Hargrave,2012)追溯了两个世纪以来此类发展的情况,发现在殖民初期,英国教材占据了主导地位。随后,为建立国家身份认同,经历了本土教材中以本土内容为主的阶段(部分由英国出版商的当地子公司出版),这一现象一直持续到20世纪50年代。自那时起,跨国公司占据主导地位,接管了澳大利亚大多数的独立出版商。哈格雷夫的假设是,设置低准入门槛(例如,在战后以卷筒纸平版印刷术替代凸版印刷术,或是未来数字转型时代可能出现的新变革,参见本章后面部分)有利于当地中小型企业的发展。我们因此可以看出在更广泛的主题领域(规模经济)追求"大部头"的跨国公司和只专注利基市场的独立公司之间的差别。按照哈格雷夫的说法,这在将来对于小型出版商来说是个好消息:"在21世纪的数字化环境下,内容的创建、传播和交付具有成本效益,并且立竿见影。那些曾被禁止准入[原文如此]的市场逐渐解禁。现状将不复存在。"(Hargrave,2012:247)里克斯(Rix)也观察到战后英国企业集团化发展的现象(Rix,2008)。据他说,由于国家干预的增加,教材出版商的数量已从20世纪50年代初的40家左右减少到"20世纪80年代中期的[原文如此]15或16家"(Rix,2008:176)。世界银行的报告《教材和校图书馆章程》中还提到了外国或殖民列强对前殖民地教材市场的影响:在讲法语的非洲国家,法国和比利时的出版商在教材的引进中起着重要作用。还有一些地区出版商,一起为多个国家出版教材(请参阅本书兹洛克所著章节,他专门研究了教育媒介出版的跨境过程)。相比之下,由于人口和GDP的高增长,在讲英语的非洲国家中,英国出版商在当地的子公司有着更为悠久的历史传统(World Bank,2008:xx – xxi)。

其他一些文献以纯粹的一般性描述的方式介绍了教材的开发过程。例如,克罗斯利(Crossley)和莫尔比(Murby)研究了发展中国家教材的供应情况(Crossley & Murby,1994:104 – 107)。

教育出版除了受学校这一社会系统(及其背后以这种或那种方式存在的国家)明确

而直接的影响外,还受到出版商的"内部运作机制"以及与价值链或整个价值网络上其他参与者之间关系的影响,这也是教育出版所特有的不同于其他出版领域的属性。这类似于通常所称的商业模式,即出版商为收回成本、获得营利所采取的步骤。[4] 现有文献对此有明晰的研究,例如罗伦斯(Rollans)和拉加尔纳舍(la Chenelière)对加拿大的出版领域做了大量论述(Rollans & de la Chenelière, 2010)。他们提出教育媒介市场具有优势,可以与知名客户保持直接联系,产品出售可以做到无折扣和无退货。他们还提到了存在的风险(部分是针对当前的加拿大市场的),包括日益下放的购买决策、市场分割、替代资源使用的增加、顾客需求的不断提升和销售额的不断下降,以及难以预测的大量投资需求(Rollans & de la Chenelière, 2010: 21-24)。斯蒂凡诺维奇(Stefanowicz, 2014)选取了1970—2012年的波兰市场,对教材价值链中的参与者进行了研究。虽然她在研究中对1989年之前国家在审查和供应教材中所起的作用做了详细的论述,但她所论述的参与者仅为教材作者、出版商和教材的应用者(教师)。她还指出2012年数字学校项目的出现可能会带来绕过出版商的趋向。

特别在企业对企业的电子商务(B2B)领域,当前出版社的出版活动有时会发生重大的变化,不仅出版的内容由纸质的转变为数字的(自20世纪90年代以来),而且向着研讨会、会议和展览会等活动,以及越来越多地向着软件产品转变。教育出版领域同样面临这样的变化,现有产品中的软件份额显著增加。当然,这对相关公司的结构和这些公司内部的流程,以及它们与价值链上其他参与者之间的关系都有影响。田(Tian)和马丁(Martin)对此进行了总结性概述(Tian & Martin, 2013)。他们调查了澳大利亚高等教育的出版情况,但是他们的发现可以直接迁移至初等和中等教育中。田和马丁遵循当代媒体商业研究的观点,将价值创造置于中心位置,他们描述了在特定情况下出版商所面临的挑战:

> 在动荡的高等教育出版市场,寻找价值和创造及利用价值的新方法是在技术、电子学习与出版之间建立联系的基础……由或多或少地统一交付打包的内容,转向结合使用新技术和提高内容质量的真正的定制学习服务。(Tian & Martin, 2013: 12)

仅将这种转变解释为从公共利益导向的产业向"贪婪的资本主义模式"过渡的说法过于简单。他们认为,"像其他产业一样……事情并非如此简单。当前所发生的和正在发生的变化是商业、技术和市场力量之间更为复杂的相互作用"(Tian & Martin, 2013: 13)。他们写道,在这样的转变中,不仅创造价值的过程发生了变化(去中介化),还可能出现其他(补救)的步骤:

> 教育出版商已经在利用他们的专业知识和网络,摆脱一系列经验曲线效应,成为集成技术、内容和学习包的提供商。在此过程中,他们将与新合作伙

伴一起共同创造价值,并且极有可能……在价值链中发挥作用。与此同时,他们在价值链中的存在感将大大增强。(Tian & Martin, 2013:21)

最后,作者对出版的核心和未来发展机会做了乐观且可能具有普遍性的总结。借此,他们隐晦地借鉴了商业研究中基于资源的观点,即充分利用核心资产和核心竞争力:

> 在与电子学习市场的竞争中,教育出版商有很多优势。他们拥有多年来建立的联系和积累的经验,已经从图书的生产者和供应者转变为综合学习和技术服务的提供者。他们还与作者、大学和其他相关机构保持联系,以获得稳定的内容和课程设计的专业知识。(Tian & Martin 2013:22)

虽然田和马丁谈论的是高等教育出版,但在学校教育媒介的制作中也可以看到很多相同的情况。他们还提到了"在自助出版和使用基于网络的出版平台风靡一时(或至少据报道如此)的时候"(Tian & Martin, 2013:22),品牌价值对出版商保持优势地位的作用。他们还认为,"再加上在设计和提供数字学习包方面日益增长的专业知识,以及全球营销范围的扩大,这些优势可能会在动荡的教育市场中发挥决定性的作用。在应对这样的机遇时,教育出版商很有可能蓬勃发展,并在适当的情况下成为价值链中的主导者"(Tian & Martin, 2013:24)。

布罗伊希(Broich, 2015)认为教育媒介不同于其他媒体部门;他认为只有电脑游戏(作为桌游的延伸)可以与其比拟:

> 在其他基于内容的领域,技术极大地改善了价值链和用户体验,却没有从根本上改变音乐、电影或书籍的内容。然而,教育领域有所不同。教育技术必须改变教育过程的本质。在学习中,学生与学习内容之间的关系必须是互动的、差异化的。(Broich, 2015:237)

这与田和马丁以价值网络为导向的论述是一致的。因为这一主张不仅需要重新包装现有的教育内容,还需要对其作进一步干预,可能还要与该领域的其他参与者密切合作。在这一点上,布罗伊希还预测了出版商在未来的重要作用。与田和马丁的观点相比,他的论点主要围绕内容和目标群体的需求而不是管理优先级问题:

> 值得注意的是,除了驱动自适应学习技术的计算程序和数据挖掘之外,系统中使用的实际内容仍然是区分高效和低效学习工具的关键因素。值得记住的是,有效地为不同学生提供专业知识并不是技术本身的一个方面,那些知识应由教材的作者、教师和出版商提供。只有把内容和技术巧妙地结合起来,才能给学生带来更好的学习体验。(Broich, 2015:241)

虽然布罗伊希的论证略有不同,但他基本同意田和马丁的观点,即由于新的数字学习和其他学校相关产品的出现，教育出版商迎来新的机遇，能够在不断变化的价值网络中保持和扩大自己的影响力，甚至可以控制不断变化的价值网络。

弗里德曼(Freedman, 2005)对当前的教育出版进行了概念化，认为其先从传统模式迈向转换模式，然后又转向信息模式。在转换模式下，学习材料是在特定的情境中与教职员工共同建构的(p. 188)。在信息模式下，学习材料面向终端用户用以辅助他们获得成功。这种转变将教材的内容和教材的讲授分离开来。新的模式完全是由用户驱动的(p. 200)。他并不担心教育媒介行业的未来——前提是出版商保留足够"抽象"的自我概念：

> 随着信息化时代对教材出版商的影响，出现了新的疑问，出版商是做什么的？在过去，这个问题很容易回答：他们生产书籍，既具有专业性，又具有贸易性。在一个单一的服务中，编辑和生产功能是结合在一起的。在信息时代，人们能很容易地购买到非常先进的制造能力，但是它与获取用户和编辑功能是分离的。教材出版商把教材作为他们的主要产品，并赋予其一定的权威性，保证他们所提供的材料具有统一的高质量，并得到为学生指定教材的人员的认可。无论出版商提供何种形式或论坛，这一角色都将继续发挥作用。(Freedman, 2005：202 - 203)

教育出版和内容控制

泰森-伯恩斯坦(Tyson-Bernstein, 1989)在一篇关于美国教材质量下降及其原因的论文中，鉴于美国的具体情况，即所有州的教材选择，描述了她所谓的教材出版中的"观念"——商业模式的各个方面。关于关键的观念，她写道：

> 自由企业的典型理念并不适用于教材的生产和销售。在教材市场，纯粹的市场资本主义被国家垄断扭曲了……这些公司必须取悦某个被赋予了为整个州挑选教材的权力的政治委员会，而不是取悦(作为客户的)教师。(Tyson-Bernstein, 1989：73)

此外，她还补充了学校教材商业模式的另一个突出方面——至少对联邦制国家来说是这样的——"例如，出版商无法负担起为得克萨斯州、加利福尼亚州和佛罗里达州单独出版教材的费用。它们的利润率很低，必须在尽可能多的市场销售。因此，他们只生产一本教材，让尽可能多的州和地区满意"(Tyson-Bernstein, 1989：73)。

学术界对这些发展趋势所带来的显著效应尚未进行严谨论证。一篇商业杂志文章(Reingold, 2015)聚焦于国际领先的教育媒体公司培生(Pearson)。文中指出，行业集中度、阵容和竞争、价值网络问题以及批评分析师和行动主义者提出的论点(见本章后面部分)可能存在惊人的相关性。在作者看来，"培生(Pearson)致力于控制这一过程的每一个要素,从教师资质到课程设置,从用来评估学生的考试到测试评分,再到越来越多地拥有和经营自己的学习机构"。由于培生集团是一家总部位于英国的公司,一些人"鄙视外国人塑造美国教育的想法"。"我们觉得培生是一个外来的敌人,他们正在对我们的孩子进行宣教。"(Reingold,2015:76)

在受宪法保护的市场经济下,国家对一般图书市场的影响限于通过减税、固定图书价格,抑或为例如作者或出版商提供各种补贴等措施,使图书成为具备良好外部效应的有价值的商品。然而,在教育市场中,国家的影响通常更为直接。这是因为国家控制教育媒介所面向的课程(不论是否有明确的审批程序),而且往往是由国家提供资金或购买材料的。这种特殊的情况不仅对教育出版的过程、结构和商业模式有潜在的影响(见本章前面部分),而且国家的影响常常决定了是否首先设计、生产和发行某种教育媒介。

关于国家对教育出版的影响这一现实及其程序细节和结果被广泛研究,特别是它对出版商和出版的影响。如果在宪政市场经济中,国家拥有教育出版商或直接充当了教育出版商的角色,则会出现更极端的国家影响案例。例如,瑞士就属于前一种情况。格伦德(Grunder)和乌尔塞(Wuelser)指出,瑞士教育出版的国家所有制是为了确保在全国范围内统一教材、降低成本,通过与教师密切合作共同开发教学材料(Grunder & Wuelser,1996:230)。主张国家出版的代表们——根据格伦德和乌尔塞的观点——提到,在瑞士,排版、复制、印刷等通常是分包给私营部门的,他们认为政府的干预是有限的。私营出版商则认为国家可以通过课程对教材施加充分、合法的影响,而并不一定要像企业家那样行事(Grunder & Wuelser,1996:234)。

近年来,随着节约稀缺公共资金的呼吁,加上数字教学材料转化的简易化(随着中介的减少,相信一切都将变得更简单和直接),使得一些拥有健全学校教材产业的国家在提供教育材料方面发挥了更积极的作用。斯蒂凡诺维奇提到了波兰政府的"数字学校"(Cyfrowa Szkola)课程,"其中……拨出的款项用于设备和内容。教材是以电脑文件的形式呈现的。这些文件将由政府授权,并免费提供"(Stefanowicz,2014:72)。因此,斯蒂凡诺维奇认为教材市场上的权力平衡被打破了,可能会使得市场上教材的范围受到限制。反过来,也迫使教师寻找新的教育资源或是由他们自己准备资料(Stefanowicz,2014:74)。

与国家、社会和教材之间复杂互动的程度和形式——超越了它们对出版的直接影响——有关的论述非常广泛,超出了本章的研究。然而,对其他类型的出版商进行意识形态批评的核心问题是,为了预先满足教育和教育媒介利益相关者的利益,教育出版商自己可能在多大程度上"自愿"对教材内容施加不当的影响。

鉴于为安大略省中学生产了90%教材的三家出版商,平托(Pinto)概述了(截至其撰写时的)加拿大教材工业,她认为典型的教材开发过程是:

> 出版业和教材开发过程的一些特性会导致对内容的深度和争论的过滤,

转而迎合传统的价值观、理念和思维方式。……这种过滤后的观点反映出两个特征：课程的内隐性（即反映主导和霸权意识形态的隐性价值观）和信息表征（即显性内容）的表面性和局限性。(Pinto，2007：99)

平托认为，这会导致知识的灌输现象。她认为这还会引起明显的效应，即关系到自身的专业教育、舒适度、资源以及课程整合能力等方面时，教师们会偏好那些遵循传统的主导或协商方法来制定的教材，而不是站在对立立场，鼓励批判性思维（见Pinto，2007：101-102)。为了解释为什么教材开发过程支持这种趋向，平托列出了以下原因："(1)激进的时间表；(2)坚持遵循课程要求的需要；(3)'适销性'和营利性对内容和篇幅的影响；(4)出版商和其他人对内容的各种影响"(Pinto，2007：108)。为了回应阿普尔"出版本身的政治经济如何产生特定的经济和意识形态需求"的问题，平托将上述各方面原因与她最初的行业结构观点联系起来，得出的结论是："寡头垄断结构强化了发展过程并导致教材中的过滤问题……这与在课堂上提倡民主或将其作为一种生活方式的主张背道而驰。"(Pinto，2007：112)有关教材生产的政治经济学的详细探讨，请参阅本书托马斯·赫恩所著章节。

虽然学校教材的审批和采用不是本章的重点，但是从出版的角度也可以了解到它们的过程：出版商可以对图书的质量负责，特别是他们未经委员会的批准而提前出版教材的时候。泰森-伯恩斯坦批判了高层委员会，尤其是在"教材已成为国家文化认同斗争的一部分"的时代(Tyson-Bernstein，1989：74)。她以美国那些所谓的州定教材即为整个州选定教材的州为例，认为美国教材质量的下降是由以下几个因素的直接和间接作用导致的：课程的"科学管理"导致要求增多，涉及的主题宽泛，内容浅显；遵循基于单词数和句子长度的"可读性公式"，使得文本内容"起伏、生硬且极其单调"，难以理解(Tyson-Bernstein，1989：79)；出版商面对外部压力采取妥协的态度。他们"编造快乐、平淡、空洞的故事，没有冲突，没有悲伤，没有不完美的人。但很显然，孩子们不喜欢读这样的故事"(Tyson-Bernstein，1989：84)。委员会判断教材的时间很短，这对包括"手册、练习册、地图、幻灯片、给父母的家信样本、测试和各种其他辅助材料"的教材尤其不利(Tyson-Bernstein，1989：81)。关于如何保证和评价教材的教育质量问题，请参阅本书克里斯蒂安·费和伊娃·马特斯所著章节。

相较于平托和泰森-伯恩斯坦的研究，唐尼(Downey，1980)以美国历史教材为例，为出版商的这些缺点进行开脱。他承认，"出版教材实际上是一种商业冒险，是利益集团政治的一种实践"，受到"来自私人利益集团、国家选定委员会和出版商营销部门的压力"。因此，"在出版优先级上，对真相的追求似乎最不重要"(Downey，1980：61-62，部分归功于菲茨杰拉德(Fitzgerald))。唐尼反对让教材出版商成为替罪羊：

> 出版商应对教材选定委员会的压力，或关注自己的营销问题，几乎不应受

到谴责。一本新教材意味着三四年的努力和大量的财政投入。如果出版商生产不出高质量的教材,原因可能是他们没有受到相应的压力。(Downey,1980:62)

数字化的新模式

这一章的目的并不是要涵盖从纸质教材过渡到数字教材(以及适当的电子学习)的所有方面。然而,在介绍超越媒介形式变化的学习材料时,应该包括一些基本的新模式。迪玛利亚(DiMaria,2012)——针对高等教育,但显然是可迁移的——提出了"扁平世界知识"(Flat World Knowledge),这是一个吸引顶尖学者编写教材的倡议。这些教材以免费(知识共享)许可证的形式提供,以便教授/教师根据需要更改内容,然后通过网络供大家无偿使用,并以其他形式(从印刷本到电子书)收取少量费用,发生潜在的增值。"扁平世界知识"还"提供各种编辑资源,如同行审稿人、编辑、插画师以及应用技术和自动化来降低教材成本的设计师"(DiMaria,2012:52)。

罗德里格斯(Rodríguez)的主张和迪玛利亚的相似,但他更强调政治和社会动因。他鼓励教师开发(和改编)学习资料,以支持"边缘化社区和环境的社会文化多样性"(Rodríguez,2011:100)。他指出了现有内容的不足,讨论了学习和教学条件,并罗列了在沿着这些思路开发学习材料时要考虑的因素。这可以看作对学校教材和教材生产过程的意识形态的批判性回应。

近年来,开放教育资源(open educational resources,OER)呈现出上升趋势,这主要有两个原因:一是人们希望提供或实现资源的开放与自由访问时,不存在过度的版权壁垒;二是对现有教育材料内容的不满。另一个原因是,在教育出版中,价值创造的传统框架在某种程度上似乎不能达成提供更多最新内容的目标。随着数字化和网络的发展,学习材料的开发、发现和发行都变得容易得多,即便使用教材之外的教学材料并非近期发展起来的(参阅本书汉森所著关于教材使用、数字教材使用和开放教育资源的章节)。开放教育资源拥有优势,但也存在问题(例如,他们提出的关于其发起者明显或隐蔽的利益问题),这必然会影响教育出版商的业务和教育出版价值链或网络。

发展中国家的教育出版

发展中国家的教育媒介具有特殊性。在这些国家,教育出版部门往往是整个出版业中最大和最进步的部分;而在其他情况下,出版业必须从头开始(重新)建立——通常有重要和深远的目标:"在马来西亚和印度尼西亚这样的国家,其文化认同和完整性遭受到了殖民地历史和当代文化的新殖民主义的破坏,出版业[尤其是教育出版业]是促进文化复苏和培养民族主义情怀的一个至关重要的方面。"(Farrell & Heyneman,1989:65)法雷尔(Farrell)和海涅曼(Henynman)将许多发展中国家的情况描述如下:

> 对学生来说,科目信息的最重要来源是:(1)从黑板上抄下来;(2)教师的口述;(3)低成本的小册子,通常是教师从课本上抄下来并卖给学生的笔记。这些小册子通常写得很差,编辑和制作也很差,但它们价格低廉,因此很受欢迎。据一些报道的案例,教师强迫学生购买教师笔记作为其增加收入的一种手段。(Farrell & Heyneman, 1989:xix)

特别是在关注学校教材"文化"建立的研究中,法雷尔和海涅曼倾向于涵盖教育媒体系统的许多不同方面,如此,不可避免地带来潜在且富有成效的概括和简化(超出预期的特性)。大多数这样的研究与文档形成前后所采取的相应干预措施有关。比如,法雷尔和海涅曼(Farrell & Heyneman, 1989)关于世界银行经济发展研究所(Economic Development Institute of the World Bank)的研讨会和世界银行报告《教材和校图书馆章程》(2008)的研究就是两个典型的综合性例子。法雷尔和海涅曼将教材界描述为由多方面相互关联而形成的复杂系统:

> 直接的目标……是为了帮助参与者对他们自己国家的教材计划做出经济上和教学上的合理决策。从获取造纸原料到向偏远学校发放测试文本,从培训教师到建立对图书的评估、修订和再供应体系,对教材供应的各个方面进行检查。每一步……参与者和顾问根据他们自己的经验和背景文件,审查了备选方案及其后果。(Farrell & Heyneman, 1989:ix)

对于所涉及的国家,作者们讨论了许多不同的方面:从国家方案的基本原理到进口书籍和本土化印刷与出版的高层决策,再到方案的管理结构和纸张供应与版权问题。读者数量问题、在国家主导和私营部门解决方案之间的基本宏观经济选择问题、谁最终付款问题,尤其是(纸质)教材的未来,被确定为关键性问题和选择(Farrell & Heyneman, 1989)。世界银行在报告中提到,在撒哈拉以南非洲地区,

> 大多数国家的中学生尤其是高中生数量仍然相对较少,加上学生父母的购买力普遍低下,政府或慈善机构对中学教材持续性的资金资助不足,因此无法形成市场,但这有可能引起对某些国家新主题开发的投资。(World Bank, 2008:12)

报告接着提到了在特定情况下可能的筹资和供应选择,从家长到赞助再到政府,还包括教材租赁计划和教材周转基金。克罗斯利和莫尔比认为,"用世界银行的话来说,只要教材'在教学上健全、文化上相关、物理上耐用',提高教材的利用率是目前提高发展中国家教育质量最具成本效益的方法之一"(Crossley & Murby, 1994:111)。通过一个对巴布亚新几内亚的案例研究,作者们指出,"教材的发展必须与当地需求和不同国家情境下的具体特征紧密结合"(Crossley & Murby, 1994:111),尤其是在考虑政策选

择的时候,即教育部内部选用(使用外部生产的教材)、改编、出版,及与外部机构(地区性的与外国的出版商或非政府组织)合作的本地出版(见 Crossley & Murby,1994:107-111)。关于发展中国家的殖民历史对教材的影响的进一步研究,参阅本书拉尔斯·穆勒所著章节。

💡 他们如何而知？获取洞见的方法和理论

本章的学术贡献在于从学者的专业视角提出了对世界部分地区教育出版的看法,尤其是那些地区的某些方面尚未成为学术界的研究对象。当然,一些没有使用或遵循规范的学术方法和程序的研究,主要依靠网络检索和通过与更接近焦点情况的人的对话,对某一状况加以描述。然而,在理想的学术环境中,描述性陈述需要经过方法论的反思和处理。例如,专家的访谈内容需要通过使用恰当的研究方法进行内容分析,最终形成一种假设或理论。这种假设或理论是建立在有关世界特定地区的可靠数据基础上的,通过应用学术方法,例如归纳法,使描述性陈述向学术研究过渡(见 Balzer,2009)。

由于学校教材研究体系庞大,且一直在发展中,本章参考的一些研究甚至不能被称为学术性的,因为其作者并不在学术机构工作,且其文章发表在像是产业或管理杂志这样的非学术情境中。布罗伊希(Broich,2015)就是一个极端的例子。他极大地挑战了公正的学术核心质量标准:他是公司的执行官,其活动涉及文本的主题。尽管如此,布罗伊希的发现还是引起了大家的关注。如果做得好的话,这项发现可以发展成为有研究价值的学术领域,从而引起学术界对世界上那些未知领域研究的关注。通过本文也可以发现,那些新的、智慧的——因而有价值的——洞见确实可以从非学术情境中产生,尽管对它们有偏见。

本章涉及的关于教育出版的主体知识,是我能够查阅到的、由不同学科背景和不同职业背景的专家和学者提出的。一些最相关的资料来自国家或超国家机构的研究,还有许多来源于非学术圈人士撰写的"无足轻重"的论文和描述。

以批判性学术"程序"来审视本章的参考文献时,可以发现大多数文献即便是学术文章也并没有清晰地对出版的主体知识和先前的术语进行界定,也没有形成合理的假设。在研究方法上,应当指出的是,例如,平托在谈到教育内容的潜在不利影响时,并没有具体指出那些所谓的例子。相反,她写道:"我不会尝试对教材进行内容分析,而是会根据行业变化的历史数据和我作为一名作家的经验,对出版行业加以叙述,并对教材的开发过程进行描述。"(Pinto,2007:100)这不能被认定为规范的学术研究过程。尽管如此,平托提出的观点仍然值得深入研究。此外,相较于其他研究,她的研究还表现出一定程度的问题意识,因为她指出了进行更为彻底的调查研究的必要性。

然而,不幸的是,当前教材研究中的许多研究(这里视为出版研究的一部分)未能借鉴最先进的思想(如商业信息工程),例如教育出版的数字化和价值创造模式的变化(除了Tian & Martin，2013）。此外，许多研究也未能反思自己的方法论路径，或明晰地运用理论（除了Hargrave，2012，他根据收集的数据强调了研究假设）。相比之下，积极的学术例子包括布赫（Bucher，2007，2011）完善的解释学著作（部分得到实证证据的支持），以及梅森伯格和卢梅尔（Miesenberger & Ruemer，2006）有着与科学哲学截然不同特性的干预研究。

话虽如此，对教育出版研究执行比其他研究领域更为严格的标准，并非仅仅是针对当前出版研究中理论工作相当匮乏的问题。巴斯卡尔（Bhaskar，2013）提出了一个越来越具批判性的出版理论——因为它巧妙地讨论了大多数先前的相关研究路径，所以很有吸引力。巴斯卡尔的理论可能没那么有效，或者不能涵盖教育出版领域，[5]但在明确教育出版研究的任务方面是有意义的。尤其是，他关于"框架"和"放大"等概念的理论在多大程度上可以被直接应用，或者在多大程度上需要做些调整，以便有效地将其应用于教育出版。

💡 结论

根据元词典学家赫伯特·恩斯特·维冈德（H. E. Wiegand）的观点，一个研究领域成为学科的必备条件是该领域至少存在一种具有自洽性的理论。[6]如果依据这个标准来衡量，就意味着出版研究还不是一门学科，至少在目前的图书或媒介系统中不是。教材或教育媒介研究作为出版研究的子领域，其研究现状反映了这一点。在这一子领域中，现有关于教育出版商和出版的研究明显反映出其缺乏理论化的实质。这一现状证明了学科衡量标准的有效性。

值得注意的是，在研究制度化教育的中心社会体系时，其中出版研究领域具有高度复杂性和多面性，需要考虑多方面因素。例如，工业化国家的情况和发展中国家的情况；纯印刷方法和全数字化方法，或介于二者之间的方法；高度调控、受国家影响的体制和自由市场体制，等等。

如本章所述，在教育媒介研究的出版相关领域，涌现了大量研究不同国家教材（和相关产品）的启发性文献。但是，目前学术界还没有形成关于教育出版的系统理论。研究者们开始反思现有的研究方法，由纯粹的描述性研究转为对教育出版（或一般出版）的合理概括，并形成具有讨论价值的学术假设。面对教育出版业如此严峻的理论研究挑战，学术界要尽早关注这一问题，并反思其解决方法。再加上教育媒介研究其他领域（除了出版）的努力，或者其他基于文本的媒介类别研究，或对出版研究进行一般性理论努力，则有望在不久的将来将教育出版研究的讨论提升到一个更高的学术问责水平。

正如其他领域一样，这种努力感兴趣的方面可能很快超越出版研究这一正在发展的学科。例如，当涉及教育材料的"页面设置"或"超文本设置"方面时，学者可能会求助于媒体语言学研究；当涉及价值创造和商业模型方面时，学者可能会向商业研究伸出手来。国家对教育材料的影响问题是商业与文化、政治研究的交叉领域。教育媒介的数字化转型,以及为适应开放世界的要求而发生的变化和转变,本身就是一个复杂的领域。

注释

1. 图书/出版研究的领域通常聚焦于媒介性方面和"物质性"方面。对于图书市场的一些典型领域而言是这样的,因为内容是其他学科的焦点(例如文学小说属于文学研究的范畴)。而对于市场的其他领域而言,情况则更为复杂。例如,对于流行的非小说类、类型小说还有教材,仍然存在着相当大的研究空白。图书/出版研究领域正越来越多地关注一些与内容有关的问题。

2. 作者撰写完稿件,提交给出版商,经过评审,如果出版商感兴趣,就会接收稿件。出版商随后会支付作者报酬以获得其知识产权。然后,对电子文本进行编辑处理以使其更好和/或更有市场(编辑部门),将其变成实物(生产部门,需要印刷机和装订机),最终对外销售图书,包括将其输送到图书批发商/分销商和书商在内的各个分销渠道。在书商那里,不管顾客是在店外还是店内知道这本书的,他们在购买的时候会判断它是否物超所值。而在相反的方向,顾客为这本书支付费用是"逆流而上的"(upstream)。从书店到图书批发商/分销商再到出版商,每走一步,这些参与者在价值链上的贡献就越小(可能通过税收的形式,这里不做具体介绍)。产生收益,即在提供产品的过程中使收益大于支出,进而取悦利益相关者,使企业可持续发展,这些都是这一过程的主要驱动因素,对作为企业家的出版商来说亦是如此。

3. 德国最大的五家出版社中有三家是教育出版社,这个出版分支对世界欠发达地区有着更重要的意义。

4. 和亚内洛(Janello,2010)一样,权变理论的观点是首选的,其中盈利模式只是一个更大的商业模式的一部分,它还涵盖了整个"产品架构"以及企业内部和价值链上的活动。

5. 例如,巴斯卡尔的理论就没能完全涵盖软件产品在出版商产品组合中所占份额越来越大的情况。见布拉西的文章(Bläsi,2016:255),脚注13。

6. 维冈德,引自布拉西的文章(Bläsi,2016:145-146)。

参考文献

Balzer, W. (2009). *Die Wissenschaft und ihre Methoden. Grundsätze der Wissenschaftstheorie. Ein Lehrbuch* (2nd ed.). Freiburg/Munich:Alber.

Bhaskar, M. (2013). *The Content Machine. Towards a Theory of Publishing from the Printing Press to the Digital Network*. London:Anthem.

Bläsi, C. (2016). Was haben Metalexikographie und Publishing Studies miteinander zu tun? Das in beiden Fällen bestehende produktive, bidirektionale Verhältnis zu einer kulturellen Praxis als zentraler Befund. In S. J. Schierholz, R. H. Gouws, Z. Hollós, & W. Wolski (Eds.), *Wörterbuchforschung und Lexikographie*, *Lexicographica Series Major* (p. 151). Berlin and Boston: de Gruyter.

Broich, A. (2015). Not Like Other Media: Digital Technology and the Transformation of Educational Publishing. *Pub Res Q*, *31*(4), 237 – 243. https://doi.org/10.1007/s12109-015-9423-6.

Bucher, H.-J. (2007). Textdesign und Multimodalität. Zur Semantik und Pragmatik medialer Gestaltungsformen. In K. S. Roth & J. Spitzmüller (Eds.), *Textdesign und Textwirkung in der massenmedialen Kommunikation*. Konstanz: UVK.

Bucher, H.-J. (2011). Multimodales Verstehen oder Rezeption als Interaktion. Theoretische und empirische Grundlagen einer systematischen Analyse der Multimodalität. In H. Diekmannshenke, M. Klemm, & H. Stöckl (Eds.), *Bildlinguistik. Theorien — Methoden — Fallbeispiele*. Berlin: Erich Schmidt.

Clark, G., & Phillips, A. (2014). *Inside Book Publishing* (5th ed.). London: Routledge. Crossley, M., & Murby, M. (1994). Textbook Provision and the Quality of the School Curriculum in Developing Countries: Issues and Policy Options. *Comparative Education*, *30*(2), 99 – 114.

Darnton, R. (1982). What Is the History of Books? *Daedalus*, *111*(3), 65 – 83.

DiMaria, F. (2012). New Textbook Publishing Model for the Internet Age. *Education Digest*, *77*(5), 50 – 54.

Downey, M. T. (1980). Speaking of Textbooks: Putting Pressure on the Publishers. *The History Teacher*, *14*(1), 61 – 72.

Farrell, J. P., & Heyneman, S. P. (Eds.). (1989). *Textbooks in the Developing World: Economic and Educational Choices*. Washington, DC: Economic Development Institute.

Fraser, R. (2013). Educational Books. In W. R. Louis (Ed.), *A History of the Oxford University Press, Part 3: 1896 – 1970*. Oxford: Oxford University Press.

Freedman, G. (2005). The Coming Transformation of the Textbook — Part II. *Logos*, *16*(4), 196 – 205. https://doi.org/10.2959/logo.2005.16.4.196.

Fuchs, E. (2011). Aktuelle Entwicklung der schulbuchbezogenen Forschung in Europa. *Bildung und Erziehung*, *64*(1), 7-22. https://doi.org/10.7788/bue.2011.64.1.7.

Fuchs, E., Kahlert, J., & Sandfuchs, U. (Eds.). (2010). *Schulbuch konkret. Kontexte — Produktion — Unterricht*. Bad Heilbrunn: Klinkhardt.

Greco, A. N. (2014). *The Book Publishing Industry* (3rd ed.). New York: Routledge.

Grunder, H.-U., & Wuelser, P. (1996). Zwischen staatlicher Kontrolle und freiem Markt. Zur Lehrmittelproduktion in der Schweiz. *Internationale Schulbuchforschung*, *18*, 229-240.

Guthrie, R. (2011). *Publishing: Principles and Practice*. London: Sage. Hargrave, J. E. (2012). Disruptive Relationships: Past and Present State of Educational Publishing in Australia. *Pub Res Q*, *28*(3), 236-249. https://doi.org/10.1007/s12109-012-9276-1.

Jablonska-Stefanowicz, E. (2014). Polish Textbook Market (1970-2012): Changes and Tendencies. *Knygotyra*, *63*, 62-76.

Janello, C. (2010). *Wertschöpfung im digitalisierten Buchmarkt*. Wiesbaden: Springer Gabler.

Kerlen, D. (2006). *Der Verlag: Lehrbuch der Buchverlagswirtschaft* (14th ed.). Stuttgart Hauswedell.

Miesenberger, K., & Ruemer, R. (2006). Schulbuch barrierefrei (Accessible School Books) — Co-operation Between Publishers and Service Providers in Austria. In K. Miesenberger (Ed.), *Computers Helping People with Special Needs. 10th International Conference, ICCHP 2006, Linz, Austria, July 11-13, 2006; Proceedings*. Berlin: Springer.

Neumann, P. H. (1989). Publishing for Schools in the Federal Republic of Germany, France, the United Kingdom, and the United States. In J. P. Farrell & S. P. Heyneman (Eds.), *Textbooks in the Developing World: Economic and Educational Choices*. Washington, DC: Economic Development Institute.

Pinto, L. E. (2007). Textbook Publishing, Textbooks, and Democracy: A Case Study. *Journal of Thought*, *42*(1), 99-121.

Reingold, J. (2015). Everybody Hates Pearson. *Fortune*, *171*(2), 74-84.

Rix, T. (2008). Schoolbooks 1950-2000: A Missing Chapter in British Publishing

History. *Logos*, *19*(4), 173–177. https://doi.org/10.1163/logo.2008.19.4.173.

Rodríguez, J. R. (2011). Production and Adaptation of Materials for Teachers and Students: Understanding Socio-Cultural Diversity in Marginalised and Disadvantaged Contexts. *IARTEM e-journal*, *4*(1), 100–125.

Rollans, G., & de la Chenelière, M. (2010). *Study of the Canadian K to 12 Educational Book Publishing Sector*. Quebec: Department of Canadian Heritage. Retrieved from http://www.pch.gc.ca/DAMAssetPub/DAM-livres books/STAGING/textetext/k12_1290024996213_eng.pdf?WT.contentAuthority=12.2.1.

Searle, B. (1989). The Provision of Textbooks by the World Bank. In J. P. Farrell & S. P. Heyneman (Eds.), *Textbooks in the Developing World: Economic and Educational Choices*. Washington, DC: Economic Development Institute.

Tian, X., & Martin, B. (2013). Value Chain Adjustments in Educational Publishing. *Pub Res Q*, *29*(1), 12–25. https://doi.org/10.1007/s12109-012-9303-2.

Tyson-Bernstein, H. (1989). Textbook Development in the United States: How Good Ideas Become Bad Textbooks. In J. P. Farrell & S. P. Heyneman (Eds.), *Textbooks in the Developing World: Economic and Educational Choices*. Washington, DC: Economic Development Institute.

Wittmann, R. (2008). *Wissen für die Zukunft. 150 Jahre Oldenbourg Verlag*. Munich: Oldenbourg.

World Bank. (2008). *Textbooks and School Library Provision in Secondary Education in Sub-Saharan Africa*. Washington, DC: World Bank. Retrieved from http://elibrary.worldbank.org/content/book/9780821373446.

第6章　教材作者、作者身份与作者功能

作者／马库斯·奥托（Marcus Otto）
译者／蔡金芳　郑杰

💡 引言：与教材相关的作者、作者身份和作者功能的概念

在"什么是作者"这一问题的驱动下，米歇尔·福柯（M. Foucault）思考了社会尤其是18世纪以来的当代社会如何从话语上建构了文化中突出的"作者"形象和作者身份这一概念，以及如何有效地践行"作者功能"。作者的功能既与其人物形象和作者身份概念相关，但又不局限于此（Foucault，1998）。福柯的基本修辞学问题是"谁在说话到底有什么关系？"它涉及了其在多处提及的"作者"消失的论点。然而，福柯随后借此提出了如何在社会和话语领域行使作者功能这一更为深入、更为持久的问题。他的出发点在于探索作者与其所写文本的关系，并将之与作者在现代社会中所发挥的功能联系起来。之后，他超越了对作者身份狭义上的定义，继而转向对作者身份即主体位置或作者在话语中所处位置的形成这一相应的更为深远的研究。

我们可以认为，教材作者及其作者身份的具体表现形式或作者功能的发挥方式是教材和教育媒介研究中的真正盲点。这完全符合这一学科普遍的前提假设。这种前提假设显然源自某些核心原则，并揭示了教材作为媒介所表现出的社会关联性及话语构成。至少从表面上和总体上来看，教材所包含并传播的现有的和被赋予的知识，之于它们的作者而言是相对独立的。这种观点从本质上来说是一次历史性转变的结果。在此之前，在整个19世纪和20世纪的部分时期，教材中传递给学生的知识毫不夸张地说是通过作者的权威而得到授权的。另外，这种观点绝不排除这样一种可能性，即在现代，教材作者试图通过强调发挥作者功能，将某些特殊的解读植入教材知识标准之中，从而将其树立为社会规范。这个过程成功的可能性非常高，因为教材中所含知识的事实客观性将作者的个人形象模糊化了，从而致使作者消失或者至少被推入幕后。由此，我们看到教材作者在他们的著作及教材研究中的话语"隐形"过程，后者总体上倾向于将作者更多地看作对教材参考文献的补充而非其原创者。这种教材作者的"隐形"特征致使他们成为了研究中的"盲点"，从而影响了作者的功能，这既关乎作为客体和媒介的教材，亦影响了作者在整体"社会"话语中的主体地位。

从历史上看，从18世纪开始，作者在学校教材中所起的作用似乎在总体上有了进展，这与自那时起出现和被观察到的其他关于作者身份的重要社会数据相反。从强调权威地对作者身份进行授权开始，教材作者的功能在机构、话语、多模态或结构层面都先后被模糊化了。这个过程对应了一种形式上的特征性转变，借由此，教材的知识传递

从一直风靡至20世纪的作者式叙事风格,转向与其他日渐盛行的重要的教材内容讲述方式相关且并存的突出特征,即德国人所谓的"作者文本"(Autorentext)。另一个与教材作者身份相关的转变是从个人作者身份向集体写作方式的转变,例如集体作者、编辑团队以及学科专家之间的合作。

💡 对当前教材作者研究基于学科、理论与方法论路径的综述

该领域已对与教材作者相关问题的多样性和异质性进行了探讨,研究反映出研究人员针对该主题采用的学科路径和方法论路径在某些方面截然不同。尤其鉴于我们对教材作者在教材生产过程中的作用的关注,这些研究为我们提供了一系列不同的研究发现,其相关性和显著性也同样是多样化的。

为了使现有的关于教材作者的研究系统化,从若干学科的、理论的、方法论的视角对被观察到的和可观察的或多或少与之相关的方面进行分类,或许是有裨益的。从社会历史的角度或对社会结构的研究来看,教材作者可以被视为一个在特定社会条件下工作的特殊群体和职业,而这一社会条件随着历史的发展在不断地变化。在这种情况下,作为某种行业、学术或科学的文化、社会团体或社会构成的成员,作为——或多或少地——特定教材或系列教材的单个主体和作者,以及/或受"意识形态"的影响,抑或特定话语的制约,教材作者们可能会引发人们的研究兴趣,并按照驱动研究的具体问题和方法对其进行研究。例如,该子领域的一些研究在若干层面上探讨了教材作者发挥其功能的社会和文化条件,以及决定其能动性的制度因素。现有研究特别关注教材生产的过程中施加于作者的政治、意识形态和经济上的从属关系和限制(Rohlfes, 1992; Horio, 1988; Nishino, 2008;参阅本书托马斯·赫恩所著政治经济学章节)。例如,西野(Nishino)从新制度主义的角度分析了教材生产的政治和经济条件,检视了国家施加于教材作者工作的影响,并指出其或多或少地都被制度化了,而这些影响有效地促进了作者发挥其能动性的框架的形成。

其他研究则试图对教材作者的学术和学科影响及取向,以及在采用透视学方法的情境下,对这些作者所处的社会和地理环境做些基本调查。此外,一些研究人员对作者如何看待他们自身的角色和工作进行了质性调查和研究。总之,研究带来的关于这一研究对象的些许观点在本质上是不同的,不过却在不同层面上都涉及了这一主题。举例来说,阿迪克(Adick, 1994)基于内容分析,将一项教育研究中针对教材的基础调查与教材的作者联系起来,她在分析中或多或少地突出了对作者的关注,并对作者的话语功能提出了特别的看法。阿马尔维(Amalvi, 2001)展示了一项对1660—1960年法语教材作者的研究,其在本质上更符合透视学研究。基于18世纪以来的德国历史教材的序言和一些有限的相关作者的传记资料,雅各布迈耶(Jacobmeyer, 2011)分析了作者们对历史教材之体裁史(Gattungsgeschichte)的贡献。

对教材作者之间的合作与竞争结构及出版商对他们的雇佣情况的研究也有一些实例（Rothmund，2005）。还有一些研究围绕教材作者的作品中与他们生平有关的因素及其影响。在朗格斯托姆（Langström，1997）检视教材中作者观点的同时，格雷夫斯（Graves，2016）对某一特定教材作者的生平及其作品的研究或许提供了一个示例。

另外一些研究在更为具体的情境下，将教材作者置于教材生产的复杂结构和多态过程中，并对其进行研究。这些研究通常把教材作者在其工作中所能企及的范围问题摆在显著位置。在这种情境下，大多数研究者重点关注教材作者所面对的各种社会影响，以及这些影响所引起的问题。传统的研究将重心放在作者与出版商之间的关系上，近期的研究还将其与编辑和排版团队之间的关系包括进来。特别是作者和出版商的关系一直是各种历史案例研究的主题。在这方面，职业化或专业化的过程通常是研究人员感兴趣的主要焦点。例如，基德林（Keiderling，2002）曾经对发生于19世纪的作者与出版商之间关系的历史性转变展开研究，并针对性地分析了作者经历的职业化或专业化过程。相对而言，海勒曼（Heilenman，1993）和尼克松（Nixon，1999）的研究以行动者为中心，主要关注了教材作者当前的职业化发展。

一段时间以来，这一领域的研究一直致力于教材作者更宽泛的话语和社会定位，以及在不断出现的研究焦点中，与这些定位相对应的自主行为范围。在这种情况下，德贝茨（de Baets，1994）从他的观点出发，检视了教材作者在学术界或历史编纂学界与社会之间所充当的"协调员"角色。拉尔斯·穆勒（Müller，2016）在探究教材作者以及他们与出版商和该领域其他行动者的互动中的政治态度时，发现了作为拥有并且具有能动性的教材作者及其网络可以在何种程度上拥有自己的话语资源和行动余地。同时，佩尔穆特（Perlmutter，1997）基于质性分析与对作者的访谈，揭示了教材作者在其作品中所展现出来的社会视角和观点。

鉴于教材作者在教材市场的竞争、新媒体技术的出现，以及作者、出版商和编辑团队之间多态关联和互动的情境，巴克斯（Baquès，2007）的研究着眼于教材作者发挥作者功能的范例。此外，她的研究通过意识到该领域行为者图景的多样化来接近其对象，逆转了在对教材的影响力方面作者与出版商和作者与排版专家之间的权力关系，以及发挥作者功能带来的直接效果。在某种程度上，巴克斯隐晦地借鉴了布迪厄（Bourdieu）关于经济、文化、社会和符号资本的理论路径，以阐明出版商（经济资本）和作者（文化资本）之间的结构性关系，及其在20世纪后半叶的演变或历史变迁。如此，她能够追踪作者发挥功能及其有效实践的方式，从而逐渐地将场域由作者转向出版商、编辑团队和排版专家。关于出版商在教材生产过程中角色的更广泛观点，参阅本书布拉西所著章节。

近来，我们看到了一些使用了民族志和话语分析的方法考察教材生产过程中作者、编辑和排版设计人员之间相互作用的初步研究。这一研究从人类行为学的角度出发，旨在揭示教材生产中的复杂性和诸多情况下选择和决策过程的偶然性，这其中也包括了在复杂行动者网络里作为行动者的作者。学者麦吉克里斯（Macgilchrist，2011）提出了以话语理论为基础的民族志话语分析,阐明了教材出版商的编辑团队内部复杂而多样的协商过程。她将这一团队定义为"话语生产组织",而教材中所包含的知识正是从这个组织中呈现出来的。麦吉克里斯再次从人类行为学的角度出发,着眼于在教材所传播的知识的建立和生产过程中——鉴于偶然性——得以展现的条件和效果。总体来讲,她的研究表明教材作者在教材知识的生产过程和话语中既不独立于其他行为者,也不由社会或机构限制因素决定其行为,却发挥着偶然的作用,尤其当他们与领域里行动者的多元网络互动时。

💡 重新定位——教材与话语生产网络中的教材作者

至此,我们讨论了关于教材作者及其行使和展示作者身份的具体形式的各种现有研究,尽管迄今为止对作者和作者身份的研究并不是教材研究的重点。带着我们更感兴趣的问题,我们应该首先做些基本的区分。一方面,各种研究已经聚焦于此问题一系列不同的方面,并已经提出与教材作者相关的相应研究问题;另一方面,尤其是近年来所做的研究,涉及教材作者在教材生产过程中的具体作用。本研究的讨论可能会最终导致在教材生产网络中对教材作者的研究领域进行系统和焦点的重新定位。

因此,尽管到目前为止,研究中采用的主流观点聚焦于对作者的各种（外部）影响以及制约其使用作者身份的实际因素,但我们或许认为重新定向（实际上是暂时逆转）有助于进一步的研究。在这里,通过感知和探索教材作者身份发生的网络和条件,我们的观点是,与其将之视为一种约束,不如说是一种使与教材相关的作者身份得以具体运用的生产和构成的条件。由此推进,如果试图在这些网络中明确专门的作者身份和作者功能,一个关键的挑战在于我们需要有计划地从当前广泛关注的焦点上转移出来,即从对教材作者及其使用想象的"真正的"作者身份时所受的结构、机构和话语限制的关注中转移出来。它们都受到这样一种观点的影响,即作者身份和作者功能的有效运用正是在这些支配教材生产的复杂条件下发生的。这意味着因与教材知识相关,对传统作者身份的描述和话语性的作者功能间任何明显转变的探索,都是相伴而生的。最后,如果我们要明确在教材生产过程中支配着话语构成和作者功能发挥的具体条件,我们需要近距离地观察其他的具体参与者,如社会机构实体、经济和媒体,因其同样也参与了教材生产这一过程。

使用"网络"这一概念似乎特别应景地反映出我们对行动者（此处指教材作者）能动性看法的转变,即从"实际产生预期效果的能力"（Stichweh，2005：119）到在网络中发挥能动性的可能,而因其交际归因,网络在很大程度上与任何带有意图的观念都不相关。[1] 这种观点使得教材作者在不同的社会情境和多态网络中发挥作者功能,指出了在诸多方面和实践中,教材作者对教材生产、学校教育媒介及其包含和传播的知识的贡献。

更近一步来说,直接与上述观点相联系,未来研究可以着眼于教材作者、教材生产以及我们或可称之为权威的"教材知识"之间的相互关联。在对此问题的补充(必须隐含于此类分析之中)方面,就教材作者对其教材的实际影响程度而言,谁对教材中的知识承担有效责任——由谁授权——是一个非常有趣的问题,但回答它,仍需要大量系统的学术探索。

该领域的研究至少通过范例指出了历史进程中教材作者身份的演变方式。然而,迄今为止,鉴于数字时代的到来,当前的研究远远未能系统地探索作者身份在教材和教育媒介中的转变。[2] 另外一项研究空白是从教材中知识的角度理解作者功能的发挥,换言之,即教材作者在知识授权或承担责任方面的作用。这种情况与对作者和网络的研究、对其组织的历史变迁以及它们引发的能动性的实践和范围方面的研究是相似的。虽然对该问题的初步探索正在填补这一研究空白(Macgilchrist, 2011, 2012; Müller, 2016; Sammler et al., 2016)。理想的情况是,这类研究以及尚在进行的假设性后续研究,能使教材作者从教育媒介研究中的"盲点"成为教材和教育媒介生产研究中一个丰富的研究层面,使其成为与该领域高度相关的一个主题。在这方面,有前景的研究方向包括明确教材作者发挥或能够发挥能动性的方式、作者功能如何真正地得以发挥,以及他们如何同时与一系列其他行动者和网络互动。在这种情况下,还可以检视学校教育媒介生产的各种变化的过程,而这些过程由社会的、科技的或经济的因素或媒介决定或受其影响。此外,亦可就这些过程对作者及其运用作者身份的具体实践造成的影响展开探索。

注释

1. 详细的讨论,某种程度上尤其是针对人的能动性的个体形式的讨论,请参见 R. Stichweh (2005) 'Individuum und Weltgesellschaft. Handlungsmöglichkeiten in einem globalen Gesellschaftssystem' in E. Böhlke (ed.) *Montesquieu. Franzose — Europäer — Weltbürger* (Berlin: de Gruyter), 117ff。

2. 关于有关数字化作者身份的一般性讨论,请参见 F. Hartling (2009) *Der digitale Autor. Autorschaft im Zeitalter des Internets* (Bielefeld: transcript)。

参考文献

Adick, C. (1994). Schulbuchautoren für den Pädagogikunterricht und ihre Werke. *Der Pädagogikunterricht*, 4, 23–46.

Amalvi, C. (2001). *Répertoire des auteurs des manuels scolaires et de livres de vulgarisation historique de langue française: De 1660 à 1960*. Paris: Boutique de l'histoire.

de Baets, A. (1994). Profile of the History Textbook Author as a Mediator Between Historiography and Society. *Internationale Schulbuchforschung*, *16*, 515–534.

Baquès, M.-C. (2007). L'évolution des manuels d'histoire du lycée. Des années 1960 aux manuels actuels. *Histoire de l'Education*, *114*, 121–149.

Foucault, M. (1998). What Is an Author? In J. D. Faubion (Ed.) & R. Hurley and Others (Trans.), *Aesthetics, Method, and Epistemology. Essential Works of Foucault 1954–1984* (Vol. 2, pp. 206–222). New York: The New Press.

Graves, N. (2016). *A Textbook in Advance of Its Time: Geography for Youth Adapted to Different Classes of Learners*. Unpublished manuscript.

Hartling, F. (2009). *Der digitale Autor. Autorschaft im Zeitalter des Internets*. Bielefeld: transcript.

Heilenman, L. K. (1993). Of Cultures and Compromises: Publishers, Textbooks, and the Academy. *Publishing Research Quarterly*, *9*(2), 55–67.

Horio, T. (1988). *Educational Thought and Ideology in Modern Japan: State Authority and Intellectual Freedom*. Tokyo: University of Tokyo Press.

Jacobmeyer, W. (2011). *Das deutsche Schulgeschichtsbuch 1700–1945. Die erste Epoche im Spiegel der Vorworte*, Bd. 1. Berlin: LIT Verlag.

Keiderling, T. (2002). Der Schulbuchverleger und sein Autor. Zu Spezialisierungs- und Professionalisierungstendenzen im 19. und frühen 20. Jahrhundert. In H. Werner Wollersheim, H.-M. Moderow, & C. Friedrich (Eds.), *Die Rolle von Schulbüchern für Identifkationsprozesse in historischer Perspektive*. Leipzig: Leipziger Universitäts-Verlag.

Langström, S. (1997). *The Textbook Tradition and the Voice of the Author. A Study in History and Didactics*. Umea: Umea University Press.

Macgilchrist, F. (2011). Schulbuchverlage als Organisationen der Diskursproduktion. Eine ethnographische Perspektive. *Zeitschrift für Soziologie der Erziehung und Sozialisation*, *31*(3), 248–263.

Macgilchrist, F. (2012). Global Subjects: Exploring Subjectivation Through Ethnography of Media Production. *Pragmatics*, *22*(3), 417–445.

Müller, L. (2016). Schulbücher zwischen Verlagsarchiv und Erinnerungsort. Potenziale der Archivarbeit für die Schulbuchforschung. In S. Trültzsch-Wijnen, A. Barberi, & T.

Ballhausen (Eds.), *Geschichte (n), Repräsentationen, Fiktionen: Medienarchive als Gedächtnis und Erinnerungsorte* (pp. 176–188). Köln: Herbert von Halem Verlag.

Nishino, R. (2008). The Political Economy of the Textbook in Japan. With Particular Focus on Middle School History Textbooks, ca. 1945–1995. *Internationale Schulbuchforschung, 30*(1), 487–514.

Nixon, J. (1999). Teachers, Writers, Professionals. Is There Anybody Out There? *British Journal of Sociology of Education, 20*(2), 207–221.

Perlmutter, D. D. (1997). Manufacturing Visions of Society and History in Textbooks. *Journal of Communication, 47*(3), 68–81.

Rohlfes, J. (1992). Wie abhängig sind Schulbuchautoren? *Geschichte in Wissenschaft und Unterricht, 43*, 235–237.

Rothmund, E. (2005). Manuels, auteurs et éditeurs dans les premières décennies de l'enseignement scolaire de l'allemand. *Histoire de l'Education, 106*, 15–40.

Sammler, S., Macgilchrist, F., Müller, L., & Otto, M. (2016). *Textbook Production in a Hybrid Age: Contemporary and Historical Perspectives on Producing Textbooks and Digital Educational Media*. Eckert. Dossiers 6, urn: nbn: de: 0220–2016–0073.

Stichweh, R. (2005). Individuum und Weltgesellschaft. Handlungsmöglichkeiten in einem globalen Gesellschaftssystem. In E. Böhlke (Ed.), *Montesquieu. Franzose — Europäer — Weltbürger* (p. 117ff). Berlin: de Gruyter.

第7章 教材与教育

作者 / 尤金妮娅·罗尔德·维拉（Eugenia Roldán Vera）
译者 / 蔡金芳 郑杰

教材研究通常是一个很少被理论化的领域。本章的第一部分将介绍历史上教材研究是如何与教育的制度化过程交织在一起的，正是在此交织过程中，教材被赋予了不同的属性和新的功能。近年来，由于教材在学校教学中作用的下降，教材已不再占据教育研究的中心：如本章第二部分所示，教材作为课堂知识唯一来源的影响力已然消弱，学者们已揭示出教材生产的偶然性是如何变得可见的。这些过程表明了教材传递的"合法知识"是如何通过涉及许多不同参与者的偶然性过程构建起来的。与此同时，教材不再被视为由国家建构的，但研究已经开始关注教材设计与出版的超国家层面。本章的第三部分讨论了将教材生产及其在制度教育中的作用理论化的一些新尝试，包括文化政治、新制度主义、学校教育法则和行动者网络理论。本章最后总结了在教育体制和教育政策的背景下，一些在未来教材研究中更具前景的研究方向。[1]

教育情境下教材的历史学研究

在研究教材在教育中的作用时，人们采用了一系列方法论路径，它们在很大程度上受到各相关历史时期的特征和教材在这些时期被赋予的价值的影响。这里概述了教材研究与教育制度化历史的相互关系。

历史学家认为，自存在任何形式的学校教育以来，书籍就一直被用于教育，但其功能已随着时间的推移发生了变化。中世纪和近代早期的识字课本和所谓的教材是"旨在引导人们识字的语法规则和流行格言的混合体"（Wakefield，1998：5）；然而这些教材没有涵盖所有的课程内容，而主要是由教师提供讲解。

历史学家们注意到，"教材"这个词是在19世纪早期的英语国家中创造出来的，主要是指在快速发展的学校体系中那些被赋予崭新教育功能的书籍（Stray，1994；Johnsen，1993：24）。在当时，一个主要的教育观念就是强调对知识的记忆，所有学校都缺乏足够的训练有素的教师，教材能够得以发展主要得益于廉价的印刷术所带来的出版革命，以及教材包括了所有课堂上必须学习和教授的内容。教材"既是课本又是老师"（Stray，1994：3），是学生和老师学习所必不可少的。教材在那些小学教育快速发展的国家和地区迅速传播。在那时，教材的使用并不局限于学校内，校外的儿童和成人也可以阅读教材。

学者们注意到，在19世纪后半叶国家教育系统建立之前，教材的生产并非一定要适应政治或教育当局所规定的特定的同质性内容或教学指导方针。虽然教材内容的某些方面或许是由地方规定的,内容的选择也具有竞争性,但教材的差异性更大,作者具有更多设计自由,出版商在内容塑造方面更有影响力(Elliott & Woodward, 1990; Watt, 2007)。这在一定程度上解释了为什么对19世纪教材的研究所采用的主要研究方法是从图书史而非教育史中得来的,而图书史研究的重点在于生产和流通,而不是与制度化教育的关系。学者们揭示了教材是如何由不同的利益相关者通过不同的议程编写和出版的。这其中包括把教育作为传播上帝圣言方式之一的宗教会众或领袖(Fyfe, 2004; Topham, 1998);对改善工人阶级道德感兴趣的慈善组织(Ressler, 2010);经常跨越国界工作,试图从新崛起的市场中获利的个体出版商(Roldán Vera, 2003),以及那些试图开发教辅工具协助自己和其他老师教学的个别教师。这些个人和组织是教材市场多样化的关键影响因素。正是由于他们,才出现了从算术到生物、从历史到天文等各种学科的书籍。正是他们的贡献,帮助塑造了今天我们所熟知的学校。当出版商发现教材成为其稳定的利润来源时,他们便开始生产针对不同层次和年龄、按顺序排列分级的书籍(Stray, 1994:5)。这反过来也可能促使学校根据学生的年龄和进步情况进行分组,至少在一些国家是这样的。

在19世纪,教材的内容并不一定是通过对校外成熟的知识进行教学转换而来的。教材,特别是国家历史教材,通常是第一本提供主题内容概述的书籍(Chartier, 2008),又或者它们是科学家和学术界用来讨论公认的科学事实的平台之一(Simon, 2011)。事实上,学者们已经开始关注安德烈·切维尔(A. Chervel)的观点,即19世纪的学校学科并没有反映出专业知识的普及,而是反映出它们是由学校教学自身创造和塑造的(Chervel, 1988)。

大量对19世纪后半叶西方大众教育体系的历史学和社会学研究,讨论了普及教育、国家建设和国家形成之间的关系,使得国家成为提供、管控和监督制度化初等教育的主要利益相关者。教材成为一个向学生传递关于过去的共同表征、统一的测量方法、地理和政治体制知识的重要工具;这样做的目的是为了创造一种统一的国家观、国家意识和同质的教学形式(Rosanvallon, 1990; Carretero, 2007; Weber, 1976; Green, 1990)。这一时期的大多数教材研究都集中在初等教育的课本内容上,包括过去的国家形象、"英雄万神殿"的建构,以及促进国家身份认同的不同元素(Johnsen, 1993)。但很少有研究检视国家当局对教材的供应或审批机制(Woodward et al., 1988; Watt, 2009),尽管它们是教育系统的组成部分,与为小学、学校视察、教师培训机构和教师认证机制建立统一的课程同样重要。此外,正是由于大众教育体系的建立,才导致按照官方规定的教学要求编写满足特定课程要求的教材。

第一次世界大战的惨痛经历使当代尤其是欧洲的政治家和知识分子,开始反思教育在激化冲突中的作用。理论研究发现,在两次世界大战期间,教材对民族主义刻板印象和价值观的过度渲染可能加剧了国际冲突。因此,国际联盟和双边委员会在修订历史教材的内容方面做了一系列国际层面的努力。最近对这些组织的比较和国际研究(Fuchs,2005)表明,这一时期兴起的关于教材的国际话语(Fuchs,2010)随后影响了教材的编写方式。西尔维·格依查德在本书其他章节中进一步探讨了冲突和战争对教材生产的影响。

直至今天,(历史、地理和公民)教材可能导致国际冲突的观点依然存在,并在调查其他国家的国家议题和信息的表征方面,影响了大量的质性、量化、长期和聚焦内容的比较研究(Pingel,2016)。此外,许多最近的教材研究还调查了国家边界内边缘化群体的表征(Hickman & Porfilio,2012;Johnsen,1993)。这种以内容为导向的研究的一个假设是,改变教材内容可能有助于解决或避免国界内外的冲突(事实上,在世界范围内,历史教材总是处于所谓的"历史战争"的中心)(Fuchs,2010)。另一个假设是,教材具有如此巨大的影响力,因为它们是毫无疑问的知识传播者:"如果教材的内容是明确的,那么所有学生都会以同样的方式理解它。"(Pingel,2016:54)将教材作为知识的垂直输送者的做法,往往忽略了它们生产、阅读和使用的偶然性过程。然而,在最近的研究中,这种情况正在发生改变。

第二次世界大战后,面对人口迅速增长的局面,世界各国发展受到了严格监管的教育体系。在大规模扩张的学校教育范围内,教材被视为知识传递的重要载体。一些国家,特别是发展中国家和社会主义国家,在教材的生产和监管方面投入了大量资金。在发展中国家,例如拉丁美洲,教材通常被认为比课程甚至教师更为重要(Ossenbach & Somoza,2000)。在一些国家,教材是由国家生产和发行的;而在另一些国家,政府只是批准了一系列符合官方课程要求的教材清单。受到此类教材权力观的影响,在教材是知识和创新的主要传播者这一假设下,1950—1990 年的研究倾向于主要考察民族国家在教材内容的定义中所起的作用。经常有研究探讨教材和课程之间的差别,人们期望高质量的教材与改进了的课程的结合会带来教育的进步(Abbas,1993)。发展中国家的教材,特别是在前西方殖民地的非洲、亚洲以及部分拉丁美洲国家,主要由外国出版社提供(参阅本书布拉西所著章节)。相较于对国家教育政策的高度关注,这些出版企业的作用在很大程度上被人们忽视了(Altbach & Kelly,1988;Altbach,1991)。

💡 当前的趋势

近年来,学校引入了一系列教育材料,特别是(但不限于)数字技术,这成为削弱教材在教育系统中的关键作用的影响因素。现在,教材只被视为课堂知识的众多来源之一(UNESCO,2014),也不再是教育研究的重心。此外,在将阅读理解为一种文化实践的新思潮下(Bourdieu & Chartier,1985),学者们开始系统地研究教师和学生使用教材的中介和适配过程。与此同时,研究者们对教材被视为中立的、最新知识的传播者的概念提出质疑,并开始揭示教材生产的偶然性过程以及出版商、国家机构和教育当局在这一过程中的相互作用(Apple & Christian-Smith,1991)。这一领域的研究质疑了教材是回应学校规定课程需求的观点;相反,他们认为教材在一定程度上塑造了一种更具冲突性、可协商的适用于课堂的课程。

自 20 世纪 90 年代以来,被学者们概念化的超国家领域也出现在教育研究中。有着重大教育议程的国际组织,例如经济合作与发展组织(OECD,简称"经合组织")和世界银行推动制定了学校政策指导方针、教育政策、学校制度、师生表现、教学政策和教学实践的标准化评估方案(对于教材评估的探索,参阅本书卡尔-克里斯蒂安·费和伊娃·马特斯所著章节)。与此相关,涉及国际问题的教育研究,如比较、国际和超国家教育研究,开始从不同的角度审视教材,常以经合组织的分类方法作为分析教材政策的规范标准。例如,基于学校在某些教育决策中拥有更大的自主权这一假设,研究者探究了学校在选择和购买教材中所起的作用(Uribe,2006)。联合国教科文组织(UNESCO)关于教材编写的建议(Pingel,2016;UNESCO,2014)虽不如经合组织的标准权威,但也可被视为该国际领域的一部分。

这一超国家领域的崛起,既是旨在减少国家在提供教育中所起作用的普遍政策的结果,也是该政策产生的催化剂。目前,关于国家在教材生产、设计和审批或发行中的作用问题,存在诸多政治和学术争论。多数争论都涉及国家对社会科学教材内容的干预和民主化进程中其他各方(地方教育委员会、学校、教师、家长)的参与问题。但是也有来自出版商(通常是跨国的)的压力,因为他们试图占有更多的出版市场份额。尤其是在拉丁美洲、亚洲、东欧那些传统上国家对教材供应的干预力度较大的地区,关于这个问题的争论尤其激烈(Rajagopalan,2001;Chen,2002;Uribe,2006;Williams,2014)。一些研究声称,减少对教材的国家控制、增强其他各方的民主参与,可能会带来更好的教育成果,例如可测量的 PISA 结果(Wilkens,2011)(然而,这些研究结果被证实具有不确定性)。现有的研究调查了教师的自主权,讨论教师是否应该自由组织课程,或是应该依靠优秀的教材来确保教学质量(Ouyang,2003;Anderson-Levitt,2003)。这种讨论在世界各地涉及不同的维度:在一些国家(如亚洲或东欧),教师自主在直面专制或独裁的国家时被视为有抱负;而在其他国家(如拉丁美洲),则将国家采购教材视为对教学质量和公平的保证(Barriga Villanueva,2011)。

教育情境下的教材理论

如前文所述,在教育情境下对教材研究进行理论化的尝试已然存在。以下总结了 20 世纪 90 年代至今教材研究中的部分理论路径。本章不包括针对课堂中教材使用与适配的研究内容,本书第四部分将对其做出介绍。

文化政治

20世纪90年代,研究者拒绝接受教材仅为"官方知识"传播者的观点,开始从文化政治的角度分析教材。教材被视为"政治、经济和文化活动,斗争和妥协的结果……由真正感兴趣的人士构思、设计和撰写,……其出版受到来自市场、资源以及权力的政治与经济性约束"(Apple & Christian-Smith, 1991:1-2)。这种新方法的目的是阐明学校如何提供"合法知识"、探究谁对教材内容具有决定权、出版商如何运作,以及学校如何决定使用哪些教材。这种观点推动了对美国教材出版业(Apple, 1991; Marshall, 1991)和语言教育教材(Curdt-Christiansen & Weniger, 2015)的研究。实施阿普尔的提议依靠的就是使用民族志的研究方法,例如研究出版社的工作方式(Macgilchrist, 2017)。此外,正如麦吉克里斯的研究所示(Macgilchrist, 2017),基于将传播视为文化实践的媒介研究的最新发展,包括技术形式及其相关协议(Gitelman, 2006),也可能有助于理解教育情境下教材的编写、制作和使用。本书托马斯·赫恩所著章节详细介绍了教材生产的文化政治经济学。

新制度主义

在全球范围内,历史上课堂中教材的广泛使用可被视为新制度主义教育社会学家所谓"世界教育文化"的特征要素之一,即在过去的两个世纪中,随着教育的制度化,一套"共享的教育原则和政策,甚至是那些具有不同民族特征的国家实践活动"在全球范围内发展起来(Chabbott & Ramirez, 2000:173)。新制度理论也可以解释这种"世界文化"的象征性力量。这种"世界文化"作为许多国家的"脚本",使其教育政策和规范达到国际标准(Ramirez & Meyer, 2002)。在考察世界各地大量教材对某些主题的处理方式时,一些研究利用这一视角来确认这种世界文化的存在,例如社会科学教材中人权主题的兴起(Meyer et al., 2010; Bromley, 2014;参见本书布罗姆利和勒奇所著章节)。

学校教育法则

其他学者认为教材研究是"学校教育法则"的一部分(Tyack & Tobin, 1994)。学校教育法则指的是多年来形成的一系列结构,它规范了教学过程,被证明是特别稳定且抵制改革尝试的。斯特罗姆和奥尔克斯认为教学材料应该被视为学校教育法则的一部分,因为教学材料只有融入完整的教学结构才具有意义(Tröhler & Oelkers, 2005)。继德帕普和西蒙(Depaepe & Simon, 2003)之后,海因兹(Heinze, 2010, 2011)进一步建议应该在其被使用的教育情境下对教材进行分析。教材中的知识应被理解为是经由国家层面的"选择、合法化和适应"这一社会过程而产生的(Heinze, 2010:125)。他概述了教材研究的学校教育语法的四个维度：(1)"教育化语法"(Pädagogisierung)，或对世代之间差异的理解以及对每一世代的需要加以定义；(2)"教学制度化语法"(Verschulung)，或实施教材的制度框架；(3)"知识获取语法"(Wissenserwerb)，或教材内容的中介和适配过程；(4)"调控语法"(Steuerung)，或为规范和维护学校体制而实施的手段、程序和法定条件(Heinze, 2010, 2011: 34)。

行动者—网络理论

最后，教材研究的另一种相关路径是行动者—网络理论(ANT)。这个理论最早出现于20世纪80年代初的科学技术研究领域，直到最近15年才对教育研究产生影响(Fenwick & Edwards, 2012)，这主要与技术革新的研究有关，而在教材研究中的应用有限。行动者—网络理论把社会现实看作人类和非人类实体之间不断变化、相互联系的集合，而在其表现或实施之前什么都是不存在的。它试图研究事物或"实体"之间建立的不同联系、它们的服务目的，以及它们产生的新对象。这些实体可以是知识、课程、教师、行为、身份、政策、惯例、教室、学生，当然还有教材。这些"实体"都是行动者，但当其（与其他行动者合作）在网络中扮演某个角色时，他们就变成了行动者，并表现出意图、道德或主观性。行动者—网络理论并不关注对象（例如教材）是什么，而是关注其在这个网络中做了些什么(Fenwick & Edwards, 2012)。植入教材的实体网络可以从课堂事物延伸到出版界、教育政策和教学话语的世界。在一项关于苏格兰和北爱尔兰宗教教学的阐发研究中，康罗伊(Conroy)等人研究了教材如何在"课堂中发挥作用"，通过课堂参与者（教师、学生和学校管理者）之间的交易进行中介，并推进提升其他有影响力的利益相关者，特别是那些被商业化了的考试公司的利益(Conroy, 2013)。教材本身就是网络中的"调解员"。套用布鲁诺·拉图尔(Bruno Latour)的话，康罗伊声称，"教材不仅仅是'决定'和充当'人类行为的背景'"，教材也可能意味着"授权、允许、负担、鼓励、许可、建议、影响、阻碍、使可能、禁止，等等"(Conroy 2013: 143-144)。

总结

教育的历史制度化和赋予教材的不同价值观的演变影响了我们当前对教材的看法。虽然缺少具体的理论化的教材研究，但现有的各种实证研究可以更好地解释教材过去和现在在功能和作用上的特殊性。此外，立足于不同历史时期社会和教育背景的教材研究，可能会从整体上为教材研究提供新思路及有益的方法。另一方面，在教育情境下，教材研究的理论方法虽然没有带来足够一致的实证研究结果，但却是关注教材不同方面和描述分析类别的有利工具。总体而言，在教育情境下，未来教材研究中最有前景的研究路径如下：

- 研究教育政策、作者、国家机构和学校基本的和持续变化着的角色,有助于更好地了解教材生产的偶然性,并质疑其作为毫无疑问的知识传播者的地位。尤其是汇集了知识传播过程所有要素和结构的媒介研究,或许能够为教材研究的实施提供良好的平台。
- 更加全面地考察教材出版业,包括探索不同时空背景下的特性以及对学校教育方式的影响,将有助于我们更好地理解目前的教材,不仅仅将教材视为对学校课程要求的回应,而是将其视为学校学科和学校实际教授课程的积极塑造者。
- 教材不再被视为处理国家问题的教育政策的产物。我们不仅需要对国际出版业所起的作用进行研究,还需要对超国家领域的教育政策如何引发教材生产的标准化,以及如何影响制度化教育中教材的价值开展研究。
- 教材研究中,那些能够提出相关方法的框架才是最有前景的理论框架。教材的意义并不是页面上所印刷的内容,而是经由情境建构的。或者,可以完全放弃对"意义"的追求,而是去研究教材作为包含(和转变)生产者和用户的网络的一部分,如何在教育中起作用。然而,我们还需要进行更多的研究,以评估这些新的教材研究的方法是否真正地让人们对教材之于教育的重要性产生了不同的理解。

注释

1. 我这里仅仅引用了不同的国别研究和传统的少量文献,对教育情境中教材研究的一般趋势做了分析。虽然我的大部分回顾都是基于英文文献,但我也参考了一些德语、法语和西班牙语文献。此外,尽管我经常讨论个体的研究贡献,但也尽可能引用那些改变了所讨论问题现状的研究工作。这里也没有考虑课堂中课本的使用和适配,因为这是本书中其他章节的主题。

参考文献

Abbas, M. (1993). *Textbook Development in Pakistan and United Kingdom*. Lahore: Sang-e-Meel Publications.

Altbach, P. G. (1991). Textbooks: The International Dimension. In M. W. Apple & L. K. Christian-Smith (Eds.), *The Politics of the Textbook* (pp. 242-258). New York; London: Routledge.

Altbach, P. G., & Kelly, G. P. (1988). *Textbooks in the Third World: Policy, Content, and Context*. Hamden, CT: Garland Publishing.

Anderson-Levitt, K. M. (2003). Teaching by the Book in Guinea. In K. AndersonLevitt (Ed.), *Local Meanings, Global Schooling: Anthropology and World Culture Theory* (pp. 75–97). New York: Palgrave Macmillan.

Apple, M. W. (1991). The Culture and Commerce of the Textbook. In M. Apple & L. K. Christian-Smith (Eds.), *The Politics of the Textbook* (pp. 22–40). New York; London: Routledge.

Apple, M. W., & Christian-Smith, L. K. (Eds.). (1991). *The Politics of the Textbook*. New York; London: Routledge.

Barriga Villanueva, R. (Ed.). (2011). *Entre paradojas: A 50 años de los libros de texto gratuitos*. México: El Colegio de México.

Bourdieu, P., & Chartier, R. (1985). La lecture: une pratique culturelle. In R. Chartier (Ed.), *Pratiques de la lectura* (pp. 217–239). Marseille: Rivages.

Bromley, P. (2014). Comparing Minority and Human Rights Discourse in Social Science Textbooks: Cross-National Patterns, 1970–2008. *Canadian Journal of Sociology*, *39*(1), 1–44.

Carretero, M. (2007). *Documentos de identidad: la construcción de la memoria histórica en un mundo global*. Buenos Aires: Paidós.

Chabbott, C., & Ramirez, F. (2000). Development and Education. In M. T. Hallinan (Ed.), *Handbook of the Sociology of Education* (pp. 163–187). New York: Kluwer Academic/Plenum Publishers.

Chartier, A.-M. (2008). ¿Con qué historia de la educación debemos formar a los docentes? *Historia de la educación. Anuario*, *9*, 15–38.

Chen, J.-J. (2002). Reforming Textbooks, Reshaping School Knowledge: Taiwan's Textbook Deregulation in the 1990s. *Pedagogy, Culture and Society*, *10*(1), 39–72.

Chervel, A. (1988). L'histoire des disciplines scolaires. Réfexions sur un domaine de recherche. *Histoire de l'éducation*, *38*(1), 59–119.

Conroy, J. C. (2013). *Does Religious Education Work?: A Multi-Dimensional Investigation*. London; New York: Bloomsbury Academic.

Curdt-Christiansen, X. L., & Weniger, C. (Eds.). (2015). *Language, Ideology and Education: The Politics of Textbooks in Language Education*. New York:

Routledge.

Depaepe, M., & Simon, F. (2003). Schulbücher als Quellen einer dritten Dimension in der Realitätsgeschichte von Erziehung und Unterricht. Über neue Konzeptionen in der historisch-pädagogischen Schulbuchforschung. In W. Wiater (Ed.), *Schulbuchforschung in Europa — Bestandsaufnahme und Zukunftsperspektive*. Bad Heilbrunn: Klinkhardt.

Elliott, D. L., & Woodward, A. (Eds.). (1990). *Textbooks and Schooling in the United States*. 89th Yearbook of the National Society for the Study of Education, Part I.

Fenwick, T., & Edwards, R. (2012). *Researching Education Through Actor-Network Theory*. Malden, MA: Wiley-Blackwell.

Fuchs, E. (2005). Die internationale Revision von Geschichtsbüchern und-lehrplänen: Historische Perspektiven und aktuelle Tendenzen. In E. Matthes & C. Heinze (Eds.), *Das Schulbuch zwischen Lehrplan und Unterrichtspraxis* (pp. 193 – 210). Bad Heilbrunn: Klinkhardt.

Fuchs, E. (2010). Contextualizing School Textbook Revision. *Journal of Educational Media, Memory, and Society*, 2(2), 1 – 12.

Fyfe, A. (2004). *Science and Salvation: Evangelicals and Popular Science Publishing in Victorian Britain*. Chicago: University of Chicago Press.

Gitelman, L. (2006). *Always Already New. Media, History, and the Data of Culture*. Cambridge; London: The MIT Press.

Green, A. (1990). *Education and State Formation: The Rise of Education Systems in England, France and the USA*. London: Macmillan.

Heinze, C. (2010). Historical Textbook Research: Textbooks in the Context of the "Grammar of Schooling". *Journal of Educational Media, Memory, and Society*, 2(2), 122 – 131.

Heinze, C. (2011). *Das Schulbuch im Innovationsprozess: Bildungspolitische Steuerung pädagogischer Anspruch Unterrichtspraktische Wirkungserwartungen*. Bad Heilbrunn: Julius Klinkhardt.

Hickman, H., & Porflio, B. J. (Eds.). (2012). *The New Politics of the Textbook: Problematizing the Portrayal of Marginalized Groups in Textbooks*. Rotterdam: Sense Publishers.

Johnsen, E. B. (1993). *Textbooks in the Kaleidoscope: A Critical Survey of Literature and Research on Educational Texts*. Oslo: Scandinavian University Press.

Macgilchrist, F. (2017). *Textbook Production: The Entangled Practices of Developing Curricular Materials for Schools*. Dissertation Habilitationsschrift, Technische Universität Braunschweig, Braunschweig, Forthcoming auf edumeres. org.

Marshall, J. D. (1991). With a Little Help from Some Friends: Publishers, Protesters, and Texas Textbooks Decisions. In M. W. Apple & L. K. Christian-Smith (Eds.), *The Politics of the Textbook* (pp. 56 – 77). London; New York: Routledge.

Meyer, J. W., Bromley, P., & Ramirez, F. O. (2010). Human Rights in Social Science Textbooks: Cross-National Analyses, 1970 – 2008. *Sociology of Education*, 83 (2), 111 – 134.

Ossenbach, G., & Somoza, M. (Eds.). (2000). *Los manuales escolares como fuente para la Historia de la Educación en América Latina*. Madrid: UNED.

Ouyang, H. (2003). Resistance to the Communicative Method of Language Instruction Within a Progressive Chinese University. In K. E. Anderson-Levitt (Ed.), *Local Meanings, Global Schooling: Anthropology and World Culture Theory* (pp. 121 – 140). New York: Palgrave Macmillan.

Pingel, F. (2016). *UNESCO Guidebook on Textbook Research and Textbook Revision* (2nd Rev. and Updated ed.). Paris, Braunschweig: UNESCO/Georg Eckert Institute for International Textbook Research.

Rajagopalan, S. (2001). *State and Nation in South Asia*. Boulder, CO: Lynne Rienner Publishers.

Ramirez, F. O., & Meyer, J. W. (2002). National Curricula: World Models and Historical Legacies. In M. Caruso & H.-E. Tenorth (Eds.), *Internationalisierung/ Internationalisation: Semantik und Bildungssystem in vergleichender Perspektive — Comparing Educational Systems and Semantics*. Frankfurt am Main: Peter Lang.

Ressler, P. (2010). *Nonprofit-Marketing in the Field of Schools: British School-Societies and the Success of the Bell-Lancaster-System of Class Organization in the 19th Century*. Frankfurt am Main: Peter Lang.

Roldán Vera, E. (2003). *The British Book Trade and Spanish American Independence: Education and Knowledge Transmission in International Perspective*. Aldershot: Ashgate.

Rosanvallon, P. (1990). *L'Etat en France: De 1789 à nos jours*. Paris: Éditions du Seuil.

Simon, J. (2011). *Communicating Physics: The Production, Circulation and Appropriation of Ganot's Textbooks in France and England, 1851 - 1887*. London; Brookfeld: Pickering and Chatto.

Stray, C. (1994). Paradigms Regained: Towards a Historical Sociology of the Textbook. *Journal of Curriculum Studies*, 26(1), 1 - 29.

Topham, J. (1998). Beyond the "Common Context": The Production and Reading of the Bridgewater Treatises. *Isis*, 89(2), 233 - 262.

Tröhler, D., & Oelkers, J. (2005). Historische Lehrmittelforschung und Steuerung des Schulsystems. In E. Matthes & C. Heinze (Eds.), *Das Schulbuch zwischen Lehrplan und Unterrichtspraxis* (pp. 95 - 107). Bad Heilbrunn: Klinkhardt.

Tyack, D., & Tobin, W. (1994). The "Grammar" of Schooling: Why Has It Been So Hard to Change? *American Educational Research Journal*, 31(3), 453 - 479.

UNESCO. (2014). *Textbooks and Learning Resources: A Global Framework for Policy Development*. Paris: UNESCO.

Uribe, R. (2006). *Programas, compras ofciales y dotación de textos escolares en América Latina*. Bogotá: CERLA.

Wakefield, J. F. (1998). *A Brief History of Textbooks: Where Have We Been All These Years?* Paper presented at the Meeting of the Text and Academic Authors St. Petersburg, FL, June 12 - 13, 1998.

Watt, M. G. (2007). Research on the Textbook Publishing Industry in the United States of America. *IARTEM e-Journal*, 1(1), 1 - 24.

Watt, M. G. (2009). Research on the Textbook Selection Process in the United States of America: A Historical Review of Developments. *IARTEM e-Journal*, 1(2), 1 - 22.

Weber, E. (1976). *Peasants into Frenchmen: The Modernization of Rural France, 1870—1914*. Stanford: Stanford University Press.

Wilkens, H. (2011). Textbook Approval Systems and the Program for International Assessment (PISA) Results: A Preliminary Analysis. *IARTEM e-Journal*, 4, 63 - 74.

Williams, J. H. (2014). (Re)Constructing Memory: School Textbooks and the

Imagination of the Nation. Rotterdam: Sense Publishers.

Woodward, A., Elliot, D., & Carter Nagel, K. (1988). *Textbooks in School and Society: An Annotated Bibliography and Guide to Research*. New York: Routledge.

第 8 章 教育媒介、再生产与技术：走向教育媒介的批判政治经济学

作者 / 托马斯·赫恩（Thomas Höhne）
译者 / 蔡金芳 郑杰

💡 引言

自 20 世纪 90 年代以来，国家/政治、经济、社会和教育之间的关系经历了根本性的结构转型。这些转变包括教育政策治理的变化、市场化和私有化涌现出的新形式，以及个体和跨国行动者在教育领域日益增加的影响力。这方面的主要研究领域是批判文化政治经济学（Bourdieu & Passeron, 1977；Bourdieu, 2004；Jessop, 2008），其在教育领域的研究被称为"教育的政治经济学"（Ball & Junemann, 2012；Whitty et al., 1998）。这种批判性方法同样考虑到在全球重组中至关重要的知识和文化资源对整个社会的重要性。其不仅将技术和工具主义作为监测工具（例如以统计证据和产出的形式）引入教育领域，而且在好/坏学校、成功/不成功国家、教育的成功者/失败者之间也形成了系统性差异和新的层级，将知识、社会和文化资源（如"能力"或"技能"）转化为分化和包含/排斥的媒介（见 Robertson, 2006）。

作为知识及其传播的介质，教材和教育媒介是这些发展的内在动力，但反过来又在不同方面受到这些发展的影响。而课程框架和教育管理的变化则在诸多不同层面上与数字化和崭新的数字市场相关联。这些发展导致了大量自创的在线教学材料的涌现，并造成了这样一种转变：传统的教材出版商开始成为"服务提供商"，广泛开发数字教育服务，提供用于教材、交互式数字产品、备考和个人补习的数字在线资料。

这些复杂的转变印证了一个完整的再生产系统的运作。这一系统包括且始终包括知识、社会和文化资源，它们的生产和传播方式，及其在传播过程中所使用的媒介。自 20 世纪 90 年代以来，技术使用的稳步增加是这一再生产循环中一个新的重要的再定义因素。以下讨论将详细研究在文化政治经济框架内发生的变化，以及新的技术、政治和经济变革及其对教育媒介的影响。第一步，我将概述文化政治经济学的一些核心理论特征，特别是（再）生产逻辑。其次，我将介绍教材和教育媒介制作的根本变化，包括一些实证研究结果。接下来，我将讨论数字化、政治调控、主体化三个层面上的技术扩张，包括对教育媒介及其生产条件的影响。在结论部分，我将概述未来的研究设想。

💡 理论路径与研究现状

再生产理论的观点

"再生产"一词包含文化、社会和经济再生产三个层面之间的结构性衔接(Bourdieu & Passeron, 1977; Giroux, 1981; Jessop, 2008)。不同层面之间的关系是通过现代国家和政治调控形式(Farnen, 1994: 344)来建立和调节的,其中还包括有影响力的利益相关者和权力场域(Bourdieu, 1996: 261 ff.)。国家所发挥的独特作用源于其强大的垄断地位,因为它提供了合法的物质性与象征性的权力和暴力(警察、法律;见 Bourdieu, 1999)的中央权威。国家拥有教育领域的定义权,可以确定一种具体的、选定的知识作为在学校传播的官方知识(Apple, 2004)。通过这种方式,国家在一定程度上借由指定"选择性传统"(Apple, 1993)来控制文化生产,并同样影响着从文化再生产向"文化资本"的转变(Apple, 2004: 182)。然而,国家对于教育的定义权并不是绝对的;相反,它和与国家合作生产教材(也被称为"话语竞技场")的强大的社会精英阶层和利益集团相互联系(Höhne, 2003)。

现代教育系统实现了多种再生产功能。社会化/整合功能指的是文化再生产层面,其中知识、意义、意识形态以及特定和多重身份认同是其前沿和重心(Bourdieu & Passeron, 1977: 194-210; Apple, 1993)。资格认证功能和就业能力塑造属于*经济再生产*层面,而选择、分化、个性化、区分和配置代表了*社会再生产*的不同形式(Giroux, 1981)。因此,教育过程总是被过度决定,并以各种方式与其他社会领域和介质内在地联系起来(Bourdieu & Passeron, 1977: 186 ff.);课程设计、教材和其他教育媒介同样如此。

教育作为文化资本并没有被平均分配,这明显导致了社会差异的再生产(Bourdieu, 2004)。教育与其他形式的资本之间存在互惠关系,这些资本被定义为经济资本(金钱、财产)、社会资本(网络、联系人和关系)以及象征性资本(名誉、声望)(Bourdieu, 2004; Sullivan, 2002)。家庭是获取文化资本的基本社会因素和成功教育轨迹的主要必备条件,它也是社会和文化再生产的另一个核心组成部分(Bourdieu, 1996: 290-299, 1984)。

这对于我们看待教育媒介来说很重要,因为在上学之前获得的惯习的、社会的差异,随后会面对非常有选择性的知识或学校内的特定文化,也就是说,进一步的选择形式。在课程和教材中,最重要的是明确官方知识和迁移方法,从而使选择合法化,并使分化和差异被接受(Bernstein, 1975)。

再生产的各个层面及其相互作用在历史上和系统上形成了一种特定的、取决于各种政治规定的形式和不同课程框架的再生产模式。在教育媒介领域,这不仅涉及对教材的控制和审批,还涉及对教材市场的政治控制(Jiménez & Campos, 2010)。自20世纪80年代以来,国家/政治、教育、社会和经济之间的历史关系发生了根本性变化,文化再生产和社会再生产的整体条件和形式也随之发生了转变。下一节将解释这一点是如何体现在不断变化的教材和知识生产条件之中的。

教材和教育媒介生产的变迁：趋势与实证研究发现

尽管有异质媒介参与教材和"书本知识"的生产(Höhne,2003),但在世界上的大多数国家,控制权和审批权仍然由国家掌握(见 Heyneman,2006)。从经济学角度来看,许多国家的教材市场在不同程度上受到政治控制(Jiménez & Campos,2010)。前述框架条件的变化反映在教材生产形式的根本性改变和教材市场的相应变化之中(Forman,2005:1398)。这或许能发现与20世纪90年代教育政策改革密切相关的生产和再生产的经济和文化条件的若干一般趋势和特征。以下是经济上的决定因素：

1. 垄断和寡头垄断的增加。在经济领域,自20世纪90年代以来,德国、美国和加拿大的国家教材市场出现了市场集中和寡头垄断的明显趋势(Macgilchrist,2015;Watt,2007:11;Pinto,2007:105)。德国教材市场见证了自20世纪初以来的重大发展,出版社的数量从1906年的288个急剧减少到1925年的80个,并在2012年进一步减少到仅由3家公司主导市场的程度(Macgilchrist,2015:52)。

2. 多样化和新的等级制度。全球化导致了出版界日益激烈的国际竞争(Sewall & Cannon,1991),为了应对这种情况,出版社正在采取新的战略,以使其产品和生产方法多样化。许多传统的教材出版公司正在转型为综合性的服务供应商,提供广泛且极其多样化的数字服务(Höhne,2015;Jiménez & Campos,2010;Watt,2007)。"教材出版业内合并、收购和寡头垄断的兴起影响了出版的国际维度、财务和人力资源重组的成本和收益,以及教材和测试产品之间的关系",因为"合并会重组形成更有效率和竞争力的公司"(Watt,2007:13-14)。与此同时,新的等级制度正在新的教育市场中涌现,其特点是"书商之间的横向差异以及出版商与书店之间的纵向关系"增强(Jiménez & Campos,2010:71)。

3. 经济化。传统教育材料日益下降的利润带来了效率驱动的强化、经济化、更短的生产周期(Squire & Morgan,1990)以及给予生产者/作者的越来越"咄咄逼人的时间表"(Pinto,2007:108),其影响已蔓延至教材知识生产的微观层面(Macgilchrist,2015)。这还包括隶属于大型出版公司的特定行业子公司数量的增加。它们被称为"细分市场",并创造了"多重品牌"(Pinto,2007:105),通过它们可以更有效地营销产品。

4. 新的数字市场参与者。除了教育材料的"真实市场"之外,数字市场和私营供应商的数字化和扩张已创造了一个更重要的"数字和虚拟市场"(Fey et al., 2015)。在这个市场中,大量新的异质的代理商,如玩具和游戏零售商、民间基金会和非政府组织彼此竞争(Fey et al., 2015:25)。

5. 专业化差异。风险最小化策略能更密切地评估未来用户和客户的需求（Squire & Morgan, 1990; Young, 1990）。这就需要在生产中增强分化和劳动力的专业化，如外包、虚拟团队、减少核心劳动力，以及扩大与自由职业者的合作（Pinto, 2007: 105），尽管整个领域越来越依赖于出版社的创新和能力，以适应不断变化的环境。

有关教材出版和出版商所起作用的进一步讨论，请参阅本书克里斯托夫·布拉西所著章节。

接下来几点解释了政治调控和文化再生产：

1. 控制的灵活性提高。市场扩张与教育改革齐头并进。自20世纪90年代以来，教育材料审批过程的自由化和放松调控一直是教育改革的特征（Höhne, 2015: 12; Pinto, 2007: 107 f.）。这显然偏离了长期以来由严格管控的课程输入、受到政治强力调控的教材市场（Jiménez & Campos, 2010: 73）和有关媒介知识的课程取向的指导方针所组成的既定框架。在这个方面，"系统的许多核心条件"已经发生了根本性变化，各行动者之间的平衡被打乱了（Forman, 2005: 1398）。

2. 标准化和同构性。未来出版机构的首要任务是制定战略，并在教育媒介领域有效地应用标准化的输出指南。其面临的主要问题不仅是试图"满足压力集团的偏好"，还包括在此过程中教材内容被同质化的事实（Watt, 2007: 14; Sewall, 2005）。这些观察得到了教材生产民族志研究的证实，这些研究揭示了由于缺乏"输出逻辑"所要求的实质性实施指南，对符合课程要求的期望是如何与给予作者更多的解释自由相结合的（Macgilchrist, 2015）。标准将生产"限制"为主流和所谓的"经过验证的内容/模块"（Pinto, 2007; Watt, 2007）。因此，教材的（市场）成功的衡量标准主要是其帮助学生准备考试和测试以及使学生的成绩符合教育标准（"为考试而教学"）的能力。这一发展肯定了"从普通教育概念向最低限度教育概念过渡"的理论（Steiner-Khamsi, 2000: 124），其特点是实用主义的素养概念、最低标准和核心课程（Steiner-Khamsi, 2000: 125）。通过测试验证内容的能力与文化能力的"基本规定"相辅相成。自20世纪90年代末以来，一项新的发展已成为这种转变的催化剂。前文所述生产的经济和文化条件的变化，以及通过教育政策进行的调控，都是由技术的不断使用引起的，本章后面部分将对此进行讨论。

技 术 扩 张

教材和教育媒介是课程秩序的一部分，因此可以归类为*课程媒介*，代表了文化再生产的一个重要方面（Apple, 2004）。"课程媒介"一词描述了教育政策、课程、教育媒介和教学形式之间全面和结构性的联系，而这些联系共同构成了课程框架社会建构的基本要素（见 Nohl & Somel, 2015; Hiller, 2012; Waks, 2003; Höhne, 2003; Apple, 1993）。

自20世纪60年代的教育改革以来,这种文化知识生产的调控框架在全球范围内表现出了更大的灵活性。这一发展涉及社会变革,如个性化、对自治的新认识、工作形式和资格认证的变化,尤其是关于教育和学习(能力、自主学习)的新话语(见 Tyson-Bernstein, 1975; Hartong, 2012)。新的媒介和技术的扩张也提升了这种灵活性(Höhne, 2015; Waks, 2003)。然而,现有的研究往往忽略了将科技增长的各方面作为变革因素展开调查,尽管因互联网、手机和平板电脑等新智能技术的主导,它们在教育领域变得越来越重要。因为不仅知识的生产、再生产、传播和中介及其获取和接受的形式发生了根本性的变化,时间和空间结构以及知识形式也普遍发生了转变(见 Lyotard, 1984)。这里提到的再生产的复杂转变包括三个不同技术层面的基本结构变化:

1. 自20世纪90年代以来,政治控制和调控技术一直被视为朝着合理化的方向发展,具体表现在标准化、基准、经验性证据、监测系统、测试制度和产出导向方面。这些因素已建立起一种可视性文化,这种文化是对教育作为一种因果可归因、结果可控制的系统的合理化认知的表征。这种转变在理论上可被解释为通常依赖于"弱技术"(社会规范、模糊的行动目标)的机构行动者们(如寻求获得更多合法性的教育机构)对强技术(即减少变量模型和量化指标之间的清晰关联)的使用(Meyer & Rowan, 1977)。

2. 在媒体技术层面,社交性、互动、知识和话语的物质结构正越来越多地与自身的虚拟版本相结合——作为一种现实—虚拟的"增强现实"和知识的转变。这种结构转变通过使用智能技术、数字化和互联网得以实现,从而在行动者和客体之间建立起新的社会技术配置,逐步涉及更集中的"与客体的社交性"(Knorr-Cetina, 1997)。

3. 在主体化和自我技术的新形式层面(Foucault, 2010),技术概念指的是自我调节和自我控制形式的合理化。主观性的新技术越来越依赖于虚拟社交网络、媒体表达形式以及个人知识的获取。这既表明了权力与主体化之间的紧密联系,也表明了与之相关的新的排斥形式。因为知识与传播的数字化使"媒体能力"成为一种重要且独特的社会特征。因此,这里介绍的三重技术转型是基于广泛的技术概念,

> 不仅[包括]技术产物,还有社会技术和技术本身;它同样涉及机器、媒体网络、写作和可视化系统的安排[……]也与制裁、处罚、规范化、赋权、保证、预防等过程有关,而人们通过这些过程影响自己或他人的行为。(Bröckling & Krasmann, 2010: 27)

除了经济化之外,这些不同技术背后的共同特征是它们潜在的个性化和差异化——无论是在学校自治政策背景下对个别学校的关注,还是强调通过新媒体进行个性化学习,或通过社交网络和虚拟社交性实现的亚文化分化和差异的形式。杰维特(Jewitt)将与此相关的权力和知识之间不断变化的关系置于新技术在改变教育中的交流、互动和主体性方面的构成意义之上:

在将教学作为设计来思考时,在课堂中使用新技术非常重要,因为它可以重构要做什么以及谁做什么。这种重构可以在课堂教学方面显著地重塑教室中权力与知识之间的关系。(Jewitt,2006:143)

结论和研究新视角

结论可归纳为三个方面:一是文化政治经济学对教材和教育媒介研究的重要性;二是经济化是当前教育改革的主要趋势;三是将数字化作为综合技术转型一部分。

在教材和教育媒介研究中,大多数教育理论和实证研究都聚焦于课堂中知识的接受和教学新形式上。它们忽略了这样一个事实,即教育媒介始终是知识、实践和话语历经长期复杂的生产与再生产过程的产物。教育媒介的文化政治经济学理论的概述将重点转移到教育媒介(再)生产条件的变化上。扩大再生产方法的创新要点不仅在于它揭示了经济、文化和政治变革之间的关系,也在于它在本章前面提到的三个层面上传递了新增技术的概念。就实证研究而言,相应复杂的多层分析设计(Nohl & Somel, 2015)是必要的,其中不同层面的政治调控(课程改革、教育媒介的政治审批)、不断变化的生产和市场条件,以及文化转型(社会媒介、新身份认同和传播模式)可以相互关联。使用量化和质性数据相结合的混合方法来获得这种关联性将是教材和教育媒介研究领域的重要理论"盈余"。这里概述的教材和教育媒体市场的变化清楚地显示了一种趋势,即教材制作和课程媒介框架的灵活性和经济性日益提高。"高效低耗"和"及时"等原则的重要性似乎在教材制作和课程重组方面也得到了同样的提升——这象征着节省学习时间和精简内容。尽管这种经济化并不意味着在教育领域不断运用经济逻辑,但它确实带来了规范的转变和新的优先性次序。正如新兴的学科层级结构所显示的,其核心集中在科学、数学和技术科目(STEM)上。这清晰地表明了不同层面在转型过程中是相互交织的,以及经济化是一个至关重要的因素。在这方面,再生产方法与教育经济化的讨论是联系在一起的(Verger et al., 2016)。

经济化过程不仅会影响教育媒介的生产和供应模式,还涉及了知识的生产。媒介知识的多方面、深层次的政治重组(能力导向、标准化、教育计划等;见 Hartong, 2012)与学习的数字化相互兼容,因为它通过互联网的同步性和普遍性而具有了时空上的灵活性。这使得知识的政治生产能够更迅速地同步,并快速适应教育标准或就业系统中资格认证标准的变化,同时促进对测试形式的及时修改。

所有这些都得益于数字基础设施(互联网、智能设备、数据收集等),它是全面技术转型的核心要素。因此,上述过程使得技术的使用大幅提升,为了应对大量逻辑性与功能性需求,课程媒介中大量科学技术的应用提高了教育的灵活性与扩展性,从而改变了教材的再生产过程。数字化不再是一种单一的现象——正如文献中通常假设的那样——数字技术还伴随着教育调控的新政治技术(基于证据和数据)和不断变化的自我技术(数字自我、社交媒体)。

知识或者说知识的转换将所有这些技术层面的要素连接起来。经济、政治、媒介和教育之间的传统界限正在被解构,其中一部分是通过一种"新合作主义"(Wexler, 1997:1148)方法,或是通过新的网络和行动者群体打破以往的格局、创设新的界面,以应对调控和再生产方式的改变。

从这些结论中得出了哪些新的研究问题?一方面,可以使用前面提到的多层分析方法来实证地分析和检视与增加的技术使用概念相关的不断变化的障碍、重新定位和杂交。另一方面,可以从不同方面对教育媒介进行考察,如分析教育政策改革或课程框架的变化带来的影响,或是调查出版商如何改变媒介和教材知识的生产。这种对教育媒介的政治经济学的强调,突出了控制教育媒介和中介性知识生产与再生产条件的变化,并将其置于包括各种政治调控的文化、经济和社会再生产的全方位框架内。

参考文献

Apple, M. (1993). The Politics of Offcial Knowledge: Does a National Curriculum Make Sense? *Teachers College Record*, 95, 221–241.

Apple, M. (2004). Cultural Politics and the Text. In S. Ball (Ed.), *The RoutledgeFalmer Reader in Sociology of Education* (pp. 176–195). London: Routledge.

Ball, S. J., & Junemann, C. (2012). *Networks, New Governance and Education*. Bristol: The Policy Press.

Bernstein, B. (1975). *Class, Code and Control: Volume 3 — Towards a Theory of Educational Transmissions* (German: 1977, Beiträge zu einer Theorie des pädagogischen Prozesses). Frankfurt am Main: Suhrkamp.

Bourdieu, P. (1984). *Distinction: A Social Critique of the Judgment of Taste* (R. Nice, Trans.). Cambridge, MA: Harvard University Press.

Bourdieu, P. (1996). *The State Nobility: Elite Schools in the Field of Power* (L. C. Clough, Trans.). Cambridge: Polity Press.

Bourdieu, P. (1999). Rethinking the State: Genesis and Structure of the Bureaucratic Field. In G. Steinmetz (Ed.), *State/Culture: State-Formation After the Cultural Turn* (pp. 53–76). Ithaca, NY: Cornell University Press. Bourdieu, P. (2004). The Forms of Capital. In S. Ball (Ed.), *The RoutledgeFalmer Reader in Sociology of Education* (pp. 15–29). London: Routledge.

Bourdieu, P., & Passeron, J.-C. (1977). *Reproduction in Education, Society and*

Culture. London: Sage.

Bröckling, U., & Krasmann, S. (2010). Ni méthode, ni approche. Zur Forschungsperspektive der Gouvernementalitätsstudien — mit einem Seitenblick auf Konvergenzen und Divergenzen zur Diskursforschung. In J. Angermüller & S. van Dyk (Eds.), *Diskursanalyse meets Gouvernementalitätsforschung. Perspektiven auf das Verhältnis von Subjekt, Sprache, Macht und Wissen* (pp. 23 – 42). Frankfurt am Main: Campus.

Farnen, R. (1994). Politik, Bildung und Paradigmenwechsel: jüngste Trends in der Kritischen Pädagogik, in den politischen Wissenschaften, der politischen Sozialisation und in der politischen Bildung der Vereinigten Staaten. In H. Sünker, D. Timmermann, & F.-U. Kolbe (Eds.), *Bildung, Gesellschaft, soziale Ungleichheit* (pp. 338 – 384). Frankfurt am Main: Suhrkamp.

Fey, C.-C., Matthes, E., & Neumann, D. (2015). Schulische Bildungsmedien zwischen staatlicher Steuerung und freier Selbstregulierung. *Die Deutsche Schule*, *107*(1), 20 – 35.

Forman, S. (2005). Textbook Publishing: An Ecological View. *The Journal of American History*, *91*(4), 1398 – 1404.

Foucault, M. (2010). The Government of Self and Others: Lectures at the Collège de France 1982 – 1983. Retrieved May 5, 2015, from http://rauli.cbs.dk/index.php/foucault-studies/article/view/3127/3298.pdf.

Giroux, H. A. (1981). Hegemony, Resistance and the Paradox of Educational Reform. *Interchange*, *12*(2 – 3), 3 – 26.

Hartong, S. (2012). *Basiskompetenzen statt Bildung?* Frankfurt am Main: Campus.

Heyneman, S. P. (2006). The Role of Textbooks in a Modern System of Education: Towards High Quality Education for All. In C. Braslavsky (Ed.), *Textbooks and Quality Learning for All: Some Lessons Learned From International Experience* (pp. 31 – 92). Paris: UNESCO.

Hiller, A. (2012). *Das Schulbuch zwischen Internet und Bildungspolitik*. Marburg: Tectum.

Höhne, T. (2003). *Schulbuchwissen. Umrisse einer Wissens- und Medientheorie des Schulbuchs*. Frankfurt am Main: Book on Demand.

Höhne, T. (2015). Technologisierung von Bildungsmedien. *Die Deutsche Schule*, *107* (1), 8 – 19.

Jessop, B. (2008). A Cultural Political Economy of Competitiveness and Its Implications for Higher Education. In B. Jessop, N. Fairclough, & R. Wodak (Eds.), *Education in the Knowledge-Based Economy in Europe* (pp. 13 – 40). Rotterdam: Sense Publishers.

Jewitt, C. (2006). *Technology, Literacy and Learning: A Multimodal Approach*. London: Routledge.

Jiménez, J. L., & Campos, J. (2010). Modelling Competition in the Textbook Market: Some Lessons Still to Learn. *Journal of Industry, Competition and Trade*, *10*, 71 – 85.

Knorr-Cetina, K. (1997). Sociality with Objects. Social Relations in Postsocial Knowledge Societies. *Theory, Culture & Society*, *14*(4), 1 – 30.

Lyotard, J. F. (1984). *The Postmodern Condition: A Report on Knowledge* (G. Bennington & B. Massumi, Trans.). Minneapolis: University of Minnesota Press.

Macgilchrist, F. (2015). Zur Ökonomisierung in der Schulbuchproduktion. *Die Deutsche Schule*, *107*(1), 49 – 61.

Meyer, J. W., & Rowan, B. (1977). Institutionalized Organizations: Formal Structure as Myth and Ceremony. *American Journal of Sociology*, *83*, 340 – 363.

Nohl, A. M., & Somel, N. (2015). *Education and Social Dynamics: A Multilevel Analysis of Curriculum Change in Turkey*. New York: Routledge.

Pinto, L. E. (2007). Textbook Publishing, Textbooks, and Democracy. A Case Study. *Journal of Thought*, *40*(Spring-Summer), 99 – 121.

Robertson, S. L. (2006). Absences and Imaginings: The Production of Knowledge on Globalisation and Education. *Globalisation, Societies and Education*, *4*(2), 303 – 318.

Sewall, G. (2005). Textbook Publishing. *Phi Delta Kappan*, *86*(7), 498 – 502.

Sewall, G. T., & Cannon, P. (1991). The New World of Textbooks: Industry Consolidation and Its Consequences. In P. G. Altbach, G. P. Kelly, H. G. Petrie, &L. Weis (Eds.), *Textbooks in American Society: Politics, Policy, and Pedagogy* (pp. 61 – 69). Albany, NY: State University of New York Press.

Squire, J. R., & Morgan, R. T. (1990). The Elementary and High School Textbook Market Today. In A. Woodward & D. L. Elliott (Eds.), *Textbooks and Schooling in the*

United States (*Eighty-Ninth Yearbook of the National Society for the Study of Education, Part I*) (pp. 107 - 126). Chicago, IL: National Society for the Study of Education.

Steiner-Khamsi, G. (2000). De-Regulierung der Schulwahl in den USA: Gewinner und Verlierer. In F. O. Radtke & M. Weiß (Eds.), *Schulautonomie, Wohlfahrtsstaat und Chancengleichheit*. Opladen: Leske + Budrich.

Sullivan, A. (2002). Bourdieu and Education: How Useful Is Bourdieu's Theory for Researchers? The Netherlands. *Journal of Social Sciences*, *38*(2), 144 - 166.

Verger, A., Lubienski, C., & Steiner-Khamsi, G. (Eds.). (2016). *The Global Education Industry*. London: Routledge.

Waks, L. J. (2003). How Globalisation Can Cause Fundamental Curriculum Change: An American Perspective. *Journal of Education Change*, *4*, 383 - 418.

Watt, M. G. (2007). Research on the Textbook Publishing Industry in the United States of America. Retrieved May 6, 2015, from http://fles.eric.ed.gov/fulltext/ED498713.pdf.

Wexler, P. (1997). Teaching in Context: From Socialization to Redemption. In B. Biddle, T. L. Good, & I. Goodson (Eds.), *International Handbook of Teachers and Teaching* (pp. 1145 - 1161). Wiesbaden: Springer.

Whitty, G., Power, S., & Halpin, D. (1998). *Devolution and Choice in Education. The School, the State and the Market*. Buckingham: Open University Press.

Young, R. E. (1990). *Learning Communities: Creating Connections Among Students, Faculty, and Disciplines*. San Francisco: Jossey-Bass.

第 9 章 在人文与社会科学教学情境中使用教材的理念和概念

作者 / 彼得·高奇（Peter Gautschi）
译者 / 范竹君

引言

教材在社会科学（Backhouse & Fontaine 2014）与人文领域（Bod，2014）的教学中发挥着核心作用。它们常常是课堂教学的基石，因为它们"能够清晰地安排课程，减少主题的复杂性，建立事件的年表，呈现学习内容的各个阶段，以及确定任务和活动的结构"（Oelkers，2004：1）。

然而，教材和人文与社会科学教学的相关性依赖于几个因素（Fuchs et al.，2014：9-20）。教与学中教材的使用主要是由其学科决定的。人文与社会科学学术领域内的学科多样性以及基于这些学科的学校科目的广泛存在，相应地为教材使用提供了更大的可能性。例如，历史、地理、政治教育、经济学、法律、伦理学、宗教研究、哲学、语言和艺术等学科之间存在着巨大的差异。此外，文化差异影响着教学和教材实施。最后，教材的重要性在小学和中学教育之间，甚至在中学教育的不同年级之间，都有很大的差异。另外，教材的作用自然会随着时间的推移而改变，这可以从其材料和设计上反映出来。

本章旨在说明教师和学生在使用人文与社会科学教材时面临的关键问题，并揭示研究人员在处理这些问题时方法论上的多样性，以及为检视人文与社会科学教材的方法论建构一系列理论和模型。

理论路径和研究发现

目前已有相当多关于教材的实证研究，特别是在现代语言和社会研究领域。已就教材进行的广泛研究促进了方法论的多样性（Beck & McKeown，1991）和一系列关于在课堂教与学中使用这一关键媒介的理论发展。本节将对此作详细论述。

方法论的多样性

人文与社会科学的教材研究包括探索性和描述性研究，以及情境研究和因果分析研究（Mayring，2007；Nicholls，2003）。研究对象是教材本身或是使用和学习教材的人。在后一种情况下，研究人员以个体（如选定的学生）或集体（如学校班级）的形式对其开展调研,或者在不太常见的"多层次研究"中将两者结合起来(Diekmann,2007:194;Mikk,2000)。特别精心的研究设计会包含使用不同教材或者压根不使用教材的比较组或控制组。人文与社会科学的教材研究通过非实验性、类实验性和实验性项目进行(Diekmann,2007:192),并被设计为纵向或横向研究。

研究设计方面的多样性也体现在数据采集的方法上。人文与社会科学领域中的一些教材研究使用量化研究法,即通过观察、问卷、实验或内容分析等程序来获取可量化的属性。数据的分析方法多种多样,如描述性统计(中位数和方差)或多变量统计(如因素分析和聚类分析)(Thünemann & Zülsdorf-Kersting,2016)。

然而,质性研究方法在这些领域的教材研究中更为普遍(Pingel,2010:67-72)。根据弗利克(Flick,2006)的研究,质性研究方法可以获取语言或视觉数据。语言数据可在研究与教材的互动时,例如通过有指导的访谈或是个人叙述或小组评估来收集,而视觉数据也可以通过参与或非参与性的观察、民族志过程或是照片和电影分析来收集。这些数据可以通过编码和分类(理论编码、主题编码、质性内容分析、全球评价)以及序贯分析(会话分析、话语分析、叙事分析和客观解释学)等方法进行评价(Weinbrenner,1992)。

如果我们希望通过大量不同的研究设计来调查这一丰富的实证研究语料,那么将人文与社会科学领域的教材分析划分为以其共同目标为特征的四个研究分支是有帮助的(Wilson,2002;Gautschi,2007)。

描述性教材研究旨在尽可能地获得对事实即对教材的表现形式和生产设计进行描述和分析;将其作为媒介进行考察,但也研究时间表、课程以及其他影响和描述教材如何被使用的因素(v. Borries,2006;Foster,2011)。收集关于教材使用的课程结构视觉信息与确定专业教学质量的指标同样重要(Blömeke et al.,2006)。描述性教材研究不仅探究诸如教材的开发、营销和使用等过程,也研究教材本身(Matthes & Heinze,2003)。教材的历史研究是描述性教材研究中一个特别成熟的分支,在其研究过程中,一系列研究问题和设计被应用于过去的教材中(Moreau,2003;Fitzgerald,1979)。描述性教材研究的另一个核心分支是国际教材研究,此类研究对世界各地当代和过去的教材进行比较分析(Pingel,2000)。

结果研究的目的是评估性地记录和测量学生在使用教材后的学习结果(成绩、专业兴趣、主题方法和技能)。在将小组进行对比或引入界定标准或目标时,对学习结果的调研就变得具有评估性(Doll et al.,2012)。

影响研究对教材使用条件与后续影响之间的联系进行因果分析,并将其与学习成果或教师的解释等其他方面结合起来。影响研究被用来明确导致教材成败的因素(Schreiber,2008)。这类研究将描述性教材研究与结果研究相结合,并探索产品和过程之间的相关性。与结果研究采用的描述性方法相反,影响研究试图辨别和确定成功的条件。该研究领域中一个特别成熟的分支是对媒体影响的分析,它研究了设计对学生学习的影响。

人文与社会科学的教材研究者也试图通过实验获得结果,即系统地观察和测量效果。干预研究(实验性的,有不同程度的控制)就是这样一个过程。这一研究分支围绕教材开发、实施和评估特定教学顺序、单元或场景的有效性展开。这一过程的目的不是描述现有教学的现实,而是确定对教师和学生产生正面或负面影响的因素,或是指向实际的以过程为导向的改进。在一个理想的方法论研究环境中,干预研究同时也是实验研究。根据艾特斯兰德(Atteslander)的说法,干预研究需要"对社会情况的高度控制",并"包含了最严格的假设检验形式"(Atteslander, 2003)。作为一项实验,干预研究"根据特定条件来检验现有理论陈述"(Atteslander, 2003:196)。人文与社会科学领域干预研究的一个核心组成部分是教材实施所需的理论化程度。

鉴于现有对人文与社会科学领域教材的大量研究,使用这一关键媒介进行课堂中的教与学有许多理论路径(Rüsen, 1992; Herber & Nosko, 2012)。很多理论路径基于教学法、教育理论和教学方法论。来自传播和媒介研究以及社会学和经济学等学科的影响也不断增加。

作为教学基本模型的教学三角

一系列的技术使研究对象得以被界定和描述。教材可以从管理、教学或社会学的角度来界定(Fuchs et al., 2014:10)。"样本分析"作为一种使用选定的示例从多种角度来研究对象的方法,是另一个向研究者揭示问题和假设的建构过程。克劳斯·普兰奇(Klaus Prange)在他的著作《教学设计》(*Bauformen des Unterrichts* [*Teaching Design*])中使用了柏拉图《美诺篇》中的例子,从中他推导出"教学三角",并将其作为"教学的基本维度"(Prange, 1986:34-45)。"教学三角"模型可以应用于教材研究,描述和研究教材的多种表现形式。"三角"的三个角分别是要教授的学科、学生和教师。这些都是教材研究的重要结构要素。

研究者首先关注的是学科。从理论上讲,每一本人文与社会科学学科的教材,几乎都有无限的数据可供整理与合并。我们社会中所拥有和存在的知识财富正在不断增长,青年人应该从现有的大量信息中准确地吸收哪些知识?为这一问题寻找答案正变得越来越具有挑战性。因此,在开发教材时,材料的选择是主要任务之一,也可以说是开发过程的核心。教材永远不能传授"全部"信息,因而必须做出选择。这些被罗列、排序和选择的个别细节,必须能够"展示"和代表"全部"(Furrer, 2004)。教材开发过程并不遵循纯粹的学术或教学逻辑。政治和实践因素在这一过程中起着决定性的作用(Gautschi, 2006:117-48)。材料是被删减、结构化和公式化的,是给以目标为导向或以内容为导向的教材研究者带来一系列问题的事业。

其次,教材是接受者导向的(Knecht & Najavarova, 2010)。它们针对的是一个非常特殊的用户群体,即中小学生,他们与教材的互动是为了增加知识、增长技能和拓宽视野(Barricelli, 2005)。这些被明确界定的接受者和目标给教材研究者们提出了进一步的问题(Gautschi & Binnenkade, 2006)。第三,教材研究者关注教师在课堂上使用教材的角色和行为(Günther-Arndt, 2008)。根据他们对自身角色的认识,教师可以充当信息传播者、管理者或教练的角色(Gautschi, 2000: 21)。

在这三个核心方面之后,教材研究又有了三个重要的结构性要素:第四,师生互动文化和师生关系;第五,允许学生与学科接触的学习文化(Foster & Crawford, 2006);第六,教师与学科之间的关系。教师选择什么样的目标?学生的任务是如何制定的?(Fink et al., 2009)任务基于哪些材料?

第七个方面,很明显,环境在总体上影响了课程,更具体地说,是决定了教材(Lässig, 2010)。课程和教材受到社会直接或间接的控制;所教授的学科内容反映了流行的文化。教材可以被看作一个社会的公共记忆,或是在"话语竞技场"上协商过程的结果(Höhne, 2003)。政客们自然会试图掌控教材,以便按照自己的思维方式塑造社会。但家长也对教材内容很感兴趣。

最后,教材本身当然可以成为研究对象。此类研究可以包括设计或检视教材中的不同元素如何相互关联,以及教材是否构成综合教学环境的一部分。教材包含了多少组成部分?具体的教材元素是如何设计的?这本教材与其他教材相较如何?它是政治的、信息的还是教育的对象?(Stein, 1977)

教育研究和教学方法论中的教学模型

近年来,在教育研究和教学方法论,特别是在人文与社会科学领域的应用上,已经开发出了一系列复杂的教学模型,以促进课堂教学和开展进一步研究。这些模型的目的是展示课堂环境的各个方面是如何相互联结的,以及它们是如何相互加强或削弱的。范德(Fend, 1981)将经济学概念引入教育学,例如将供需概念应用到教学中。赫尔姆克(Helmke)和其他人采纳并进一步发展了这些理念。赫尔姆克的结构模型的依据是"教学应被视为一种产品;它是否有效取决于其用途"(Helmke, 2006: 43)。该模式与课程的系统性特点相契合,并具有一个重要的优势:"它指定了教师和学生可以调整的范围,从而提高了学习结果的成功率。"(安德里亚斯·汉姆克对赫尔姆克·梅耶和埃尔瓦德·特哈特的采访;Becker et al., 2007: 62)

该模型说明,教师在课堂实施教材的过程中扮演着重要的理论角色。在许多地方和人文与社会科学学科中,教师决定教材在教学实践中所起的作用。他们可以把教材作为指导媒介,可以围绕教材来设计自己的课程,也可以把教材作为教学材料和练习的来源,还可以摘录部分内容在课堂上使用。教师也可以使用教材作为联结课程的工具,为学生提供预习或复习的阅读作业。或者,他们可以在备课时参考教材,但不直接在课堂上使用教材,或是选择完全不使用教材(Gautschi,2011)。

其他因素也可能决定教师和教育工作者如何组织教材的使用。弗洛里希(Fröhlich,1997)定义了教材使用的三种类型:陈述性教材的使用是指教师以陈述性知识教学的形式加以展示与实施。运用工具性和启发式方法的教师使用教材作为资料和作业的来源,能够使学生独立获取知识。同时,批判性教材的使用允许教师建立学生的程序性知识,例如通过比较不同教材对同一主题的描述。教师对教材的使用也可以依据他们实施材料的阶段(介绍、发展、巩固、强化)(Teepe,2004)或使用目的(动机、视觉化、知识转移)来分析。

近期的研究表明,在分析教材使用情况时关注教师的重要性。在他们对历史教材在课程中的使用情况的研究中,如《密切关注和问询:当前背景下的瑞士和国家社会时代》(*Hinschauen und Nachfragen. Die Schweiz und die Zeit des Nationalsozialismus im Licht aktueller Fragen* [Look closely and enquire: Switzerland and the National Socialist era in the current context])(Bonhage et al.,2006)),伯哈德·沙(Bernhard Schär)和维拉·斯佩瑞斯(Vera Sperisen)认为教师们根据自己的观点塑造了历史教材(Schär & Sperisen,2010)。在实践中,他们不仅仅是历史教材的传递者,也是推荐材料和相关任务管理的解释者。

因此,汉斯-尤尔根·潘德尔(Hans-Jürgen Pandel)的观点是正确的,他认为历史教材主要满足教师的要求,是"教师友好型书籍"(Pandel,2006:36)。然而,当他坚持认为历史教材"提供了课程设计的方法,不需要来自[教师的]方法论的想象力"时,则是错误的(Pandel,2006:36)。教师制定自己的课程计划,并将教材用作信息库。他们从书中选择符合他们概念的文本,然后选择他们认为有启发性的原始文本或图像。他们通过复制、分解和向学生演示重组,进而改变教材中呈现的内容。教师将教材作为"单个元素的集合"(Pandel,2006:18),从中选择构建模块来构建一个综合的整体,或允许学生找到其中的关系并创设情境。

传播学研究中的模型

依据传播学理论,教师的主要工具并不是教材,而是交流行为(Hausendorf,2008;Hecht 2009;Schelle et al.,2010)。20世纪中期,线性交流观念占据了主导地位(Krendl et al.,1997),但在之后的几十年里,这种情况随着心理学对传播研究领域日益深入的影响而改变。这是一种假设,交流"不仅仅是人们有意识地接收信息或试图指导他人的手段[……]而且始终是人类确定身份、关系、社会和现实的方法"(Pieper et al.,2014:23)。从这个意义上说,交流不仅仅是简单地传播信息性事实和数据,而是传播事实数据和解释或解读信息的方式。对这一概念的解读最好用循环模型而非线性模型来描述。

从这些模型和理论中可以推导出两点：第一，传播并不是沿着输入—过程—结果组成的线性影响链发生的。相反，学习是一个多因素的过程，其中交流是至关重要的。亚历山德拉·宾尼卡德（Alexandra Binnenkade）描述了"话语节点"（Binnenkade，2015：31—34），并解释了有多少来自各种"社会领域"的链接影响着课堂教学以及这些因素是如何融于教学过程的。其次，特别注意参与交流的人是很重要的。除了教学的人外，那些学习的人也至关重要。只有通过他们，教师才能从材料中提取意义，而这在多大程度上是可能的，从根本上取决于被学生带入交流过程中的因素：什么观点塑造了学生在课堂上的交流？他们的交流有多准确？他们如何在学习和交流中使用教材？

伯纳德·肖曼（Bernd Schönemann）和霍格尔·苏尼曼（Holger Thünemann）在其关于历史教材的权威著作中描述了学生使用教材的四种方式（Schönemann & Thünemann，2010）：

- 通过重组提取信息；
- 通过材料开发获取知识；
- 通过问题解决形成判断；
- 通过共时和历时的教材比较进行意识形态批判。

另一种学生使用教材的可能方法是运用能力模型，该模型为特定学科的学习提供了理论依据。学生们会在认知新现象的过程中使用教材吗？他们会用教材来发展他们所学到的知识吗？教材会促进学生的理解吗？教材是否要求进行主题分析、评价性判断或价值判断（Gautschi，2009）？

也可以对教材在课堂交流中所起的作用加以理论化：教材的作用是（1）组织，（2）表征，（3）指导，（4）激励，（5）差异化，还是（6）实践和控制（Hacker，1980）？

教材理论的其他模型

并非只有教育学、教育科学、教学方法论和传播学的模型适合将教材理论化。许多其他学术领域也有可以根据各种情况下的相关认知兴趣将其应用于教材研究的模型。试图对与生产环境、应用和互动相联系的经济方面进行探索的研究人员可以在经济学和企业管理领域中找到建设性的理论依据，例如经济学就提供了描述价值创造的模型（Fuchs et al.，2010）。贝克尔（Becker，2013）用他的模型将价值创造过程分析与战略环境分析结合起来，这也是安娜·朱莉娅·海姆（Anna Julia Heym，2014）在其研究《数字教育媒介：哪些因素影响教材出版商的策略》（*Digitale Bildungsmedien. Welche Faktoren beeinfussen die Strategien der Schulbuchverlage*？[*Digital Educational Media: Which factors infuence the strategies of textbook publishers*？]）中使用的模型。

该模型的核心有五个支柱，可应用于教材出版。其主要执行者是教材的出版商、作者和编辑,以及平面设计师和图片编辑。在教材创作中起作用的系统主要是出版商的内部数据系统,根据生产的是纸质书籍还是在线资源而有所不同。在此过程中,利益相关者包括出版公司的领导、员工以及竞争对手,还有课程规划人员、教育政策制定者和当地学校教材的采购者。教材市场的相关监管机构包括国家、地方政府、学校以及教师协会和家长组织。与教材生产相关的服务商包括生产商、印刷商以及其他供应商。关于生产的各个方面以及相关的投入和产出因素,可以提出许多问题;这些问题可能包括:谁负责教材的创新,或者谁有权决定教材内容或教学方法。

研究视角和发展机遇

教材在人文与社会科学领域得到了广泛的研究。对教材及其数字形式的关注无疑是合理的,因为它们仍然是教学背后的基本媒介(Schönemann & Thünemann, 2010: 7; Pandel, 2006; Gautschi, 2006)。

从人文与社会科学教材在数字化和国际化中经历的变化来看,设计实验(Burkhardt & Schoenfeld, 2003: 4)似乎很有希望(Hiller, 2012; Matthes et al., 2013)。这类实验可以使来自不同环境的利益相关者(如教育实践或学术界)和来自不同背景的行动者(如历史教学、教育和媒介研究,或与历史学家)之间的合作研究成为可能(Hollenbach & Tillmann, 2009)。学生也可以作为研究伙伴越来越多地参与进来。设计实验可以开发、测试和改善教材章节的理论原型。经由此过程开发出来的教学环境在不同班级中实施与研究。设计实验提供的互动水准有助于维持学术界和实践之间的对话,特别是在通常需要高度复杂设计的学校环境中(Schön, 1987)。最终,设计实验也为教师培训提供了理想的学习机会。它们提升了学生的知识和教师的专业知识与教学知识,这些知识已被证明是专业教学能力核心的心理学组成部分(Bromme, 1992, 1995)。知识的形式决定了某些教学主题、内容或作业如何被选择、呈现和适应学生不同的动机和认知需求(Shulman, 1991)。设计实验在教材研究和教学实践之间架起了桥梁,提供了直接的实践效益,使教学实践在方法上取得了进步。它们是一种理想的教师培训工具,正如舒尔曼(Shulman)所确定的,它们连接了一系列的研究学科:"设计实验通常是实验与民族志的结合、适应性实验和民族志描述的结合。"(Shulman 2004: 300)

设计实验因将实用主义与理论和经验主义联系起来,为教材研究提供了一个产生影响的理想机会。因此,教材的开发成为一个包含研究、理论和实践的不断循环的过程。学术研究提供了新的相关的知识,可以依据新的教学理论(例如关于发展能力和课程规划)对这些知识进行提炼,并使其易于为年轻人所得。用这种方法开发的教材章节在课堂上进行测试、检查和改进,从而产生新的理论,并促进教学实践的修订。这些修改本身可以通过进一步的设计实验进行研究,保持循环过程的流畅性。

💡 参考文献

Atteslander, P. (2003). *Methoden der empirischen Sozialforschung. 10., neu bearbeitete und erweiterte Aufage*. Berlin: Walter de Gruyter.

Backhouse, R. E., & Fontaine, P. (Eds.). (2014). *A Historiography of the Modern Social Sciences*. Cambridge: Cambridge University Press.

Barricelli, M. (2005). *Schüler erzählen Geschichte. Narrative Kompetenz im Geschichtsunterricht*. Schwalbach/Ts.: Wochenschau Verlag.

Beck, I. L., & McKeown, M. G. (1991). Substantive and Methodological Considerations for Productive Textbook Analysis. In J. P. Shaver (Ed.), *Handbook of Research on Social Studies Teaching and Learning* (pp. 496–512). New York: Macmillan.

Becker, L. (2013). Neue Geschäftsmodelle durch Informationsmanagement. In L. Becker, W. Gora, & M. Uhrig (Eds.), *Informationsmanagement 2.0 — Neue Geschäftsmodelle und Strategien für die Herausforderungen der digitalen Zukunft* (pp. 25–82). Düsseldorf: Symposium.

Becker, G., Feindt, A., Meyer, H., et al. (Eds.). (2007). *Guter Unterricht. Massstäbe & Merkmale — Wege & Werkzeuge. Friedrich Jahresheft XXV 2007*. Seelze: Friedrich Verlag.

Binnenkade, A. (2015). Doing Memory. Teaching as a Discursive Node. *Journal of Educational Media, Memory, and Society*, 7(2), 29–43.

Blömeke, S., Risse, J., Müller, C., et al. (2006). Analyse der Qualität von Aufgaben aus didaktischer und fachlicher Sicht. *Unterrichtswissenschaft*, 34(4), 330–357.

Bod, R. (2014). *A New History of the Humanities*. Oxford: Oxford University Press.

Bonhage, B., Gautschi, P., Hodel, J., & Spuhler, G. (2006). *Hinschauen und Nachfragen. Die Schweiz und die Zeit des Nationalsozialismus im Licht aktueller Fragen*. Zürich: Lehrmittelverlag des Kantons Zürich.

Borries, B. v. (2006). Schulbuchgestaltung und Schulbuchbenutzung im Fach Geschichte. Zwischen empirischen Befunden und normativen Überlegungen. In S. Handro & B. Schönemann (Eds.), *Geschichtsdidaktische Schulbuchforschung* (*Zeitgeschichte — Zeitverständnis, Bd. 16*) (pp. 39–51). Berlin: LIT.

Bromme, R. (1992). *Der Lehrer als Experte. Zur Psychologie des professionellen Wissens*. Berne: Huber.

Bromme, R. (1995). Was Ist "Pedagogical Content Knowledge"? Kritische Anmerkungen zu einem fruchtbaren Forschungsprogramm. *Zeitschrift für Pädagogik, Beiheft, 33*, 105–115.

Burkhardt, H., & Schoenfeld, A. H. (2003). Improving Educational Research: Toward a More Useful, More Infuential and Better-Funded Enterprise. *Educational Researcher, 32*(9), 3–14.

Diekmann, A. (2007). *Empirische Sozialforschung. Grundlagen, Methoden, Anwendungen* (18th ed.). Reinbek bei Hamburg: Rowohlt Taschenbuch Verlag.

Doll, J., Frank, K., Fickermann, D., & Schwippert, K. (Eds.). (2012). *Schulbücher im Fokus. Nutzungen, Wirkungen und Evaluationen*. Münster: Waxmann.

Fend, H. (1981). *Theorie der Schule* (2nd ed.). Munich: Urban & Schwarzenberg.

Fink, N., Hodel, J., & Waldis, M. (2009). Mise à l'épreuve d'un modèle de compétences à travers l'analyse de tâches d'apprentissage en histoire. In HEP Lausanne (Ed.), *Curriculums en mouvement. Acteurs et savoirs sous pressions-s. Enjeux et impacts*, CD of Conference Proceedings.

Fitzgerald, F. (1979). *America Revised: History Schoolbooks in the Twentieth Century*. Boston: Little, Brown.

Flick, U. (2006). *Qualitative Sozialforschung. Eine Einführung* (4th ed.). Reinbek bei Hamburg: Rowohlt Taschenbuch Verlag.

Foster, S. (2011). Dominant Traditions in International Textbook Research and Revision. *Education Inquiry, 2*(1), 5–20.

Foster, S. J., & Crawford, K. A. (Eds.). (2006). *What Shall We Tell the Children? International Perspectives on School History Textbooks*. Greenwich, CT: Information Age Publishing.

Fröhlich, K. (1997). Schulbucharbeit. In K. Bergmann et al. (Eds.), *Handbuch der Geschichtsdidaktik* (5th ed., pp. 422–430). Seelze-Velber: Kallmeyer.

Fuchs, E., Kahlert, J., & Sandfuchs, U. (Eds.). (2010). *Schulbuch konkret — Kontexte — Produktion — Unterricht*. Bad Heilbrunn: Klinkhardt.

Fuchs, E., Niehaus, I., & Stoletzki, A. (2014). *Das Schulbuch in der Forschung.* Göttingen: V&R unipress.

Furrer, M. (2004). *Die Nation im Schulbuch — zwischen Überhöhung und Verdrängung. Leitbilder der Schweizer Nationalgeschichte in Schweizer Geschichtslehrmitteln der Nachkriegszeit und Gegenwart.* Hanover: Verlag Hahnsche Buchhandlung.

Gautschi, P. (2000). Wissenschaftler, Manager oder Coach? *Praxis Schule 5-10, 11* (6), 21-23.

Gautschi, P. (2006). Geschichtslehrmittel. Wie sie entwickelt werden und was von ihnen erwartet wird. In L. Criblez, P. Gautschi, P. Hirt Monico, & H. Messner (Eds.), *Lehrpläne und Bildungsstandards. Was Schülerinnen und Schüler lernen sollen. Festschrift zum 65. Geburtstag von Prof. Dr. Rudolf Künzli* (pp. 117-148). Berne: h.e.p. Verlag.

Gautschi, P. (2007). Geschichtsunterricht erforschen — eine aktuelle Notwendigkeit. In P. Gautschi, D. Moser, K. Reusser, & P. Wiher (Eds.), *Geschichtsunterricht heute. Eine empirische Analyse ausgewählter Aspekte* (pp. 21-59). Bern: h.e.p. Verlag.

Gautschi, P. (2009). *Guter Geschichtsunterricht. Grundlagen, Erkenntnisse, Hinweise.* Schwalbach/Ts.: Wochenschau Verlag.

Gautschi, P. (2011). Anforderungen an zukünftige Schulgeschichtsbücher. In M. Barricelli, A. Becker, & C. Heuer (Eds.), *Jede Gegenwart hat ihre Gründe. Geschichtsbewusstsein, historische Lebenswelt und Zukunftserwartung im frühen 21. Jahrhundert. Hans-Jürgen Pandel zum 70. Geburtstag.* Schwalbach/Ts.: Wochenschau Verlag.

Gautschi, P., & Binnenkade, A. (2006). Ansicht, Einsicht, Übersicht, Aussicht. Die Funktion von Bildern im Schulgeschichtsbuch. In M. Bernhardt, G. HenkeBockschatz, & M. Sauer (Eds.), *Bilder — Wahrnehmungen — Konstruktionen. Refexionen über Geschichte und historisches Lernen. Festschrift für Ulrich Mayer zum 65. Geburtstag* (pp. 104-118). Schwalbach/Ts.: Wochenschau Verlag.

Günther-Arndt, H. (2008). Lehren und Lernen mit dem Schulbuch im Geschichtsunterricht der Sekundarstufe I. *Geschichte in Wissenschaft und Unterricht, 59,* 4-19.

Hacker, H. (1980). Didaktische Funktionen des Mediums Schulbuch. In H. Hacker (Ed.), *Das Schulbuch. Funktion und Verwendung im Unterricht.* Bad Heilbrunn:

Klinkhardt.

Hausendorf, H. (2008). Interaktion im Klassenzimmer: zur Soziolinguistik einer riskanten Kommunikationspraxis. In H. Willems (Ed.), *Lehr (er) buch Soziologie: für die pädagogischen und soziologischen Studiengänge* (pp. 931 – 957). Wiesbaden: Verlag für Sozialwissenschaften.

Hecht, M. (2009). *Selbständigkeit im Unterricht. Empirische Untersuchungen in Deutschland und Kanada zur Paradoxie pädagogischen Handelns*. Wiesbaden: VS Verlag.

Helmke, A. (2006). Was wissen wir über guten Unterricht? Über die Notwendigkeit einer Rückbesinnung auf den Unterricht als "Kerngeschäft" der Schule. *Pädagogik, 2*, 42 – 45.

Herber, E., & Nosko, C. (2012). Totgesagte leben länger — Das Schulbuch der Zukunft. In E. Blaschitz et al. (Eds.), *Zukunft des Lernens — wie digitale Medien Schule, Ausund Weiterbildung verändern*. Glückstadt: Verlag Werner Hülsbusch.

Heym, A. J. (2014). *Digitale Bildungsmedien. Welche Faktoren beeinfussen die Strategien der Schulbuchverlage?* Mainz: Master thesis (unpublished).

Hiller, A. (2012). *Das Schulbuch zwischen Internet und Bildungspolitik — Konsequenzen für das Schulbuch als Leitmedium und die Rolle des Staates in der Schulbildung (Reihe Medienwissenschaften, Band 20)*. Marburg: Tectum Verlag.

Höhne, T. (2003). *Schulbuchwissen — Umrisse einer Wissens- und Medientheorie des Schulbuches (Frankfurter Beiträge zur Erziehungswissenschaft, Reihe Monographien)*. Frankfurt: Johann Wolfgang Goethe-Universität.

Hollenbach, N., & Tillmann, K.-J. (Eds.). (2009). *Die Schule forschend verändern. Praxisforschung aus nationaler und internationaler Perspektive*. Bad Heilbrunn: Klinkhardt.

Knecht, P., & Najavarova, V. (2010). How Do Students Rate Textbooks? A Review of Research and Ongoing Challenges for Textbook Research and Textbook Production. *Journal of Educational Media, Memory, and Society, 2*(1), 1 – 16.

Krendl, K. A., Ware, W. H., Reid, K. A., & Warren, R. (1997). Learning By Any Other Name: Communication Research Traditions in Learning and Media. In D. H. Jonassen (Ed.), *Handbook of Research for Educational Communications and Technology*. Toronto: Prentice Hall.

Lässig, S. (2010). Wer defniert relevantes Wissen? Schulbücher und ihr gesellschaftlicher

Kontext. In E. Fuchs, J. Kahlert, & U. Sandfuchs (Eds.), *Schulbuch konkret — Kontexte — Produktion — Unterricht*. Bad Heilbrunn: Klinkhardt.

Matthes, E., & Heinze, C. (Eds.). (2003). *Didaktische Innovationen im Schulbuch (Beiträge zur historischen und systematischen Schulbuchforschung 2)*. Bad Heilbrunn: Klinkhardt.

Matthes, E., Schütze, S., & Wiater, W. (Eds.). (2013). *Digitale Bildungsmedien im Unterricht (Beiträge zur historischen und systematischen Schulbuchforschung 17)*. Bad Heilbrunn: Klinkhardt.

Mayring, P. (2007). Designs in qualitativ orientierter Forschung. *Journal für Psychologie*, 15(2). Retrieved February 7, 2008, from http://www.journal-fuer-psychologie.de/jfp-2-2007-4.html.

Mikk, J. (2000). *Textbook: Research and Writing*. Frankfurt am Main: Peter Lang.

Moreau, J. (2003). *Schoolbook Nation: Conficts Over American History Textbooks from the Civil War to the Present*. Ann Arbor: University of Michigan Press.

Nicholls, J. (2003). *Methods in School Textbook Research*. Retrieved August 1, 2016, from http://centres.exeter.ac.uk/historyresource/journal6/nichollsrev.pdf.

Oelkers, J. (2004). *Lehrmittel als das Rückgrat des Unterrichts. Vortrag am 15. September 2004 in Zürich*. Retrieved August 1, 2016, from http://www.edudoc.ch/static/xd/2004/73.pdf.

Pandel, H.-J. (2006). Was macht ein Schulbuch zu einem Geschichtsbuch? Ein Versuch über Kohärenz und Intertextualität. In S. Handro & B. Schönemann (Eds.), *Geschichtsdidaktische Schulbuchforschung (Zeitgeschichte — Zeitverständnis)* (Vol. 16, pp. 15-37). Berlin: LIT.

Pieper, I., Frei, P., Hauenschild, K., & Schmidt-Thieme, B. (Eds.). (2014). *Was der Fall ist. Beiträge zur Fallarbeit in Bildungsforschung, Lehramtsstudium, Beruf und Ausbildung*. Wiesbaden: Springer VS.

Pingel, F. (2000). *The European Home: Representations of 20th Century Europe in History Textbooks*. Strasbourg: Council of Europe.

Pingel, F. (2010). *UNESCO Guidebook on Textbook Research and Textbook Revision*. 2nd Rev. and Updated ed. Retrieved August 1, 2016, from http://unesdoc.unesco.org/images/0011/001171/117188e.pdf.

Prange, K. (1986). *Bauformen des Unterrichts* (2nd ed.). Bad Heilbrunn/Obb.: Klinkhardt.

Rüsen, J. (1992). Das ideale Schulbuch. Überlegungen zum Leitmedium des Geschichtsunterrichts. *Internationale Schulbuchforschung*, *14*, 237–250.

Schär, B. C., & Sperisen, V. (2010). Zum Eigensinn von Lehrpersonen im Umgang mit Lehrbüchern. Das Beispiel "Hinschauen und Nachfragen". In J. Hodel & B. Ziegler (Eds.), *Forschungswerkstatt Geschichtsdidaktik 09*. Berne: h. e. p. Verlag.

Schelle, C., Rabenstein, K., & Reh, S. (2010). *Unterricht als Interaktion. Ein Fallbuch für die Lehrerbildung*. Bad Heilbrunn: Klinkhardt.

Schön, D. A. (1987). *Educating the Refective Practitioner: Toward a New Design for Teaching and Learning the Professions*. San Francisco: Jossey-Bass.

Schönemann, B., & Thünemann, H. (2010). *Schulbucharbeit. Das Geschichtslehrbuch in der Unterrichtspraxis*. Schwalbach/Ts.: Wochenschau Verlag.

Schreiber, W. (2008). Kategoriale Schulbuchforschung als Grundlage für empirische Untersuchungen zu kompetenzorientiertem Geschichtsunterricht'. In J.-P. Bauer, J. Meyer-Hamme, & A. Körber (Eds.), *Geschichtslernen — Innovationen und Refexionen. Geschichtsdidaktik im Spannungsfeld von theoretischen Zuspitzungen, empirischen Erkundungen, normativen Überlegungen und pragmatischen Wendungen — Festschrift für Bodo von Borries zum 65. Geburtstag* (pp. 61–76). Kenzingen: Centaurus.

Shulman, L. S. (1991). Von einer Sache etwas verstehen. Wissensentwicklung bei Lehrern. In E. Terhart (Ed.), *Unterrichten als Beruf* (pp. 145–160). Cologne and Vienna: Böhlau. Translation by L. S. Shulman (1986) 'Those Who Understand. Knowledge Growth in Teaching', *Educational Researcher*, 15(2), 4–21.

Shulman, L. S. (2004). *The Wisdom of Practice: Essays on Teaching, Learning, and Learning to Teach*. San Francisco: Jossey-Bass.

Stein, G. (1977). *Schulbuchwissen, Politik und Pädagogik — Untersuchung zu einer praxisbezogenen und theoriegeleiteten Schulbuchforschung*. Kastellaun: Henn.

Teepe, R. (2004). Umgang mit dem Schulbuch. In U. Mayer, H.-J. Pandel, & G. Schneider (Eds.), *Handbuch Methoden im Geschichtsunterricht* (pp. 255–268). Schwalbach/Ts.: Wochenschau Verlag.

Thünemann, H., & Zülsdorf-Kersting, M. (2016). *Methoden geschichtsdidaktischer*

Unterrichtsforschung. Schwalbach/Ts.: Wochenschau Verlag.

Weinbrenner, P. (1992). Methodologies of Textbook Analysis Used to Date. In H. Bourdillon (Ed.), *History and Social Studies — Methodologies of Textbook Analysis*. Amsterdam: Swets and Zeitlinger.

Wilson, S. M. (2002). Research on History Teaching. In V. Richardson (Ed.), *Handbook of Research on Teaching* (4th ed., pp. 527 - 544). Washington, DC: American Educational Research Association.

第 10 章　学科教育视野中的科学与地理教材

作者 / 彼得·巴戈里—西莫（Péter Bagoly-Simó）
译者 / 范竹君

💡 引言

教材是科学和地理教育的重要工具，这就是为什么教材研究有着丰富的学术研究传统。然而，学术界对教材的兴趣时盛时衰，研究本身往往是描述性的，其方法缺乏创新。这种连续性缺乏的原因是什么？教材研究用的是什么方法？教材研究的主要理论基础是什么？它有助于何种研究方法的发展？本章试图通过检视生物、化学、物理、科学和地理教材的内容、层次和方法，包括研究中的案例，来回答这些问题。考虑到数学、工程和技术领域教育资源的异质性，仍然主要关注科学及其附属学科，而不是整个STEM 教育。此外，对地理教材的研究增加了一种学科的视角，将科学和社会科学的视角结合起来。

💡 生物

对生物教材的研究主要集中在国家范围内，聚焦教育的一个层次并且表现出方法创新上的局限性。大多数研究似乎都是仅在国家框架内探索类似的问题，比如基因、细胞或科学的本质（NOS）。只有少数比较研究（见 Gericke et al., 2014）对生物教育的整体进步做出了较大的贡献。

内容是生物教材探索最多的方面。虽然一些研究是在广泛的社会话语视野下来探讨所选的生物内容的表征，但主要的重点仍然是学科。核心主题是基因、种族和达尔文主义/进化论。格里克等人（Gericke et al., 2014）的比较研究界定了国际教材中关于基因的论述，包括基因学和分子生物学的本体论，但在教学转换的过程中其又与各自的认识论基础分离开来。与此类似，马丁内斯-格蕾西娅（Martínez-Gracia, 2003）发现，教材对基因工程的界定不清楚，对相关过程的解释不充分，对蛋白质表达、常见遗传物质（所有物种共有）和通用遗传密码的引用被中断。此外，大多数书中的例子仅限于流行主题（如人类克隆），只笼统和选择性地介绍了基因工程的影响。其他研究探索了种族在生物教材中的表征（Donovan, 2015），并得出结论，考虑到心理学本质主义，理解人类基因变异将解构充满偏见的种族信仰。生物教育中另一个受到非科学来源抵制的话题是进化论。例如，波伦斯坦（Borenstein, 2008）认为教材的标签提供了关于进化论的免责声明，这对生物课堂既没有好处也不受欢迎。与进化论不同，消化这一话题在生物教材中有着悠久的历史。然而,卡瓦略等人(Carvalho et al., 2007)在一份涵盖1920—2005年教材的样本中发现,葡萄牙生物教材中图像的不充足阻碍了学生对消化功能的理解。细胞是学校生物学的另一个核心话题,克莱门特(Clément, 2007)探索了关于双细胞原型持久性的教育学、历史学和社会学解释,而科恩(Cohen)和亚登(Yarden)的结论是,教材通常从解剖学和形态学而不是生理学的角度介绍细胞(Cohen & Yarden, 2010)。

鉴于其对整个科学教育的重要性,与科学本质相关的问题需要特别关注。基亚佩塔(Chiappetta)和菲尔曼(Fillman)分析了五本最近出版的美国生物教材后得出结论,科学素养的四个主题比15年前的研究在表征上更为均衡;特别是学生们学习了科学家是如何工作的(Chiappetta & Fillman, 2007)。相比之下,土耳其的教材将科学描述为一种事实,而不是介绍解释自然的过程(见Irez, 2009)。

对生物教材的研究也超越了单纯的内容,探讨概念上的(非)一致性。在克莱门特(Clément, 2007)探索历史上有关细胞概念的描述时,卡瓦略等人(Carvalho et al., 2007)分析了介绍消化这一块内容的方法,而弗洛丁(Flodin, 2009)关注基因,以探索具有多重意义的可视的概念。与其他领域的大多数教材研究不同,这些研究的核心是课堂观察和与生物教材密切相关的教与学的当代挑战。

类似地,关于生物教材使用的研究也常常探讨课堂教学和学习实践的问题。葛等人(Ge et al., 2017)使用准实验装置来理解明确的视觉线索是如何影响阅读生物图表的能力,而海等人(Hay et al., 2013)则探索了教材和经验对绘制脑细胞能力的影响。克洛瑟(Kloser, 2016)采用多变量实验设计来评估学生使用传统教材或更多认识论文本后的学习成绩。鉴于生物教育的本质,若干研究分析了教材在实验室环境中的作用。汉德等人(Hand et al., 2004)探索了运用科学写作启发法是否能够提高学习成绩。这些研究都考察了中等教育,谭(Tan)的研究也是如此,该研究旨在确定师生互动中的紧张关系(Tan, 2008)。尽管他们对教材使用的研究做出了明显贡献,但大多数研究都将理解和提高特定学科技能的习得和基于学科的教学放在首位。

一项针对研究涵盖的教育层次的评价发现,对生物教材的大多数研究主要关注中等教育。一些选定的研究探讨了初等或第三阶段教育中与教材相关的问题,但涉及连接不同教育层次的论文仍然是例外。同样,教材内容和使用的纵向发展可以为生物学的教与学提供有价值的见解,并继续开展历史研究(如,Clément, 2007;Carvalho et al., 2007)。

在检视研究人员使用的方法时发现,对教材内容的研究大多使用了内容分析法;包括从基于标准的缺失/存在研究到民族志内容研究。相较之下,教材使用研究主要依赖于(准)实验和多变量设计,混合方法尚未被广泛采用。样本量差异很大(n = 1—63本教材),在实验使用研究中样本量较小,在内容相关项目中的样本量也有所差异。

💡 化学

化学教材的研究仍然与内容紧密相关,倾向于使用已经测试和验证过的方法,并以高等教育研究为主。

许多研究提供了表征内容的历史观点,如原子结构(Rodríguez & Niaz, 2002)和共价键(Niaz, 2001)。在大多数情况下,论文采用(元)反思的视角来研究理论及其在一定时期内的应用。与其他学科的研究不同,化学中与内容相关的研究常常将教材置于教与学的特定过程中。例如,韩(Han)和罗斯(Roth)探究了韩国教材中的化学式是如何促进学习过程的,他们发现基于微观粒子的模型和描述它们的化学式之间存在不同符号化过程,这给学生理解物质本质带来了困难(Han & Roth, 2007)。塔兰克尔(Talanquer, 2007)以化学现象为例分析了目的论解释的作用和本质,反思了能够证明化学教育目的论观点,但也可能导致替代性概念和过度概括的具体条件。弗瑞欧-麦斯等人(Furió-Más et al., 2005)在酸碱反应理论方面开展了工作,将教材内容与教师在化学课堂上教授的信息进行了对比,认为课堂教学没有强调酸碱的呈现,并且以一种无问题的方式引入概念。

同样,克罗夫特(Croft)和德伯格(de Berg)探讨了化学键的教学,以及化学键从常识到科学条件概念的发展(Croft & de Berg, 2014)。卡亚(Kaya)和埃尔杜兰(Erduran)在认识论视角的框架内关注概念的二重性、化学语言和结构解释(Kaya & Erduran, 2013)。莫曼等人(Overman et al., 2013)采用双重视角(内容与学习活动)来评估所选内容中的任务和问题,发现即使是基于情境的化学教材,其中传统化学内容的数量也与传统教材中的差不多。卡文西(Kahveci, 2010)深入研究了土耳其教材,分析了化学和科学教材在内容方面改革的实施情况,并指出其主要的缺点是性别表征、鲜有基于探究的方法且科学术语密集。

尽管有各种令人印象深刻、与内容相关的研究,但几乎没有关于化学教材使用变量的信息。其中一个例外是迪吉乌塞佩(DiGiuseppe, 2014)的研究,该研究将科学本质置于教材生产、设计和使用的框架中。结果表明,影响其表征发展的主要因素是准确性、一致性、适当性、匹配性、市场性和工作场所资源。

高校教材是大多数对化学教材感兴趣的研究者关注的重点。此外,一些研究探讨了中学化学教材的内容和使用相关的方面,却很少有研究分析初等教育中为化学教学而设计和生产的教育媒介。但鉴于义务教育的前四年把重点放在普通科学教育上,化学作为一门单独的学校科目的引入相对较晚,这一点并不令人惊讶。

大多数研究遵循某种内容分析方法。强调教材内容科学准确性的研究,大多基于化学不同分支学科的理论、模型和概念发展出的类别。其他研究修正了之前发表的标准。对教材的使用和发展感兴趣的作者将内容分析与半结构化的个人访谈相结合,或是选择了合成的实验设计(如,Furió-Más et al., 2005)。总的来说,这些研究所使用的研究方法显得比较保守；然而，在有关化学教材的学术研究中为了对化学学习与教学进行更深入探索，出现了些许方法多元化的趋势。样本量在1—37本教材之间，实验研究的样本量一般较小。

物理

物理教材的学术研究致力于改进物理的教学与学习。虽然许多与内容相关的研究只是为了提高科学的准确性，但在探索教材（与其他教育媒介相比）的使用上似乎出现了一种主要以提高技能为目的的发展趋势。主要的焦点仍然合理地集中在学科特殊性上。与对化学教材的研究类似，对物理教材的研究只是最近才探索出内容分析以外的方法，而且与化学一样，大多数研究集中在中等教育和高等教育。

大量对物理教材的研究探讨了其内容的准确性。尼亚兹等人（Niaz et al., 2010）重点研究了光电效应是如何被引入普通高等教育物理教材中的，发现这一特殊概念的历史在教材中被大量忽略或扭曲了。对以色列教材的分析表明，重量和引力之间存在概念上的区别，重力的"重量"定义经常被操作性定义所替代（Galili, 2001）。其他研究探索了与内容相关的方面，如原子（Rodríguez & Niaz, 2004）、相对论（Arriassecq & Greca, 2007）、热量和温度（de Berg, 2008）、圆周运动（Stinner, 2001）、力学中的元建模（Niss, 2009）和电磁（Pocovi & Finley, 2003）。

为了超越旨在提高科学的准确性的内容分析领域，一些研究对教材进行了分析，以改进物理的教与学过程。作为一个案例研究，相对论思维实验探索了教材和科普书籍对更好地理解内容的贡献（Velentzas et al., 2007）。作者们发现，了解科普书籍的术语有助于理解物理概念和理论。另一项研究（Pol et al., 2005）比较了问题解决技巧的习得与教育媒介选择之间的关系。该研究运用前测和后测设计，比较了两组较低年级学生的成绩。作者的结论是，同时使用教材和计算机辅助工具的那组比只使用教材的对照组取得了更好的成绩。

第三个物理教材研究的线索是致力于教材在教师培训中的作用。在塞浦路斯进行的一项研究中，撒迦利亚（Zacharia, 2005）比较了实习教师的授课质量。对照组被要求使用教材，而第二组实习教师有机会将教材信息与交互式计算机模拟相结合。研究发现，后者能更精确和更详细地讲授教材，并遵循更强的因果推理。

与化学一样，物理教材的研究主要集中在中等教育和高等教育。关于高校教材的研究通常探索教材的内容方面，而教材使用似乎是对中学物理教育感兴趣的学者的主要关注点（见如, Pol et al., 2005; Dimitriadi & Halkia, 2012; Arriassecq & Greca, 2007）。

在方法上，与内容相关的研究一般采用质性的内容分析。分析类别和标准范围包括从实证验证分类到基于点的标准评估（如, Niaz et al., 2010），以及基于理论、模型和概念发展起来的概念类别。规范性存在于几乎所有的内容分析中。对不同背景下教材使用情况的研究采用了前测和后测设计（Pol et al.，2005）、半结构化访谈（Zacharia，2005）和（准）实验装置。操作通常遵循以往的研究路径，并努力进行仪器验证。样本量在1—41本教材之间浮动。某些情况下，有些样本跨越了70年（如，Niss，2009），提供了对历史和发展的启发。

科学

关于科学教材的研究集中在内容和使用两个方面。除了专业技能发展和概念准确性之外，学者们似乎对如何改进科学的教与学很感兴趣。因此，良好的语言技能至关重要。就规模而言，大多数研究将分析局限于国家样本。然而，所探讨的变量很少与特定的国家课程有关。现有研究检视了所有三个教育层次的教材内容和使用情况，并采用了多种研究方法。

进行内容分析的研究探索了科学教材的三个主要方面。第一个方面与理论、概念和学科事实性知识的表征紧密相关。在这种情况下，塔兰克尔（Talanquer，2007）在分析磁体时发现，尽管呈现出很多概念，但陶质磁体却被忽略了，而且在解释磁极时经常出现错误概念。林克-皮瑞兹等人（Link-Pérez et al.，2010）的研究主要集中在科学教材中植物和动物的插图并得出结论，相比之下动物照片被完整标记的可能性是植物的三倍，而表征植物的标记通常是有限的被选择的器官（叶、根）或生命形式（如灌木、树）。

对内容感兴趣的学者探索的第二个方面与知识的总体概念和形式更加紧密地联系在一起。尼内斯（Ninnes，2000）在后殖民理论特别是本质主义理论的背景下，比较了加拿大和澳大利亚教材中本土知识的表征，并得出结论，尽管替代性知识得到了很好的表征，但西方科学仍然被认为是唯一的科学。其他研究反思了环境教育（EE），并分析了希腊科学教材中（Korfatis et al.，2004）关于自然的表征，或美国科学教材（Sharma & Buxton，2015）中关于人类与自然关系的表征。希腊教材描述了自然的微妙平衡，其中大部分都在人类的控制之下，被开发为原材料和食物来源；而美国教材对人类的作用给出了过时的表征。此外，莫里斯（Morris，2014）在分析生殖基因技术和气候变化的表征时发现，教材中所包含的社会科学方面几乎不能涵盖社会科学课程的所有方面，其本质上也不是多学科的。埃尔加（Elgar，2004）研究了另一个概念方面，他探索了文莱选定的科学教材如何表征性别，并发现在不连续的（图片和图画）和连续的文本（代词和名词）中，都存在男性更占优势的性别不平衡。

科学教材内容研究的最后一个方面是科学和科学思想的表征。一项对南非教材的研究发现，其对科学知识发展的描述不一致（见如，Ramnarain & Chanetsa，2016）。同样，挪威科学教材中对意识形态的分析揭示了对科学进程的模糊描述。根据克宁（Knain，2001）的研究，科学家个人仅仅通过实验发现了事实，但没有与同行讨论过他们的结果。

除了内容之外,对科学教材的研究还探索了技能的习得和发展。莫里斯等人(Morris et al.,2015)研究了在教材中用数据进行推理的机会,并运用来自基于证据的教学策略的信息来支持他们的论点。结果表明,科学教材对数据推理的支持是有限的。斯蒂兰多(Stylianidou,2002)的研究聚焦于破译和解释图片和图像所需的技能。波泽-阿登(Pozzer-Ardenghi)和罗斯(Roth)在巴西对不连续的文本进行了类似的研究(Pozzer-Ardenghi & Roth, 2005)。此外,哈茨尼基塔等人(Hatzinikita et al., 2008)发现希腊科学教材中的任务与PISA测试项目之间存在惊人的不匹配。

科学教育的全面发展和进步是教材研究的另一个关注点。李(Lee,2010)研究了美国教材的可视化是如何随时间的变化而发展的,发现示意图和说明性图像逐渐被照片所取代;但示意图和说明性图像的替代品却未被引入。邓恩等人(Dunne et al., 2013)对爱尔兰小学教材进行了研究,认为其对探究性学习的支持还有待改进。一些研究表明,在科学教学中运用历史视角是很有用的。根据林等人(Lin et al., 2002)的研究,将内容嵌入到科学历史的背景中可以提高解决问题的能力。同样,林等人(Lin et al., 2010)发现,与单纯的教材学习相比,学生使用历史插画地图时学习效果有所改善。

母语使用者和第二语言使用者的阅读理解能力是科学教育工作者越来越感兴趣的另一个领域。瑞(Ryoo,2015)以光合作用和呼吸作用为例,研究了运用学生语言进行科学教学的影响,发现英语学习者(ELL)在使用英语时更容易习得科学的内容和语言。同样,瑟维克等人(Sørvik et al., 2015)发现综合的科学素养教学使多元素养的出现成为可能,其中学生的部分非正式素养在调查的对话过程中成为资源。尼格罗(Nigro)和特威兰托(Trivelato)在科普文本的阅读中强调了与性别相关的方面(Nigro & Trivelato, 2012)。许(Hsu)和欧(Ou)进一步探索了科学文本的阅读工具,以促进英语语言学习者的技能习得(Hsu & Ou, 2013),而米勒(Miller, 2009)研究的是教育被中断的难民儿童,目的是探索提高学习者词汇量的策略。

最后,一些关于科学教材的学术研究致力于探究过程本身,探究研究方法和工具的发展。其中一些研究开发并验证了一些清单,以揭示教材在历史科学背景方面的差异(Leite,2002),或评估科学教材中的探究性任务(Yang & Liu, 2016)。

与生物、化学、物理等单个学科相比,一般科学教材的研究包括从初等教育到高等教育的所有三个层次。小学教材更有可能在这类研究中受到严格审查,这可能是因为科学教育是K-4的一部分,而不是通常在中学里教授的单个科学科目(如生物、化学、物理)。尽管如此,主要的研究重点仍然是中等教育的科学教材,虽然关于内容和技能习得的研究在初等教育和中等教育中都得到了很好的表征。对高校教材的研究往往局限于内容。

学者们分析科学教材的方法多种多样。不同类型的内容分析(清单;基于理论模型的标准;类别构建和验证)仍占主导地位,其他方法,如基于设计的方法(Ryoo, 2015)、协方差分析(Lin et al., 2002)、(批判性)话语分析(Sharma & Buxton, 2015;Ninnes, 2000;Knain, 2001)、观察视频和访谈研究(Sørvik et al., 2015)、基于问卷的访谈调查(Stylianidou, 2002)和干预研究(Viiri & Saari, 2004)都被用来探索教材的内容与使用。在这些研究中,样本量极不均匀。总的来说,关于科学教育的教材研究似乎正在向教与学的过程过渡,并采用多种方法探索其变量。

地理

地理教材的研究主要关注内容并且集中在区域和国家框架内。它倾向于保守的方法,并享受偶发性的学术兴趣。巴戈里-西莫(Bagoly-Simó, 2014)开展了一项元分析研究,考察了地理教材在研究主题、方法和样本量上的发展。20世纪在国际和德国期刊上发表的总共102篇研究报告都采用了软件辅助内容分析。本章后面部分将总结其主要发现。

地理教材研究有着悠久的内容分析传统。国际和国家出版物都关注人群(移民、少数族裔、原住民群体等)、过程(全球化、后社会主义转型、气候变化等)以及区域和空间实体的表征。虽然国际文献主要关注结构,但德国出版物经常探讨对过程的表征。在检视比较单位的选择时还会出现其他差异,因为在德国发表的文章往往在比较单位上不受约束,而在国际上发表的文章却侧重于以大陆为比较范围或单位(如阿巴拉契亚、撒哈拉)。此外,发表在国际期刊上的研究报告关注地理教育问题,例如任务和练习评价、地图技能的习得和发展以及标准的实施。德国的出版物却不是这样。地理教育历来与环境教育及可持续发展教育(ESD)紧密相连。因此,自20世纪70年代以来,许多论文探讨了与环境、环境保护和可持续发展有关的问题。

对地理教材感兴趣的学者探索了教育体系的三个教育层次。以德语发表的论文仍主要关注中等教育,而国际出版物主要聚焦于高等教育。

对地理教材进行检测的方法多种多样。大多数研究使用了某种类型的内容分析法,访谈、调查、半量化的历史编纂学、实验装置、空间分析和解释性阅读等方法也被使用。从20世纪60年代到90年代,国际出版物主要使用质性研究方法。量化研究方法在21世纪初开始流行,混合研究方法取代了质性研究方法。量化研究方法的流行在德国并未反映出来,然而,在质性研究方法和混合研究方法开始流行之时,这些研究仍是例外。几十年来,样本量逐渐减少。在20世纪头十年和20世纪10年代,质性研究方法和混合研究方法都使用了类似的样本量(1—5本教材)。

理论和概念框架

内容导向的科学和地理教材研究运用了大量的学科理论。此外,一系列起源于教育科学和教育心理学分支学科的理论也影响了许多研究。学科教育教材研究的丰富性源于将学科教育与更广泛的教与学相结合的挑战。然而，这可能会带来其他挑战，特别是在理论方面。除了教材研究中涌现的一般理论外，学科研究还必须考虑教育科学和相关学科（例如化学、物理、生物、地理等）的理论方面。所以，学科教育教材研究往往探索了多种理论方面，并倾向于促进学科领域的理论发展。因此，虽然进程缓慢，但从单纯的内容视角向各种教学情境中的教材使用过渡，极大地促进了教材研究的解放。这种转变是否足以维持教材研究在学科内以及跨学科领域的势头，仍尚待观察。

在教与学的理论方面，普通科学教育和四门独立学科教育（生物、化学、物理、地理）对适度的建构主义、心理本质主义、基于批判性话语分析的理论框架以及一般的符号学和语用学方法表现出很强的相关性。

更具体地说，在适度的建构主义框架内，科学教育借助异质理论探索了多个领域。首先，对能力和技能建模的研究主要依赖教育心理学领域的相关研究。第二，学生的错误概念和观念转变在探究科学素养的挑战和准确性方面起着至关重要的作用。第三，神经科学的实验知识和视觉文化为探索科学素养本质的研究奠定了基础。第四，以语言习得和科学语言为重点的教材相关工作考虑了基于经验的学习、文本处理、个人认识论、阅读理解、词汇学习和语言习得等理论。第五，教材中视觉及视觉素养的研究基于认知超载和设计理论。第六，关于概念变化和多样性的研究，通常将教学转换作为其主要的理论框架。第七，一般科学素养和科学本质从科学的哲学和历史角度探索了各种视角。然而，在大多数情况下，教材被视为促进能力与技能习得和发展的手段，因此并不是学习和教授科学科目研究的核心。

尽管如此，绝大多数论文都采用了实证主义的方法，通过回顾与他们的研究问题相关的前期研究。这常常导致对研究不足领域的确定或对现有研究工具的调整。因此，一般的理论框架很少出现在科学教材研究的论文中。

当把教材作为一个整体来考虑时也是如此。尽管许多论文都或多或少地讨论了最近的教材研究，但它们很少探讨论文本身的发现在最新的教材研究或在该领域的理论进展。

💡 结论

科学和地理教材的研究内容是丰富的、参差不齐的、支离破碎的，并不断在内容和教/学分析之间摇摆不定。关于 STEM 学科教材研究的本质存在很多解释。

教材研究的丰富性源于它涵盖了从内容到课堂使用等各种主题。与教育科学的研究不同，学科教育仍然与课堂活动和每个学科的学习挑战紧密关联。因此，很多研究问题都需要对教材和教育媒介进行更深入的研究。

理论框架和概念是异质的且很少对教材研究领域的整体理论进步做出贡献。总的来说,研究保留了一种实证主义的观点,努力积累基于证据的知识,以改进科学的教与学。

方法的选择是反映教材研究在学科教育领域中所起的边缘作用的另一个方面。其他领域,如概念转变和能力建模,显示出方法学的衔接和进展,而除了基于清单和验证类目的内容分析之外,对教材的研究仍在方法上缺乏创造性。工具常常是仅在国家或区域背景中开发和验证的。虽然科学教育研究对 STEM 教育研究的方法论话语做出了重大贡献,但在人文与社会科学教育研究中广泛使用的文本和内容分析的方法却很少得到重视。

与教材相关的研究问题五花八门。对教学内容的分析逐渐过渡到教材的使用,这意味着更加关注学科教与学的研究。虽然这一趋势是受欢迎的,但教材研究仍需继续集中于教材的一般理论和具体学科理论。

越来越多的比较和对比研究使我们能够接近教材的现象学及其使用,因而减少教材研究的间断性。比较和对比研究应该将学科(特别是跨越学科边界的科学、社会科学和人文科学)、地理实体(例如国家和地区)和教育层次(初等、中等和高等教育)联系起来。这样,理论和方法可以协同工作,为教材的整体理论做出贡献。最后,纵向和历史研究可以为课堂挑战和理论问题提供额外的解释和支持。

💡 参考文献

Arriassecq, I., & Greca, M. (2007). Approaches to the Teaching of Special Relativity Theory in High School and University Textbooks of Argentina. *Science and Education*, *16*(1), 65–86.

Bagoly-Simó, P. (2014). Traditionen geographiedidaktischer Schulbuchforschung — eine Metaanalyse. In P. Knecht, E. Matthes, & S. Schütze (Eds.), *Methodologie und Methoden der Schulbuch- und Lehrmittelforschung. Beiträge zur historischen und systematischen Schulbuchforschung* (pp. 111–123). Bad Heilbrunn: Klinkhardt.

de Berg, K. (2008). The Concepts of Heat and Temperature: The Problem of Determining the Content for the Construction of an Historical Case Study Which Is Sensitive to Nature of Science Issues and Teaching-learning Issues. *Science and Education*, *17*(1), 75–114.

Borenstein, J. (2008). Textbook Stickers: A Reasonable Response to Evolution? *Science and Education*, *17*(8), 999–1010.

Carvalho, G., Silva, R., & Clément, P. (2007). Historical Analysis of Portuguese

Primary School Textbooks (1920 – 2005) on the Topic of Digestion. *International Journal of Science Education*, 29(2), 173 – 193.

Chiappetta, E. L., & Fillman, D. A. (2007). Analysis of Five High School Biology Textbooks Used in the United States for Inclusion of the Nature of Science. *International Journal of Science Education*, 29(15), 1847 – 1868.

Clément, P. (2007). Introducing the Cell Concept with Both Animal and Plant Cells: A Historical and Didactic Approach. *Science and Education*, 16(3 – 5), 423 – 440.

Cohen, R., & Yarden, A. (2010). How the Curriculum Guideline "The Cell Is to Be Studied Longitudinally" Is Expressed in Six Israeli Junior-High-School Textbooks. *Journal of Science Education and Technology*, 19(3), 276 – 292.

Croft, M., & de Berg, K. (2014). From Common Sense Concepts to Scientifcally Conditioned Concepts of Chemical Bonding: An Historical and Textbook Approach Designed to Address Learning and Teaching Issues at the Secondary School Level. *Science and Education*, 23(9), 1733 – 1761.

DiGiuseppe, M. (2014). Representing Nature of Science in a Science Textbook: Exploring Author-Editor-Publisher Interactions. *International Journal of Science Education*, 36(7), 1061 – 1082.

Dimitriadi, K., & Halkia, K. (2012). Secondary Students' Understanding of Basic Ideas of Special Relativity. *International Journal of Science Education*, 34(16), 2565 – 2582.

Donovan, B. M. (2015). Reclaiming Race as a Topic of the US Biology Textbook Curriculum. *Science Education*, 99(6), 1092 – 1117.

Dunne, J., Mahdi, A. E., & O'Reilly, J. (2013). Investigating the Potential of Irish Primary School Textbooks in Supporting Inquiry-Based Science Education (IBSE). *International Journal of Science Education*, 35(9), 1513 – 1532.

Elgar, A. G. (2004). Science Textbooks for Lower Secondary Schools in Brunei: Issues of Gender Equity. *International Journal of Science Education*, 26(7), 875 – 894.

Flodin, V. (2009). The Necessity of Making Visible Concepts with Multiple Meanings in Science Education: The Use of the Gene Concept in a Biology Textbook. *Science and Education*, 18(1), 73 – 94.

Furió-Más, C., Calatayud, M. L., Guisasola, J., & Furió-Gómez, C. (2005). How Are the Concepts and Theories of Acid-Base Reactions Presented? Chemistry in Textbooks and as Presented by Teachers. *International Journal of Science Education*, 27(11), 1337 – 1358.

Galili, I. (2001). Weight Versus Gravitational Force: Historical and Educational Perspectives. *International Journal of Science Education*, 23(10), 1073 – 1093.

Ge, Y. P., Unsworth, L., & Wang, K. H. (2017). The Effects of Explicit Visual Cues in Reading Biological Diagrams. *International Journal of Science Education*, 39(5), 605 – 626.

Gericke, N. M., Hagberg, M., Carvalho dos Santos, V., Joaquim, L. M., & El-Hani, C. N. (2014). Conceptual Variation or Incoherence? Textbook Discourse on Genes in Six Countries. *Science and Education*, 23(2), 381 – 416.

Han, J., & Roth, W. M. (2006). Chemical Inscriptions in Korean Textbooks: Semiotics of Macro- and Microworld. *Science Education*, 90(2), 173 – 201.

Hand, B., Wallace, C. W., & Yang, E. M. (2004). Using a Science Writing Heuristic to Enhance Learning Outcomes from Laboratory Activities in Seventh-grade Science: Quantitative and Qualitative Aspects. *International Journal of Science Education*, 26(2), 131 – 149.

Hatzinikita, V., Dimopoulos, K., & Christidou, V. (2008). PISA Test Items and School Textbooks Related to Science: A Textual Comparison. *Science Education*, 92(4), 664 – 687.

Hay, D. B., Williams, D., Stahl, D., & Wingate, R. J. (2013). Using Drawings of the Brain Cell to Exhibit Expertise in Neuroscience: Exploring the Boundaries of Experimental Culture. *Science Education*, 97(3), 468 – 491.

Hsu, C., & Ou Yang, F. C. (2013). A Vocabulary Learning Tool for L2 Undergraduates Reading Science and Technology Textbooks. *International Journal of Science Education*, 35(7), 1110 – 1138.

Irez, S. (2009). Nature of Science as Depicted in Turkish Biology Textbooks. *Science Education*, 93(3), 422 – 447.

Kahveci, A. (2010). Quantitative Analysis of Science and Chemistry Textbooks for Indicators of Reform: A Complementary Perspective. *International Journal of Science Education*, 32(11), 1495 – 1519.

Kaya, E., & Erduran, S. (2013). Integrating Epistemological Perspectives on Chemistry in Chemical Education: The Cases of Concept Duality, Chemical Language, and Structural Explanations. *Science and Education*, 22(7), 1741-1755.

Kloser, M. (2016). Alternate Text Types and Student Outcomes: An Experiment Comparing Traditional Textbooks and More Epistemologically Considerate Texts. *International Journal of Science Education*, 38(16), 2477-2499.

Knain, E. (2001). Ideologies in School Science Textbooks. *International Journal of Science Education*, 23(3), 319-329.

Korfatis, K. J., Stamou, A. G., & Paraskevopoulos, S. (2004). Images of Nature in Greek Primary School Textbooks. *Science Education*, 88(1), 72-89.

Lee, V. R. (2010). Adaptations and Continuities in the Use and Design of Visual Representations in US Middle School Science Textbooks. *International Journal of Science Education*, 32(8), 1099-1126.

Leite, L. (2002). History of Science in Science Education: Development and Validation of a Checklist for Analysing the Historical Content of Science Textbooks. *Science and Education*, 11(4), 333-359.

Lin, H. S., Hung, J. Y., & Hung, S. C. (2002). Using the History of Science to Promote Students' Problem-solving Ability. *International Journal of Science Education*, 24(5), 453-464.

Lin, C. Y., Cheng, J. H., & Chang, W. H. (2010). Making Science Vivid: Using a Historical Episodes Map. *International Journal of Science Education*, 32(18), 2521-2531.

Link-Pérez, M. A., Dollo, V. H., Weber, K. M., & Schussler, E. E. (2010). What's in a Name: Differential Labelling of Plant and Animal Photographs in Two Nationally Syndicated Elementary Science Textbook Series. *International Journal of Science Education*, 32(9), 1227-1242.

Martínez-Gracia, M. V., Gil-Quýlez, M. J., & Osada, J. (2003). Genetic Engineering: A Matter that Requires Further Refnement in Spanish Secondary School Textbooks. *International Journal of Science Education*, 25(9), 1148-1168.

Miller, J. (2009). Teaching Refugee Learners with Interrupted Education in Science: Vocabulary, Literacy and Pedagogy. *International Journal of Science Education*, 31(4), 571-592.

Morris, H. (2014). Socioscientifc Issues and Multidisciplinarity in School Science Textbooks. *International Journal of Science Education*, *36*(7), 1137–1158.

Morris, B. J., Masnick, A. M., Baker, K., & Junglen, A. (2015). An Analysis of Data Activities and Instructional Supports in Middle School Science Textbooks. *International Journal of Science Education*, *37*(16), 2708–2720.

Niaz, M. (2001). A Rational Reconstruction of the Origin of the Covalent Bond and Its Implications for General Chemistry Textbooks. *International Journal of Science Education*, *23*(6), 623–641.

Niaz, M., Klassen, S., McMillan, B., & Metz, D. (2010). Reconstruction of the History of the Photoelectric Effect and Its Implications for General Physics Textbooks. *Science Education*, *94*(5), 903–931.

Nigro, R. G., & Trivelato, S. F. (2012). Knowledge, Its Application, and Attitudes Associated with the Reading of Diverse Genres of Science Texts. *International Journal of Science Education*, *34*(16), 2529–2564.

Ninnes, P. (2000). Representations of Indigenous Knowledges in Secondary School Science Textbooks in Australia and Canada. *International Journal of Science Education*, *22*(6), 603–617.

Niss, M. (2009). Metamodelling Messages Conveyed in Five Statistical Mechanical Textbooks from 1936 to 2001. *International Journal of Science Education*, *31*(5), 697–719.

Overman, M., Vermunt, J. D., Meijer, P. C., Bulte, A. M. W., & Brekelmans, M. (2013). Textbook Questions in Context-Based and Traditional Chemistry Curricula Analysed from a Content Perspective and a Learning Activities Perspective. *International Journal of Science Education*, *35*(17), 2954–2978.

Pocovi, M. C., & Finley, F. N. (2003). Historical Evolution of the Field View and Textbook Accounts. *Science and Education*, *12*(4), 387–396.

Pol, H., Harskamp, E., & Suhre, C. (2005). Solving Physics Problems with the Help of Computer-Assisted Instruction. *International Journal of Science Education*, *27*(4), 451–469.

Pozzer-Ardenghi, L., & Roth, W. M. (2005). Making Sense of Photographs. *Science Education*, *89*(2), 219–241.

Ramnarain, U. D., & Chanetsa, T. (2016). An Analysis of South African Grade 9 Natural Sciences Textbooks for Their Representation of Nature of Science. *International Journal of Science Education*, *38*(6), 922–933.

Rodríguez, M. A., & Niaz, M. (2002). How in Spite of the Rhetoric, History of Chemistry Has Been Ignored in Presenting Atomic Structure in Textbooks. *Science and Education*, *11*(5), 423–441.

Rodríguez, M. A., & Niaz, M. (2004). A Reconstruction of Structure of the Atom and Its Implications for General Physics Textbooks: A History and Philosophy of Science Perspective. *Journal of Science Education and Technology*, *13*(3), 409–424.

Ryoo, K. (2015). Teaching Science Through the Language of Students in Technologyenhanced Instruction. *Journal of Science Education and Technology*, *24*(1), 29–42.

Sharma, A., & Buxton, C. A. (2015). Human-Nature Relationships in School Science: A Critical Discourse Analysis of a Middle-Grade Science Textbook. *Science Education*, *99*(2), 260–281.

Sørvik, G. O., Blikstad-Balas, M., & Ødegaard, M. (2015). "Do Books Like These Have Authors?" New Roles for Text and New Demands on Students in Integrated Science-Literacy Instruction. *Science Education*, *99*(1), 39–69.

Stinner, A. (2001). Linking "The Book of Nature" and "The Book of Science": Using Circular Motion as an Exemplar Beyond the Textbook. *Science and Education*, *10*(4), 323–344.

Stylianidou, F. (2002). Analysis of Science Textbook Pictures About Energy and Pupils' Readings of Them. *International Journal of Science Education*, *29*(7), 853–870.

Talanquer, V. (2007). Explanations and Teleology in Chemistry Education. *International Journal of Science Education*, *29*(7), 853–870.

Tan, A. L. (2008). Tensions in the Biology Laboratory: What Are They? *International Journal of Science Education*, *30*(12), 1661–1676.

Velentzas, A., Halkia, K., & Skordoulis, C. (2007). Thought Experiments in the Theory of Relativity and in Quantum Mechanics: Their Presence in Textbooks and in Popular Science Books. *Science and Education*, *16*(3), 353–370.

Viiri, J., & Saari, H. (2004). Research-Based Teaching Unit on the Tides. *International*

Journal of Science Education, 26(4), 463–481.

Yang, W., & Liu, E. (2016). Development and Validation of an Instrument for Evaluating Inquiry-Based Tasks in Science Textbooks. *International Journal of Science Education*, 38(18), 2688–2711.

Zacharia. (2005). The Impact of Interactive Computer Simulations on the Nature and Quality of Postgraduate Science Teachers' Explanations in Physics. *International Journal of Science Education*, 27(14), 1741–1767.

第 11 章 教材的质量标准与评估

作者 / 卡尔-克里斯蒂安·费 伊娃·马特斯（Carl-Christian Fey and Eva Matthes）
译者 / 石伟平 李鹏

💡 引言

  提出"质量"问题对讨论教材和其他教育资源而言并不是一个特别新的贡献，但自21世纪初以来，教材领域内对这一问题的重视和关注已显著增加。在"优质教育"或"教育质量"等新兴概念出现的背景下，这种最新发展动向的出现与人们对教育和学校教育结果以及影响的高度关注密不可分。与此观念相对应的制度体现在国家核心课程、教育标准的发展上，并试图通过国内和国际的大规模评估来测评教育的既定效果，PISA 可以说是这其中最为突出和最为主要的代表（OECD，2009，2012）。从这个角度来看，教育情境中"质量"概念的话语体系令人印象深刻。由于人们对质量的注重，实施评价、试图规范和提高教材质量就成为了符合其内在逻辑的必然结果。从现象学的角度来说，教材和其他教育媒介在学习情境中均发挥着重要作用（Oates，2014；Oelkers，2010）。这在内容与功能上均是适用的，因为其建构了人们所教和所学的知识，并通过宏观和微观的教学大纲指导教学过程。伊万·依维柯（I. Ivić）等人指出，"通过提高教材的质量，我们可以对教育的整体改进做出重大贡献，因为教材的质量是教育总体质量的一个非常重要的组成部分"（Ivić et al.，2013：23），作者们遵循的是同样的思路，那就是教材可以积极地（或消极地）影响教育过程。尽管或许有人会质疑，这种影响并不以简单或决定性的方式存在，而是作为由教育政策、教学活动、行动者和内容提供者构成的"教育"过程复杂网络的一部分（Ivić et al.，2013：63－64）。从这个意义上说，蒂姆·奥特茨（T. Oates）强调了教材质量对教育系统的重要性及其对国家教育政策的关键作用。继而他进一步讨论了高质量教材对教师和学生的支持作用（Oates，2014：4）。此外，高质量教材对于家长也有一定的影响，因为他们也是潜在的教材"使用者"，在家长观念中"孩子接受教育"就是从教材，例如从教材中特定主题内容的结构化排版中受益。

  在这样的背景下，质量标准与评估在以下几个方面发挥作用：(1) 在教材生产和开发过程中（作者、出版商）；(2) 在官方批准或推广教材的过程中（政府管理）；(3) 在依据教育目标选择高质量教材的过程中（学校）。

  在评估设计领域，应当指出，东欧国家和波罗的海国家在为教育部门特别是教材制定质量标准上付出了巨大努力。这种情况与这些国家的政治变革和民主化的社会任务有关：因为以往教材中带有偏见的内容不能适应新的教学挑战，因此需要修订。

🔍 国际化背景下的理论路径

本章将运用国际比较的视野对近年来教材开发和出版的一系列案例进行介绍,以强调对教材和其他教育媒介进行质量评估的必要性。本章参考了捷克、德国、中国香港地区、肯尼亚、科索沃、斯洛伐克和瑞士的教材评估策略。由于回应这种需求而进行的广泛尝试——通常是从特定的国家而非国际的视角进行的——从全球视角来看,这里所呈现的例子是不全面的(或者甚至是不具有广泛代表性的)。它们的比较分析可以论证和说明这些方法在理论基础、方法论取向以及指导原则上的相似之处。

这一分析表明,当代质量评估策略从以下几个方面衍生并实用地整合了某些范畴和概念:(1)不同的学科和学派(例如教育学和教育理论、一般及与学科相关的教学理论和原理、认知或教育心理学、美学等);(2)关注教育情境中教材功能的教材理论(Mikk,2000:17 – 20)、传递教材的媒介或结构与组织的成分(Ivić et al.,2013:53 – 58);(3)带有正面或负面涵义的政治、教育、伦理或宗教的规范性概念(在教材中将某一特定概念设定为规范或者拒绝在教材中表述这些概念);(4)遵循学科研究问题或依赖于在跨学科或更高级的研究问题上强调使用语言学方法的语言学视角(Aamotsbakken,2014);(5)现实和行政管理的需要。

在这方面,质量标准的制定主要是演绎性的,尽管也可以采用其他方法,即凭经验建立的关于质量因素或标准的归纳研究(Knecht & Najvarová,2010;Gräsel,2010)。同时,重要的是要谨记,在关于教材质量标准的工作中反复提及的总体概念和观点也已经——至少部分地——经过了实证研究和证明(Brophy,1999,2010;Hattie,2009),这意味着它们不是纯粹通过演绎而来的。

捷 克

斯克洛瓦(Sikorová,2002)分析了11种现有的教材评估概念,并从中选取了10种最常用的概念:(1)补充材料的充分性;(2)练习和问题的充分性;(3)单元的结构及其相互联系(逻辑顺序、清晰性、最终总结、测试部分等);(4)文本和练习的多样性;(5)图表和印刷参数(装订类型、外观、纸张质量等);(6)与课程材料的一致性;(7)经济上的可获取性;(8)学科领域的专业化程度;(9)动机因素与总体的动机水平;(10)语言标准。

德 国

在德国,20世纪80年代出现了一种广泛的评估方法,即所谓的《比勒费尔德手册》(*Bielefelder Raster/Manual*)(Laubig et al.,1986),该手册遵循内容分析法,包括了大约450个需要回答的问题。此外还有一个《鲁特林格手册》(*Reutlinger Raster/Manual*)(Rauch & Tomaschewski,1986),它包括120多个可供教材评估人员分析和评分的项目。

目前最新的方法即所谓的《奥斯博格手册》(Augsburger Raster/Manual)(Fey,2015),它基于对教育质量方面较新(主要是PISA之后)的出版物的回顾,提出了大致描述教材和其他教育媒介不同方面的8个维度,每个维度包含7—12个用于分析和评价的项目。这些维度包括:(1)规范性的话语定位/意识形态的批判(例如视角简化或片面透视的问题、提倡遵循作者或出版商的意见、广告、以兴趣为导向的主题选择和概念化、性别、反歧视等);(2)图片和文本构成(例如主题的连贯性、语言和句子长度、功能的可视化、文本聚焦、事前和事后组织者);(3)认知结构、知识和过程(例如分类结构、认知概念和过程的一致性、知识概念的累积、与先验知识或经验的联系、术语和概念的清晰性、脚手架等);(4)任务设计(例如任务的次序、任务功能的明确程度、任务和所呈现知识与学习目标的一致性、问题与情境的匹配程度、难度的区分性、问题解决的多元途径);(5)微观教学实施(例如阶段性、方法多样性、方法学习、差异化学习安排、媒介支持、媒介能力等);(6)教育理论的宏观教学基础和实施(例如活动导向、多视角/争议、情感要素、相关性澄清、与社会环境的相关性、元认知/反思、鼓励独立判断);(7)实用性(例如明晰的学习目标、教学概念、目标能力和技能、框架条件等);(8)符合课程和具体学科的教育标准(例如与确定的能力、标准或示范任务、课程目标、主题、教学法和方法论原则的相关性)。

中国香港地区

中国香港特别行政区政府教育局制定并公布了《优质教材指导原则》(包括印刷资源和电子资源;见 Education Bureau,2014)。这些原则或标准涵盖了以下领域:

内容　(例如三维目标与课程的一致性、概念的正确性和观点的一致性、内容的时效性、视角的多元性和观点的均衡性)。

基础教学　(包括基本技能的开发、各层次认知技能的均衡覆盖、以合适的学习模块安排内容、明晰的指导)。

结构和组织　(例如内容的逻辑顺序、清晰的内容结构、学习目标的概述)。

语言　(例如连贯的段落、通俗有趣的语言、精准的语言)。

教材排版　(仅限印刷资源——标准包括逻辑清晰和一致的排版,准确、恰当、有效和注释得当的插图;使用轻型纸张)。

电子功能的教学用途　(仅限电子资源——多媒体内容的准确性和恰当性,服务于教学重点;词汇表或免费的在线词典)。

可访问性和操作设计　(仅限电子资源——例如,可通过各种电子设备访问的内容、恰当的界面以及导航功能、一致和直观的排版、注解工具;采用数字版权管理并免费提供服务)。

肯 尼 亚

肯尼亚教育研究所是在该国独立后成立的,它对每一课程主题使用一种基于小组的评估(Chebutuk Rotich & Musakali, 2006)。评估小组由若干成员组成,根据一套标准对教材进行独立评分,然后经过一场有人主持的讨论,计算总分和平均分。标准包括:课程和内容(例如与具体学科目标的相关性、内容主题的准确性和正确性、与学习者水平的适切性)、语言(例如语言的准确性及正确性)、练习和活动(例如与学习者水平的适切性、充分性、多样性)以及插图和设计(包括多样性、充分性、清晰度、颜色、比例)。特别需要注意的是教师的指导作用。评估这一领域的标准是:诊断性评估练习、为教师提供额外的内容、使用低成本或免费材料的建议、写作和文本表达的清晰度、明确的方法论,以及对有特殊学习需求或学习困难的学生的帮助。

科 索 沃

沙德尔等人(Schader et al., 2008)开发的教材质量标准目录包括四个主要类别的综合标准:(1)形式、排版等(例如与课程的兼容性;排版、设计、清晰度;插图);(2)方法论—教学方面(关于内容和主题的质量、相关性和时事性;年龄的适切性、教学的方法、问题和任务的说明、语言层面);(3)教学方面(与社会、历史和政治现实的关系;与教育、成熟度/自主性、民主教育与和平的关系;与性别的关系;与其他重要教学事宜的关系);(4)与实践相关的层面(对教师的评价及帮助、可管理性、教材的补充材料、实践中的使用和评估),以及一个额外的类别;(5)特定学科标准(例如语言或科学)。

斯 洛 伐 克

诺格娃和赫托娃(Nogova & Huttova, 2006)从之前确定的6个关键评估类别中得出了评估标准。这些标准被进一步细化为24个定义性标准,但在测试评估人员使用15本教材测试了其信度(评估人员之间观察到的一致性)之后,其中6个被删除了,总共还剩下18个定义性标准。6个关键的评估标准是:(1)是否符合主要的教学文件(例如遵守课程、学科的逻辑结构);(2)教材对个人发展的有益程度(例如价值观、能力、技能);(3)内容的选择(例如学生基本技能的发展、融入更广泛的社区、主题事件在日常生活中的实用性);(4)方法论的路径(例如内容评估方法、问题和任务的系统及阐述方式);(5)排版(例如文本的图示、图片材料和文本的匹配性);(6)社会正确性。

瑞 士

瑞士跨州教学资源中心(*Interkantonale Lehrmittelzentrale*)开发了一种在线工具,用于协助教师选择教材(Wirthenson, 2012)。这个工具由三个方面构成:(1)教育学/教学法;(2)主题/内容;(3)形式/设计。每个评估标准由多个维度组成,每个维度包含几个定义项,从而形成一个三级系统。教育学/教学法领域的维度包括:课程一致性(包括目标、内容、能力);学习过程(例如目标、过程方面、策略和技术);课程(例如方法的多样性);个性化学习(例如不同的方法、自主学习);内部差异性(例如不同难度级别的学习),以及外部差异性(例如年际组别)。在主题/内容领域,作者提出了以下几个标准:平衡标准(例如性别、宗教、道德规范);内容选择(例如正确性、结构、真实性、基本信息和附加信息),以及目标群体取向(例如语言、异质性、与现实的关系)。在形式/设计方面,开发者描述了几个方面的相关参数:组织管理(包括结构和清晰性);设计和排版(例如目标群体适切性、支持内容的设计);外部形式(例如环境方面、印刷材料质量、价格),以及电子资源的可用性(包括操作、定位、支持)。

比较分析

值得注意的是,以上所举的几个例子已经表明,它们试图系统地将质量标准置于有意义和有区别的维度,并在教育过程中为每个维度开发出关于现象学和/或教材功能的子维度(Schader et al., 2008; Wirthenson, 2012; Fey, 2015)。从其讨论的不同标准中也可以清楚地看到,教材和其他教育媒介的"质量"不是一个简单的"全球"变量。在不同的领域、不同的方面和不同的功能上都可以观察到教材质量的高低或缺乏,每一个方面都证明了教材在教育情境中是一个复杂的学习和教学媒介。因此,不谈教材的"抽象质量"(quality),而谈教材"具体的质量标准"(qualities)——从而认识到教材可以有各种各样的优点,也可以有各种各样的缺点,这似乎更为恰当和正确。

近期的学术研究倾向于关注教材的话语结构和话语功能(Höhne, 2003; Lässig, 2010),即文化、政治、社会和经济状况,以及教材的影响,并将其与教育的教学任务联系起来。这一观点极大地影响了《奥斯博格手册》的开发(Fey, 2014, 2015),在科索沃(Schader et al., 2008)和中国香港地区(Education Bureau, 2014)的方法论路径中也可以看到这一点。

谈及最近采用的大多数方法,需要注意的是它们所反映的变化,即作为教学媒介的教材因数字化正在经历的变化(例如瑞士 Ilz 的方法或中国香港特别行政区的《优质教材指导原则》,其中包括了纸质教材的质量类别,并添加了"电子功能的教学用途"和"可访问性和操作设计"这两个仅限数字教材的质量范畴)。

研究方法路径

虽然这里提出的所有方法都或多或少地定义了一套复杂的准则或标准,但其中一些方法并没有对这些准则或标准的应用过程进行定义(例如,Sikorová, 2002; Education

Bureau,2014)。那些定义了其方法论应用的人,通常遵循逐项分析方法,反复在社会科学中运用等级评分量表(4级、5级、6级甚至7级李克特量表)。例如,诺格娃和赫托娃(Nogova & Huttova,2006:336)使用7级量表对个人标准进行评分。她们使用多级指标来描述每个量表的两极程度(对一个属性的完全缺失或完全实现)以及中间的或中立的程度,以指导评估者的判断,从而在不同的评估者之间达成更高的一致性。一些例子将预先定义的数值权重应用到构建的量表中,这一做法同样可以在诺格娃和赫托娃(Nogova & Huttova,2006)使用的方法路径中见到,但另一些示例则选择不采用权重标准,或让评估者自己定义每个类别或项目的权重。后一种方法反映在在线评估工具LEVANTO(Wirthenson,2012)中,评估者可以根据教材主题或预期用途进行再定义及更改权重。

在所描述的方法中,量化范式占主导地位(专家评分最好由一位以上评估者参与)。在评估教材时,量化方法显然具有用数字和规模来表达判断的能力、使用统计方法和测量的潜力,并尝试进行符合社会科学指导性经验原则的研究,例如客观性、可靠性和有效性原则。有了数量上的判断(数量等级)使统计过程成为可行的选择(如评估人员之间的信度计算和观察员之间达成共识)。这种从量化方法中受益的渴望在米克(J. Mikk,2000)的著作中显而易见,并占主导地位,例如他专注于教材写作的交际部分,通过实验设计和基于公式的计算方法对语言和可读性进行评估。

同时,应用质性范式的可能性不应被忽视——这种方法使用(或许更少)被定义的分析性问题去明确诸如某些具体学科的教学方法,或内容与概念的适切性。重要的是要考虑将这两种方法结合在一起的可能性,如尝试"量化质性要素"(quantify qualitative elements)(Johnsen,1992:88),或采用一种反映了不同但聚合性观点的辩证综合的方法,即三角法(triangulation)。《奥斯博格手册》重新强调了这一思路,试图通过将分析成分(内容分析)和基于项目的评分系统整合起来,运用到教材和其他教育媒介的评估过程之中。

教材评估的潜在效益和质量标准开发的新方向

可以说,教材评估在发展和加强优质教育中起着至关重要的作用(Oates,2014;Ivić et al.,2013;Fuchs et al.,2014)。几个关键领域要么强调教材评估可能产生的功能效应,要么指出当前和未来进一步发展和改进的潜力。这些领域包括:

教 育 治 理

在此,教材评估在帮助坚持和确立国家(甚至将来可能成为国际)教育政策中的学习内容、目标能力、教学方法和一般教育规范的关键准则方面发挥着作用。因此,它具有指导潜力,我们应该在教育治理的其他职能机构的背景下看到这一点,这些机构可以凭经验塑造一个国家的教育现状,例如教育标准和由中央制定的测试。从这个意义上讲,教材是"政策工具",需要与教育政策的其他关键职能保持一致和联系(Oates, 2014),以便最有效地发挥作用。这还包括在选择和确认教材内容的过程中,对教材中(政治的、教育的、伦理的或宗教规范性概念)的规范性进行负责任的反思性讨论。

数 字 化

教育资源数字化的发展(或趋势)并不能重新定义"教育系统"的基本需求,了解这一点是很重要的。它不一定会改变"良好"教学和"有效"学习的原则,但这些原则可能需要进行特殊的调整,特别是在教材和其他相关或互补的教育媒介开展新的数字化建设的背景下。这种发展对当前的教材理论提出挑战,并提出了一些问题,这些问题可能需要比现有答案更为精确的回答:数字教材及其附带的数字材料和工具与纸制教材有何不同?数字化是如何改变学习的过程以及教材在这些过程中的功能的?数字化对整合教材的教育情境有何影响?数字化是如何影响和改变教材构建、发行和使用等相关过程的?正如本章前面所讨论的,一些质量标准的作者已经开始意识到这一点并尝试改变,但是尚不清楚在什么程度上需要新的和单独的标准,以及这些标准究竟应该是什么。有关数字媒介的更多信息,请参阅"新方向"一章。

系 统 化

以上分析表明,尽管不同的教材质量评估方法存在相似之处和交叉点,但在全面关注特定教育功能(换句话说,是教材现象学)的质量标准选择上仍有改进的空间。这样的改进可以使标准的集合或维度更有意义(尤其在非学术用途方面),并可以更好地区分教材质量可监测和可提高的领域,从而在一个实践性教育框架中,根据教材在教学情境中的实际使用情况更好地评估"具体的质量标准",而非"抽象质量"。前面提到的每一种方法都有一些要素和类别在一定程度上适合这种目的。来自德国、中国香港地区和瑞士的例子——也是最新方法——可以说是最符合这一指导原则的。

影 响 力 研 究

目前,关于教材对学生、教师和家长的影响的研究处于边缘地位。在这个方向上进行更多的研究将有助于确定对接受过程有很大影响的标准。在教材对教与学的影响方面,这可能会帮助人们更多地认识到之前认为不太重要的标准的重要性。由学科及其参照的基本理论概念所指导和发起的对标准进行额外的经验验证,也可能是必要的和有益的。如本章前面所述,教材的质量评估应当而且可以基于"成功"教育、有效教学和学习(Hattie, 2009)。贝恩克(Behnke)在本书中探讨了关于教材影响力更深层次的理论路径。

批 判

被意识形态工具化了的教材的实例令人不安,尤其在考虑到现代教育的解放理想时。建立一个批判性的视角并反思教材的社会、政治和经济话语的建构与制约性,并不只是在经历了压制性政治阶段的国家中,而是在任何地方都是一项必要的任务。这是负责任的教育政策一贯和反复履行的职责,它源于启蒙运动传统中的教育道德思想。因此,基于争议性和多视角的教学概念,(重新)建立对教育媒介的批判性观点,这对于避免轻视下一代人解放发展的价值而将教育工具化来说至关重要。

💡 参考文献

Aamotsbakken, B. (2014). Textbook Analysis — A Combined Approach of Text Linguistics and Multimodal Analysis. In P. Knecht et al. (Eds.), *Methodologie und Methoden der Schulbuch- und Lehrmittelforschung* (pp. 217 – 226). Bad Heilbrunn:Klinkhardt.

Brophy, J. E. (1999). Teaching. UNESCO — International Bureau of Education. Retrieved September 2, 2015, from http://www.ibe.unesco.org/publications/EducationalPracticesSeriesPdf/prac01e.pdf.

Brophy, J. E. (2010). *Motivating Students to Learn*. New York:Routledge.

Chebutuk Rotich, D., & Musakali, J. (2006). Evaluation and Selection of School Textbooks in Kenya:The Role of the Ministerial Textbook Vetting Committee. In É. Bruillard et al. (Eds.), *Caught in the Web or Lost in the Textbook?*. (Eighth Conference of IARTEM, pp. 349 – 360).

Education Bureau/The Government of the Hong Kong Special Administrative Region. (2014). Guiding Principles for Quality Textbooks. Retrieved September 2, 2015, from http://www.edb.gov.hk/en/curriculum-development/resource-support/ textbook-info/GuidingPrinciples/index.html.

Fey, C.-C. (2014). Zur Aktualisierung einer ideologiekritischen Forschungsperspektive auf Lehrmittel. In P. Knecht et al. (Eds.), *Methodologie und Methoden der Schulbuchund Lehrmittelforschung* (pp. 85 – 98). Bad Heilbrunn:Klinkhardt.

Fey, C.-C. (2015). *Kostenfreie Online-Lehrmittel. Eine kritische Qualitätsanalyse*. Bad Heilbrunn:Klinkhardt.

Fuchs, E., Niehaus, I., & Stoletzki, A. (2014). *Das Schulbuch in der Forschung*.

Analysen und Empfehlungen für die Bildungspraxis. Göttingen: V & R unipress.

Gräsel, C. (2010). Lehren und Lernen mit Schulbüchern — Beispiele aus der Unterrichtsforschung. In E. Fuchs, J. Kahlert, & U. Sandfuchs (Eds.), *Schulbuch konkret. Kontexte — Produktion — Unterricht* (pp. 137 - 148). Bad Heilbrunn: Klinkhardt.

Hattie, J. (2009). *Visible Learning. A Synthesis of Over 800 Meta-Analyses Relating to Achievement*. London: Routledge.

Höhne, T. (2003). *Schulbuchwissen. Umrisse einer Wissens- und Medientheorie des Schulbuches*. Frankfurt/Main: Johann Wolfgang Goethe-Universität.

Ivić, I., Pešikan, A., & Antić, S. (Eds.). (2013). *Textbook Quality. A Guide to Textbook Standards*. Göttingen: V& R unipress.

Johnsen, E. B. (1992). Are We Looking for It in the Same Way? Some Remarks on the Problem of Ideological Investigations of Textbooks and Methodological Approaches. In K. P. Fritzsche (Ed.), *Schulbücher auf dem Prüfstand. Perspektiven der Schulbuchforschung und Schulbuchbeurteilung in Europa* (pp. 79 - 96). Frankfurt/ Main: Diesterweg.

Knecht, P., & Najvarová, V. (2010). How Do Students Rate Textbooks? A Review of Research and Ongoing Challenges for Textbook Research and Textbook Production. *Journal of Educational Media, Memory and Society*, 2(1), 1 - 16.

Lässig, S. (2010). Wer defniert relevantes Wissen? Schulbücher und ihr gesellschaftlicher Kontext. In E. Fuchs, J. Kahlert, & U. Sandfuchs (Eds.), *Schulbuch konkret. Kontexte — Produktion — Unterricht* (pp. 199 - 215). Bad Heilbrunn: Klinkhardt.

Laubig, M., Peters, H., & Weinbrenner, P. (1986). *Methodenprobleme der Schulbuchanalyse. Abschlussbericht zum Forschungsprojekt 3017 an der Fakultät für Soziologie in Zusammenarbeit mit der Fakultät für Wirtschaftswissenschaften*. Bielefeld: Universität Bielefeld.

Mikk, J. (2000). *Textbook: Research and Writing, Baltische Studien zur Erziehungs- und Sozialwissenschaften* (Vol. 3). Frankfurt/Main: Peter Lang.

Nogova, M., & Huttova, J. (2006). Process of Development and Testing of Textbook Evaluation Criteria in Slovakia. In É. Bruillard, et al. (Eds.), *Caught in the Web or Lost in the Textbook?* (Eighth IARTEM Conference, pp. 333 - 340). Paris: Jouve.

Oates, T. (2014). *Why Textbooks Count: A Policy Paper*. University of Cambridge Local

Examination Syndicate. Retrieved August 10, 2015, from http://www. cambridgeassessment. org. uk/images/181744 - why-textbooks-count-tim-oates. pdf.

OECD. (2009). *PISA 2009. Assessment Framework: Key Competencies in Reading, Mathematics and Science* (e-book). Retrieved August 10, 2015, from http://www. oecd. org/pisa/pisaproducts/44455820. pdf.

OECD. (2012). *Assessment and Analytical Framework: Mathematics, Reading, Science, Problem Solving and Financial Literacy* (e-book). Retrieved August 10, 2015, from http://www. oecd. org/pisa/pisaproducts/PISA%202012%20framework%20e-book_fnal. pdf.

Oelkers, J. (2010). Was entscheidet über Erfolg oder Scheitern von Bildungsreformen? Lecture Given at Conference 'Schule neu denken!' Pädagogische Hochschule Bern. Retrieved August 10, 2015, from http://www. ife. uzh. ch/research/emeriti/oelkersjuergen/vortraegeprofoelkers/vortraege2010/BernBildungsreformen. pdf.

Rauch, M., & Tomaschewski, L. (1986). *Reutlinger Raster zur Analyse und Bewertung von Schulbüchern und Begleitmedien.* Reutlingen: Pädagogische Hochschule.

Schader, B., et al. (2008). Quality Standards for Textbooks in the Republic of Kosovo. International Projects in Education (IPE). Zurich University of Teacher Education. Retrieved August 10, 2015, from https://phzh. ch/globalassets/ipe. phzh. ch/projekte/kosovo/quality-standards-for-textbooks-in-the-republic-of-kosovo_prof. -dr. -dr. -basil-schader. pdf.

Sikorová, Z. (2002). Evaluating Textbooks as Teacher's Activity. In J. Mikk et al. (Eds.), *Learning and Educational Media: The Third IARTEM Volume* (pp. 84 - 92). Tartu: University of Tartu.

Wirthenson, M. (2012). LEVANTO — Ein Tool zur praxisorientierten Schulbuchevaluation. In J. Doll et al. (Eds.), *Schulbücher im Fokus. Nutzungen, Wirkungen und Evaluation* (pp. 199 - 213). Münster: Waxmann.

第 12 章 教材的物质性与媒介性

作者 / 费利西塔斯·麦吉克里斯（Felicitas Macgilchrist）
译者 / 石伟平　李鹏

对教材的"物质性"和"媒介性"加以思考意味着什么？人们通常认为，教材和其他教育媒介可以通过它们向读者提供的内容来塑造社会，这些内容包括信息、议题、主题和任务。然而，教材的卓越之处不仅在于其包含的内容，还在于它们如何规范人们的认识方式、存在方式和理解方式，使之成为常识和/或有可取之处。本章首先概述了媒介性的概念，然后介绍了三种探索教材媒介性的不同方法论或理论路径。这些方法涉及语言、多模态维度和媒介的物质性维度。本章最后指出了有待进一步研究的领域，主要聚焦在跨学科对话、非连贯性和数字化（非）物质性等领域。

💡 媒介性

借鉴文化研究、媒介理论和社会素材分析，教材研究领域已开始将教材概念化，将其作为一种存在于更大的人类和人类以外实体之间异质性的交织组合中的物质元素，以传统的方式和/或新奇的方式共同影响着人们的"认识论"（Ahlrichs & Macgilchrist, 2017; Höhne, 2003; Röhl & Koibeck, 2018）。本研究旨在探讨（非）物质组合的生产力与性能。因此，它较少关注教材的内容，而更多关注教材的媒介性。"媒介性"所指的焦点从媒介是"什么"转向"如何"成为媒介，以及"媒介的物质存在方式"（Have & Pedersen, 2016: n.p; Jäger et al., 2014; Krämer, 2004）。媒介性的概念强调了我们的社会与媒介彻底地交织在一起的观点；我们生活在"媒介"之中，而不是简单地与"媒介"并存（Bird, 2003; Couldry & Hepp, 2016; Deuze et al., 2012; Livingston, 2009）。教材研究的指导性假设是：意识形态、实践或社会政治文化秩序不仅受到教材"文本"的形塑，还受到文字、图像和物质性被编排为"媒介"实例的方式的影响（Apple, 2000; Friesen, 2013; Provenzo et al., 2011）。

💡 关于媒介性与教材的研究方法和理论路径

迄今为止，实证研究分析了媒介性的三个关键维度：语言、多模态和物质性（Macgilchrist, 2018）。为了描述当前关于教材媒介性的方法论或理论路径，本章简述了上述各个维度中的一系列研究，并在强调学术研究新方向的空白和潜力之前，对所涉及的少量研究进行了更详细的检视。

媒介性的语言学维度

教育媒介很少有不考虑语言的情况(Dang Anh et al., 2013)。借鉴话语理论、建构主义或后结构主义理论,关于媒介性语言维度的研究认为,语言不仅描述和表征了世界,还构建和产生了世界。例如,话语分析探究了知识的生产和传播。它们梳理了特定的语言资源,如名词化、因果关系或作者型叙述声音,在历史(Coffin, 2006; Gu, 2015)、STEM(Zhao, 2012)和医学(Macdonald, 2002)方面具有认识论上的"有效性"(Krämer, 1998: 14)。或者它们询问如何构建有关特定社会政治问题的知识,例如移民(Beauftragte der Bundesregierung Für Migration, 2015; Kotowski, 2013)、环境(Xiong, 2014)、战争(Mitchell & Lachmann, 2014)、法西斯主义(Pinto, 2013)、民族主义(Bolick et al., 2013)、性别(Barton & Sakwa, 2012),以及种族(Rezai-Rashti & McCarthy, 2008)。

虽然这一领域的大多数研究都侧重于文本分析,但也有少数研究考察在学校中如何使用教材。例如,詹姆斯·马丁等人(J. R. Martin et al., 2010)将课堂观察视频与课堂讲演、教材、其他教学材料和课程分析相结合。他们对如何使学生习得特定的学科思维感兴趣,探索了"主义"(如殖民主义、民族主义、社会主义)在历史教育中的作用。例如,分析表明,胡志明(HO-Chi Minh)的形象主要与诸如"自由""独立""专注""热情""明鉴""鼓舞""解放"等包含积极含义的词语联系在一起。而法国在越南的殖民主义主要与负面词汇联系在一起,例如"奴隶制""贫困""歧视""追逐美元""暴行""酷刑"(Martin et al., 2010: 452 - 454)。马丁等人认为当涉及教育环境中与"主义"有关的媒介时,"认识论(定义和对立)与价值论(价值观和态度)都很重要"(Martin et al., 2010: 450)。学生不仅需要学习准确的历史时期划分以及导致战争的因素或谁与谁战斗,还需要汲取"正确的"价值观念——在这种情况下是"中间偏左的"价值观——以成为历史领域的合法"认知者"(Martin et al., 2010: 459)。

这种类型的分析是由语言与媒介性的不可分割性所导致的。它能让我们通过认识论和价值论之间的纠葛,更深入地了解语言和媒介是如何交织在一起的。分析得出这样一种观点,即教材作为媒介不仅仅传播了信息,还显示了这些媒介是如何编排世界、现实和知识的,也就是说,不同媒介所使用的语言是如何发展出所谓的"有效性"来塑造我们的思维方式、感知、经验、记忆和交流的(Krämer, 1998: 14)。

媒介性的多模态维度

语言固然重要,但现代教材是经过复杂设计的多模态实体。因此,越来越多的研究不仅分析语言,还进一步分析诸如颜色、图像或版式等"模态"(van Leeuwen, 1992)。这些多模态分析将不同的模态视为与社会文化结构的特定交流需求交织在一起的符号资源(Jewitt,2009;Kress,2010)。例如,当前教材中的图像很少被理解为只是书面文本附带的插图。在多模态分析中,图像被看作多面的、多模态结构的一个组成部分,在这个结构中,单一的元素共同协作,首先创建关于人、地点和事物的内容知识,同时也创建这些人物、地点和事物之间的社会、表达和态度关系。人们关注的焦点有时是非常微妙的,例如将一段复杂和矛盾的历史叙述压缩成一个带有线性箭头的简单图表,用来体现一个简单的、线性的、因果的历史理论,这显然是很世俗的做法(Ahlrichs et al.,2015)。多模态分析检视了教材(Grindel,2009)中使用的地图以及历史(Binnenkade,2008)、生物(Guo,2004)、英语(Yassine,2014)、科学(Jones,2009)和数学(Alshwaikh,2016;O'Halloran,2017)等学科的教材。

随着时间的推移,多模态研究可以发现教材作者、教师和学生之间的社会关系发生了更广泛的变化。例如,贝泽默(Bezemer)和克雷斯(Kress)对英国中学英语、科学和数学教材的历史变化进行了多模态的阐述。他们通过对比20世纪30年代、80年代和21世纪的教材,借鉴社会符号学、话语分析和图形设计来分析模态是如何随着时间而变化的,并指明这些变化的社会意义,例如版式、图像、书面文字和排版等模态如何在教材中协同工作。这些分析表明,以言语的和线性组织的文本如何转变为更具图像性、模块化的结构,而且少有线性的阅读路径。贝泽默和克雷斯认为,向更多视觉内容的转变,并不像其他人所说的那样,是过度简化或"缩小"教材内容。他们认为,20世纪30年代和80年代的书面文本表明了具有明确社会等级的垂直权力关系,而当代教材的视觉设计则反映出更为横向、开放和参与性的社会关系。

总的来说,正如贝泽默和克雷斯所指出的,多模态分析能够将教材多模态组织中的特定变化与权力关系或等级和权威概念的社会变化联系起来。这种方法不是为口头语言的消亡而哀叹,而是强调当代教育应该培养综合的设计能力,并提倡现今的学生不再只是简单地"消费"权威人物提供的文本,而是作为符号制作者更积极地参与,共同创造意义。

媒介性的物质维度

正如本章前面部分所提到的,第三种方法引出了文化研究和社会科学中关于物质性的争论,包括来自行动者网络理论、新唯物主义、后人道主义或活动理论的争论。关于印制的物质性如何与教材相关联的调查研究正在兴起。这些研究的核心是将教材作为一种物质的人工制品,嵌入到人类和非人类实体(建筑、文本、电影、事物等)的异质网络中,这些实体协同行动并以"内部积极性"(intra-actively)的方式相互合作(Barad,2007)。在这种观点中,物质性不仅仅是一种物理性质的惰性集合,而且是一种相互作用而产生的动态质量,这种力量是教材从作为一种物理制品的文本与其概念性内容在读者和作家的解释活动之间的相互作用中产生的(Hayles,2004:72)。库贝克(Koibeck)和雷赫尔(Roehl)(在本书中)提到了从语言到物理制品的认识论转变,即从对教材文本(*text*book)的兴趣转向对文本教材(text*book*)的兴趣。

这种方法的新颖之处在于,它将人们的注意力吸引到教材媒介中迄今为止一直被忽视的一些方面。其目标是将物质性作为教育实践多模态的一个维度(O'Halloran,2017),并探索某一事物例如一本教材是纸质的、电子的还是塑料的,沉重的还是小巧的,机械的还是有机的,在此情况下,关系和实践会如何变化(Fenwick & Edwards,2010:8)。由于对新唯物主义研究的一个主要批判是其忽视了诸如种族和性别等重要的社会政治议题,因此教材研究面临的挑战是在关注物质层面的同时,又不失对其作为社会和政治的时代产物的关注。通过结合物质维度和政治维度,实证研究已经开始探索将教材知识分割成章、节和部分是如何与高中历史中殖民主义逻辑的再生产交织在一起的(Macgilchrist et al.,2017),或是教材的物质性如何构成现实、社会秩序和关系(Ahlrichs, forthcoming; Mohn & Amann,2006)。除了关注特定社会政治秩序的物质性之外,一场关于思想物质性的激烈辩论也随之而来,数学被视为一个范例(de Freitas,2013; Greiffenhagen,2014; Sørensen,2009; Verran,2001)。"平面"(黑板、智能板、教材页面、iPad 等)在这个意义上作为数学思维的"赋能技术"(enabling technology)来运行,其影响远远超出了特定的媒介及课堂(Rotman,2000:44)。

像伊丽莎白·德·弗雷塔斯(E. de Freitas)这样的唯物主义学者认为,对语言和意义的普遍关注将抽象思维驱逐到非物质/无实体领域,而忽略了数学思维是一种"激进的非表意创造性行为"(de Freitas,2013:129),这可以被看作"世界本体论的重组与重构"(de Freitas & Sinclair,2014:88)。数学家不止是简单地"思考",然后把内在的思想"翻译"成语言。相反,从这个角度来看,数学思维是通过书写和身体运动公开显露的。例如,在教材或黑板上呈现的图表,可以用具身的、可移动的书写方式整合在一起。德·弗雷塔斯描述了一个叫科林(Colin)的学生,他拿着一个"教鞭"在房间里移动,一边讲解一边示意图表。德·弗雷塔斯的结论是,器具和身体运动连同科林对索引语言("这个")的模糊使用,将语言从其作为"真理立法者"和"解释工具"(vehicle of explanation)的权威地位中剥离出来。作者思考了语言是如何与图表和"教鞭"一起成为物质组合中的一个元素,其中每个元素都有表达数学的能力(de Freitas,2013:136)。

总的来说,对物质性的关注显示教材"作为一种媒介实践而不是符号学实践",也就是说,作为一种"部分地逃避了符号学秩序和表征规则"的实践(Krämer,2004:25)。教材被融入实践之中,在其中可以感受到它们的物质性。就媒介性而言,纸质教材和数字教材的物质性差异可能是最重要的:纸质教材和数字教材对特定问题的表征并没有本质区别(Bolick et al.,2013),但平板电脑的媒介实践可能与印刷材料的媒介实践大为不同。

💡 新的方向

虽然本文所引用的研究表明学界对媒介性的兴趣正在兴起,但必须承认的是,在引用的研究中只有少数涉及了"媒介"或"媒介性"的总体概念。尽管个别研究提供了丰富的理论解释来说明他们如何理解作为话语联结、多模态实践或物质性组合的教材,但这一领域首要的不足是缺乏关于宽泛概念的跨学科对话。在话语分析者、多模态分析者或新唯物主义者之间可以看到激烈的讨论。然而,争论往往不会从一个学科的"竖井"(silo)扩散到另一个学科。各种观点(包括媒介理论的观点)之间一定程度的整合和交流,可能会带来有趣的交叉影响以及对教材媒介性的多维检验。

第二个问题是迄今为止大多数研究对连贯性和总体模式的兴趣。明确讨论教材媒介性的文本倾向于将这些媒介视为主流知识的再生产,将其视为"社会共识的主要指标"(Höhne,2003:p.45)。虽然这无疑是一个富有成效的调查路线,但教材也被认为是相互冲突的话语共存的媒介(Klerides,2010;Macgilchrist,2014)。由于需要大量的精力将不一致的观点整合在一起(Law,2007),所以可以将教材视为一种媒介,即使是在短期内,它也能努力"掩盖眼泪和裂痕,稳定脆弱的意义系统"(Baier et al.,2014:3)。将教材理解为"话语断裂的地震仪"(Baier et al.,2014:3),意味着矛盾、中断和非相干性,也将教材视为一种独特的媒介,用来分析社会再生产和社会变革。

第三个新方向强调了数字世界中的教材。如果将物质性概念转化为"文本的物理特征与其表征策略之间的相互作用",那么从一开始就将实体化(纸质教材、数字教材)与意义交织在一起(Hayles,2004:67)。如本章前面部分所述,目前纸质教材和数字教材中的话语没有本质区别(Bolick et al.,2013)。然而,交互式数字教材的迅速发展和传播,特别是开放教育教材提供的批判性数字教学法或"开放教学法"的可能性(DeRosa,2016),表明教材的物质性和媒介性将是一个越来越重要的研究领域。

结语

本章概述了教材"媒介性"的三个维度。在每一个维度中,当代研究旨在克服媒介的不可见性。无论是侧重于文字和语言结构、排版和设计,还是物理的和具身的关系,研究都是基于这样一个假设,即语言学、多模态性和教材的物质性都不是透明的,而是隐含在更重要的叙述或信息功能之下。媒介的这些明显的平庸和世俗的方面是表现性的,它们对教材的内容、政治和实践产生了实际的影响。

参考文献

Ahlrichs, J. (forthcoming). *Die Darstellung von Ungleichheit: Beiläufge Praktiken im Geschichtsunterricht und ihre politische Relevanz*. Dissertation.

Ahlrichs, J., & Macgilchrist, F. (2017). Medialität im Geschichtsunterricht: Die Rolle des Schulbuchs beim Vollzug von "Geschichte". *Zeitschrift für Interpretative Schulund*

Unterrichtsforschung（6），14 – 27.

Ahlrichs, J., Baier, K., Christophe, B., et al.（2015）. Memory Practices in the Classroom：On Reproducing, Destabilizing and Interrupting Majority Memories. *Journal of Educational Media, Memory, and Society*, 7(2), 89 – 109.

Alshwaikh, J.（2016）. Investigating the Geometry Curriculum in Palestinian Textbooks：Towards Multimodal Analysis of Arabic Mathematics Discourse. *Research in Mathematics Education*, 18(2), 165 – 181.

Apple, M. W.（2000）. *Offcial Knowledge: Democratic Education in a Conservative Age*. New York：Routledge.

Baier, K., Christophe, B., & Zehr, K.（2014）. *Schulbücher als Seismographen für Diskursive Brüche*（*Eckert. Working Papers 2014/4*）［Online］. Retrieved November 28, 2014, from http：//www. edumeres. net/fleadmin/publikationen/working_papers/EWP_Baier_Christophe_Zehr_coldwar. pdf.

Barad, K.（2007）. *Meeting the Universe Halfway: Quantum Physics and the Entanglement of Matter and Meaning*. Durham：Duke University Press.

Barton, A., & Sakwa, L. N.（2012）. The Representation of Gender in English Textbooks in Uganda. *Pedagogy, Culture & Society*, 20(2), 173 – 190.

Beauftragte der Bundesregierung für Migration, Flüchtlinge und Integration（Ed.）.（2015）. *Schulbuchstudie: Migration und Integration*. Berlin：Beauftragte der Bundesregierung für Migration, Flüchtlinge und Integration.

Bezemer, J., & Kress, G.（2010）. Changing Text：A Social Semiotic Analysis of Textbooks. *Designs for Learning*, 3(1 – 2), 10 – 29.

Binnenkade, A.（2008）. Lehrmittel gestalten, Lernprozesse anregen. Bilder und Emotionen. In W. Dreier, E. Fuchs, V. Radkau, et al.（Eds.）, *Schlüsselbilder des Nationalsozialismus: Fotohistorische und didaktische Überlegungen*（pp. 101 – 112）. Innsbruck：Studien Verlag.

Bird, E.（2003）. *The Audience in Everyday Life: Living in a Media World*. London：Routledge.

Bolick, C. M., Lathan, J., Adcock, T., et al.（2013）. To Be or Not To Be … Digital：A Critical Examination of Seven Digital History Textbooks for Social Studies Educators. In W. B. Russell III（Ed.）, *Digital Social Studies*（pp. 411 – 438）.

Charlotte, NC: Information Age Publishing.

Coffn, C. (2006). *Historical Discourse. The Language of Time, Cause and Evaluation*. London: Continuum.

Couldry, N., & Hepp, A. (2016). *The Mediated Construction of Reality*. London: Polity.

Dang-Anh, M., Einspänner, K., & Thimm, C. (2013). Mediatisierung und Medialität in Social Media: Das Diskurssystem "Twitter". In K. Marx & M. Schwarz-Friesel (Eds.), *Sprache und Kommunikation im technischen Zeitalter: Wieviel Internet (v)erträgt unsere Gesellschaft?* (pp. 68 – 91). Berlin: de Gruyter.

DeRosa, R. (2016). *My Open Textbook: Pedagogy and Practice* [Online]. DTLT. Retrieved February 4, 2017, from http://umwdtlt.com/open-textbook-pedagogy-practice/.

Deuze, M., Blank, P., & Speers, L. (2012). A Life Lived in Media. *Digital Humanities* [Online], 6. Retrieved January 28, 2012, from http://digitalhumanities.org/dhq/vol/6/1/000110/000110.html#disqus_thread.

Fenwick, T., & Edwards, R. (2010). *Actor-Network Theory in Education*. London: Routledge.

de Freitas, E. (2013). Mapping the Materiality of Classroom Discourse: Expression and Content in School Mathematics. In D. Masny (Ed.), *Cartographies of Becoming in Education: A Deleuze-Guattari Perspective* (pp. 127 – 140). Rotterdam: Sense Publishers.

de Freitas, E., & Sinclair, N. (2014). *Mathematics and the Body: Material Entanglements in the Classroom*. Cambridge: Cambridge University Press.

Friesen, N. (2013). The Past and Likely Future of an Educational Form: A Textbook Case. *Educational Researcher*, *42*(9), 498 – 508.

Greiffenhagen, C. (2014). The Materiality of Mathematics: Presenting Mathematics at the Blackboard. *British Journal of Sociology*, *65*(3), 502 – 528.

Grindel, S. (2009). Karten und ihre Grenzen. Zur kartographischen Vermittlung des modernen europäischen Kolonialismus in deutschen Geschichtsschulbüchern des 20. Jahrhunderts. *Eckert. Dossiers 2*. Retrieved January 10, 2017, from http://www.edumeres.net/urn/urn: nbn: de: 0220 – 2009 – 0002 – 065.

Gu, X. (2015). Evidentiality, Subjectivity and Ideology in the Japanese History Textbook. *Discourse & Society*, *26*(1), 29–51.

Guo, L. (2004). Multimodality in a Biology Textbook. In K. L. O'Halloran (Ed.), *Multimodal Discourse Analysis: Systemic-Functional Perspectives* (pp. 196–219). London: Continuum.

Have, I., & Pedersen, B. S. (2016). *Digital Audiobooks: New Media, Users, and Experiences*. London: Routledge.

Hayles, N. K. (2004). Print Is Flat, Code Is Deep: The Importance of Mediaspecifc Analysis. *Poetics Today*, *25*(1), 67–90.

Höhne, T. (2003). *Schulbuchwissen: Umrisse einer Wissens- und Medientheorie des Schulbuchs*. Frankfurt/M: Johann Wolfgang Goethe-Universität).

Jäger, L., Linz, E., & Schneider, I. (Eds.). (2014). *Media, Culture, and Mediality*. Bielefeld: Transcript.

Jewitt, C. (Ed.). (2009). *The Routledge Handbook of Multimodal Analysis*. London: Routledge.

Jones, J. (2009). Multiliteracies for Academic Purposes: Multimodality in Textbook and Computer-based Learning Materials in Science at University. In A. McCabe, M. O'Donnell, & R. Whittaker (Eds.), *Advances in Language and Education* (pp. 103–121). London: Continuum.

Klerides, E. (2010). Imagining the Textbook: Textbooks as Discourse and Genre. *Journal of Educational Media, Memory, and Society*, *2*(1), 31–54.

Kotowski, J. M. (2013). Narratives of Immigration and National Identity: Findings from a Discourse Analysis of German and U. S. Social Studies Textbooks. *Studies in Ethnicity and Nationalism*, *13*(3), 295–318.

Krämer, S. (Ed.). (1998). *Medien Computer Realität: Wirklichkeitsvorstellungen und Neue Medien*. Frankfurt a. M.: Suhrkamp.

Krämer, S. (2004). Was haben "Performativität" und "Medialität" miteinander zu tun? Plädoyer für eine in der "Aisthetisierung" gründende Konzeption des Performativen. In S. Krämer (Ed.), *Performativität und Medialität* (pp. 13–32). München: Fink.

Kress, G. (2010). *Multimodality: A Social Semiotic Approach to Contemporary*

Communication. London: Routledge.

Law, J. (2007). Pinboards and Books: Juxtaposing, Learning and Materiality. In D. Kritt & L. T. Winegar (Eds.), *Education and Technology: Critical Perspectives, Possible Futures* (pp. 125 - 149). Plymouth: Lexington Books.

Livingston, S. (2009). On the Mediation of Everything: ICA Presidential Address 2008. *Journal of Communication*, *59*, 1 - 18.

Macdonald, M. N. (2002). Pedagogy, Pathology and Ideology: The Production, Transmission and Reproduction of Medical Discourse. *Discourse & Society*, *13*(4), 447 - 467.

Macgilchrist, F. (2014). Media Discourse and De/coloniality: A Post-foundational Approach. In C. Hart & P. Cap (Eds.), *Contemporary Studies in Critical Discourse Analysis* (pp. 387 - 407). London: Bloomsbury.

Macgilchrist, F. (2018). Zur Medialität des Schulbuchs. In M. Proske & K. Rabenstein (Eds.), *Unterricht beobachten — beschreiben — rekonstruieren. Kompendium qualitativsinnverstehender Unterrichtsforschung* (pp. 281 - 298). Bad Heilbrunn: Klinkhardt-Verlag.

Macgilchrist, F., Ahlrichs, J., Mielke, P., et al. (2017). Memory Practices and Colonial Discourse: Tracing Text Trajectories and Lines of Flight. *Critical Discourse Studies*, *14*, 341 - 361.

Martin, J. R., Maton, K., & Matruglio, E. (2010). Historical Cosmologies: Epistemology and Axiology in Australian Secondary School History Discourse. *Revista Signos*, *43*(74), 433 - 463.

Mitchell, L., & Lachmann, R. (2014). The Changing Face of War in Textbooks: Depictions of World War II and Vietnam, 1970 - 2009. *Sociology of Education*, *87*(3), 188 - 203.

Mohn, E., & Amann, K. (2006). *Lernkörper. Kamera-ethnographische Studien zum Schülerjob. Begleitpublikation zur DVD-Video C 13 032*. Tübingen: IWF Wissen und Medien.

O'Halloran, K. (2017). *A Multimodal Approach to Classroom Discourse*. Sheffeld: Equinox.

Pinto, D. (2013). Education and Etiquette: Behaviour Formation in Fascist Spain. In R.

Wodak & J. E. Richardson (Eds.), *Analysing Fascist Discourse: European Fascism in Talk and Text* (pp. 122 – 145). Amsterdam: John Benjamins.

Provenzo, E. F., Jr., Shaver, A., & Bello, M. (Eds.). (2011). *The Textbook as Discourse: Sociocultural Dimensions of American Schoolbooks*. New York: Routledge.

Rezai-Rashti, G. M., & McCarthy, C. (2008). Race, Text, and the Politics of Offcial Knowledge: A Critical Investigation of a Social Science Textbook in Ontario. *Discourse: Studies in the Cultural Politics of Education*, 29(4), 527 – 540.

Röhl, T., & Kolbeck, G. (2018). Textbook Practices: Reading Texts, Touching Books. In E. Fuchs & A. Bock (Eds.), *Palgrave Handbook of Textbook Studies*. New York: Palgrave.

Rotman, B. (2000). *Mathematics as Sign: Writing, Imagining, Counting*. Stanford, CA: Stanford University Press.

Sørensen, E. (2009). *The Materiality of Learning*. Cambridge: Cambridge University Press.

van Leeuwen, T. (1992). The Schoolbook as a Multimodal Text. *Internationale Schulbuchforschung*, 14, 35 – 58.

Verran, H. (2001). *Science and an African Logic*. Chicago: University of Chicago Press.

Xiong, T. (2014). Shallow Environmentalism: 'A Preliminary Eco-Critical Discourse Analysis of Secondary School English as a Foreign Language (EFL) Texts in China'. *The Journal of Environmental Education*, 45(4), 232 – 242.

Yassine, S. (2014). Multimodal Dcsign of EFL Textbooks: A Social Semiotic Multimodal Approach. *Anglisticum Journal (IJLLIS)*, 3, 335 – 341.

Zhao, Q. (2012). *Knowledge Buildung in Physics Textbooks in Primary and Secondary Schools*. PhD, Xiamen University/University of Sydney. Retrieved January 10, 2017, from http://www.legitimationcodetheory.com/pdf/2012Zhao_PhD.pdf.

第三编

教材及其内容

第13章　1951年至2017年间教材研究中的国家、国家地位和国家主义

作者 / 彼得·卡利（Peter Carrier）
译者 / 石伟平　李小文

选择与国家和国家地位有关的教材研究案例极具挑战性，因为几乎所有的教材研究都或明确、或隐晦地指向催生了教育媒介的国家教育体系。为了能够随时认识到国家采取的广泛做法，并说明这些方法是如何因时而变的，不仅有必要引述教材中明确提到关于国家表述的研究，而且有必要引述那些在传递关于国家和国家地位的假设时间接提及国家的研究，这些假设以研究者自身对国家的自我理解为特征。因为教材编写者不仅是国家的外部观察者，他们甚至有可能是其所编教材面向的一个、另一个甚至几个国家的成员。

为了评估该领域一系列数目庞大且具连贯性的作品，本研究主要参考了格奥尔格·埃克尔特研究所的出版物及其图书馆的藏书。语料库的选择通过阅读连续三种期刊的内容页，并根据其认知方式对文章进行初步分类来进行，其中的文章要么是工具性的（假设教材是国家建设或国际协商的政治工具，不论其内容如何），要么是描述性的（对国家重大事件进行语言和视觉表述），要么是分析性的（比较或历史化国家表征，或解构国家的语义和叙事）。此外，我还根据国家间的关系分类选择了一些文章，无论它们是单边的（关注单一国家），或是双边对称的（关于一个国家在另一个国家教材中的表征），或是双边不对称的（关于一个国家在一个地区的表征，或与之相反），或是嵌套的（关于出现在一个国家或少数民族中的另一个国家或少数民族的表征）。这类作品集的缺点在于，它为教材中关于国家待遇的研究提供了一种可能带有国家偏见的"德国式"评估，这一点在反复提及欧洲一体化、战后民族和解与移民的作品中有明显表现，然而这些话题并不一定能主导其他地方尤其是欧洲以外的教材研究。尽管如此，由于格奥尔格·埃克尔特研究所的历代研究人员和编辑委员会在国际上策动并收集研究成果，我们可以认为，1951年至2017年间该研究所及其前身国际教材改进研究所出版的出版物，在更广泛的范围内反映了该领域研究的发展，其研究成果超越了其成员的国家视野或政治使命。

💡 主题

格奥尔格·埃克尔特研究所出版了三种学术期刊，包括：1951年至1978年出版的《国际历史与地理教学年鉴》、1979年至2008年出版的《国际教材研究》及其后继

者——2009年开始出版的《教育媒介、记忆与社会杂志》。这些出版物的内容表明,教材研究人员所讨论的主题随着时间的推移经历了几次转变。例如,在20世纪60年代之前出版的著作,其特点是缺乏分析性研究,同时倾向于研究教材在国家和平与和解谈判中的政治权宜性,这种情况下教材被工具性地置于国家层面(例如"美国"或"日本")加以考察。此外,20世纪60年代中期,在对特定国家教材的单边研究逐渐减少的同时,大量作者致力于双边关系研究,探讨一个国家在另一个国家教材中的表征的问题。20世纪60年代以来发生的另一个变化是,人们对与国家在教材中的表征相关的内容分析越来越感兴趣。令人惊讶的是,尽管从20世纪60年代开始向欧洲移民的人数就有所增加,但作者们直到20世纪80年代才开始着手处理多数民族和少数民族之间的嵌套关系的问题。

20世纪50年代,在经过一段时间的战争和国家意识形态的长期滥用,大多数与国家有关的教材分析,与其说是对战争与和平等近代历史主题的表征,不如说是一种政治手段,通过编写和使用适宜的教材来控制这一时期的战争因果解释。对新教材的单边审查或是对国内教材改革或修订的报告与从另一个国家的"视角"对一个国家教材的评估同时存在,然而,这些观点究竟是一个国家研究者的看法,还是其全体国民的观点则无从考证(见"Amerikanische Schulgeschichtsbücher",1953)。关于一个国家对另一个国家教材概括性观点的著作、呈现一个国家或其人民在另一个国家教材中的表征的著作,或是关于为修订教材而进行的双边教材协商的报告,都主要将教材看作国家政策的工具,而不是看作信息、知识和理解的复杂媒介(见 Foster,2011:5)。在第一次和第二次世界大战之后,教材研究的首要任务似乎不是为分析国家历史、地理或社会的表征而开发概念或方法,而是在很大程度上识别和纠正诸如联合国教科文组织(UNESCO)等组织确定的带有社会和政治目的的偏见,如"为了更好地理解国际社会而改进和修订课程和教材"("Die Behandlung des Westens",1959/1960:140)。当时,联合国教科文组织主持教材研究的愿望比今天更为迫切。

从20世纪60年代起,研究者们才逐渐开始致力于对某一国家教材中社会、地理或历史等问题的内容分析。这些早期的著作包括研究一个国家的历史事件在另一个国家教材中的表征,例如《德国历史教材中的匈牙利历史》(Bak,1965/1966),目的是在另一个国家的教育材料中揭示两国之间的相互理解和国家史学的演进。20世纪60年代也见证了一些分析方法的兴起,包括国际教材比较法或从历史的角度看教材表征的发展(Burdon,1970/1971;Passon,1968/1969)。此外,对教材中关于国际关系研究的分析增加了一个元历史维度(通过处理战争期间的文本表征)和一个元政治维度(通过处理国际关系的表征),例如对"德国教材与二战期间关于德国—挪威关系的表征"(Vigander,1961/1962)等相关主题的研究,这种分析模式沿用至今。虽然有了这些创新,由于历史学家在教材专家和编辑委员会中处于主导地位,确保了教材中对历史事件的陈述得到优先重视,而关于空间和社会表征的研究却被边缘化了,尽管后者同样是昔日冲突的起因,同样需要被修订。

随着"波兰—德国"和"以色列—德国"双边教材委员会的成立,欧洲和东亚各国之间、曾经交战的亚洲各国之间逐渐开展文化外交,在此背景下,以探讨双边关系为重点的教材内容比较研究持续发展,繁荣至今(见 Griesse & Paffenholz, 1994; Riemenschneider, 1994; Podeh, 2003)。然而,到 20 世纪 80 年代,对教材修订、双边和解和教材史学的关注,一部分被有关国家社会结构的单一议题所取代,例如女性、男性、性别、生态、教材生产过程和人权等。随着新移民的到来,教材研究者也开始关注少数民族的语言与视觉形象,以及价值观和宗教。来自前殖民地国家或土耳其的移民于 20 世纪 60 年代抵达欧洲,而此类研究则始于 20 多年后的 20 世纪 80 年代末(见 Bastien-Schmit, 1995; Calzadilla, 1995; Cajani, 2008)。尽管这些新的单一议题的主题多种多样,但对于处理国家和解、欧洲、少数民族、民主、人权、国际教材委员会及其争议等议题的"教材工作"的持续关注,是维系教材的重要方法。

理论和概念

教材中关于国家的内容均有一个显著一致的特征,那就是它们倾向于将"国家"看作一个统一的整体性概念。有一些关于此类主题的研究,诸如"韩国地理教学中的德国"(Degc & Kim-Park, 1983)和"墨西哥教材争议之中的美国"(Trillo, 2009),都将"国家"视作基本单位,同时模糊了"国家"和"民族"之间的区别。尽管存在这种一致性,关于国家的理论概念在这一领域还是发生了变化。这些概念与对教材涉及国家的功能的理解密不可分,这些功能似乎按时间顺序排列,从(1)国际关系的工具演变为(2)国家偏见和刻板印象的载体,同时也促进了国家主义,继而转变为(3)用以研究紧随移民而来的他异性以及包容与排斥过程的对象。本节将以一份不确定的年表来对这些变化进行总结,同时认可一些 20 世纪 50—60 年代研究中使用的概念在晚近研究中重新出现的合法性。

概念上的空白:早期教材研究中作为国家政策工具的教材

第二次世界大战后的早期教材研究有其政治目的,促使研究者将教材视为国家政策和国际和解的工具,从而在很大程度上摒弃了理论规范。从 20 世纪 50 年代开始,研究的重点往往不在于教材阐述国家理念的方式,而在于教材在国家内部和国家之间发挥或应该发挥的作用,以及政策顾问是否同意其内容。这一时期的研究通过假设一个国家是什么,或是通过暗示(但不是定义)一个国家的分析框架来避免国家的概念化。例如,当教材属于某一国家,或是代表该国自身的内在表征时,通常以国家和民族的优良特质来保证教材质量。早期的研究致力于诸如"从德国的角度看意大利教材"这样的主题("Italienische Schulbücher",1956),这会有加深对国家地位的二元理解的风险,而不是通过教材展示和传达国家对自身和相互之间的看法。第二种最常见的研究是关于教材协商和"国际教材工作"或"教材问题"的报告,其中作者在没有提及国家理论概念的情况下讨论了关于国家历史的不同意见。同样,在20多年后,戴维·莱特(D. Wright)选择分析英语教材对非洲和非洲历史的扭曲,而没有质疑这种扭曲对英国教育工作者和作家的心态有何影响,而正是这些英国教育工作者和作家创造了非洲大陆的这种愿景。事实上,莱特的工作是在联合国教科文组织1974年宣言肯定和规范的政治框架(而不是分析框架)下进行的,该宣言致力于促进"增进国际理解、合作与和平的教育以及与人权和基本自由有关的教育"(Wright,1981)。

总之,早期(以及后来的一些)教材研究在没有定义国家地位的情况下就假定了其意义,或是在没有界定或质疑的情况下就采纳或借用了现存的国家地位的概念。然而,对国家与国家地位教材表征的早期研究未能运用充分合理的国家概念,很大程度上是受历史环境影响的结果。因为传统上教材研究是在其制度化之后才蓬勃发展起来的,而制度化几乎总是伴随着政治冲突,同时也伴随着随之而来的关于国家在公共和教育领域的表征的争议。例如,1953年国际教材研究所、1975年格奥尔格·埃克尔特德国国际教材研究所、1992年韩国教材研究基金会、2006年匈牙利教材研究所等机构的成立,创造了一种研究环境,使得研究者较少关注国家在教材中的理解和表征,而更多地关注教材在国家和国际和解进程中的效用。

分析性概念,自20世纪60年代起,从偏见到成见

如前所述,在20世纪50年代教材的政治功能得以彰显之后,20世纪60年代兴起了分析性的内容分析。这些观点认为国家不是政府或庞大而单一的整体,而是研究对象,取决于它们与其他国家的关系和教材作者的解释。哈尔肯·维甘德(H. Vigander)对德国—挪威关系在教材中的表征展开了创新研究(Vigander 1961/1962),其特点在于不仅将教材作为国际协商的对象或作为国家历史的载体,而且作为解释国际关系的媒介,其内容是有条件的、可供辩论的。一些研究通过评估教材之间随时间发展的叙事关系使其具有历史意义,正如赫尔加·帕森(H. Passon)关于"德国语言教育文学中的国家主义"的研究所示(Passon 1968/1969)。德国教材中关于19世纪民族运动的一系列研究,或捷克斯洛伐克教材中对19世纪欧洲历史的表征,都表明教材是依情况而解释历史的媒介,而它们再现或表征国家形象的同时,也反映或隐含了教材作者对国家的自我理解(对作者身份的进一步探索请参阅本书中奥托所著章节)。

20世纪50年代,戈登·奥尔波特(G. Allport)和布鲁诺·贝塔汉姆(B. Bettelheim)等人对社会内部和社会间的社会偏见和歧视进行了社会学研究,发现教材专家们对"形象"和"刻板印象"分析的表述涉及对一个国家认识、概念和文字形象的想

象,而这些想象会在另一个国家的教材中传播。例如,乔格·莱曼(J. Lehmann)表示,在1871年普法战争后,德国人在法国历史教材中以"野蛮人""破坏者"或"匈奴人"等刻板印象出现,不仅对下一代即20世纪10年代教材作者的好战态度产生影响,也促成了公众对进行第一次世界大战的普遍同意(Lehmann,2015:63;教材和战争也可参阅本书格依查德所著章节)。雷纳·里门施耐德(R. Riemenschneider)甚至揭示了一些偏见和关于国家的陈词滥调如何偶然地进入语言教材的语法练习中,而这可能是人们最不希望看到的。里门施耐德指出,语言教学受到再产生的二元文化比较的困扰,甚至更加固化了文化间的差异和相似之处。然而,这些材料中包含的二元偏见无意中影响了他所建立的分析类别,他将这些偏见比喻为"对其他群体的积极和消极态度的表达"(Riemenschneider,1980:37)。此外,在文章的最后,他呼吁消除这种二元的语言教学,并关注语言教学真正的目标——"以最内在的表达形式,即以其语言来传达一种文化"(Riemenschneider,1980:38)。里门施耐德有效地再生产了国家本质主义的概念。玛丽亚·托多罗娃(M. Todorova)在1999年发表将他异性的启发性分析作为一种分析类别的看法时提到了一个观点。她声称,尽管解构主义的教材成功地揭开了"国家"和"传统"概念的神秘面纱,但它们往往会回归到其他本质主义概念,如"身份"(Todorova,1999:163),或是在里门施耐德的例子中,回归到"语言"和"文化",并将其作为国家最内在的表达形式,这一观点与约翰·高特菲·赫尔德(J. G. Herder)的观点相呼应。对"德国形象"的单边研究中的思想与这个狭隘的国家概念相一致(Labuda,1972/1973),并在"德国"和"日本思想的形成"的抽象概念中暗示了德国性(Germanness)的本质(Karasawa,1959/1960),反复回应了对德国性和日本性(Japaneseness)的一种不合时宜的理解,相关研究可以借此巩固种族与国家之间的联系。

国家中的民族:紧随移民而来的他异性和包容与排斥过程

在关于国家的教材研究中,第一次提到"他者"的概念是在1982年对日本和美国之间关系的讨论中(Goodman et al.,1983)。在这篇文章中,本间长世(Nagayo Homma)用"别人如何看待对方"来解释这个概念,以追求一种视觉隐喻——"外国人所认为的美国形象"(Goodman et al.,1983:543),与教材相关的是对"形成模糊和混乱的外国形象"(Goodman et al.,1983:545)的纠正。然而,本间长世通过从偏见、不平衡的重点、缺失的信息和不准确等方面定义他者的"形象",迅速回到了教材修订的传统规范上(Goodman et al.,1983:547)。

令人惊讶的是,在欧洲的研究中,对"他者"概念的使用既不是在战后关系缓和的背景下,也不是在冷战的背景下,而是在少数移民群体融入学校环境的背景下。克里斯汀·凯斯勒-泰尔(C. Kessler-Theil)在其文章《关于"在德国的外国人"的教学材料:外国人、德裔移民、庇护申请者》中首次提到了这一点(Kessler-Theil,1993)。后来的研究支持了这种他异性的概念，不是从政治或严格的国家条款的角度，而是从种族角度（Shlapentokh，2009；Eid，2010；Drake & McCulloch，2013）和文化认同（Gaul，2014）方面。尽管在伊曼纽尔·莱维纳斯（E. Levinas）或者斯图尔特·霍尔（S. Hall）的著作中，这些研究都没有支持"他者性"这一概念的理论基础，但这个术语的最初用法是指国家间的社会和政治对立，后来是指种族文化的差异。这通常意味着教材研究自身发展了政治和文化语义学，这种发展基于一种假设，即通过消除他异性观念来实现和平与互相认可是教材研究的理想目标。

研究方法

当历史学家研究国家重大事件，或地理学家研究国家空间和社会表征时，他们总是会借用姊妹学科研究的概念和方法，正如本节内容所示。此外，教材研究必然的跨学科性决定了其复杂性，其蕴含的政治性决定因素表达了对案例研究的需求，这也是为什么教材研究者往往回避对方法的定义。

尽管如此，即使不是因为这种复杂性，教材研究者们也经常指出，他们的工作涉及量化和质性调查的结合。这就需要研究一个或多个国家不同教材中可对比的、具有代表性的章节或图像，而它们随后将受到更严格的审查，以便建立和比较作者所表达的"风格"和"基调"，以及他们作品中所包含的准确性、适宜性和历史共鸣的程度（"Die Behandlung des Westens"，1959/1960：133）。克里斯多夫·克莱菲曼（C. Kleßmann）也提倡采用类似的方法，他将教材研究的目的定义为探索"文本中所有的潜在方面或未表达的意图"（Kleßmann，1976：64f）。

鲁斯·菲勒（R. Firer）和萨米·阿德万（S. Adwan）简明扼要地总结了关于各国教材研究的历史：从20世纪70年代的量化研究发展到20世纪80年代的量化和质性研究的混合应用，再到20世纪90年代的纯质性研究。根据这一序列，我们可以借助21世纪初的数字硬件增加对双重量化研究和质性研究的重新应用（Muhammad & Brett，2015）。这种双重方法为历届双边教材委员会提供了基础，这些委员会通常会整理关于某一特定主题的参考文献的数量（1976年克莱菲曼称之为"频率分析"）或在教材中的页数（在"空间分析"中）的统计数据，以此确保参考文献或页数的平衡，这些数据将被用来"验证质性分析的结果"（Firer & Adwan，2004：20）。在整理了这些数据之后，将会进行双边比较，一国学者在与另一个国学者会面之前对本国的教材进行评估，以便比较和讨论结果，然后共同编制修订建议。

尽管这些已对外公布的方法提高了我们对教材中的国家表征及国家间相互关系的理解，但还有大部分同样有效的方法尚未被公布，却也已经得到了创新性的应用，以增强我们对国家的了解，以及国家作为一个社会群体概念的微妙象征和相关心理表征。因此，本节仅探讨了一些专门促进对教材中国家表征的理解的现有方法。

历 史 化

教材研究中最常见且最富有成效的方法之一是表征的历史化,这有助于解构和比较,正如本章后文所示。其特点是试图定义由特定类型的教材表征主导或改变的特定时期(Sulstarova,2017)。举一个特别有趣的例子,如1948—1990年的两德地区。1981年卡尔·恩斯特·杰斯曼(K. E. Jeismann)根据进化的阶段,对它们截然不同但又相互关联的自我理解进行了评估。根据杰斯曼的说法,冷战的激烈程度与缓和的措施反映在德意志国家和民族之间教材的区别上。20世纪60年代的东德教材中提出了东德和西德分别作为独立的国家,但同时保持着统一的德国人民或民族的观念,但从20世纪70年代起,它们越来越多地将独立的国家和独立的民族合法化(Jeismann,1981)。因此,杰斯曼的研究揭示了政治制度类型与国家和民族观念之间的联系及其相互关系。

比 较

比较法可能是对国家与国家地位进行教材研究时使用最多的方法,包括单一的教材研究、学科比较、双边和多边比较,以及国家和地区或民族国家和国家中的民族之间对称和不对称的比较。正如杰斯曼在1981年所指出的,除了国家政治和社会观念之间的区别之外,国家教材中展现的结构比较也呈现出明显且持续的差异。西尔维·杜兰多(S. Durando)和皮埃尔·吉布克特(P. Guibbert)对5个国家100多年来历史教材的内容进行了比较研究,取得了丰硕成果。作者指出,65.8%的德国教材都会详细记录教材的修订日期,而只有6.9%的西班牙教材会这样做。与此同时,英国的教材因其作者使用了"非科学"的文学写作风格而独树一帜(见 Durando & Guibbert,1999:143)。类似的比较也可以表现在地图上,不同颜色、箭头、边界和名称在相邻或相距较远的国家上的应用也揭示了各国间的差异而不是共性(见 Mittag,1999)。然而,教材比较研究者面临着一个长期的挑战,即他们如何建立代表一个国家的教材样本,或如何从一个国家的教育材料中选择可供比较的数据?在国家和地区或民族国家和国家中的民族进行多边比较或不对称比较时,选择使用具有国家代表性的样本将更加困难。相比之下,一些作者在比较一本教材及其后续版本,或比较同一位作者的多部作品中发现了有趣的全国性反响(见 Bodo,2003)。

解 构 主 义

20世纪70年代以来,教材内容分析最丰富的形式之一是解构主义。"解构主义"这个词借用自建筑学领域,但它本身也适用于对教材的批判,因为它旨在通过批判教育媒体对身份、自我理解或刻板印象显性和隐性的再生产,揭示对国家地位进行修辞假设的基础。解构主义方法的使用通常是针对刻板印象。莱特明确指出,英国教材把非洲人塑造成劳工，或是拿着长矛、无所事事的人，这进一步印证了国家思维定势的二元基础(Wright，1981)。同样，当使用成对的概念并结合明确的代词来表示"德国人"与"同学"相对(Rinke，2006：398)，以及暗示"同学"可能因为处于"世界之间"的矛盾地位而需要帮助时(Rinke，2006：399)，库诺·林克(K. Rinke)使用人称代词"我们"和"他们"(Rinke，2006：397)，再生产了包容与排斥的概念，从而打破了教材中"文化化"或"种族化"的修辞结构。

叙事性文本分析

20世纪60年代，伴随着史学界叙事分析的兴起，文学研究领域也对叙事分析技巧展开了系统探索，如海登·怀特(H. White)等作家也采用了此方式。起初，历史学家和教材研究者都没有注意到这种创新的方法，在教材研究领域，"叙事"仅仅意味着对文本中信息组织的分析，正如克里斯托弗·莱因普希特(C. Reinprecht)和希尔德·韦斯(H. Weiss)在对当代奥地利教材中的反犹太主义的研究中所践行的那样。奥地利教材将犹太人的命运与奥地利民族对其采取的措施分开叙述，以维持奥地利是遭受纳粹主义侵略的"受害者"的形象。这与其说是一种叙事技巧，不如说是一种页面上文本和图像的排版(Reinprecht & Weiss，1990)。这种叙事方法最近才被拉斐尔·瓦尔斯·蒙特斯(R. V. Montes)和莱曼等作家以结构化的科学方式运用到教材中。莱曼从"传统主题"的角度探究了在19世纪末历史学科处于萌阶段时历史教材的文学品质(Lehmann，2015：56)。当时，教材作者临时组织历史信息，将国家置于日益增长的文明发展叙事的末尾，就好像它们代表了文明进程的高潮或终结(Lehmann，2015：58)。联合国教科文组织对国际上大屠杀教育现状的研究同样分析了基于历史时期和地理空间的类别、解释范式、叙事观点和教学方法的国家叙事(UNESCO，2015)。

语 义 学

在最近的国家语义学研究中，人们对1959年时呼吁的教材文本的"潜台词"进行了更系统的探索(Die Behandlung des Westens，1959/1960：133)。例如，在21世纪前十年的德国教材中，对1933—1945年德国国家与纳粹主义政权之间关系的表述，通常是从空间的角度来构思的，其中国家地位不是被明确指出的，而是以"在政治政权之下的地位"或"在民主与独裁之间的地位"进行隐喻的(Carrier，2013：57)。类似的研究比较了不同国家用来指代同一事件的术语。如将1948年犹太复国主义势力和巴勒斯坦阿拉伯人在巴勒斯坦的战争称为以色列国家的"独立战争"和巴勒斯坦当局的"灾难"(Al-Nakba)，正是比较教材语义学的一个例子(Firer & Adwan，2004：152)。

教材的生产与使用

自20世纪90年代以来，越来越多的研究者将注意力转向了教材编写、制作、阅读或使用条件的全国性反响。法尔克·平厄尔(F. Pingel)在关于1995年后种族隔离时期南非为教材作者举办的工作坊的报告中,对教育工作者在国家建设中的作用提出了独特见解(Pingel,1995)。赫克托·林多·富恩特斯(H. L. Fuentes)探讨了作者的价值观与萨尔瓦多历届执政党价值观之间的冲突,同样强调了教材作者所受到的政治和教学方面的限制(Lindo-Fuentes,1999)。相反,教材对其国家定义的读者的影响,即教材对读者主体性概念形成方式的影响,则是克里斯特·卡莱加德(C. Karlegard)对瑞典叙事史经验研究的主题(Karlegärd,1996)。

元国家分析

事实上,国家几乎提供了所有或部分教材工作的框架,而且由于这一框架的普遍性,研究者往往忽视了其偶然性。正如本章前面部分提到的,教材研究明确了在教材中代表国家或国际关系的模式,并作为有益的提醒,责成研究者修订框架和完善方法。此外,鉴于跨学科教材工作的复杂性,对其工具和技术的"元反思"为未来的学者提供了不可或缺的支持,正如罗伯特·迈尔(R. Maier)所承认的,"教材史学"本身就是一种流派,或是正如里门施耐德关于支配两国(法国—德国和波兰—德国)教材讨论模式的比较研究中所证明的那样(Maier,1998;Riemenschneider,1998)。在这方面,托多罗娃提出警告,即他们打算将想要公开的、旨在解构教材中的国家叙事的分析概念(例如"他者"和"他异性")合法化,这进一步证实了对教材和一般国家研究工具反思的效用。

* * *

这里所概述的方法通常与其他方法结合使用,例如鲁思·埃尔森(R. Elson)关于"19世纪美国教材中的德国和德国人"的研究(Elson,1959/1960)。埃尔森指出,教材中对"人民"的民族"性格"产生偏见所依据的价值判断会对孩子及其"思考"产生影响(Elson,1959/1960:51)。例如,教材作者用"堕落、偏执、迷信、不道德和无精打采"(Elson,1959/1960:53)等价值观描述南欧人民,同时将德国人民归类为"优秀"和"勤劳"(Elson,1959/1960:54ff.)。埃尔森因此有效地应用了描述性内容分析,然后通过构建国家修辞以及误导大家将个人特征简化为公认的集体特征的修辞,继而呼吁对国家刻板印象进行建设性研究(Elson,1959/1960:57)。乔斯林·勒图诺(J. Létourneau)同样将各种方法结合起来,追踪加拿大魁北克教材中的历史演变叙事,从讲述20世纪60年代一群讲法语的被边缘化的加拿大弱势群体的故事,变为讲述一个到20世纪90年代仍在加拿大定居,但抗拒被国家同化的群体的故事(Létourneau,1996)。

当代研究者认为有必要仿效自然科学领域研究人员所熟悉的"科学"的特征,但有一个值得警醒的趋势是,他们认为在展示研究成果时应公布不支持或不能坚持的方法。克里斯丹·辛特曼(C. Hintermann)、克里斯塔·马尔康(C. Markom)、海德玛丽·温豪普(H. Weinhaupl)和桑达·乌尔肯(S. Ullcn)在对近期奥地利历史教材中的移民和移民状况的评估中采用了社会科学调查的幌子,基于"现实生活实践"(Hintermann et al., 2014:82)进行"科学知识生产"(Hintermann et al., 2014:79),但以传统却令人信服的内容分析模式得出结论:这些教材中用于移民和移民的空间或"权重"需要重新调整(Hintermann et al., 2014:84)。关于国家的教材研究中,声明的方法和实施的方法之间也存在着类似的鸿沟。例如,伊丽莎白·斯特丁(E. Steding)对德意志民主共和国的教材叙事的研究中提到了"宏大叙事"。然而,她并没有提到本章前面部分概述的文学或史学领域中发展起来的叙事方法。相反,斯特丁对联邦德国学校教材中有关东德和西德的相对空间进行了传统的描述性内容分析,并在此基础上得出结论:东德自1990年以来在教材中被不合理地边缘化,即以国家共产主义意识形态而非复杂的社会和政治体系来呈现(Steding, 2014)。尽管这些论点具有启发性和说服力,但它们并非基于所声称的叙事方法,而是基于描述性内容分析。

💡 研究趋势

如本章所述,对国家、国家地位和国家主义的教材研究引出了一系列有限但不断增长的主题,在发展创新方法的同时,很大程度上忽视了概念化或理论化。传统上,国家地位的概念被默认为政治权宜的刻板印象与冲突背景下的他异性。然而,这一学术领域起源于政治,由历史学家和地理学家提出,此后逐渐被媒体和文化分析学家采纳。因此,其主题包括战争、和平、冲突解决、外部或内部"他人"的"形象",以及教材的生产和接受、语言和视觉表征,还有民族语言、性别关系、生态和人权等问题。如本章开头所述,与其将这些主题和概念归因于出版物的国家(德国)体制背景,不如将其归为由于战后欧洲国际关系所面临的挑战而产生的问题的总和,而这些问题正是作者60多年来所关注的。

这一综述表明,教材研究中用于理解国家、国家地位和国家主义的理论、概念和方法是随着松散的时间顺序演变而来的。总的趋势是,从对国家摩尼教式的工具性理解到对符号系统的高度复杂的解释,这些符号系统暴露于多重利益之中,取决于教材媒介所支持的文本和视觉传播。这一趋势与"描述性分析法"的转变相对应,后者衡量教材的"准确性、公平性、价值、全面性和平衡性"(Kleßmann, 1976:61),到我们所谓的"蓄意重复法",即一种"分析性分析法",其目的是评估其在一段时间(比较一个国家内部)或空间(比较不同国家或地区)内的象征过程。这一转变明显出现在1968年和1996年两项针对各国教材的代表性研究中,每一项研究都惊人地应用了不同的分析概念规范来评估教材内容。在第一项研究中,赫尔加·帕森(H. Passon)在教材中以"热爱祖国和爱国主义""母语的含义""对家庭价值观和习俗的偏好""强调血统"和"强调历史、传统和文化"为基础论述了国家地位(Passon, 1968/1969:59-65)。相比之下,康斯坦丁·安杰洛普洛斯(C. Angelopoulo)和克里斯蒂娜·库鲁里扎伊(C. Koulourizai)在28

年后发表的研究报告,同样也与理解国家地位的任务相协调,着眼于其"历史性"(从教材内部过去、现在和未来组织的角度)、"语言"(作为一种思维模式和国家象征)、"宗教"(作为一种定义局外人和迎合国家神圣的天意或起源的手段)、"领土"(作为一个国家确定性和永恒性的象征),以及"我们"和"他们"的修辞(作为判断"归属和不归属"二分法的基础)(Angélopoulos & Koulouri, 1996:331)。

令人惊讶的是,关于国家的教材研究与历史学家、社会学家和政治学家对国家和国家主义的研究并驾齐驱,但却对其一无所知。教材研究摒弃了既定的概念和理论,未能引起国家和国家主义专家的关注,而且很少引用《国家和国家主义》《民族报》《国家认同》等期刊中关于民族主义、民族象征主义、原始主义或现代主义的研究结果(见Özkirimli, 2000)。此外,教材研究一般不太关注国家地位,即一个国家作为一个社会群体的构成、成员之间的联系,以及这个社会群体的国家身份认同、象征性的表达和经历等,而更关注民族主义,换句话说,就是民族自决的动力和与其他国家交往中的过度表现,以及如何克服它。

尽管针对国家地位的教材研究存在缺陷,但将其贸然取消是不切实际的;科学研究的有效性和合法性不仅取决于概念,也取决于它的倡导者在探索具体的研究对象时所应用的概念和方法的严谨性。因此,这一研究领域是否将有助于我们了解国家和民族的方法与教材研究特有的方法结合起来,从而区别于历史学家、地理学家或社会学家所采用的其他方法?经过60多年的制度化研究,如本章前面部分所述,教材调查的对象已经具体化为:(a)媒介对教育环境中使用这些材料的不同国家的人们之间交流过程的影响(形式方面),以及(b)教育媒介建立、操纵、破坏或协调国家的方式(政治方面)。总之,教材研究从两个方面为我们对国家和国家主义的理解提供了大量见解。首先,它解释了表面上难以理解的修辞、叙事和视觉技巧,这些技巧语言和图像隐含着与国家地位相关的意义。第二,由于教材几乎总是通过学习将国家与公民联系起来,因此对教材的每一项分析都是对其所传达信息的偶然性的分析。因此,早期教材研究(其中教材是国际和解的工具)与后来对其所用语言和视觉形式的探索的结合,构成了关于国家地位的教材研究的特殊性。

尽管有人呼吁放弃以国家概念作为教材研究的分析范畴和框架,但令人惊讶的是这一概念却一直作为教材研究的范式,甚至在那些解构语言和视觉表征或声称通过聚焦国际或跨国问题而"超越"这一概念的研究中也是如此(见本书中关于跨国身份认同的章节)。这种坚定的精神反映在学者们对欧洲国家主义批判的一致性上,从亨利·布鲁格曼斯(H. Brugmans)呼吁修订1970年关于推进欧洲联盟的国家概念(Brugmans, 1970/1971),到玛格达莱娜·特鲁斯(M. Telus)指出国家不是一个分析的"必要类别",而是属于历史(因此是暂时的)范畴,在欧洲各国之间的合作背景下,其有效性正在下降(Telus, 1996:384f.)。然而,只要研究者继续使用国家类别,不管他们是接受还是质疑,国家类别在实际上仍然是有意义的。只要教材代表国家历史和地理,描绘国家符号,只要教材研究能纠正教育性国家建设的过程和共同的国际视角,只要国家和超国家机构负责教材的审批和课程规划机制,他们就有可能继续使用这一类别。路易吉·卡哈尼(L. Cajani)警告我们,用欧洲甚至以欧洲为中心的框架来取代国家,会带来一种不亚于国家的偏见,即非欧洲国家和集团将被视为历史的客体而非主体(Cajani, 2013:84)。简而言之,试图摆脱教材中对国家概念的研究,可能会鼓励托多罗娃所说的黑格尔主义运动,即在欧洲等理想的超国家框架中推动国家冲突的自愿和谐化。托多罗娃做出了一个务实的选择,包括接受国家、次国家和超国家团体与政治组织,以及它们的"他者"作为以"解释学关系",即一个主体服从于不断解释的过程而凝聚起来的力量集合(Todorova, 1999: 171)。

与其用布鲁格曼斯和特鲁斯的术语来争论欧洲国家主义的过度表现和功能障碍,无论是否支持在教材研究中将国家作为一个研究类别,都需要在解释国家概念的变化方面投入更多精力,以适应其不断变化的政治和象征地位。国家在今天不会消失。它的脆弱性不仅是欧洲内部冲突和国家权力平衡变化的结果,也是倾向于不同程度国家主义或自由主义的不同概念传统的结果。这一章主要关注德国和欧洲的研究者编写的关于国家教材的代表性论述,讨论了1945年后在国家冲突或冲突后的和解进程影响下产生的对国家地位的理解。因此,这里用于评估国家教材论述的主题、理论和方法是国家和国家间系统的特定历史的产物。然而,在欧洲以外的地区,在当地社区普遍赞同的情况下,课程往往不那么受国家利益操控,而越来越多地受到自愿行动(非营利)和企业(工业)部门的冲击,这些部门要求在教育中更加重视与全球公民意识相适应的职业技能和素质(见Standish, 2012: 66f.)。教材研究者必须对改变教材(及其内容)表征的国家保持警惕,这些国家的教材可能是受国家控制之外的次国家和超国家社区的产物和权宜之下的再生产。

参考文献

' Amerikanische Schulgeschichtsbücher in deutscher Sicht '. (1953). *Internationales Jahrbuch für Geschichts- und Geographie-Unterricht*, 183 – 270.

Angélopoulos, C. , & Koulouri, C. (1996). L'identité nationale grecque. Métamorphoses des manuels scolaires grecs d'histoire, de géographie et de lecture, 1830 – 1995. *International Textbook Research*, 3, 323 – 349.

Bak, J. (1965/66). Die Geschichte Ungarns in deutschen Geschichtsbüchern. *Internationales Jahrbuch für Geschichts- und Geographie-Unterricht*, 7, 182 – 198.

Bastien-Schmit, S. (1995). L'histoire africaine américaine dans les manuels du XXe siècle: les manipulations de l'identité nationale. *International Textbook Research*, 2, 55 – 62.

Bodo, E. (2003). Analyse des Schulbuchs "Das Deutschmobil" als Lehrwerk an Schulen Ungarns. In W. Wiatr (Ed.), *Schulbuchforschung in Europa. Bestandsaufnahme und Zukunftsperspektive* (pp. 153 – 166). Bad Heilbrunn: Klinkhardt-Verlag.

Brugmans, H. (1970/71). Contre les nationalismes. L'histoire n'est pas un autobus. *Internationales Jahrbuch für Geschichts- und Geographie-Unterricht*, 13, 7 – 11.

Burdon, C. (1970/71). An Examination of German and French School History Textbooks for Evidence of Bias in Their Content. *Internationales Jahrbuch für Geschichts- und Geographieunterricht*, 13, 37 – 63.

Cajani, L. (Ed.). (2008). *The Image of the Other. Islam and Europe in School History Textbooks*. Madrid: Santillana Publications.

Cajani, L. (2013). The Image of Italian Colonialism in Italian History Textbooks for Secondary Schools. *Journal of Educational Media, Memory, and Society*, 1, 72 – 89.

Calzadilla, P. E. (1995). Das Bild der Sklaverei und der schwarzen Bevölkerung in venezolanischen Schulgeschichtsbüchern. *International Textbook Research*, 2, 179 – 186.

Carrier, P. (2013). L'ambiguïté du sentiment national à l'école en Allemagne contemporaine face au souvenir de la Shoah. In B. Falaize, C. Heimberg, & O. Loubes (Eds.), *L'Ecole et la nation* (pp. 63 – 72). Lyon: ENS Editions. 'Die Behandlung des Westens in Schulbüchern und Lehrmitteln Süd- und Ostasiens'. (1959/60). *Internationales Jahrbuch für Geschichts- und Geographie-Unterricht*, 122 – 144.

Dege, E., & Kim-Park, S.-R. (1983). Deutschland im südkoreanischen Geographieunterricht. *International Textbook Research*, 1, 59 – 70.

Drake, A., & McCulloch, A. (2013). Deliberating and Learning Contentious Issues. How Divided Societies Represent Confict in History Textbooks. *Studies in Ethnicity and Nationalism*, 3, 277 – 294.

Durando, S., & Guibbert, P. (1999). Les sommaires d'une histoire sommaire. Les tables des matières des manuels de la première Histoire (Allemagne, Angleterre, Espagne, France, Italie) 1890 – 1990. *International Textbook Research*, 2, 125 – 146.

Eid, N. (2010). The Inner Confict. How Palestinian Students in Israel React to the Dual Narrative Approach Concerning the Events of 1948. *Journal of Educational Media*,

Memory, and Society, 1, 55 – 77.

Elson, R. M. (1959/60). Deutschland und die Deutschen in amerikanischen Schulbüchern des 19. Jahrhunderts. *Internationales Jahrbuch für Geschichts- und Geographie-Unterricht*, 7, 51.

Firer, R., & Adwan, S. (2004). *The Israeli-Palestinian Confict in History and Civics Textbooks of Both Nations*. Hanover: Verlag Hahnsche Buchhandlung.

Foster, S. (2011). Dominant Traditions in International Textbook Research and Revision. *Education Inquiry*, 1, 5 – 20.

Gaul, A. (2014). Where Are the Minorities? The Elusiveness of Multiculturalism and Positive Recognition in Sri Lankan History Textbooks. *Journal of Educational Media, Memory, and Society*, 1, 87 – 105.

Goodman, G., Homma, N., Nayita, T., & Becker, J. (1983). The Japan/United States Study Project. Perceptions in the Textbooks of Each Country about the History of the Other. *The History Teacher*, 4, 541 – 567.

Griesse, J., & Paffenholz, J. (1994). *Cultura de la Paz*: Der peruanisch-ecuadorianische Konfikt und seine Behandlung im Geschichtsunterricht und in den Schulen beider Länder. *International Textbook Research*, 2, 209 – 215.

Hintermann, C., Markom, C., Weinhäupl, H., & Üllen, S. (2014). Debating Migration in Textbooks and Classrooms in Austria. *Journal of Educational Media, Memory, and Society*, 1, 79 – 106.

'Italienische Schulbücher in deutscher Sicht'. (1956). *Internationales Jahrbuch für Geschichts- und Geographie-Unterricht*, 200 – 217.

Jeismann, K.-E. (1981). Die Teilung der deutschen Nation in den Schulbüchern für Geschichtsunterricht in beiden deutschen Staaten — Vorläufge Bemerkungen zum Aufbau von Geschichtsbewußtsein in der DDR und in der Bundesrepublik seit 1945. *International Textbook Research*, 2, 89 – 111.

Karasawa, T. (1959/60). Eine Geschichte der japanischen Schulbbücher und der Bildung des japanischen Geistes. *Internationales Jahrbuch für Geschichts- und Geographie-Unterricht*, 7, 58 – 72.

Karlegärd, C. (1996). From Truth to Meaning — Some Experiences of Narrative History in Swedish Schools. *International Textbook Research*, 4, 483 – 499.

Kessler-Theil, C. (1993). Unterrichtsmaterialien zum Thema "Fremd in Deutschland". Ausländer, Aussiedler, Asylbewerber. *International Textbook Research*, *2*, 293–300.

Kleßmann, C. (1976). Zur Methodik vergleichender Schulbuchanalyse. *Internationales Jahrbuch für Geschichts- und Geographie-Unterricht*, *17*, 59–68.

Labuda, G. (1972/73). Das Bild des Deutschen und die deutsch-polnischen Beziehungen in den polnischen Schulbüchern. *Internationales Jahrbuch für Geschichts- und Geographie-Unterricht*, *14*, 178–187.

Lehmann, J. (2015). Civilisation versus Barbarism. The Franco-Prussian War in French History Textbooks, 1875–1895. *Journal of Educational Media, Memory and Society*, *1*, 51–65.

Létourneau, J. (1996). "Nous autres les Québécois": La voix des manuels d'histoire. *International Textbook Research*, *3*, 269–287.

Lindo-Fuentes, H. (1999). Balancing Memory and "Culture of Peace". Writing a History Textbook in El Salvador After a Civil War. *International Textbook Research*, *4*, 339–352.

Maier, R. (1998). Die Schulbuchhistoriographie und ihr Umgang mit dem Nationalstaat. 6. Deutsch-tschechische Schulbuchkonferenz in Braunschweig. *International Textbook Research*, *1*, 115–117.

Mittag, D. (1999). Schulgeschichtsatlanten — eine Quelle ethnozentrischer Selbstbilder? *International Textbook Research*, *3*, 217–234.

Muhammad, Y., & Brett, P. (2015). Beyond Binary Discourses? Pakistan Studies Textbooks and Representations of Cultural, National, and Global Identity. *International Association for Research on Textbooks and Educational Media IARTEM e-Journal*, *3*, 74–101.

Özkirimli, U. (2000). *Theories of Nationalism: A Critical Introduction*. Basingstoke: Palgrave Macmillan.

Passon, H. (1968/69). Der Nationalismus in der deutschen jugendbildenden Literatur des 19. Jahrhunderts. *Internationales Jahrbuch für Geschichts- und GeographieUnterricht*, *12*, 54–95.

Pingel, F. (1995). Workshop on School History Textbook Writing in South Africa "From Principles … to Practice". *International Textbook Research*, *4*, 489–491.

198 Pingel, F. (2010). *UNESCO Guidebook on Textbook Research and Textbook Revision*. Paris: UNESCO.

Podeh, E. (2003). Recognition Without Legitimization: Israel and the Arab-Israeli Confict in Egyptian History Textbooks. *International Textbook Research*, *4*, 371 – 398.

Reinprecht, C., & Weiss, H. (1990). Antisemitismus. Ein Thema in österreichischen Schulbüchern? *International Textbook Research*, *3*, 285 – 306.

Riemenschneider, R. (1980). Vorurteile, Stereotypen und Klischees in Fremdsprachenlehrbüchern. Überlegungen zur Methode der Schulbuchanalyse. *International Textbook Research*, *1*, 29 – 40.

Riemenschneider, R. (1994). Schulbucharbeit mit Vietnam. *International Textbook Research*, *2*, 209 – 215.

Riemenschneider, R. (1998). Transnationale Konfiktberatung. Die deutschfranzösischen und die deutsch-polnischen Schulbuchgespräche im Vergleich. *International Textbook Research*, *1*, 71 – 79.

Rinke, K. (2006). Politische Bildung und Erdkunde aus der Perspektive einer Einwanderungsgesellschaft — Anforderungen an Schulbücher und Unterricht. *International Textbook Research*, *4*, 393 – 403.

Shlapentokh, D. (2009). History and Interethnic Conficts in Putin's Russia. *Journal for Educational Media, Memory and Society*, *1*, 165 – 179.

Standish, A. (2012). *The False Promise of Global Learning: Why Education Needs Boundaries*. London: Continuum.

Steding, E. (2014). What Stories Are Being Told? Two Case Studies of (Grand) Narratives from and of the German Democratic Republic in Current *Oberstufe* Textbooks. *Journal of Educational Media, Memory, and Society*, *1*, 42 – 58.

Sulstarova, E. (2017). (Re)presentations of Islam in Albanian History Textbooks from 1990 to 2013. *Journal of Educational Media, Memory, and Society*, *1*, 17 – 35.

Telus, M. (1996). Nation — ein bereinigtes Konzept? *International Textbook Research*, *3*, 373 – 386.

Todorova, M. (1999). Is "the Other" a Useful Cross-Cultural Concept? Some Thoughts on Its Implementation to the Balkan Region. *International Textbook Research*, *2*,

163-171.

Trillo, M. T. (2009). The Riddle of a Common History: The United States in Mexican Textbook Controversies. *Journal for Educational Media, Memory and Society*, *1*, 93-116.

UNESCO. (2015). *The International Status of Education about the Holocaust. A Global Mapping of Curricula and Textbooks*. Paris: UNESCO.

Vigander, H. (1961/62). Deutsche Lehrbücher und die Darstellung der deutschnorwegischen Beziehungen im Zweiten Weltkrieg. *Internationales Jahrbuch für Geschichts- und Geographie-Unterricht*, *8*, 276-277.

Wright, D. (1981). Vorurteile und Selektionsmechanismen im Bildmaterial über Afrika. Eine Untersuchung englischer Geographie-Lehrbücher. *International Textbook Research*, *3*, 209-221.

第 14 章　教材与课程中的跨国身份认同和价值观

作者 / 西蒙娜·绍卡奇（Simona Szakács）
译者 / 周英文

引言

社会和学术领域的近期发展促使教材研究人员从事新问题的探究，借此可能会改变我们构思（和实施）教材研究的方式。首先，1945 年之后的世界历经了广泛的历史和社会变革，世界经济全球化和文化全球化日益深入，跨国迁徙日益显著，战后集经济、政治及区域于一体的超国家组织（例如欧盟）涌现，这些发展伴随着我们社会对文化、种族、宗教及相关多样性认识的提高（关于教育媒介背景下的多样性，参阅本书中尼豪斯所著章节）。

其次，这些变化已促使我们重塑了一些关于"现代性"的关键概念：国家（参阅本书中卡利所著章节）、公民身份和身份认同。由于世界日益增长的结构性和话语性的相互关联（Appadurai, 1990; Sassen, 2006），关于民族和民族建设的纯种族观念变得越来越不合时宜，其合法性基础出现了危机（Meyer et al., 1997）。随着以普通人格原则为基础的人权制度的兴起，公民权的主张和权利逐渐与排他性的民族身份脱钩，从而引发了 20 世纪 90 年代初公民研究中的后民族转向（Soysal, 1994）。对"身份认同"的理论化也同样发生了变化，它不再被理解为"自然给予"，而被认为是由社会建构的，具有高度情境化、多维度、多层次以及流动性的特征。显然，身份认同已经从单一化走向多样化。在后建构主义运动中，身份认同不再被视为一种人们拥有的事物或实体，而更多地被看作一种需要探索的实践类别（Brubaker & Cooper, 2000; Brubaker et al., 2006）。

最后，21 世纪以来，各学科对跨国主义和跨国性、跨国进程、行动者和网络等方面的兴趣越来越大。这不仅促使学术界日益关注跨国身份认同、移民和侨民等跨国民众、跨国史或者纠葛历史，也引起了方法论上的重要改变。以往，民族国家曾是划分世界的默认逻辑，但它在应对来自人文与社会科学领域中"方法论世界主义"的强烈呼吁时，备受挑战（见 Beck & Sznaider, 2006; Wimmer & Glick Schiller, 2002）。与此同时，教育和教育媒介等不同研究领域也涌现出各种各样的"跨国转向"（Dale & Robertson, 2009; Fuchs, 2014; Lässig, 2009）。

基于以上发展，本章回顾了教育媒介中一些最重要的研究方向，并侧重于这一主题的两个相互关联的方面：（1）跨国身份认同，尤其在欧洲背景下被理解为归属关系的新位点，和（2）跨国价值观，被认为是普世精神的基石，在推动跨国身份认同中发挥着作用。本章不包括以下问题：教材编写如何实现跨国联系，如何搭建跨国网络，是否有跨国协会例如跨国和解委员会的参与（见，例如 Faure，2011）等。此外，本章内容也没有介绍教材中跨国进程、行动者或诸如移民、侨民或难民概念的跨学科研究（见，例如 Falaize，2010；O'Connor & Faas，2012；Schissler，2009）。

总体而言，本章首先简要介绍了所涵盖的研究主题、主要问题和关键领域，随后概述了相关理论和研究方法，并着重介绍了在教材研究中构建跨国身份认同和价值观的关键发现。最后，本章对这些研究趋势做了评估，并对未来研究方向提出了几点建议。

研究主题、研究问题及涉及的领域

尽管社会科学早已意识到有必要重新认识跨国概念，但对跨国身份认同的明确关注，直到千禧年之际才出现在教材研究的议题中。与第二次世界大战后早期教科书研究中与和平有关的反民族主义理论相呼应的是，人们开始对共同的历史和遗产越来越感兴趣，这在铁幕垮台和欧洲地缘政治重整之后尤其明显。自20世纪80年代以来，欧洲委员会（Council of Europe）一直在组织和资助教育方面的欧洲维度，这在学术和政策方面都占据了主导地位。当时，苏联解体后，不少国家加入欧盟，成为欧洲委员会成员国，但是新加入的国家并没有与欧洲历史相关的教学和研究。为了消除各国之间的隔阂，历史教学改革一直是这一议程上出现的一个关键主题。

很快，欧洲启动了历史教学相关的研究项目。这些项目旨在通过推广超越国家仇恨的区域和欧洲观点，在历史教学中发展多视角的研究项目（Stradling，2003），是第一批涉及跨国历史写作规范的项目（参阅本书中兹洛克关于地区概念的介绍）。福克·平格尔（Pingel，2000）在一项经典的对14个欧洲国家进行比较的研究中，探讨了20世纪历史教科书和课程中对欧洲的表征，并试图确定它们在地方/国家、欧洲和世界历史之间的平衡，以及这些历史之间具备怎样的联系，还有教育媒介促进欧洲维度的方式。另一个关于1900—2010年法、德两国历史和地理教科书中欧洲形象的比较研究，也同样探讨了20世纪欧洲历史的跨国视角和国家视角之间的关系（Sammler et al.，forthcoming）。还有一些著作强调了教材中的地区历史，以及其超越相互冲突的过往的潜力。这其中包括库鲁里（Koulouri，2002）和海尔麦达赫（Helmedach，2007）对东南亚的研究，以及米勒（Müller，2011）对东亚的研究。此类研究的子领域主要关注自我与他人之间的关系（如 Vogrinčič & Čepič，2009）、少数族裔与主体族裔之间的关系（见 Lässig & Pohl，2009），或国家身份认同与欧洲身份认同之间的关系（见本章后面部分）。

在该领域，最明显的主题子集探讨了欧洲（新）跨国身份标识的象征性影射。随着欧盟推动的区域一体化的不断加强和1989年之后欧盟组织前所未有的持续扩张，我们发现一系列工作在它的多种决定中关注于对欧洲的（重新）表征，如文化空间、历史遗产、话语/象征性资源或（超国家）政治一体化议程。研究人员提出的问题包括：教材和/或课程如何构建"欧洲",或象征性地唤起"欧洲"?(Banjac & Pušnik, 2015; Bozec, 2010; Challand, 2009; Sakki, 2010)欧洲意味着什么,一提到欧洲人们会想到什么,而随着时间的变化这些含义又有哪些变化?(Anklam & Grindel, 2010; Elmersjö, 2011; Pereyra & Luzón, 2005; Soysal et al., 2005)哪些历史时期、事件或人物可以被用来强化共同的欧洲文化和身份认同?(Araújo & Maeso, 2012; Sénécheau, 2006)在应用"自我"和"他者"二分逻辑这一构建国家身份常见的方法时,其他作者关注了与欧洲相对的"他者"(Challand, 2009; Malatesta & Squarcina, 2011)。此外,另一个热门话题是全球、欧洲、地区、部落或国家身份影射之间的关系,这与1945年后西欧的发展(Schissler & Soysal, 2005)、1989年后东欧的"转型"(Banjac & Pušnik, 2015; Georgescu, 2007; Michaels & Stevick, 2009),或非洲的后殖民经历(Holmén, 2011)相关。

第二大研究主题涉及后国家或超国家背景下人们对公民身份的理解。许多研究关注欧洲公民身份以及欧洲一体化在整个欧洲课程改革中的作用,例如菲利波(Philippou, 2009, 2012a)关于塞浦路斯教材和课程的讨论、基廷(Keating, 2009)关于爱尔兰课程的探讨,还有基廷等人(Keating et al., 2009)关于欧洲课程的研究。

其他作者则聚焦于全球或世界性的公民身份,并关注了更多国家和地区。这类研究倾向于探讨价值观、技能、公民意识,旨在唤起一种普遍的社会理念,例如人权、多样性或积极参与的民主。部分案例研究也会讨论本土(通常被理解为国家的,但也包括地区的、大陆的或宗教的)价值观与全球价值观之间的棘手关系。奇泽姆(Chisholm, 2008)对新版南非历史教材提出质疑,她不确定该教材是否从广义/世界性或狭义的视角对国家和公民身份进行了表征;韩(Han, 2007)同样对新加坡历史和社会研究的教材提出质疑,他不确定这能否体现亚洲的价值观和民主。格罗斯曼等人(Grossman et al., 2008)则重点关注全球化背景下整个亚太地区的公民课程改革,探讨了将跨国价值观视为对西方/全球化背景的平衡点的问题,例如巴基斯坦的伊斯兰价值观(Ahmad, 2008)。萨扎克(Szakács, 2013)和格罗斯(Gross, 2010)聚焦东欧国家,苏亚雷斯(Suárez, 2008)、阿斯蒂斯(Astiz)和门德斯(Mendez)则关注了拉丁美洲的案例,基于国家化或民主化趋势背景探索西方世界主义公民模式(Astiz & Mendez, 2006)。

最后,一系列迅速涌现的社会学研究不断探索了世界范围内的趋势,涉及全球价值观和对社会研究、公民学和历史教科书中跨越时空的(重新)表征。布罗姆利(Bromley)和科尔(Cole)聚焦国际舞台(Bromley & Cole, 2016);拉米雷斯(Ramirez)和迈耶(Meyer)考虑了环境、人权和多样性(Ramirez & Meyer, 2012);而布罗姆利(Bromley, 2009)则关注世界公民价值观。由于这些研究探索的价值观体现了后国家的归属感,它们也间接地讨论了跨国身份认同的问题。

💡 理论与方法论视角

在研究理论方面,虽然本章绝大多数研究都是在社会建构主义的前提下进行的,但是鲜有研究说明甚至明确自己的理论立场。历史学家通常采用多视角的立场(如 Pingel, 2000),有时还会使用纠葛历史、叙事或神话的概念(如 Lässig & Pohl, 2009; Sammler et al., forthcoming)。许多社会学和比较教育学研究依赖于从新制度主义思想中借鉴而来的扩散、脚本或融合等概念,用以解释战后教材和课程基于跨国认可对国家进行概念重构的现象(Ramirez, 2012; Ramirez et al., 2016; Soysal, 2002)。以政治学、政治社会学或教育学为基础的研究人员通常借鉴福柯(Foucault)式或者葛兰西(Gramsci)式的批判性观点(如 Araújo & Maeso, 2012; Banjac & Pušnik, 2015; Malatesta & Squarcina, 2011);而社会心理学家(见 Sakki, 2010)更喜欢使用社会表征理论(social representations theory),这一理论属于不太激进的社会建构主义。菲利波(Philippou, 2012b)进行的一项八国比较的跨学科研究,借鉴了几种不同的研究传统。在这种情况下,从教育社会学、课程社会学到社会语言学,都将教材和课程视为渗透在权力关系中的社会政治文本。然而,也有人借鉴神话或叙事的概念,将其与文化研究中的视觉转向联系起来(见 Anklam & Grindel, 2010; Challand, 2009)。

在研究设计和样本选择方面,多数研究者采用单个案例研究或两国比较研究。在一些研究全球趋势的新机构中,尽管开展跨国大样本统计分析的大型研究设计是其专属工作范围(见 Bromley & Russell, 2015; Buckner & Russell, 2013; Lerch et al., 2017),但是就某一具体问题进行三个及以上国家比较的研究非常少(包括 Anklam & Grindel, 2010; Challand, 2009; Philippou, 2012; Pingel, 2000; Sakki, 2010)。通常,人们认为历史教材与身份认同主题最为相关,所以绝大多数研究以历史教材为样本;而公民教育和公民教材则是全球/世界公民价值观(如人权、多样性或环境问题)研究的首选。相比之下,语言教材的选用非常罕见。地理教材有时会在社会研究中与历史教材和公民教材一并分析,但是仅使用地理教材探索跨国性问题的研究明显匮乏,马拉泰斯塔(Malatesta)和斯夸尔奇纳(Squarcina)的文章(Malatesta & Squarcina, 2011)是个例外。按时间顺序抽样通常是在重大历史裂痕之后进行的,例如对1989年后社会主义国家的分析(Dierkes, 2005; Gross, 2010; Szakács, 2016)或对西班牙佛朗哥独裁统治的分析(Pereyra & Luzón, 2005)。

在方法论上,多数关于跨国意象的研究都是基于质性数据的,通过主题内容分析的一些方式对文本或视觉材料进行分析,或是两者兼而有之。在某些情况下,也会辅以量化内容分析(Challand, 2009; Elmersjö, 2011; Pingel, 2000; Sakki, 2010; Uguz, 2004)。阿拉内奥(Araújo)和梅索(Maeso)受迈克尔·阿普尔(M. Apple)作品的启发,在内容分析中使用了一种更为批判性的方法,不仅考虑包含的内容,也考虑遗漏的内容,即"被缺失的内容"(Araújo & Maeso, 2012:3)。同时,马拉泰斯塔和斯夸尔奇纳分析了图像阅读中的叙事手法（Malatesta & Squarcina, 2011）。安克拉姆（Anklam）和格林德尔（Grindel）采用了图像的视觉和叙事解读方法以及情境化技术（Anklam & Grindel, 2010）；扎姆勒（Sammler）等人在即将出版的文章中使用了历史图像分析法（Sammler et al., forthcoming）；而查兰（Challand, 2009）分析了图像中嵌入的"叙事顺序"，以揭示不同国家教材之间的异同点。少数研究人员要么在单个案例研究中，例如格罗斯（Gross, 2010）有关波兰教材研究，要么在纵向数据分析中，如文（Moon）和古（Koo）关于韩国教学材料的分析（Moon & Koo, 2011），明确使用了混合研究方法。欧盟资助的一个关于学校"欧洲"建设的八国项目（PAM-INA）将教育媒介的量化与质性内容和话语分析结合起来，并通过学生调查增加了一种态度测量方法（Philippou, 2012b）。还有些研究者将民族志观察数据和对教师、学生、课程改革者或教材作者的访谈数据合并起来，对教材和课程的主题分析结果进行多渠道分析（如 Pilbrow, 2005, 以及 Szakács, 2018）。此外，对跨国数据进行专门的量化分析，已经成为该领域新制度主义流派的一个特点。

💡 关键的研究发现与持续的争论

欧洲身份认同还是国家身份认同？

跨国叙事的出现常常被认为是为了减轻民族主义话语和排他性（可能是好战的）国家身份认同，提醒我们什么是所谓的国家历史的"世界化"（Schissler, 2005：235）。聚焦欧洲的研究就属于这一类。人们在教材和课程中寻找欧洲踪迹的过程中，逐渐分成了两大主要阵营。一是将欧洲主义等同于反民族主义，在对教育材料的分析中谴责其在"欧洲"统一或共同历史方面的缺失。通常，此类研究只专注于单个案例，在其分析对象中，有的根本没有提到欧洲的参考文献，参见杰诺维西（Genovesi, 2000）关于战前意大利、西班牙和葡萄牙教材的研究；或是鲜有关于欧洲的文献，参见佩雷亚和鲁颂（Pereyra & Luzón, 2005）关于西班牙社会科学教材的研究，以及乌古兹（Uguz, 2004）关于土耳其历史教材的研究。二是追求细致的比较研究设计，从历时角度（例如 Elmersjö, 2011）或共时角度（如 Philippou, 2012b）或结合这两种视角（见 Challand, 2009）进行比较分析。这些研究在教材中找到了"欧洲"存在的多种形式，但是他们也发现其不同形式之间存在无法摆脱的悖论。

国家视角下的欧洲身份认同

多数研究人员赞同，在他们所研究的国家中，"欧洲"从象征意义上来讲具有相似的含义，包括了和平、经济繁荣、民主、人权以及多样性等概念。这些概念既体现了过往（大多是在历史教材中），也指向了未来（大多是在公民教育中）。然而，这些概念在不同国家叙事中的含义也有所不同。例如,萨基(Sakki, 2010)在探索欧盟的社会表征时发现,法国教材刻画的是"法国的欧洲",英国教材中是"矛盾重重的欧洲",德国教材中是"有影响力的、统一的欧洲",芬兰教材中是"兼具威胁性和使能性的欧洲",瑞典教材中是"持怀疑态度的欧洲",而一本法德合编教材则提出了欧洲一体化的世界模式。索伊萨尔等人(Soysal et al., 2005)和扎姆勒等人(Sammler et al., forthcoming)还发现,教材在如何描绘跨国理念上存在差异:在法国,欧洲等同于法国性(法国的欧洲);而在德国,未来只能设想为一项欧洲事业(欧洲的德国)。拉斯(Lässig)和波尔(Pohl)发现了不同学科之间教材的有趣差异:尽管几乎所有被检视的教材都以"刻意的不爱国的基调"对历史事件进行了呈现,但历史教材仍然是从德国的历史视角去看待世界和欧洲,而社会研究教材则不是这样的(Lässig & Pohl 2009:128-129)。在对瑞典历史教材的研究中,埃尔默斯乔(Elmersjö, 2011)发现关于欧洲的多种含义随着时间的推移而发生变化:从20世纪下半叶开始,欧洲影响瑞典的说法取代了瑞典影响欧洲的说法。与此相呼应的是一个趋势上的转变,即从国家历史转向对欧洲作为一个拥有共同文化、经济、政治背景和历史的实体的关注。

即使在同一个国家,欧洲的含义也不十分明确。菲利波(Philippou, 2011)在希腊塞浦路斯中学课程中发现了五种不同的欧洲话语表征形式——空间位置的、经济的、政治的、历史的和文化的,而且观点不同,其褒贬含义也有所不同。因此,根据各国对欧洲不同的自我定义,似乎可以用不同的方式、不同的目的在话语上对其进行组织。

欧洲视角下的国家身份认同

我们可以发现,虽然欧洲在不同国家框架、不同教育媒介中被赋予了不同的含义,但它也在不同的背景下提供了国家意义。最近的研究表明,欧洲和国家叙事的结合带来了对国家建立而非欧洲建立的看法;因此,欧洲非但没有帮助它们超越国家化趋势,反而在1945年后的格局中赋予了它们额外的合法性。有趣的是,这一现象主要是在后社会主义情境下被记录下来的。1989年后东欧国家的教育媒介经常将这些国家的欧洲性作为一种跨国认可的国家身份认同模式,并将其作为一种合法的方式来推进,使其远离巴尔干的共产主义历史。参阅杰奥尔杰斯库(Georgescu, 2007)和萨扎克(Szakács, 2015)对罗马尼亚的研究、迈克尔斯(Michaels)和斯戴维克(Stevick)对斯洛伐克的研究(Michaels & Stevick, 2009)、皮尔布罗(Pilbrow, 2005)对保加利亚的研究,以及班加克(Banjac)和普什尼克(Pušnik)对斯洛文尼亚的研究(Banjac & Pušnik, 2015)。

但在以往的"铁幕时代",两大阵营似乎也有类似的认识倾向。尽管处于不同的时间点,在塞浦路斯,欧洲也被用来维护国家和全球范围内的新自由主义意识形态(Philippou, 2012a)。赞比塔(Zambeta)认为,希腊的"种族中心主义和欧洲中心主义就像学校课程中的两副面孔"(Zambeta, 2005:177)。在德国历史教材中,虽然是从德国的视角介绍了欧洲和全球发展,但与欧洲的联系似乎是德国在经历了战争的恐怖之后能够作为一个有效国家发挥作用的唯一途径(Lässig & Pohl, 2009; Sammler, forthcoming)。西班牙教材和课程则美化了西班牙,将其看作使欧洲免受伊斯兰威胁的"救世主"(Pereyra & Luzón, 2005:169)。这些发现表明,在东/西方分歧之外,对国家与欧洲理想的正面评价是普遍存在的。

欧洲视角下的"他者"与被视为"他者"的欧洲

建立与欧洲对立的"他者"是构建欧洲自我意识的另一种方式。马拉泰斯塔和斯夸尔奇纳(Malatesta & Squarcina, 2011)讨论了意大利小学地理教材如何将土耳其构建成为欧洲的"他者"。查兰(Challand, 2009)研究了冷战时期共产主义如何在法国、西德和意大利历史教材中扮演同样的角色。基斯比·利特尔顿(Littleton, 2017)则发现,英语教材中关于十字军东征的内容把伊斯兰教构建为与"文明"的西方、基督教欧洲相对立的"他者"。

在这些描述中,欧洲中心主义的危险隐现而出。尤其是西欧模式,在玛丽亚·托多罗娃(M. Todorova)的术语中成为一个未标记的类别(Todorova, 2005),而东欧的经验则被排除在一般的欧洲叙事之外(Lässig & Pohl, 2009; Pereyra & Luzón, 2005)。正如民族国家已被种族民族主义者的描述固化一样,这也进一步产生了使欧洲固化的危险(Araújo & Maeso, 2012:10)。

在非欧洲背景中,欧洲本身被建构为"他者",跨国身份认同要么用于制衡,要么用于效仿西方霸权。例如,土耳其历史教材将欧洲描述为"远离文化"和"政治对立"(Uguz, 2004)。尽管近年来亚洲/儒家价值观有所回归,逐渐替代了西方模式(Lee, 2008),但是中国教材仍然在世界历史中给予了欧洲特殊的地位(Yan, 2014)。由于缺乏统一的国家叙事,肯尼亚教材基于欧洲殖民主义侵略的共同经历,采用了泛非主义身份认同(Holmén, 2011)。

世界主义的构想

在有关世界主义想象的讨论中,人们发现世界主义与欧洲主义遇到了同样的问题。一些研究者强调日益兴起的跨国(全球、地区、地方)构想;而另外一些研究者则在国家化议程中找到更多动力,或指出两者之间的纠葛。

文和古(Moon & Koo, 2011)以及文(Moon, 2013)发现,韩国教材对多样性和人权的描述体现了全球化了的公民课程,而索伊萨尔和萨扎克(Soysal & Szakács, 2010)则将多样性看作战后英、法两国教材和课程中跨国规范的一个方面。扎姆勒等人(Sammler et al., forthcoming)以及博泽克(Bozec, 2010)在研究当代法国教材时都已经注意到,1945年后在教材和课程上将国家与全球联系起来的内容明显体现了一种普遍主义立场。布罗姆利(Bromley)和马基宁(Mäkinen)发现,尽管芬兰是最具种族同质性的国家之一,但相比于种族多样化的国家,芬兰公民教育教材很明显更加重视多样性,这体现出从更广泛的社会文化向具有全球意识的公民的转变(Bromley & Mäkinen, 2011)。苏亚雷斯(Suárez, 2008)比较了哥斯达黎加和阿根廷的公民教育教材和课程,研究表明,尽管两国存在一些历史上的差异,但它们都通过肯定人权来支持全球公民权利。琳达·奇泽姆(Chisholm, 2008)通过研究南非的历史教材和课程指出,虽然新出版的书籍从多个方面关注南非主义的概念,纳入了包容性、非洲人身份认同等,但是教师几乎不会,即使会也很少在课堂上使用此类概念。格罗斯曼等人(Grossman et al., 2008)在书中揭示了国家身份认同和地区身份认同之间的紧张关系以及其中的纠葛,并介绍了亚太不同地区的全球公民议题(见 Lee, 2008)。

对欧洲和亚洲几个国家(法国、德国、英国、日本和中国)的历史和公民教材进行比较研究的结果表明,出现了一种新的公民模式,这种模式在前景上更具跨国性。这一趋势在欧洲通过区域一体化项目得到证实,而在亚洲则更多地通过对活跃个体的叙事得到证实(Soysal & Wong, 2006)。有关新兴超国家公民模型的实证证据表明,特别是在 1995 年以后,世界各地的教材越来越重视人权、环境、以学生为中心和多样性(Ramirez & Meyer, 2012),世界议题和世界社区成员(Ramirez et al., 2012),或个别机构等问题(Lerch et al., 2017)。

平格尔(Pingel, 2017)回顾了当前关于欧洲、亚洲和中东(阿拉伯、穆斯林/乌玛)介于国家和全球之间的集体身份认同的研究,指出了教材中超国家和/或全球身份认同的局限性,特别是在缺乏类似欧盟区域一体化项目的亚洲,更是如此。齐门科娃(Zimenkova, 2016)和格罗斯(Gross, 2010)的研究同样得出了类似结论,都强调国家视角如何在世界主义想象中占据主导地位,其中齐门科娃研究了俄罗斯课程中针对国家公民的议题,而格罗斯发现,教育波兰青年了解第二次世界大战的重点仍然是恢复波兰人身份认同,而不是对公民身份的全球理解。在亚洲地区,野崎等人(Nozaki et al., 2005)所编图书在有关泰国、中国和韩国的教材和身份认同的章节中揭示了全球/西方与本土/地区价值观(如亚洲价值观、儒家价值观)之间的冲突。

正如我们看到的那样,跨国和国家之间经常会因相互矛盾的想象或相互排斥的身份认同而对立。索伊萨尔认为,由于混淆了分析水平和不必要的二分法,这场争论没有任何实质意义。相反,她提出有必要"将跨国概念重构为国家结构化所必需的一部分"(Soysal, 2002:273)。然而,从文献中可以发现,这种概念上的重构尚未发生。

💡 研究空白及未来研究方向

显然,教材和课程中对跨国身份认同的学术研究主要聚焦于欧洲中心,而且还是西方视角下的欧洲中心。只有少数人从批判性的视角来探讨这一问题,他们或是提出去欧洲中心化,例如阿罗约和玛斯苏(Araújo & Maeso, 2012),或是指出此类研究缺乏独特性(见 Soysal, 2002)。

相反,有关世界上欧洲以外地区的研究,同样是对跨国趋势的纵向研究,更倾向于处理跨国价值观而非跨国身份认同。然而,我们发现涉及亚洲或东亚地区、环太平洋国家的研究居多(Grossman et al., 2008;Müller, 2011;Nozaki et al., 2005;Soysal & Wong, 2015);而对非洲和拉丁美洲的研究非常少,既没有单一案例研究,也没有比较研究,研究差距非常明显。

即使学者们确实涉及非欧洲的案例,但超越国家框架触及教材中身份映射的研究,依然以欧洲为参照点。奇怪的是,除个别著名的研究(Anklam & Grindel, 2010;Dierkes, 2005;Pingel, 2000)外,很少有人试图通过比较双方的教材来超越冷战时期欧洲的象征性地理位置,更不用说通过真正的跨地区比较设计来消除该领域以欧洲为中心的偏见了。席斯勒和索伊萨尔的编著(Schissler & Soysal, 2005)以及菲利波(Philippou, 2012b)已经在第一个方向上迈出了第一步,包括对新老欧洲国家、"核心"和"外围"欧洲国家的单独案例研究;而哥德林·穆勒(G. Müller)的著作已经在第二个方向上取得了进展,通过与欧洲国家经验的比较来研究教材中东亚的跨国主义(Müller, 2011)。然而,在同一理论和方法论的保护伞下,就跨国构想在世界几个地区进行统一研究,并以英文出版的研究项目还没有出现。[1]

无论是推动跨国学科形成(Millei & Imre, 2016)、全球关联空间(Macgilchrist & Christophe, 2011),还是跨国规范(Soysal, 2002)的理念,很明显,开展通过教育媒介呈现给儿童想象空间的研究已经到了一个紧要关头。然而,描述或探索这些越来越多样化的想象场所已经无法满足人们需求,我们还要从更广泛的概念角度思考它们的含义、行为以及可能产生的影响。此外,我们在选择案例、样本、研究问题时,也要批判性地提出我们自己的立场。

💡 注释

1. 在一个关于良好公民观念的双边研究项目中,研究者们使用跨国设计比较了 1945—2010 年欧洲和东亚的素材。其中,索伊萨尔和王(Wong)报告了中、日、法、德、英五国教材和课程的比较研究(Soysal & Wong, 2006);索伊萨尔和王报告了法、日教材和课程的比较研究(Soysal & Wong, 2010);索伊萨尔和绍卡奇报告了英、法两国教材和课程的比较研究(Soysal & Szakács, 2010);索伊萨尔和王(Soysal & Wong, 2015)报告了中、日两国公民课程的比较研究。

💡 参考文献

Ahmad, I. (2008). The Anatomy of an Islamic Model: Citizenship Education in Pakistan. In D. L. Grossman, W. O. Lee, & K. J. Kennedy (Eds.), Citizenship Curriculum in Asia and the Pacific (pp. 97 – 109). Dordrecht: Springer.

Anklam, E., & Grindel, S. (2010). Europa im Bild — Bilder von Europa. In E. Matthes & C. Heinze (Eds.), Das Bild im Schulbuch (pp. 93 – 108). Bad Heilbrunn: Klinkhardt.

Appadurai, A. (1990). Disjuncture and Difference in the Global Cultural Economy. Theory, Culture & Society, 7(2), 295 – 310.

Araújo, M., & Maeso, S. R. (2012). History Textbooks, Racism and the Critique of Eurocentrism: Beyond Rectification or Compensation. Ethnic and Racial Studies, 35(7), 1266 – 1286.

Astiz, M. F., & Mendez, G. (2006). Education for Citizenship: The Argentine Case in Comparison. Education, Citizenship and Social Justice, 1(2), 175 – 200.

Banjac, M., & Pušnik, T. (2015). Making Citizens, Being European? European Symbolism in Slovenian Citizenship Education Textbooks. Compare: A Journal of Comparative and International Education, 45(5), 748 – 771.

Beck, U., & Sznaider, N. (2006). Unpacking Cosmopolitanism for the Social Sciences: A Research Agenda. The British Journal of Sociology, 57(1), 1 – 23.

Bozec, G. (2010). L'Europe au tableau noir [Europe at the Blackboard]. Politique Européenne, 30, 153 – 186.

Bromley, P. (2009). Cosmopolitanism in Civic Education: Exploring Cross-National Trends, 1970 – 2008. Current Issues in Comparative Education, 12(1), 33 – 44.

Bromley, P., & Cole, W. (2016). A Tale of Two Worlds: The Interstate System and World Society in Social Science Textbooks, 1950 – 2011. Globalisation Societies and Education, 15(May), 1 – 23.

Bromley, P., & Mäkinen, E. (2011). Diversity in Civic Education: Finland in Historical and Comparative Perspective. Journal of International Cooperation in Education, 14(2), 35 – 50.

Bromley, P., & Russell, S. G. (2015). The Holocaust as History and Human Rights: A

Cross-National Analysis of Holocaust Education in Social Science Textbooks, 1970 – 2008. In Z. Gross & D. E. Stevick (Eds.), As the Witnesses Fall Silent: 21st Century Holocaust Education in Curriculum, Policy and Practice (pp. 299 – 320). Dordrecht: Springer.

Brubaker, R., & Cooper, F. (2000). Beyond "Identity". Theory and Society, 29(1), 1 – 47.

Brubaker, R., Feischmidt, M., Fox, J., & Grancea, L. (2006). Nationalist Politics and Everyday Ethnicity in a Transylvanian Town. Princeton: Princeton University Press.

Buckner, E., & Russell, S. G. (2013). Portraying the Global: Cross-national Trends in Textbooks' Portrayal of Globalization and Global Citizenship. International Studies Quarterly, 57(4), 738 – 750.

Challand, B. (2009). European Identity and External Others in History Textbooks (1950 – 2005). Journal of Educational Media, Memory, and Society, 1(2), 60 – 96.

Chisholm, L. (2008). Migration, Citizenship and South African History Textbooks. South African Historical Journal, 60(3), 353 – 374.

Dale, R., & Robertson, S. L. (2009). Beyond Methodological "Isms" in Comparative Education in an Era of Globalisation. In R. Cowen & A. M. Kazamias (Eds.), International Handbook of Comparative Education (pp. 1113 – 1127). Dordrecht: Springer.

Dierkes, J. (2005). The Decline and Rise of the Nation in German History Education. In H. Schissler & Y. N. Soysal (Eds.), The Nation, Europe and the World: Textbooks and Curricula in Transition (pp. 82 – 103). New York: Berghahn Books.

Elmersjö, H. A. (2011). The Meaning and Use of "Europe" in Swedish History Textbooks, 1910 – 2008. Education Inquiry, 2(1), 61 – 78.

Falaize, B. (2010). Labor Migration and Immigration History in French Schools. In C. Hintermann & C. Johansson (Eds.), Migration and Memory: Representations of Migration in Europe Since 1960 (pp. 94 – 109). Innsbruck: StudienVerlag.

Faure, R. (2011). Connections in the History of Textbook Revision, 1947 – 1952. Education Inquiry, 2(1), 21 – 35.

Fuchs, E. (2014). History of Education Beyond the Nation? Trends in Historical and Educational Scholarship. In B. Bagchi, E. Fuchs, & K. Rousmaniere (Eds.),

Connecting Histories of Education: Transnational and Cross-Cultural Exchanges in (Post) Colonial Education. New York: Berghahn Books.

Genovesi, G. (Ed.). (2000). L'immagine e l'idea di Europa nei manuali scolastici (1900–1945). Milan: Franco Angeli.

Georgescu, D. (2007). South Eastern Europe in Romanian Textbooks of World History: Negotiating Regional Identity at the Intersection of European and National History. In A. Helmedach (Ed.), Pulverfass, powder keg, baril de poudre? Südosteuropa im europäischen Geschichtsschulbuch: South Eastern Europe in European History Textbooks (pp. 283–303). Hanover: Verlag Hahnsche Buchhandlung.

Gross, M. (2010). Rewriting the Nation: World War II Narratives in Polish History Textbooks. In I. Silova (Ed.), Post-Socialism Is Not Dead: (Re)Reading the Global in Comparative Education (International Perspectives on Education and Society, Volume 14) (pp. 213–245). Bingley: Emerald Group Publishing.

Grossman, D. L., Lee, W. O., & Kennedy, K. J. (Eds.). (2008). Citizenship Curriculum in Asia and the Pacific. Dordrecht: Springer.

Han, C. (2007). History Education and "Asian" Values for an "Asian" Democracy: The Case of Singapore. Compare: A Journal of Comparative and International Education, 37(3), 383–398.

Helmedach, A. (Ed.). (2007). Pulverfass, Powder keg, baril de poudre?: Südosteuropa im europäischen Geschichtsschulbuch/South Eastern Europe in European History Textbooks. Hanover: Verlag Hahnsche Buchhandlung.

Holmén, J. (2011). Nation-Building in Kenyan Secondary School Textbooks. Education Inquiry, 2(1), 79–81.

Keating, A. (2009). Nationalizing the Post-National: Reframing European Citizenship for the Civics Curriculum in Ireland. Journal of Curriculum Studies, 41(2), 159–178.

Keating, A., Ortloff, D. H., & Philippou, S. (2009). Citizenship Education Curricula: The Changes and Challenges Presented by Global and European Integration. Journal of Curriculum Studies, 41(2), 145–158.

Kisby Littleton, F. (2017). The Crusades in English History Textbooks 1799–2002. In (Re)Constructing Memory: Education, Identity, and Conflict (pp. 147–169). Rotterdam: Sense Publishers.

Koulouri, C. (Ed.). (2002). Clio in the Balkans: The Politics of History Education. Thessaloniki: Center for Democracy and Reconciliation in Southeast Europe.

Lässig, S. (2009). Textbooks and Beyond: Educational Media in Context(s). Journal of Educational Media, Memory, and Society, 1(1), 1–20.

Lässig, S., & Pohl, K. H. (2009). History Textbooks and Historical Scholarship in Germany. History Workshop Journal, 67(1), 125–139.

Lerch, J., Bromley, P., Ramirez, F. O., & Meyer, J. W. (2017). The Rise of Individual Agency in Conceptions of Society: Textbooks Worldwide, 1950–2011. International Sociology, 32(1), 38–60.

Macgilchrist, F., & Christophe, B. (2011). Translating Globalization Theories into Educational Research: Thoughts on Recent Shifts in Holocaust Education. Discourse: Studies in the Cultural Politics of Education, 32(1), 145–158.

Malatesta, S., & Squarcina, E. (2011). Where Does Europe End? The Representation of Europe and Turkey in Italian Primary Textbooks. Review of International Geographical Education Online, 1(2), 113–140.

Meyer, J. W., Boli, J., Thomas, G. M., & Ramirez, F. O. (1997). World Society and the Nation-State. American Journal of Sociology, 103(1), 144–181.

Michaels, D. L., & Stevick, E. D. (2009). Europeanization in the "Other" Europe: Writing the Nation into "Europe" Education in Slovakia and Estonia. Journal of Curriculum Studies, 41(2), 225–245.

Millei, Z., & Imre, R. (2016). Introduction: Childhood and Nation. In Z. Millei & R. Imre (Eds.), Childhood and Nation. Interdisciplinary Engagements (pp. 1–22). New York: Palgrave Macmillan.

Moon, R. (2013). Globalisation and Citizenship Education: Diversity in South Korean Civics Textbooks. Comparative Education, 49(4), 424–439.

Moon, R. J., & Koo, J. (2011). Global Citizenship and Human Rights: A Longitudinal Analysis of Social Studies and Ethics Textbooks in the Republic of Korea. Comparative Education Review, 55(4), 574–599. https://doi.org/10.1086/660796.

Müller, G. (Ed.). (2011). Designing History in East Asian Textbooks: Identity Politics and Transnational Aspirations. London: Routledge.

Nozaki, Y., Openshaw, R., & Luke, A. (Eds.). (2005). Struggles Over Difference: Curriculum, Texts, and Pedagogy in the Asia-Pacific. Albany, NY: State University of New York Press.

O'Connor, L., & Faas, D. (2012). The Impact of Migration on National Identity in a Globalized World: A Comparison of Civic Education Curricula in England, France and Ireland. Irish Educational Studies, 31(1), 51–66.

Pereyra, M. A., & Luzón, A. (2005). Europe in Spanish Textbooks: A Vague Image in the Space of Memory. In H. Schissler & Y. N. Soysal (Eds.), The Nation, Europe and the World: Textbooks and Curricula in Transition. New York: Berghahn Books.

Philippou, S. (2009). What Makes Cyprus European? Curricular Responses of Greek-Cypriot Civic Education to "Europe". Journal of Curriculum Studies, 41(2), 199–223.

Philippou, S. (2011). Representations of "Europe" in the Greek-Cypriot Social Studies Secondary School Curricula: Challenges and Opportunities. In P. Cunningham & N. Fretwell (Eds.), Europe's Future: Citizenship in a Changing World (pp. 251–260). London: CiCe.

Philippou, S. (2012a). "Europe" as an Alibi: An Overview of Twenty Years of Policy, Curricula and Textbooks in the Republic of Cyprus — And Their Review. European Educational Research Journal, 11(3), 428–445.

Philippou, S. (Ed.). (2012b). "Europe" Turned Local — The Local Turned European? Constructions of "Europe" in Social Studies Curricula Across Europe. Münster: LIT Verlag.

Pilbrow, T. (2005). "Europe" in Bulgarian Conceptions of Nationhood. In H. Schissler & Y. N. Soysal (Eds.), The Nation, Europe and the World: Textbooks and Curricula in Transition (pp. 122–137). New York: Berghahn Books.

Pingel, F. (2000). The European Home: Representations of 20th Century Europe in History Textbooks. Strasbourg: Council of Europe Publishing.

Pingel, F. (2017). Nation, Supranational Communities, and the Globe: Unifying and Dividing Concepts of Collective Identities in History Textbooks. In M. J. Bellino & J. H. Williams (Eds.), (Re) Constructing Memory: Education, Identity, and Conflict (pp. 313–334). Rotterdam: Sense Publishers.

Ramirez, F. O. (2012). The World Society Perspective: Concepts, Assumptions, and

Strategies. Comparative Education, 48(4), 423–439.

Ramirez, F. O., & Meyer, J. W. (2012). Toward Post-National Societies and Global Citizenship. Multicultural Education Review, 4(1), 1–28.

Ramirez, F. O., Bromley, P., & Russell, S. G. (2009). The Valorization of Humanity and Diversity. Multicultural Education Review, 1(1), 29–53.

Ramirez, F. O., Meyer, J. W., & Lerch, J. (2016). World Society and the Globalization of Educational Policy. In K. Mundy, A. Green, B. Lingard, & A. Verger (Eds.), The Handbook of Global Education Policy (pp. 43–63). Chichester: John Wiley & Sons.

Sakki, I. (2010). A Success Story or a Failure? Representing the European Integration in the Curricula and Textbooks of Five Countries. Helsinki: University of Helsinki.

Sammler, S., Herfordt, E., & Nouvel-Kirschleger, M. (forthcoming). Jeux de miroir.

Europa im Spiegel der deutschen und französischen Schulbücher seit 1900. Deutsch-Französische Kulturbibliothek, Band 30. Leipzig: Leipziger Universitätsverlag.

Sassen, S. (2006). Territory, Authority, Rights: From Medieval to Global Assemblages. Princeton, NJ: Princeton University Press.

Schissler, H. (2005). World History: Making Sense of the Present. In H. Schissler & Y. N. Soysal (Eds.), The Nation, Europe and the World: Textbooks and Curricula in Transition (pp. 228–245). New York: Berghahn Books.

Schissler, H. (2009). Tolerance Is Not Enough. Migrants in German School Textbooks Between Stigma and Agency. Eckert. Beiträge, 5.

Schissler, H., & Soysal, Y. N. (Eds.). (2005). The Nation, Europe and the World: Textbooks and Curricula in Transition. New York: Berghahn Books.

Sénécheau, M. (2006). Prehistory and the Construction of a European Identity in German History Textbooks Today. In É. Bruillard, B. Aamotsbakken, S. V. Knudsen, & M. Horsley (Eds.), Caught in the Web or Lost in the Textbook? (pp. 159–170). Paris: IARTEM and IUFM de Caen.

Soysal, Y. N. (1994). Limits of Citizenship: Migrants and Postnational Membership in Europe. Chicago: University of Chicago Press.

Soysal, Y. N. (2002). Locating Europe. European Societies, 4(3), 265–284.

Soysal, Y. N., & Szakács, S. (2010). Projections of Diversity in Citizenship Education. In C. Hintermann & C. Johansson (Eds.), Migration and Memory: Representations of Migration in Europe Since 1960 (pp. 77–91). Piscataway, NJ: Transaction Publishers.

Soysal, Y. N., & Wong, S.-Y. (2006). Educating Future Citizens in Europe and Asia. In A. Benavot & C. Braslavsky (Eds.), School Knowledge in Comparative and Historical Perspective (pp. 73–88). Hong Kong: Springer.

Soysal, Y. N., & Wong, S.-Y. (2010). Diversity from Within and Without: Comparative Notes from France and Japan. Multicultural Education Review, 2(1), 77–92.

Soysal, Y. N., & Wong, S.-Y. (2015). Citizenship as a National and Transnational Enterprise: How Education Shapes Regional and Global Relevance. In Y. N. Soysal (Ed.), Transnational Trajectories in East Asia: Nation, Citizenship, and Region. London: Routledge.

Soysal, Y. N., Bertilotti, T., & Mannitz, S. (2005). Projections of Identity in French and German History and Civics Textbooks. In H. Schissler & Y. N. Soysal (Eds.), The Nation, Europe and the World: Textbooks and Curricula in Transition (pp. 13–34). New York: Berghahn Books.

Stradling, R. (2003). Multiperspectivity in History Teaching: A Guide for Teachers. Strasbourg: Council of Europe.

Suárez, D. F. (2008). Rewriting Citizenship? Civic Education in Costa Rica and Argentina. Comparative Education, 44(4), 485–503.

Szakács, S. (2013). Converging with World Trends: The Emergence of the Cosmopolitan Citizen in Post-Socialist Romanian Citizenship Education. Journal of Social Science Education, 12(4), 6–22.

Szakács, S. (2015). Europeanization qua Institutionalization of World Culture: Examples from Post-1989 Romanian Education. Journal of Contemporary European Studies, 23(2), 208–221.

Szakács, S. (2016). 1989 as Gateway to the World? The Universalisation of Diversity and the Construction of the "New" Citizen in Romanian Civic Education. In E. Matthes & S. Schütze (Eds.), "1989" und Bildungsmedien/"1989" and Educational Media (pp. 59–

71). Bad Heilbrunn: Klinkhardt.

Szakács, S. (2018). Europe in the Classroom: World Culture and Nation-Building in Post-Socialist Romania. Palgrave Studies in Educational Media. Cham: Palgrave Macmillan.

Todorova, M. (2005). Spacing Europe: What Is a Historical Region? East Central Europe/ECE, 32(1-2), 59-78.

Uguz, C. (2004). Turkey's Historical Dilemma: The Question of European Identity and the Role of History Textbooks. Internationale Schulbuchforschung (International Textbook Research), 26(2), 181-197.

Vogrinčič, Ǎ., & Čepič, M̌. (2009). Foreigner and Foreignness in Textbook Literature, Eckert. Analysen.

Wimmer, A., & Glick Schiller, N. (2002). Methodological Nationalism and Beyond: Nation-State Building, Migration and the Social Sciences. Global Networks, 2(4), 301-334.

Yan, Y. (2014). Images of Europe in Secondary School History Textbooks in the People's Republic of China, 2014/5.

Zambeta, E. (2005). Globalized History in a Nationalist Context: The Curricular Construction of Greece. In D. Coulby & E. Zambeta (Eds.), World Yearbook of Education 2005. Globalization and Nationalism in Education (pp. 176-196). London: Routledge Falmer.

Zimenkova, T. (2016). Educating "Supermen" and "Superwomen": Global Citizenship Education. In Z. Millei & R. Imre (Eds.), Childhood and Nation (pp. 229-252). New York: Palgrave Macmillan.

第 15 章　地区

作者 / 斯蒂芬妮·兹洛克（Stephanie Zloch）
译者 / 周英文

引言

　　本章选择地区作为研究对象，是对教材研究某一定论的质疑。长期以来，该定论早已被大家认可，即教材是构建民族和国家认同的中心媒介，它们传达了官方认可的规范标准、意义体系和价值观念。国家希望以此来增强社会凝聚力，传承文化传统并巩固其政治合法性。

　　在大多数国家，课程开发、教材审批确实都由国家组织。即使在一些跨国活动中，例如教材修订的国际协商或双边教材委员会，通常也会从国家预先确定的内容开始着手，以减少冲突的方式进行反思和修订。因此，它经过了与政治、社会和学术诉求长期且复杂的纠葛，在教材研究领域提高了对其他空间框架的存在和相关性的认识，在这种情况下，此类框架存在于地区之中。关于国家概念与教材编写和研究之间的相互关系，参阅本书中彼得·卡利所著章节。

　　人们对"地区"的研究兴趣经常因时而变，因国而异。然而，从近几十年的发展来看，这种兴趣变得愈加浓厚。特别是在西欧和北美国家，自 20 世纪 70 年代以来出现的新的社会运动重新发现了地区和地区主义，这种发展的核心提倡参与和辅助原则等价值观，将地区与中央政府和民族对立。事实证明，这种做法对中欧和东欧的民间社会行动主义具有极大的吸引力。这些运动诞生于 1989—1991 年的政治转折，将地区叙事和记忆，特别是在其被重新发现的多民族层面，视为记忆文化民主化和去中心化的机会。这种叙事和记忆也是寻找新的身份认同（在这里是地区身份认同）的重要资源。在欧洲统一进程中，"地区欧洲"的理念已不时流传。人们希望，在日益全球化的世界里，加强地区建设能更好地保护真实性和公民同理心等价值观。但除此之外，这一想法还获得了广泛的支持，特别是那些长期以来因其多民族构成而被视为"有困难"的地区。在某些情况下，这些地区超越国界的行动实际上可以成为欧洲大熔炉日常生活的榜样。

　　随即，人们开始了一场关于地区的理论性、系统性的讨论，这场讨论明显晚于政治和社会预期，且更具有试探性。在过去 15 年里，随着地理学领域的文化转向以及人文与社会科学领域的空间转向的出现，人们对地区的讨论迅速蔓延开来。在这一背景下，一种跨国研究方法应运而生，它旨在超越民族国家的视角和逻辑，开辟"新的空间"（Werner & Zimmermann，2002：630）。迄今为止，此类研究的一大重要方法论假设为，通过在全球、国家、地区和地方维度之间不断进行反思性导航来分析跨越边界进程。

教材研究在参与此类讨论方面只是刚刚起步。要确定地区在教材研究中的重要性，必须解决两个基本问题：其一，有哪些不同种类的教材可以用来研究"地区"的表征？其二，哪些来自更普遍的学术话语的方法已被现有教材所应用？原则上，研究"地区"表征的方法有很多。然而，如本章所示，某种特定样本和理论框架的选择通常与教材研究中某些方法论的优先使用密切相关。

研究样本的选择

第一个基本问题是确定研究样本。总体来看，有三类教育媒介会涉及"地区"的表征，它们在主题范围、规范性内容和传播程度等方面存在显著差异。第一类是教材和教学材料，其内容明确而专门地指向一个特定地区。在这一类别中，地理和历史学科之间存在很大差异。涉及基于地理的区域研究的学科在许多国家十分普遍，并被置于初等教育中；但对历史的区域表征则更为罕见，且通常为中等教育而设计。教材中所描绘的地区既可以位于当今国界之内（如 2010 年卢森堡景观协会的讨论），也可以跨越国界（如 Beckers, 2002；2006 年德国—法国—瑞士上莱茵河会议；Lewandowska, 2011/2012；Zloch, 2015）。跨越边界的案例通常以多语言为特征。然而，基于地区的教育媒介也存在一些问题，它们经常在课程中被边缘化，几乎完全被当作补充材料，因此只能实现有限程度的传播。

在这类教材中，也有两个特例格外引人注意。其一，在 20 世纪 90 年代末，俄罗斯推行了一项实施区域化教育的计划，旨在让每个地区开发自己的历史和地理教材（Secěnikova & Koložvari, 1998；Zavališin, 1999；Vinogradov et al., 2001；Galin et al., 2008）。许多地区在 21 世纪初就放弃了这一计划，但是在鞑靼斯坦共和国，俄语教材和鞑靼语教材之间的激烈竞争仍在继续，两种教材对该地区历史的解读各不相同（相关概述见 Gibatdinov, 2010）。其二，自 2013 年以来，意大利南蒂罗尔自治省所有中学都必须阅读德语、意大利语和拉丁语编写的三卷本历史教材（Kustatscher et al., 2010a, 2010b；Kustatscher et al., 2011a, 2011b；Lechner et al., 2013a, 2013b；更多材料，见 Pichler, 2013；Kustatscher, 2013）。

这些以地区为基础的教育媒介由于其内容在多数情况下以固有的规范性方式将该地区描述成一种身份认同来源，因而为学者们获取材料分析学校中"地区"的表征提供了便利。其中几项研究汇集在一份不同欧洲国家关于德国历史的教材项目的档案中（Seewann & Maier, 2015）。随着这种方法的广泛应用，分析跨越边界的、基于地区的教育媒介，也为多语种和文化翻译的创新工作做出了重要贡献，此类主题最近在教材研究领域受到了高度关注（Wiater, 2013；Lässig, 2012），但是相关研究还未启动。

第二类教育媒介是国家为每个省份或联邦州出版的不同版本的教科书和教学材料，这尤其适用于那些在教育政治领域坚持强大联邦制的国家。[1] 目前，关于通史、地理或社会研究的教育媒介存在一定争议,其中有关于特定地区的历史、地理或社会研究的单独章节,有时只是一些零散的地区性参考文献(例如作者文本中的一个段落、一道练习题、一份原始资料或一张地图)。它们在相关省份或联邦州内的传播程度很高。在一些国家,个别省份或联邦州的教材版本在语言和其他特色方面完全独立(例如加拿大的魁北克省,或比利时的弗兰德斯和瓦隆尼亚);在其他国家,不同省份和联邦州的教材版本之间存在较多重叠内容(例如德国,包括加泰罗尼亚在内的西班牙,以及说英语的加拿大地区)。特定省份和联邦州的教育媒介大多基于当前的行政边界。对于地区历史上有所变动或实际上有矛盾的构成部分,教育媒介很少或只是选择性地进行介绍。

在教材研究领域,个别省份和联邦州的教育媒介常常是研究的对象,但很少有人把重点放在"地区"表征的研究中。学者们更关注历史、地理或社会研究的一般主题(如移民与融合、国际关系、世界大战和大屠杀),而地区教材版本则用来传达各种不同解释的可能性和叙事。然而,有针对性地研究特定地区的表征形式,可以揭示记忆文化的爆炸性发现。例如,德国联邦萨克森州历史教材中对二战最后阶段的多模态分析,揭示了对德国城市尤其是德累斯顿轰炸的着重强调(Ruchniewicz,2008;Strobel,2008)。

第三类是基于民族国家或中央政府视角编写的教育媒介,这是研究"地区"表征最全面的媒介。在这里,"地区"只是在文本段落、引用来源或插图中偶尔被提及,甚至这些参考文献都可能只是碰巧进入教材。然而,正是由于这种无意向的特点,其中很多片段都为人们研究记忆文化趋势和心理地图提供了有趣的,甚至是出人意料的见解。最近,一个德国—波兰研究小组采用了这一思路,他们使用来自四个国家(德国、波兰、立陶宛和俄罗斯)的教材,调查自20世纪初以来欧洲东北部一个特定地区的建设情况。该地区的特点是具有多样性、多民族传统、相互矛盾的权利主张和严格的边界(Zloch & Lewandowska,2014)。除了经典的质性内容分析之外,该研究还使用了共时和历时比较分析以及包括地图和插图在内的多模态分析。通过采用这些有效的研究工具,研究旨在捕捉该地区有时截然不同和相互矛盾的表征。这项研究也有一个重要发现,即中央政府教材在"地区"表征研究中是不可或缺的,这一发现同样适用于某些地区,即使那里的教育媒介没有关于地区的特定介绍。它们还可以作为一个重要的纠正措施,通过内向的自我表征以外的视角来理解和解释一个地区。

💡 概念和研究路径

教材研究中关于"地区"的早期重要研究可以在一个会议的论文集中找到,这个会议探讨了区域性的问题,认为地区仅仅是国际教材中"小规模"的研究(Hinrichs,1990),但这本论文集在很大程度上仍是孤立的研究,而且未能引发任何后续争论。其撰稿人们评价了地区的概念及其教育用途,有时带有一定争议,并特别批评了"Heimat"(祖国)一词。作者们对地区有着共同的理解,即地区是"历史发展中形成的领土单位"

(Wehling,1987:7),属于民族国家的下位概念,这一认识在当时十分普遍。因此,地区或国家历史以政治、行政边界或王朝延续为导向,而地区地理和地区研究则考虑环境、经济或社会空间标志。

大约自2010年开始,教材研究领域出现了第一批关于地区表征的实证研究,几种不同的理论框架开始发挥作用。以下三个研究或研究团队将提供不同研究路径的案例。

在第一项研究中,作者关注西班牙地区主义与国家身份认同之间的紧张关系(Clemen,2011),将加泰罗尼亚版本的历史教材与西班牙其他地区的同类教材进行了比较。虽然作者没有明确说明,但是其研究问题很明显与20世纪90年代和21世纪初期民族主义研究所形成的关于地区与国家关系的争论有关,这两者被认为是"有些对立、有些互补的概念"(Lottes,1992:36;更多例子见Applegate,1999;Haslinger,2003)。地区可以与国家相对立,也可以用来具体化和传达国家的概念;因此,它被视为一个关系实体。作者主要根据政治和行政标准(加泰罗尼亚和西班牙的其他自治社区)定义"地区",但她也通过详细分析加泰罗尼亚版本教材和其他地区教材版本之间的语言和语义差异,暗示了一种建构主义方法。

第二项研究,也就是本章前面提到的关于欧洲东北部一个地区的综合研究(Zloch & Lewandowska,2014),该研究借鉴的"地区"概念不仅受到近期人文地理学理论探讨的启发(更多观点见如,Werlen,2000;Gregory,2009;Henderson,2009;Knox & Marston,2010),也受到民族主义和跨国研究的影响(参见本书中绍卡奇所著章节)。在这里,地区被视为空间实体,没有明确定义的外部轮廓。也正是由于这个原因,地区才能跨越所谓被划定的国家边界。与此同时,它们的构成很少是同质的;它们在不同时期不同程度地吸收了一系列经济、社会、文化或宗教的影响。因此,一个地区的一致性取决于它作为一个结构的力量:一个地区可以被描述为一个"想象中的共同体",更多地依赖于共享的经验和知识,而不是政治机构(Molik,2007;Traba,2007;Ellis & Eßer,2009;Pernau,2011;Van Langenhove,2011;Núñez,2012;Paulmann,2013;Blevins,2014)。

如果一个新实体只是通过不同的认知和知识基础的相互作用而产生,那么在学术分析后再精确定义这一特定地区的概念可能是合理的(Bavaj,2006)。在德国—波兰研究团队的教材研究中,他们采用了拓扑分析作为选择的方法。分析有意识地强调了结构—历史观,包括七个中心主题,分别为"普鲁士""格伦瓦尔德/坦能堡/阿尔吉里斯""移民""宗教""性格""经济和社会"以及"景观"。这让研究团队更好地认识到国家边界之外的关系和影响,并能反思这样一个事实:许多历史现象只会通过其对记忆文化的影响来影响一个地区的建设。

第三类教材研究从"地区"的讨论中获得了一定理论思考,主要关注全球进程与地区或当地生活环境之间的冲突。在这些过程中,以诸如"全球在地化"或"跨区域性"等概念表示的地区,往往比国家框架更适合构建混合与多重身份。因此,从地区角度看,人们对目前有关移民、种族和归属的研究,以及对移民所塑造的社会中的历史政治和全球学习,越来越感兴趣。在北美,把"地区"和"多样性"结合起来研究十分常见(见如,MacGillivray,2006)。加拿大教材研究人员观察了个别省份教育媒介对大屠杀或伊斯兰教的描述,他们明确指出,这些省份的当今社会从根本上受到了宗教和文化多样性以及少数群体权利等问题的影响(Oueslati et al.,2011;Hirsch & McAndrew,2014;Triki-Yamani et al.,2011)。然而,这些研究基于质性教材内容分析或半结构化教师访谈的话语分析,仍然将关注重点放在全球层面,没有仔细研究与地区参照点或地区身份认同有联系的情况。

加泰罗尼亚版本教材中关于伊斯兰教的研究也呈现出类似的情况,即对地区教材版本的研究与多民族地区的表征研究几乎无关(Samper Rasero & Garreta Bochaca,2011)。相比之下,中欧和东欧最近重新点燃了对该地区历史上多民族问题研究的兴趣,并对如何将其转化为课堂教学和教育政策展开了热烈讨论(Awramiuk,2009;Nikitorowicz,2009;Kossak-Główczewski,1999;Wiatr,2011;Seewann & Maier,2015)。然而,在一项关于上西里西亚地区的研究中,研究人员综合分析了该地区1989年以来出版的大约80本波兰历史教材,结果发现,目前面向中央政府的主流教育媒介并没有把该地区当前和历史上的多民族性作为新民主主义叙事的出发点(Wiater,2013)。

💡 研究的可能性

目前,教材研究中对地区表征的分析仍然较少。因此,在未来研究中,学者们可探索的空间非常广阔。本节主要从四个方面简要探讨了相关研究的局限性,并对未来研究趋势作以展望,提出了今后重点研究的几大方向。

首先,国际比较研究的范围可以扩展到对地区建设中不同工作机制的探索。这种比较适用于跨国界地区或多个地区(在一个大洲内或跨越多个大洲)。目前,多数教材研究都关注欧洲和北美的情况。因此,研究亚洲、非洲或南美洲教材中关于地区的表征将是相当有价值的。

其次,对视觉史和制图史的研究也将成为一大趋势。迄今为止,教材在研究国家主题时采用的多模态分析几乎只使用插图和地图(Schraut,2011;Kamusella,2010;Bode,2015)。因此,也可以增加对地区视觉语言和制图语言的研究,这将带来很多有趣发现。

再者,地区差异还未引起足够重视。在教材研究中,教育媒介的互动、使用和选用(见本书第四编)是发展最快速的领域。但是即使在这样的领域,地区差异的研究也十分有限。由于文化或社会经济因素的不同,一个国家的各地区可能对教材在学校课堂上的价值持不同立场,或者教材可能与其他地区提供或发布的媒介形成激烈竞争。

最后,在探讨相互关系、多语言环境和文化翻译背景下的地区表征时,可以采用一种在理论上和方法上影响深远的研究方法。在这种背景下,未来教材研究的一个问题可能是:在全球化和移民增加的时代,地区身份认同的构建在多大程度上发生了改变? 这个问题与几个欧洲国家的教育政策有关,它们看到了地区教学法的曙光,认为这一教学法可以提供相关材料强化身份认同,并为外来移民引发的异质社会提供发展方向(见 Georgi & Ohliger, 2009; Schiersner, 2011)。

总而言之,选择地区作为教材研究的对象,从根本上开启了一种从新空间视角进行研究的可能性。这不仅能超越通常性的、充满国家色彩的叙事方式,还有助于探讨它们在身份建构中的重要作用。

注释

1. 一些联邦国家不会为每个省、行政区或联邦州开发特定的教材版本,例如奥地利和瑞士。

参考文献

Applegate, C. (1999). A Europe of Regions. Reflections on the Historiography of Sub-National Places in Modern Times. *The American Historical Review*, *104*, 1157–1182.

Awramiuk, A. (2009). *Pogranicza kultur. Percepcja, własnego regionu 'przez uczniów a edukacja regionalna'*. Warsaw: Wydawnictwa Uniwersytetu Warszawskiego.

Bavaj, R. (2006). Was bringt der "Spatial Turn" der Regionalgeschichte? Ein Beitrag zur Methodendiskussion. *Westfälische Forschungen*, *56*, 457–484.

Beckers, H. (Ed.). (2002). *Das Herzogtum Geldern. Ein grenzüberschreitendes Geschichtsbuch für Schule, Museum und Archiv/Het hertogdom Gelre. Een grensoverschrijdend geschiedenisboek voor scholen, musea en archiven*. Geldern: Verlag des Historischen Vereins für Geldern und Umgebung.

Blevins, C. (2014). Space, Nation, and the Triumph of Region. A View of the World from Houston. *Journal of American History*, *101*, 122–147.

Bode, S. (2015). *Die Kartierung der Extreme. Die Darstellung der Zeit der Weltkrieg (1914–1945) in aktuellen europäischen Geschichtsatlanten*. Göttingen: V& R unipress.

Clemen, M. (2011). Im Spannungsfeld von Regionalismus und nationaler Identität. Zur Deutung und Vermittlung von Geschichte in katalanischen Schulbüchern. *Journal of

Educational Media, Memory, and Society, 3(2), 113 – 136.

Deutsch-französisch-schweizerische Oberrheinkonferenz/Conférence franco-germanosuisse du Rhin supérieur. (2006). Vivre dans le Rhin supérieur/Leben am Oberrhein. Retrieved June 23, 2015, from http://www. oberrheinkonferenz. org/oberrheinschulbuch (welcome page).

Ellis, S. G. , & Eßer, R. (2009). Introduction. Frontiers and Regions in Comparative Perspective. In S. G. Ellis & R. Eßer (Eds.), *Frontiers, Regions and Identities in Europe*. Pisa: Edizioni Plus.

Galin, S. A. , et al. (2008). *Kultura Baškortostana*. Ufa: Kitap.

Georgi, V. B. , & Ohliger, R. (2009). Geschichte und Diversität. Crossover statt nationaler Geschichte? In V. B. Georgi & R. Ohliger (Eds.), *Crossover Geschichte. Historisches Bewusstsein Jugendlicher in der Einwanderungsgesellschaft*. Hamburg: Körber-Stiftung.

Gibatdinov, M. (2010). Cross-referencing Images of Muslims and Islam in Russian and Tatar Textbooks (1747 – 2007). In G. Jonker & S. Thobani (Eds.), *Narrating Islam: Interpretations of the Muslim World in European Texts* (pp. 62 – 94). London: Tauris.

Gregory, D. (2009). Regional Geography. In D. Gregory et al. (Eds.), *The Dictionary of Human Geography* (5th ed. , pp. 632 – 636). Chichester: Wiley-Blackwell.

Haslinger, P. (2003). Nationalismus und Regionalismus — Konflikt oder Koexistenz? In P. Ther & H. Sundhaussen (Eds.), *Regionale Bewegungen und Regionalismen in europäischen Zwischenräumen seit der Mitte des 19. Jhd. im Vergleich* (pp. 267 – 274). Marburg: Verlag Herder-Institut.

Henderson, G. (2009). Region. In D. Gregory et al. (Eds.), *The Dictionary of Human Geography* (5th ed. , pp. 630 – 632). Chichester: Wiley-Blackwell.

Hinrichs, E. (Ed.). (1990). *Regionalität. Der 'kleine Raum' als Problem der internationalen Schulbuchforschung*. Frankfurt/Main: Diesterweg.

Hirsch, S. , & McAndrew, M. (2014). The Holocaust in the Textbooks and in the History and Citizenship Education Program of Quebec. *Journal of Educational Media, Memory, and Society*, 6(1), 24 – 41.

Kamusella, T. (2010). School History Atlases as Instruments of Nation-State Making and Maintenance. A Remark on the Invisibility of Ideology in Popular Education. *Journal of*

Educational Media, Memory, and Society, 2(1), 113–138.

Knox, P. L., & Marston, S. A. (Eds.). (2010). *Human Geography: Places and Regions in Global Context* (5th ed.). Upper Saddle River, NJ: Pearson Prentice Hall.

Kossak-Główczewski, K. (Ed.). (1999). *Edukacja regionalna mniejszości narodowych i etnicznych. Z wybranych rozwiazań edukacyjnych Białorusinów, Fryzów, Niemców, Sami i Kaszubów*. Gdańsk: Wydawn. Uniwersytetu Gdańskiego.

Kustatscher, E. (2013). Landesgeschichte versus Regionalgeschichte. Die Chancen der Mikrogeschichte, aufgezeigt am "sprachgruppenübergreifenden" Geschichtsbuch für Südtirol. In A. A. Blasbichler, G. Videsott, & W. Wiater (Eds.), *Mehrsprachigkeit und Schulbuch* (pp. 56–63). Bad Heilbrunn: Klinkhardt.

Kustatscher, E., et al. (2010a). *Übergänge und Perspektiven. Grundzüge der Landesgeschichte, vol. 1: Der Tiroler Raum von der Frühgeschichte bis ins späte Mittelalter*. Bolzano: Athesia.

Kustatscher, E., et al. (2010b). *Passaggi e prospettive. Lineamenti di storia locale, vol. 1: L'area tirolese dalla preistoria al tardo Medioevo*. Bolzano: Athesia.

Kustatscher, E., et al. (2011a). *Passaggi e prospettive. Lineamenti di storia locale, vol. 2: Tirolo nell'età moderna*. Bolzano: Athesia.

Kustatscher, E., et al. (2011b). *Übergänge und Perspektiven. Grundzüge der Landesgeschichte, vol. 2. Tirol in der Neuzeit*. Bolzano: Athesia.

Lässig, S. (2012). Übersetzungen in der Geschichte — Geschichte in der Übersetzung? Überlegungen zu einem analytischen Konzept und Forschungsgegenstand für die Geschichtswissenschaft. *Geschichte und Gesellschaft*, 38, 189–216.

Lechner, S., et al. (2013a). *Übergänge und Perspektiven. Grundzüge der Landesgeschichte, vol. 3: Südtirol seit 1919*. Bolzano: Athesia.

Lechner, S., et al. (2013b). *Passaggi e prospettive. Lineamenti di storia locale, vol. 3: L'età contemporanea in Alto Adige*. Bolzano: Athesia.

Lewandowska, I. (Ed.). (2011/12). *Dziedzictwo Ziem Pruskich. Dzieje i Kultura Warmii i Mazur. Podręcznik dla Młodzieży*. Olsztyn: ElSet.

Lottes, G. (1992). Zur Einführung: Staat, Nation, Region — Zu drei Prinzipien der Formationsgeschichte Europas. In G. Lottes (Ed.), *Region, Nation, Europa. Historische*

Determinanten der Neugliederung eines Kontinents (pp. 10 – 43). Heidelberg: Physica-Verlag.

Lüneburgischer Landschaftsverband, E. V. (Ed.). (2010). *Die Lüneburger Heide und das hannoversche Wendland. Eine kleine Landeskunde für das ehemalige Fürstentum Lüneburg.* Uelzen: Westermann.

MacGillivray, B. (2006). *Canada. A Nation of Regions.* Oxford: Oxford University Press.

Molik, W. (2007). O nowy model syntezy dziejów regionu na przykładzie Wielkopolski. In K. A. Makowski (Ed.), *O nowy model historycznych badań regionalnych* (pp. 15 – 34). Poznań: Instytut Zachodni.

Nikitorowicz, J. (2009). *Edukacja regionalna i międzykulturowa.* Warsaw: Wydawnictwa Akademickie i Profesjonalne.

Núñez, X.-M. (2012). Historiographical Approaches to Sub-national Identities in Europe: A Reappraisal and Some Suggestions. In J. Augusteijn & E. Storm (Eds.), *Region and State in Nineteenth-Century Europe* (pp. 13 – 35). Basingstoke: Palgrave Macmillan.

Oueslati, B., McAndrew, M., & Helly, D. (2011). Islam and Muslim Cultures in Quebec French-Language Textbooks over Three Periods: 1980s, 1990s, and the Present Day. *Journal of Educational Media, Memory, and Society, 3*(1), 5 – 24.

Paulmann, J. (2013). Regionen und Welten. Arenen und Akteure regionaler Weltbeziehungen seit dem 19. Jahrhundert. *Historische Zeitschrift, 296,* 660 – 699.

Pernau, M. (2011). *Transnationale Geschichte.* Göttingen: Vandenhoeck & Ruprecht.

Pichler, W. (2013). Dialogisches Verfahren. Das Landesgeschichtsbuch für alle drei Sprachgruppen in Südtirol (Italien). In A. A. Blasbichler, G. Videsott, & W. Wiater (Eds.), *Mehrsprachigkeit und Schulbuch* (pp. 53 – 55). Bad Heilbrunn: Klinkhardt.

Ruchniewicz, K. (2008). Jalta und Potsdam und die Frage der deutsch-polnischen Nachkriegsmigration in sächsischen Schulbüchern. In T. Strobel & R. Maier (Eds.), *Das Thema Vertreibung und die deutsch-polnischen Beziehungen in Forschung, Unterricht und Politik* (pp. 185 – 193). Hanover: Verlag Hahnsche Buchhandlung.

Samper Rasero, L., & Garreta Bochaca, J. (2011). Muslims in Catalonian Textbooks. *Journal of Educational Media, Memory, and Society, 3*(2), 81 – 96.

224 Schiersner, D. (2011). Alter Zopf oder neue Chance? Regionalgeschichte in Historiographie und Geschichtsunterricht. *Geschichte in Wissenschaft und Unterricht*, 62, 50–60.

Schraut, S. (2011). *Kartierte Nationalgeschichte. Geschichtsatlanten im internationalen Vergleich 1860–1960*. Frankfurt/Main: Campus.

Secěnikova, L. F., & Koložvari, I. A. (1998). *Velikij Novgorod i ja. Rabocǎja tetrad*. Moscow: Prosveščěnie.

Seewann, G., & Maier, R. (Eds.). (2015). *Deutsche Minderheiten im Fokus. Schulbücher und Schulbuchprojekte zur Geschichte der Deutschen in einzelnen Ländern Europas, Eckert. Dossiers 5*. http://www.edumeres.net/fileadmin/publikationen/dossiers/2015/ED5_dt_Minderheiten.pdf.

Strobel, T. (2008). Vernachlässigter Nachbar? Polen in sächsischen Geschichtsbüchern und allgemeinen Schulbuchausgaben. In T. Strobel & R. Maier (Eds.), *Das Thema Vertreibung und die deutsch-polnischen Beziehungen in Forschung, Unterricht und Politik* (pp. 195–215). Hanover: Verlag Hahnsche Buchhandlung.

Traba, R. (2007). Ciągłość i historia przerywana. Miasto w długim trwaniu. In K. A. Makowski (Ed.), *O nowy model historycznych badań regionalnych* (pp. 75–88). Poznań: Instytut Zachodni.

Triki-Yamani, A., McAndrew, M., & El Shourbagi, S. (2011). Perceptions du traitement de l'islam et du monde musulman dans le manuels d'histoire par des enseignants du secondaire au Québec. *Journal of Educational Media, Memory, and Society*, 3(1), 97–117.

Van Langenhove, L. (2011) *Building Regions: The Regionalization of the World Order*, Farnham: Ashgate.

Vinogradov, N. B., et al. (2001). *Istorija Urala. S drevnejšich vremen do konca XVIII veka*. Ekaterinburg: Izdat. Doma Učitelja.

Wehling, H.-G. (Ed.). (1987). *Regionen und Regionalismus in Westeuropa*. Stuttgart: Kohlhammer.

Werlen, B. (2000). *Sozialgeographie. Eine Einführung*. Bern: Haupt.

Werner, M., & Zimmermann, B. (2002). Vergleich, Transfer, Verflechtung. Der Ansatz der Histoire croisée und die Herausforderung des Transnationalen. *Geschichte und*

Gesellschaft, *28*, 607 – 636.

Wiater, W. (2013). Mehrsprachige Schulbücher — eine Problemskizze. In A. A. Blasbichler, G. Videsott, & W. Wiater (Eds.), *Mehrsprachigkeit und Schulbuch* (pp. 11 – 21). Bad Heilbrunn: Klinkhardt.

Wiatr, M. (2011). Grenzräume neu vermessen. Multiethnische Raum-Perspektiven in polnischen Schulbüchern. *Geschichte in Wissenschaft und Unterricht*, *64*, 46 – 60.

Zavališin, A. J. (1999). *Istorija dal'nego vostoka Rossii v novoe i novejšee vremja (seredina XVII – XX vek)*. Chabarovsk: Častnaja kollekcija.

Zloch, S. (Ed.). (2015). 'Pruzzenland'. Neue Wege in ein fast vergessenes Land. Retrieved June 23, 2015, from http://www.pruzzenland.eu (home page).

Zloch, S., & Lewandowska, I. (Eds.). (2014). *Das 'Pruzzenland' als geteilte Erinnerungsregion. Konstruktion und Repräsentation eines europäischen Geschichtsraums in Deutschland, Polen, Litauen und Russland seit 1900*. Göttingen: V& R unipress.

第 16 章　教材中的阶级、种族和性别表征

作者 ／ 琳达·奇泽姆（Linda Chisholm）
译者 ／ 郑杰

20 世纪六七十年代的社会运动推动了世界许多地方程度不一但集中致力于解决教材中的种族主义与性别歧视问题。因此，越来越多的教材研究分析了教材中的种族、阶级和性别表征。以下章节不仅检视了关于阶级的一般性研究，亦调查了不同国家关于种族与性别表征的具体的案例研究。

阶级表征

涉及阶级的教材研究主要有三种形式，而每一种都将教材视为更广阔的社会不平等与不公正进程的塑造者与被塑造者。

第一种方法关注的是不同的阶级，例如资产阶级和工人阶级，在教材中的呈现或缺失，以及这种将其纳入其中或排除在外的政治意义。对此，迈克尔·阿普尔（M. Apple）曾认为，"在太多情况下，'合法的'知识都没有将劳工、妇女、有色人种和弱势群体的历史经验和文化表达包括进去"（Apple，2004：185）。这种对弱势群体，特别是对工人阶级历史的排除被认为在使权力当局合法化方面起了特殊的作用，在否定经验和消除工人阶级对其自身历史及其作用的意识方面亦是如此，因而助长了社会与文化产出的不平等。例如，在对美国"工人阶级""中产阶级"和"精英"课堂的研究中，简·安永（J. Anyon）观察到中产阶级和"精英"学校使用的课本对劳动历史的呈现远少于工人阶级学校（Anyon，2008：192）。

这种在教材显性内容中表征的不平等，通常与"隐性课程"的潜在内容中对阶级意识形态更宏观的理解联系在一起，这是该领域研究的第二种途径。例如，在《在意识形态与课程》（Apple，1979）一书中，阿普尔展示了对社会科学文本冲突的处理如何可能导致政治沉默及接受社会现有的权力分配状况（Apple，1979：85）。这种阶级意识形态方面的著作力图表明社会是由共识而非冲突构成的；的确，它们忽视了冲突在科学发展中的作用。在阿普尔后来的著作中，他反对简化论者的分析，因其将所有官方知识视为主流知识（Apple，2004：187）。相反，他强调通过冲突、折中和协商来实现"文化合理性系统的不断重塑和再合法化"（Apple，2004：187）。教材的框架与内容可以而且确实可以发生变化，文本中的对立可以显而易见，新的内容也可以被纳入。但是，这些通常经由"提及"这样一个过程来实现的，即选择性地、有限地吸收以前被排除在外的知识。

第三种方法不太考虑教材显性和隐性内容的合法性作用，而是关注学生可以获得

的各种不同的知识。这里的争议在于不同的学校对于什么是知识的考量是不同的,这种考量取决于学生主要来自哪个社会阶层。例如,简·安永对社会阶层和学校知识的研究显示,在生源主要为来自工人阶层家庭孩子的学校,为孩子们选择的文本内容总体上"包含的信息量少,少有基于探究或独立的基于研究的活动,而更多地强调社会科学知识是需要被记忆的事实"(Anyon,2008:191)。对比生源主要为来自中产阶级、富裕和精英家庭孩子的学校,以工人阶级孩子为主的学校更多地教授了有限的脱离情境的事实性知识,强调行为和程序,而非学术或概念性知识(Anyon,2008:193)。这些学校间的差别为孩子未来的不平等埋下了伏笔。在殖民主义背景下,19世纪对英国工人阶级课程的本土化改编,旨在向殖民地的新皈依者们教授其从属殖民主体们的习惯和价值观,这些自20世纪70年代以来被广为研究(如Hunt Davis,1973/1974;Zimmerman,2010)。

种族表征

在关于种族表征的研究上存在两种明显的趋势。第一种与克瑞恩·苏迪恩(C. Soudien)所说的将"种族的"可持续性和显著性等同于价值和身份认同的记号有关(Soudien,2013:15)。第二种则与不断变化着的理论和政治对持续的"种族显著性"的回应如何影响了对教材表征的研究有关。

为了理解种族为何会持续地成为"20世纪的定义性问题",苏迪恩近来检视了关于种族的争议情况(Soudien,2013)。他指出,无论科学家还是社会学家都认为种族是一个"毫无意义"的概念。通过追溯20世纪40年代和50年代关于"种族的神话"的科学论断到90年代的人类基因组项目,他指出科学界的共识是,"种族"和"幽灵"一样,是一个空洞的概念。它不能凭经验来证明。

许多对教材种族表征的研究得到了类似的启示。有两个例子足以说明这一点:一个例子涉及美国的生物教材,另一个涉及澳大利亚的体育科学教材。莫宁(Morning)发现,"作为生物教学的主题,种族似乎正在回归而非消失"(2008:108)。她研究了美国1952—2002年出版的80本生物教材,结果显示了种族研究的重心如何随时代发生变化,在没有任何实证数据支持的情况下,从表现型研究转变为一种基因型研究。她说明了基于遗传学的种族定义如何越来越得到青睐(p.119)。对种族的直接引用包括提出一种对人类多地起源说的假设,直接驳斥了"具有争议的非洲起源说"(p.124)。对种族的间接引用通常是与"人类遗传课程即遗传学的内容联系在一起的"(p.122)。在她看来,种族作为生物学上的概念是已然存在的,并一直被重塑和重新定义。"这种重塑既不受制于科学数据也不取决于公共透明度"(p.109)。生物教材中关于种族的进一步探讨,亦可参见本书中彼得·巴戈里-西莫所著的内容。

莫宁将教材视为科学与公众的连接面的看法很有见地。她认为教材"加强"了生物种族科学的可信度,继而也加强了种族概念的可信度。通过"对科学和民间知识的成功调和",是维持"种族意识形态了,进而维护我们社会的种族组织的基本要素"(p.108)。教材提供了"专业和非专业的混合知识","反映了科学的和流行的种族观点"以及"商业和政治压力"。因此,"它们提供了如何塑造某些种族信仰,使之变得可信并经久不衰的见解"(p.111)。

从各研究中可以明显看出,这种回归生物学和基因型的情况并不仅仅发生于美国,也许这里最好的代表是对澳大利亚体育教材中生物种族繁殖的研究。麦克唐纳(McDonald)通过追溯体育科学课程和教材,发现这些教材中被植入了"肤色是运动能力的一个决定因素"的观念,且这样的观念早已被学生们视为理所当然(McDonald,2013:186)。他分析了教材内容并对学生进行访谈,其研究结果表明,当教材使用生物种族来解释体育的变异性时,它们几乎只专注于"黑色"身体,而白色身体仍是"不可见的"。

理 论 路 径

雷扎-伊拉什提(Rezai-Rashti)和麦卡锡(McCarthy)强调了三种研究种族的理论路径:多元文化主义、反种族主义和批判性/反思性反种族主义(Rezai-Rashti & McCarthy,2008:529-531)。在多元文化路径中,种族主义被呈现为偏见、歧视、刻板印象和仇恨犯罪。社会被视为一个同质文化的群体,种族主义是一个群体对另一群体的种族偏见的非理性表达(p.531)。这种方法试图理解每种文化的"独特性",却忽视了处于反种族主义和批判性反种族主义理论中心点的论断,即种族主义是系统的、结构性的,在权力关系之中根深蒂固。

通过对来自巴伐利亚的德国教材中移民待遇的研究,格瑞文(Grawan)从理论上阐述了批判性反种族主义路径(Grawan,2014;又见Marmer & Sow,2015)。他借鉴布迪厄(P. Boudieur)和英国文化研究理论家斯图尔特·霍尔(Stuart Hall)的研究,基于葛兰西(A. Gramsci)关于霸权的思想,指出种族是一种与权力、统治和资源分配相关的社会建构,种族主义主要是作为一种隐含的机制,在各个层面(结构、个人和文化)实现权力关系的合法化。生物和文化差异的社会归因使这些权力差异合法化。教材间接地调和了这些差异的价值,并由此参与到维护文化霸权这一广泛的社会项目之中。与批判性反种族主义没有什么不同,批判性种族理论试图理解"种族及其日常实践的复杂性",以及叙事如何将种族主义信仰和实践同建构种族主义的核心过程(如殖民主义和奴隶制等)常态化(Araujo & Maeso,2012)。由此,它在文本中的主观性话语构成涉及权力的微观政治。

这些研究中已经出现了一些颇具影响力的新主题。第一个主题展示了教材如何将种族主义视为对国外特殊群体的偏见。因此,通过借鉴福柯(Foucault)的思想,蒙哥马利（Montgomery，2005a）分析了加拿大历史教材的种族话语。他认为，在20世纪60年代，种族主义被视为特殊的群体、国家或有缺陷的个人的观点，如三K党（Kiu Klux Klan）、德国纳粹或南非种族隔离中的白人至上主义者。更多近期的教材则将种族主义视为没被质疑的"错误"或是对一种正常行为或"我们"的偏离。阿罗约（Araujo）和梅索（Maeso）在研究葡萄牙历史教材时也提到了这一主题（Araujo and Maeso，2012：1269；又见Montgomery，2005a，2005b；Rezai-Rashti & McCarthy，2008）。

通过这种方式，教材的话语显示出种族主义是被定位在国家之外的。然而更深入的调查也揭示了历史教材如何通过想当然的种族化的假设和语言，将种族等同于肤色，规定种族的纯粹性，并推定"白种人文明"的优越性，基于"血缘关系"将种族概念自然化（Montgomery，2005b）。在这里，作者们提请人们注意这样一个事实，即种族的生物学概念没有受到驳斥，正如在澳大利亚的体育科学教材中。这类似于洛文（Loewen）对"美国历史教材中反种族主义的隐形性"的看法（Loewen，1995：131–195）。

第二个相关主题为"他化"过程，是通过对特定群体在另一个时间和空间中的呈现和定位而产生的。因此，美国教材将美洲土著定义为"游牧民族以及白人向西扩张和善用土地的障碍"（Simpson，2011：4；Simpson，2010；Wills，1994：283，286，291）。澳大利亚的教材也是如此，它将澳大利亚土著"置于一个非历史的、定格于某一时间的外来形象中"，"远离主流社会，取而代之的是将其定位为自然界的一部分"（Sharp，2013）。时间和空间以一种通过距离建构差异的方式展开。不同于探险家是澳大利亚进步和未来代言人的描述，澳大利亚土著被牢牢地置于一种去情境化、去社会化和暴力的过往之中。他们被视为"澳大利亚植物群、动物群和野生生物"的一部分（Crawford，2013：95），"就像濒临灭绝的动物物种一样［……］受到保护，其文化也在他们消失之前为人们所研究"（Crawford，2013：96；Sharp，2013：182）。

正如阿罗约和梅索所论证的那样，这种以欧洲为中心的时间和空间表征方式占据了主流，它将"其他民族定格于遥远的时代"并加以疏远，而将欧洲历史、奴隶史和殖民历史展示为"道德上的成功故事"（Araujo & Maeso，2012：1273）。通过对种族的分类、自然化和本质化，这种叙事策略和话语一方面"否认种族主义的严重性和特殊性"（Montgomery，2005a，2005b），另一方面"回避"了关键的权力问题，让这种想当然的知识"看似合理"（Araujo & Maeso，2012：1267）。

阿罗约和梅索继而指出，作为一种范式，欧洲中心主义否定并歪曲了历史，"弱化"了对种族主义的理解，并在地理上将其限定于新帝国主义的时间范围内。其回避并减少了对葡萄牙和西班牙"扩张"和奴隶制度的系统呈现，并将葡萄牙的殖民主义去政治化。在这种观点中，建构"善良的"受害者与"邪恶的"压迫者之间的道德话语，与主张系统性普遍存在的种族主义的多元视角策略一样无能为力，且后者镶嵌于欧洲中心范式之中。在马默（Marmer）和索尔（Sow）对德国教材的调查中，这些关于非洲和"黑"与

"白"形象的建构并不局限于葡萄牙的例子(Marmer & Sow, 2015)。

方法论路径

就研究方法而言,我们观察到由内容分析向话语分析策略这样一个焦点上的转变。许多研究使用量化和质性的混合研究方法(Shadowwalker, 2012)或是混合使用不同的质性研究方法,如内容分析加解释学分析(见如,Morgan, 2010a, 2010b; Grawan, 2014)或内容分析加话语分析。话语和批判性话语分析极其有效地帮助人们理解不那么明确、更微妙的种族主义形式,包括东方主义的建构和"反东方主义"在文本中的作用(Mirfakhraie, 2008)。它并不止步于字面意思,而是还会探究产生了某种意义的言外之意。仔细检视一般和特别陈述之间的关系可以产生对正面和负面描述的见解,也可以对它们所做的但没有说的内容作图像分析,例如,它们是如何呈现和描述主人公的?是将其描述成主动的还是被动的,是密切介入的还是被进一步移除的,是"文明的"还是"不开化的"。威金顿(Wigginton, 2005)研究了多米尼加社会科学教材中对"黑"的表征,通过图像分析,他的研究展示了多米尼加人是如何将"黑"视为"消极的"而将"白"视为"积极的"。

💡 性别表征

将历史和政治带入交织着探索、征服、权力巩固和帝国扩张统治的政治时期,必然意味着通过"在知名的女性身上增加桥段,描述她们在那些时期拥有的地位和权力,以及她们作为名人的妻子和母亲所做的贡献"(Commeyras & Alvermann, 1996:45)。奥利沃(Olivo)对十几本美国政府和政治教材的研究也表明,"女性被排除在主要叙事之外","当她们确实出现时,是以白人、中产阶级女性的形象出现的"(Olivo, 2012:136/137)。

奥斯勒(Osler, 1994)研究了英国国家课程中的36本历史教材,并对研究数据进行分类,归为五大取向:(1)整合法,在传统范式中将女性加入现有内容;(2)革新法,即看到现有方法中的问题,但仍在主流范式下工作,并寻求对伟大女性的表征;(3)肯定取向,超出现有的范式,发展出一种弱势群体的视角,将女性呈现为处于不利地位的群体,但仍用他们自己的术语去研究女性;(4)挑战法,将性别视为一种历史动态和分析类别;(5)转换法,即平衡课程的方法。她的研究不仅表明女性作为作者的表征严重不足,而且整合法、革新法和肯定取向在研究中占据主导地位(Osler, 1994:231)。基于奥斯勒的研究模型,一项针对南非教材的研究发现,三分之二的教材提供了整合法和革新法,只有一本教材包括了肯定取向(Schoeman, 2009:552)。穆特科韦(Mutekwe)和莫迪巴(Modiba)在对津巴布韦的研究中得出结论:这种父权制的方法对女学生的自我概念和自信心产生了负面影响(Mutekwe & Modiba, 2012:369)。

理 论 路 径

对性别不平等和性别歧视的回应可以从自由女权主义、激进女权主义以及后结构主义的转向中窥见一斑(Arnot, 2007；又见 Stromquist & Monkman, 1998)。在20世纪60年代和70年代,自由教育女权主义者主要关注机会和待遇的平等问题,关注歧视和性别歧视,他们认为这些是可以通过提高认识和改变态度来克服的。他们提倡"女孩友好型"学校,并"挑战教材、课程和教学法中带有刻板印象的假设"(Arnot, 2007: 211)。激进女权主义者提请人们注意性骚扰和性别暴力,以及透过语言和教育结构再生的种族、阶级和性别的不平等。20世纪80年代的后结构主义转向见证了一场关于理解身份认同和主体性的运动。

同关于种族表征的研究相比,在后结构女权主义理论和教材分析之间存在一定距离,只有少数例外(见如,Ott, 2013)。理论方法通常被特别置于性别社会化和语言研究中。一些作者使用霸权和意识形态的概念(Mutekwe & Modiba, 2012)和女权主义立场的理论,提出了对女性从属地位的表征呈现常态化的问题(Commeyras & Alvermann, 1996)。总的来说,作者们关注的是性别刻板印象和女性在当代教材中的(不)可见度。历史、政治、艺术、数学和语言教材也都亟待分析。

分析教材在性别社会化中所起的作用以及重新编写教材让其更具性别包容性的策略得到了很好的发展。布鲁盖尔斯(Brugeilles)和克罗默(Cromer)的研究表明,对教学工具和教材的关注可以追溯到1925年国际联盟和1946年联合国教科文组织的工作(Brugeilles & Cromer, 2009a, 2009b)。20世纪70年代女权主义的兴起以及生物学领域的性别(sex)和社会建构里的性别(gender)之分使其研究路径和方法得以完善。布伦伯格(Blumberg, 2008)为《联合国教科文组织全民教育全球监测报告》(2008)做了关于教材中性别偏见的文献综述,他明确了教材和构建性别包容性教材干预对发展中国家的重要性。对性别偏见的关注阐明了自由主义和社会主义的女权主义文献综述中的经典问题,即表征上的平等、女性的可见度和性别分工。而基于性别的暴力表征则得到较少的关注。

方 法 论 路 径

就方法论而言,大多数的研究是量化的。它们很少使用批判性话语分析或者后结构主义女权主义理论。编写的手册是关于如何实施量化研究并明确性别表征的关键维度(Brugeilles & Cromer, 2009a, 2009b)。根据布鲁盖尔斯(Brugeilles)和克罗默提出的方法,他们首先认识到性别表征体现在具有"技能、角色、地位、行动方式和特征"以及"被困于与其他角色互动的网络中"的人物中。每个人物的特征都以文本和插图来表达,因此应关注这两者及两者之间的关系。他们提供了模板示例,使研究人员能够根据性别和年龄对教材中的人物进行统计。分析会显示出每一类别特征出现在文本不同地方的次数。此外,还会统计性别特征,如社会地位、职业和家庭功能、身体特征、活动和行为,以及性格和人格特征等,这些都有助于概述性别在教材中的表征。

我们所检视的研究全部采用了量化研究方法,其目的是为评估教材的显性内容。这些方法测量文本的行数、计算有名字的人物的比例、标题中被提到和索引中被引用的次数,并考量人物在文本中所起的作用(Blumberg,2008:347)。因此,这些研究记录并列出了男性和女性出现的次数,然后考察他们的可见度,以及男性和女性相对于彼此的地位。它们通常使用内容和话语分析来解析隐含内容。在这里,作者对特定文本序列进行了深度的诠释性阅读,以理解与性别相关的隐含意义和象征模式。其中有一篇文章使用了量化与质性的方法,分析比较了瑞典国内作为外语的瑞典语教材中语言的性别化使用。质性方法采用话语分析策略分析人物在某些情境中使用的语言。根据语言的六种特征,即被视为男性和女性言语的刻板化形式,对这些语言进行了分类。通过使用这些术语,研究者对一小部分选定的故事样本加以分析(Gertzell, n. d.)。

在高层次的教育(在公共生活和社会)中,女孩/女性的表征也逐渐减弱,这一点也很重要。在语言研究中,对伊朗和西非法语国家教材研究中的一项重要发现是,女性的表征在小学的最初几年里得到了充分的体现,但在中学教材中,男性的表征逐渐增强,女性的表征则逐渐下降(Brugeilles & Cromer, 2009a;Foroutan, 2012)。此外,在对乌干达教材的研究中,女性被描述为"无助的、情绪化的和无声的"(Barton & Sakwa,2012:180)。

贯穿文本分析的另一个主题是语言使用是否发生了重大变化,例如使用通用的"他"(he),以及不管何时提到女性和男性时,将男性置于首位。李(Lee)和柯林斯(Collins)在对澳大利亚和中国香港地区语言教材的研究中发现,虽然"两套教材在男性角色相较女性角色的严重偏向率,[以及]它们对女性和男性的社会和家庭角色的表征上没有太大差别[……]其中[女性]扮演着比男性更弱、更消极的角色"(Lee & Collins,2010:133),它们在代词使用上存在区别。通用的"他"在澳大利亚几乎消失了,而在香港,使用"他/她"则更为普遍。不少研究指出语言使用在这个方面发生了变化,但男性优先原则没有改变。

结论

结论:阶级

尽管全球范围内的阶级不平等仍在继续,但近些年来对教材中关于阶级描述的研究数量似乎已经有所减少,且远少于对种族和性别的研究。部分原因或许是自柏林墙倒塌以来马克思主义分析失去了牵引力,又或许是因为后现代主义的兴起及对无视肤色和性别的阶级分析的批判。未来研究如能认识到阶级的关联性本质以及种族、阶级和性别的交叉性，将大有可为（Sleeter & Grant，1991，2011；又见，Markom & Weinhäupl，2007；Mirfakhraie，2008）。

结论：种族

尽管自然科学和社会科学都把种族视为一种神话，最近关于种族表征的研究明确显示种族话语及其图像在教材中是持续存在的。人们探讨了基于生物学的种族概念是如何被重建、重塑并被呈现为"常识"，从而加强了我们/他们的二元对立的。批判性话语分析和批判性种族理论使我们能够读懂官方文本的言外之意。新的探索领域可以涉及国家和学校科目之间的差异及对情境和教材话语之间关系的分析。

结论：性别

所有研究都得出了相同的结论：对教材各个方面的分析都显示，相对于男性，女性的表征不足，女性被消极表征且被不当地呈现。这些研究包括一系列国家和学科。因此，例如，自特雷克（Trecker）发现教材中"女性的待遇"仅仅反映了社会的态度和偏见以来，美国历史教材的内容几乎就没有被变更过（Trecker，1973：138）。对美国世界史、艺术史和政治学教材的研究都支持了她的论点（Olivo，2012；Cornish et al.，2012；Commeyras & Alvermann，1996）。英国1991年历史科国家课程采用的英国历史教材和后种族隔离时期的南非历史教材（Osler，1994；Schoeman，2009）；德国、喀麦隆和西非法语国家使用的数学教材（Ott，2013；Brugeilles & Cromer，2009a，2009b）；澳大利亚与中国香港地区（Lee & Collins，2010）、伊朗（Foroutan，2012）、津巴布韦（Mutekwe & Modiba，2012）和乌干达（Barton & Sakwa，2012）的语言教材亦是如此。依布伦伯格（Blumberg，2008）所述，来自叙利亚、印度、罗马尼亚、中国和美国的案例研究显示，因性别分层和角色归属系统，女性在教材中仍然没有得到充分表征，且被模糊化了。

但是，这种模式也有例外。例如，相较于呈现更广泛社会环境下显而易见的性别分化和不平等的社会模式，瑞典教材中对女性的表征更值得称道（Blumberg，2008）。从奥特（Ott，2013）对德国数学教材的研究中也可以看出，教材在过去的一个世纪中变得更加性别中立，一方面给予男性被呈现为专业人士、养家糊口者和发起者的特权，比起将男性描述为父亲，女性被更多地描述为母亲，与此同时，它们也呈现了所有社会角色和活动对男性和女性均等开放，并将两性都视为问题解决者。这两项研究都提出了关于教材自身建构的复杂性和文本与情境之间的关系——对这些矛盾的分析似乎有望为此领域的研究指明令人兴奋的新方向。

关于性别表征的研究表明，在某些特定情境下，女性的表征情况可能有所改善，但绝大多数情况下，女性和男性的建构依然深陷于传统和保守的立场之中，这些立场否认、贬低女性并将女性边缘化。研究围绕着这些问题：教材如何协调性别的不确定性？如何在教材研究中使用后结构主义的女权主义方法阐明女性气质/男性气质的建构？以及，这些情况在不同学校科目中如何随着时间发生变化？更多的研究可以放在这些建构的关系，以及不同的社会领域中男性和女性真正的量化表征上。

  本章探讨了近期的一些文献，这些文献涵盖了在学校教育中强调结果和表现的教育全球新趋势引发社会运动和国际组织关注点转变时期，教材对阶级、种族和性别的表征。女孩和男孩的表现可能深受教材中性别表征的影响，无论是在自然科学、社会科学或人文领域，这一点在以上讨论的近期研究方法中都被忽略了。

  如前文所述，许多关于教材中的性别研究是量化的，可见来自后结构主义的影响显然是有限的。在批判性反种族主义研究背景下，量化和质性研究策略的结合却已然富有成效，可以在教材的性别研究中加以探索。同样，针对性别的教材研究表明，共同努力抵制教材中的性别歧视和性别不平等是国际机构工作的核心部分。那么是否可以针对阶级主义和种族主义制定类似的干预措施？

  尽管已经形成关于种族、性别权力和平等的全球言论，但在评估跨学科的教材的日常话语时，并没有取得什么成果。许多研究就特定时间特定情境提出了深刻的见解。更多的历史和比较研究关注了特定领域中教材一直以来的变化，并将其与国际背景下的教材进行比较，这或许会对教材表征为何及如何可以或应该发生变化提供更多的见解。此文献综述未能检视一些代表性的区域，例如没有涉及对原苏联社会主义阵营国家的研究，这是一个明显的缺失。此外，我们仍需持续关注种族、阶级和性别认同的共同建构，以及它们各自建构的特殊性。

参考文献

Apple, M. (1979). *Ideology and the Curriculum.* London：Routledge Kegan Paul.

Apple, M. (2004). Cultural Politics and the Text. In S. Ball (Ed.), *Routledge Falmer Reader in Sociology of Education.* London：RoutledgeFalmer.

Anyon, J. (2008). Social Class and School Knowledge. In L. Weiss (Ed.), *The Way Class Works: Readings on School, Family and the Economy.* New York：Routledge.

Araujo, M., & Maeso, S. R. (2012). History Textbooks, Racism and the Critique of Eurocentrism：Beyond Rectification or Compensation. *Ethnic and Racial Studies*, 35(7), 1266-1286.

Arnot, M. (2007). Education Feminism, Gender Equality and School Reform in Late Twentieth Century England. In R. Teese, S. Lamb, & M. Duru-Bellat (Eds.),

International Studies in Educational Inequality. Theory and Policy Volume 2: Inequality in Education Systems. Dordrecht: Springer.

Barton, A., & Sakwa, L. N. (2012). The Representation of Gender in English Textbooks in Uganda. *Pedagogy, Culture and Society*, 20(2), 173–190.

Blumberg, R. (2008). The Invisible Obstacle to Educational Equality: Gender Bias in Textbooks. *Prospects*, 38, 345–361.

Brugeilles, C., & Cromer, S. (2009a). *Promoting Gender Equality Through Textbooks. A Methodological Guide.* Paris: UNESCO.

Brugeilles, C., & Cromer, S. (2009b). *Analysing Gender Representations in School Textbooks.* Paris: CEPED.

Commeyras, M., & Alvermann, D. E. (1996). Reading About Women in World History Textbooks from One Feminist Perspective. *Gender and Education*, 8(1), 31–48.

Cornish, D. M., Carinci, S., & Noel, J. (2012). Gender Representation in AP Art History Textbooks. In H. Hickman & B. Porfilio (Eds.), *The New Politics of the Textbook. Problematizing the Portrayal of Marginalized Groups in Textbooks.* Rotterdam: Sense Publishers.

Crawford, K. (2013). Constructing Aboriginal Australians, 1930–1960: Projecting False Memories. *Journal of Educational Media, Memory and Society*, 5(1), 90–107.

Foroutan, Y. (2012). Gender Representation in School Textbooks in Iran: The Place of Languages. *Current Sociology*, 60(6), 771–787.

Gertzell, J. (n. d.). *Gender, Language and Second Language Education: A study of Swedish EFL Texts.* BA Degree Paper, University of Gothenburg Department of Languages and Literature.

Grawan, F. (2014). *Impliziter Rassismus und kulturelle Hegemonie im Schulbuch? Rassismuskritische Analyse und objektivhermeneutische Rekonstruktion.* Eckert Working Papers 2014/2. http://www.edumeres.net/urn/urn: nbn: de: 0220–2014–00165.

Hunt Davis, Jr., R. (1973–4). 1855–1863: A Dividing Point in the Early Development of African Education in South Africa. In *The Societies of Southern Africa in the 19th and 20th Centuries* (vol. 5). London: University of London: Institute of Commonwealth Studies. http://sas-space.sas.ac.uk/4019/1/R_Hunt_Davis_Jr_-_1855–1863%2C_A_dividing_point_in_the_early_development_of_African_educa-tion_in_South_Africa.pdf.

Lee, J., & Collins, P. (2010). Construction of Gender: A Comparison of Australian and Hong Kong English Language Textbooks. *Journal of Gender Studies*, 19(2), 121–137.

Loewen, J. (1995). *Lies My Teacher Told Me: Everything Your American History Textbook Got Wrong*. New York: Simon and Schuster.

Marmer, E., & Sow, P. (Eds.). (2015). *Wie Rassismus aus Schulbüchern spricht. Kritische Auseinandersetzung mit "Afrika"-Bildern und Schwarz-Weiß-Konstruktionen in der Schule: Ursachen, Auswirkungen und Handlungsansätze für die pädagogische Praxis*. Weinheim, Basel: Beltz Verlag.

McDonald, B. (2013). The Reproduction of Biological "Race" Through Physical Education Textbooks and Curriculum. *European Physical Education Review*, 19(2), 183–198.

Mirfakhraie, A. H. (2008). *Curriculum Reform and Identity Politics in Iranian School Textbooks: National and Global Representations of Race, Ethnicity, Social Class and Gender*. PhD, University of British Columbia.

Montgomery, K. (2005a). Imagining the Anti-Racist State: Representations of Racism in Canadian History Textbooks. *Discourse: Studies in the Cultural Politics of Education*, 26(4), 427–442.

Montgomery, K. (2005b). Banal Race Thinking: Ties of Blood, Canadian History Textbooks and Ethnic Nationalism. *Paedagogica Historica. International Journal of History Education*, 41(3), 313–326.

Morgan, K. (2010a). Reflexive Grappling with Theory and Methods of Text Analysis: Race and Racism Represented in History Textbooks. *South African Historical Journal*, 62(4), 753–770.

Morgan, K. (2010b). Scholarly and Value-Driven Objectives in Two South African School History Textbooks: An Analysis of Topics of Race and Racism. *Historical Social Research*, 35(3), 299–322.

Morning, A. (2008). Reconstructing Race in Science and Society: Biology Textbooks 1952–2002. *American Journal of Sociology*, 114, 106–137.

Mutekwe, E., & Modiba, M. (2012). An Evaluation of the Gender Sensitive Nature of Selected Textbooks in the Zimbabwean Secondary School Curriculum. *Anthropologist*, 14(4), 365–373.

Olivo, C. (2012). Bringing Women In: Gender and American Government and Politics Textbooks. *Journal of Political Science Education*, 8(2), 131–146.

Osler, A. (1994). Still Hidden from History? The Representation of Women in Recently Published History Textbooks. *Oxford Review of Education*, 20(2), 219–235.

Ott, C. (2013). Geschlechtsidentität (en) im Mathebuch. Was die Sprache in Bildungsmedien über ihre Gesellschaft verrät. *Schulpädagogik heute*, 8, 1–11.

Rezai-Rashti, G. M., & McCarthy, C. (2008). Race, Text and the Politics of Official Knowledge: A Critical Investigation of a Social Science Textbook in Ontario. *Discourse: Studies in the Cultural Politics of Education*, 29(4), 527–540.

Schoeman, S. (2009). The Representation of Women in a Sample of Post 1994 South African School History Textbooks. *South African Journal of Education*, 29(4), 541–556.

Shadowwalker, D. M. (2012). *Where Have All the Indians Gone? American-Indian Representations in Secondary History Textbooks*. PhD, University of Arizona.

Sharp, H. (2013). What We Teach Our Children: A Comparative Analysis of Indigenous Australians in Social Studies Curriculum, from the 1960s to the 1980s. *Social and Education History*, 2(2), 176–204.

Simpson, M. W. (2010). American Indians at Wounded Knee in Current U. S. History High School Textbooks: Discourse Analysis Using the Appraisal Judgment System. *Indigenous Policy Journal*, XXI(2), 1–9.

Simpson, M. W. (2011). US School Curriculum and American Indians: Some Theoretical Considerations. *Social Sciences Research Network*, 195. http://sssm.com/abstract=1870.

Sleeter, C., & Grant, C. (1991). Race, Class, Gender and Disability in Textbooks. In M. Apple & L. Christian-Smith (Eds.), *The Politics of the Textbook*. New York: Routledge.

Sleeter, C., & Grant, C. (2011). Race, Class, Gender, and Disability in Current Textbooks. In E. Provenzo Jr., A. Shaver, & M. Bello (Eds.), *The Textbook as Discourse. Sociocultural Dimensions of American Schoolbooks*. New York: Routledge.

Soudien, C. (2013). "Race" and Its Contemporary Confusions: Towards a Re-Statement. *Theoria*, 60(136), 15–37.

Stromquist, N., & Monkman, K. (Eds.). (1998). *Women in the Third World: An Encyclopaedia of Contemporary Issues*. New York: Garland Publishing.

Trecker, J. L. (1973). Women in US High School Textbooks. *International Review of Education*, *19*(1), 133–139.

Wigginton, S. (2005). Character or Caricature: Representations of Blackness in Dominican Social Science Textbooks. *Race, Ethnicity and Education*, *8*(2), 191–211.

Wills, J. (1994). Popular Culture, Curriculum and Historical Representation: The Situation of Native American History and the Perpetuation of Stereotypes. *Journal of Narrative and Life History*, *4*(4), 277–294.

Zimmerman, A. (2010). *Alabama in Africa: Booker T. Washington, the German Empire, and the Globalization of the New South*. Princeton, NJ: Princeton University Press.

第 17 章　作为教材分析主题的宗教：范例性概述

作者 / 兹琳卡·什蒂马克（Zrinka Štimac）
译者 / 吕玉曼

宗教与教材研究

目前，政治界、媒体界和学术界正就所谓的宗教复兴展开讨论，全球化、多元化和去世俗化被认为是从不同方面推动宗教复兴的因素。尽管如此，这一现象似乎并不新鲜。早在 20 世纪 70 年代，随着定期前往教堂的忠实信徒人数的减少，西方世界对新的宗教运动和个人信仰表达的兴趣开始上升（Luckmann，1971；Barker，1990）。与此同时，向西方世界移民也造成了宗教生活方式的多元化（见如，Pollack，2003—2012；Tomka & Zulehner，2000）。基于这些进展，最近的研究不再将"宗教"简单地定义为世俗的对立面，而是致力于确认在世俗世界中出现的宗教形式（Wohlrab-Sahr & Burchard，2012：881）。这些社会现象的发展表明，对教材和教育媒介的研究与对宗教的广泛兴趣是分不开的。

"宗教"一词在不同时期有不同的定义。古代欧洲存在几种相互矛盾的定义。启蒙运动见证了受基督教影响的"宗教"概念让位于所谓的"自然宗教"的概念，后者被认为是上层建筑，塑造了一种超越所有个人信仰之上的理性形象。宗教研究学科与"宗教"这一概念的历史及其产生的思想存在长期的密切联系。对在宗教概念中采用欧洲中心论的局限性的批判，使我们更加清晰地认识到宗教表达的全球多样化，如印度教的"达摩"、佛教的"法"和犹太教的"圣约"（Figl，2003：163）。

教育媒介研究包含了许多不同的宗教观念，这些观念受到不同学术规范的影响。这些研究将宗教的定义划分为不同类别：在这里我们可以将这些研究概述为试图明确"宗教"本质的研究、围绕"宗教"功能的研究以及主要与文化问题相关的研究，这些研究借鉴了符号理论和话语概念。第一种关于"宗教"本质的研究强调特定宗教形式的特定"宗教"属性，并从现象学的角度加以研究，例如通过寻求这些属性阐明"宗教"的本质。心理学上的定义指的是带有宗教光环的特殊经历，而社会学方法对"宗教"一词的处理则强调宗教仪式和社区形式研究的重要性（Pollack，1995）。在另一个分析层面上，功能定义试图确定宗教为个人和社会服务的目的。这些研究方法指出，虽然在个人层面上宗教有助于人们克服恐惧和不确定性，但在社会层面上宗教有助于支撑、建立和合法化社会统治秩序。符号人类学研究方法将宗教视为一个符号系统，它能创造持久的情绪，赋予个体特定的动机，并使这两者都具有真实感，这意味着这些"情绪"和动机似乎与现实完全符合（Geertz，1987：48）。与此同时，基于话语理论的主题研究不再将"宗教"视为一个封闭的系统，而是将其作为一个交流系统，或是一个开放性的舞台，不同主角以各种不同的组合相互作用（von Stuckrad，2003：257）。

教育媒介研究中的宗教：概览

教材和教育媒介中的宗教研究涉及多个学科，涵盖广泛的地理区域和调查问题。学校课程主要聚焦宗教教育、历史、地理、社会研究、语言和伦理教育，其中，伦理教育是一门相对较新的学科，通常强调文化间性和跨宗教教育（Jackson，2014）。

研究人员所涉及的与教育媒介和宗教相关的问题，因相关地理环境和特定教育政策背景而异。我们可以通过几个例子来说明这一点：在东南欧，从共产主义和最近战争的经验看，宗教教育是一个重要的社会问题。聚焦该地区的教材分析审查了所有形式的宗教教育，经常探索与宗教相关的教材描述中意识形态的批判内容出现的程度，或者试图阐明对民主制度明确或隐晦的态度（Husremović et al.，2007）。来自东欧或中欧的研究经常将宗教视为一种积极的教育资源（Pusztai，2008）；例如，某研究围绕着本地区的宗教教育教材是否符合文化间性教育标准展开（Shakhnovich，2015）。美国等国家也涉及了有关宗教的教材研究，在这些国家中宗教教育并不是学校里的常规课程（关于对伊斯兰教的描述，见 Douglass，1998，2005）。埃及高等教育部发起的一个项目，探索了在欧洲、美洲、亚洲和非洲历史教材中对伊斯兰教和阿拉伯文化的表征（El-Halougi，2016）。

本节将回顾自 20 世纪 80 年代以来，共时设计的比较研究所关注的焦点问题的变化。第一个基于广泛分析的此类研究发表于 1986 年，它调研了在德国宗教教育、历史和地理教材中伊斯兰教的形象在多大程度上受到偏见和防备性态度的影响（Tworuschka & Falaturi，1986）。作者们首先关注了预先设定的宗教维度及其描述，如著作、实践和标志性人物，仅在对地理教材进行分析时没有参照这些类别并考虑它们之于宗教的特殊性。该研究结果批判性地指出，教材中的伊斯兰教形象过于简单，有时甚至不准确，并提出了改进建议（Falaturi & Tworuschka，1992）。

2007 年的一项最新研究得出了不同的结论，该研究注意到德国宗教教育、伦理和历史教材中对个体的伊斯兰教活动进行了积极描述（Biener，2007：27ff.）。但需要警惕的是，这些书籍忽略了受伊斯兰教影响的伦理争论和它们所涵盖的历史信息的普遍简略性（Biener，2007：446，438ff.）。

2011 年发表的一项对德国、奥地利、法国、西班牙和英国的历史与政治研究教材的国际比较分析，试图确定将特征归因于伊斯兰教和穆斯林的普遍性和两极化趋势的程度（Kröhnert-Othman et al.，2011）。该研究的作者分析了 2005—2010 年出版的 27 本初高中教材，结果表明，这些教材倾向于以非历史的方式描述伊斯兰教，并且在很大程度上具有同质化和简略化倾向。研究发现,在20世纪背景下,这些书经常将"伊斯兰教"和伊斯兰主义与暴力联系在一起。该研究还证实了,对基督教和伊斯兰教共同的历史以及文化交流实例的描述仅限于非常孤立的事件。

最新的一些研究关注伊斯兰宗教教育教材,这类教材最近被引入一些欧洲国家的学校。在德国,这类研究倾向于优先考虑该问题的教学和神学方面(见如,Behr,2005;Mohr,2009;Kiefer,2012;Spenlen 2012;Müller,2013)。来自瑞典的研究分析了课堂环境中的问题(Berglund,2010)。批判性观察家(Spenlen,2012)指出,许多对伊斯兰宗教教育教材的分析都是基于政治的迫切需要;正如在奥地利进行的一项研究(Reiss,2014)试图确认这些教材是否有助于穆斯林融入主流社会,以及教材内容是否符合民主价值观。该研究还探讨了这些教材对青少年身份认同形成过程的影响,以及对其他宗教和穆斯林与主流社会互动过程的描述(Reiss,2014:91)。研究表明,奥地利使用的教材虽然传递了国家所宣扬的一般价值观,但往往与奥地利社会、穆斯林学生的日常生活和其他宗教无关。2006年发表的一项大规模比较研究调查了土耳其、伊朗、埃及和巴勒斯坦所有学科和年级的教材中对基督教的描述(Hock & Lähnemann 2005)。作者以"跨宗教教材研究"作为方法论基础(Hock & Lähnemann pt. 3,2012:24),因此,他们考虑了诸如这些书中对基督教的描述以及对宗教历史、神学和文化方面的描述的真实性或其他方面的问题。此外,他们还探讨了如何处理传教这一现象以及如何考虑教育因素,尤其是与媒介教育有关的因素。

早期阶段的教材研究考察了天主教和新教教育教材中对犹太教的描述(见如,Omland,1979;Kastning-Olmesdahl,1981;Schatzker,1994),观察这些描述的准确性,并试图确认它们是否存在偏见或刻板印象。最近一项关于加拿大魁北克教材的研究转而关注教材对当地犹太教的看法以及它们所传达的关于该宗教的知识。研究发现,虽然教材确实将犹太教作为魁北克历史遗产的一部分,但是教材往往侧重于正统的表达方式,有时还掩盖了当代犹太教的多样性(Hirsch & McAndrew,2014:95)。

最近的研究涵盖了世俗价值观教育和那些无任何宗教信仰的群体(Wöstemeyer,2018),其中包括但不限于无神论者、不可知论者、怀疑论者、人文主义者和"自由思想家"。研究问题包括这类群体出现在教材中的主题情境,以及用来讨论这类群体时所使用的术语、图像和叙事。有趣的是,以信仰为基础的教材——诚然更像是经过深思熟虑后——才触及这些现象。对东德(Staatsbürgerkunde)"公民教育"教材的研究,分析了其官方的世界观。这种分析之所以具有创新性,是因为它将这些教材的叙事效果及其所包含的话语定性为"宗教"或在本质上"笃信宗教的",甚至在没有明确提及宗教的情况下,也可以将这种叙事方式作为一个分析类别来使用。

自世纪之交以来,受社会内部宗教多元化兴起的影响,研究焦点日益转向教材对宗教多元化产生的问题的处理。在这样做的过程中,除其他外,研究已经证明教材倾向于参照进化论的概念建立宗教等级制度,例如,魔法概念的出现仅与非洲宗教有关,而不出现在印度教背景下(Lewis,2014:200ff.)。同样,教材几乎总是在开篇介绍史前和传统社会的宗教,在最后章节介绍基督教,从而含蓄地宣称这是进化过程的完成或完善。研究进一步确定了被极端地理和文化距离分隔开来的民族的宗教倾向,如毛利人、因纽特人和美洲土著,发现它们共同被冠以"原住民的宗教",处于"世界宗教"的对立面,没有传教活动,也没有圣书和典籍。许多教材描述这些群体时都不遗余力地声称,他们难以适应不断变化的环境,并由此推断出基督教的进化优势(Cusack,2014:121)。教材经常强调诸如女性割礼之类的做法,并将之整合成为"非洲宗教"的刻板印象(Lewis,2014:198)。

对世俗"伦理"课程、综合课程和学校新近推出的类似课程中的教材进行的研究,经常探究这些课程讨论的是哪些宗教、在这些课程中占主导地位的是哪些宗教观念,以及它们对宗教的评价是积极的还是消极的。一项针对日本的研究发现,这些教材也构建了宗教间的等级关系,基督教和大乘佛教作为"世界宗教",其地位高于犹太教和印度教等"民族"宗教。此外,它们还将基督教描述为一种爱的宗教,而佛教则是一种"环境友好型"宗教。教材通过这种方式间接向读者传达一种暗示,以此促进对耶稣和佛陀教义的信奉(Fujiwara,2014:59)。一项对德国伦理书籍的分析试图找出宗教在身份认同构建过程中所扮演的角色,研究发现其中一些书籍似乎把信仰某一宗教视为软弱的表现。该研究的进一步结论是,这些书籍通常将宗教与社会之间的关系描述为是存在问题的。另一项研究旨在证实教材是否需要讨论不同宗教之间的相互作用,如果需要的话,又是如何讨论的。在极少数情况下,研究发现,教材要么单方面关注所谓的亚伯拉罕宗教,要么将考虑置于对宗教历史的透视中,而宗教历史假定不同宗教具有共同的历史背景(Štimac,2014)。

一项从历时比较的角度出发的研究(这类研究是比较少见的),重建了德国教材中印度和印度教形象随时间而发生的变化(Linkenbach,2015)。研究结果表明,20世纪90年代,教材中印度教相关内容被频繁缩减为婆罗门教内容,并且宗教的家长式和东方化表现体现了一种缺乏个性化的倾向。作者在最近的教材中发现了更大的差异,其中包括对印度哲学、宗教内部多元化、宗教宽容和瑜伽的讨论,然而这些都包含在对印度教的"外来性"和他异性的持续强调之中。

研究者对教材中伊斯兰教的形象也进行了纵向的历史研究。一项针对瑞典历史和宗教教育教材的研究认为,事实上的谬误在某些情况下是普遍和持久存在的,伊斯兰教中的女性发现她们主要被认为是丈夫的附庸(Härenstam,2009:173)。旧书中将"圣战"描述为一种精神和肉体的训练,而不是一种旨在统治世界的运动(Härenstam,1993:202f.)。一项对跨越一个世纪的瑞士教材的研究(Jödicke,1997)强调了随着时间推移可观察到的变化,从20世纪70年代起,旧书中主要围绕教理知识、历史事实和宗教的象征性概念的内容倾向于占据主导地位。这项研究所记录的最显著的积极进展是重新评估了欧洲中心主义对伊斯兰教的看法,而这种看法造就了之前几十年的光景。这就是说,作者认为最近的教材在断言传统伊斯兰教宗教信仰与现代欧洲社会之间的冲突时构建了一个新问题(Jödicke,1997:111f.)。一项关于德国历史教材中对伊斯兰教描述的调查跨越了更长的时期,即1700—2005年(Jonker,2011),该研究通过参考并与持久(longue durée)这一概念保持一致,确定并揭示了描述的连续性。这项研究指出了几个世纪以来反复出现的对伊斯兰教进行描述时的几个典型特点:先知穆罕默德和"他的宗教"、十字军东征等。这种论述一直持续到20世纪60年代土耳其"客籍工人"的子女进入到德国课堂。从20世纪90年代起,教材开始区分"我们"和"他们"两种观念,课堂实际上变成了"民族志领域"。作者认为,尽管形势发生了变化,但"欧洲"和"伊斯兰教"之间的界限仍是教材描述的一个关键主题。

尽管所有作者都采用了特定的理论和方法路径,但其中一些作者在他们的讨论中凸显了以下这些考虑因素。一项对瑞士教材的分析指出(Frank,2014),教材内容中狭隘的宗教概念以及固有的偏见和刻板印象占主导地位,神学信息与来自不同学科的宗教研究之间存在部分重叠。此外,该研究发现,教材通常忽略了为其传递的内容提供理论基础,只提供了大量关于"宗教"的定义,却没有批判性地讨论它们的来源。同样,教材也没有理由将特定的宗教划分为"世界宗教"。研究结果表明,这些书籍倾向于将宗教描述为"文化记忆"的一部分,而没有以实证的方式审视生活中的宗教信仰。

无独有偶,2014年出版的《教材之神》也得出了类似结论,它指出教材中的宗教观念一方面是人类发展的重要资源,另一方面是对"神圣"或"超出理性解释的事物"的模糊理解(Andreassen & Lewis,2014)。虽然该研究批评了教材中出现的将宗教有效地转化为象征性符号的明显倾向,但也赞扬了教材的美学方法,及其创造的一种积极含蓄、富有同情心的宗教观念,这种观念努力使课堂教学内容和学生的现实生活之间建立联系。该书在方法论方面同样具有很强的指导意义(Andreassen & Lewis,2014)。其中一章(Thobro,2014)聚焦英国出版的教材,探讨了与宗教有关的地图,指出了在这些地图中或通过这些地图呈现的不同话语,尽管它们与上下文或共同文本(相关书籍)很接近。例如,研究发现,地图中会显示教材单元中没有讨论的宗教,并且教材文本中没有提到地图背后蕴含的理论观点。本章节作者(Štimac,2017)对波斯尼亚和黑塞哥维那的伊斯兰教宗教教材进行的研究采用了以布迪厄(Bourdieu)为蓝本的实践方法,旨在重建被调研的教材中隐晦传递的习惯。研究发现,这些教材的内容与参与教材制作的人所处的社会地位密切相关,并且这些教材本质上创造了一种目前尚未存在的习惯,其出现是未来的事情。同样,对德国历史教材的另一项人类行为学研究(Schmitz,2018)调查了教会发布的专家意见对这些教材提供的宗教信息的影响,研究发现宗教领域的参与者对教材内容的选择具有重要作用,尽管令人惊讶的是,这个角色似乎与相当程度的批判性自我反思密切相关。

💡 理论路径

在文化间性[1]和跨宗教教育领域采用建构主义方法的背景下,无论是较早还是最近的教材研究中,宗教多元化都是占据主导地位的理论模式。诸如"世界宗教""重新伊斯兰化"和"一体化援助"等关键术语(Tworuschka, 1986),以及包括身份认同、自我认知、他人认知(Jödicke, 1997)和宗教景观变化(Frank)在内的概念,都被解读为多元化程度的标志。社会多元化本身是通过对比几种宗教观点(Lewis, Frank, Sotoko, Biener),或通过研究广泛的宗教定义内容(Wöstemeyer, Kirsch),以特定宗教为焦点进行或显性或隐性的探讨(Jödicke, Reiss, Hock & Lähnemann, Linkenbach, Biener, Hirsch, Schatzker,及其他)。一些研究将多元化与所谓世界宗教的全球化进程联系起来。相比之下,对新的宗教运动或特定宗教团体内部的宗教多元化则缺乏关注。

一些研究从现代主义和世俗化理论的立场出发进行讨论,试图追溯民主国家(Frank, 2009: 21)和冲突后国家(kuburić; Moe & Pusztei)的社会发展。其他的教材分析强调了这样一种观点,即正是教材本身在现代化和伊斯兰教之间造成了对立(见Kröhnert-Othman, Jödicke, Reiss,以及,在某种程度上,Biener)。

欧洲研究者对非欧洲民族的教材中的形象存在很大程度上无意识的先入之见,在对这些先入之见产生的影响以及这些先入之见如何促使帝国主义合法化的研究中开始出现了后殖民主义方法(Linkenbach, Lewis, Cusack, Kröhnert-Othman)。其中一些研究已经证明了,在我们认为的殖民时代以外的"其他"殖民活动的延伸中,简略化、边缘化和"陌生"结构占主导地位,例如,教材与印度教之间的互动(Linkenbach),还有教材中坚持的东西方、南北方以及本土和国际参与者之间的二元论观点。在其他研究中,类似的方法是批判欧洲中心主义的核心方法(Raheb, 2018)。

只有少数作者提出了教材如何定义和确定宗教和非宗教之间的关系这一问题,在宗教信仰和世俗化出现新形势的背景下,这一问题日益突出。一些研究是基于宗教与非宗教之间的对立这一假设进行的(Wöstemeyer, 2018; Kirsch, 2018),而其他一些研究则认为情况并非如此(Wohlrab-Sahr & Burchard, 2012)。我们认为有必要探讨教材对这些类别的归属和归因。

💡 研究方法

这一领域的大多数研究都采用了话语分析方法,并结合了质性和量化方法(Hock & Lähnemann, Biener, Linkenbach, Jödicke, Hirsch, Cusack, Lewis, Schleicher, Wöstemeyer, Kröhnert-Othmann)。所采用的方法包括文学方法(Kirsch)、传播研究方法

（Frank，Thobro）和社会科学方法（Schmitz，Štimac）。历史领域的研究往往倾向于采用解释学方法（Jonker）。

质性内容分析通常通过一系列问题进行研究，旨在探讨特定宗教的组织、结构特征、内容以及课程意图。20世纪80年代的一项关于基督教新教宗教教育教材的分析（Tworuschka et al.）在后来受到批评，因其所记录的与伊斯兰教相关内容的标准过于狭隘（Hock，Lähnemann，Biener）。对德国地理教材中有关伊斯兰教描述的研究形成了一个分析系统，该系统旨在讨论在东方城市等原始环境中穆斯林和伊斯兰教广泛的地理传播、伊斯兰教世界的文化成就（包括科学、技术和建筑）、殖民化、穆斯林人口的居住条件，以及穆斯林在德国（西德）的居住地点和方式（Fischer，1987）。对阿拉伯语媒介教材中关于基督教描述的研究，沿着类似的方法论路线，对有关基督教"显性""隐性"和"包容性"的讨论进行了区分（Bartsch，2005：36ff.）。该研究将所有明确提及或讨论基督教的文本归类为"显性"文本，而"隐性"文本则是指那些尽管没有直接提及基督教，但与书中对基督教的描述或基督教背景相关的文本。从伊斯兰教的角度进行描述，"包容性"这一范畴适用于对基督教和伊斯兰教都有重要意义的内容（Bartsch，2005：37）。对这种方法的批判呼吁要更多地分析伊斯兰教内容的多元化、对伊斯兰教发挥作用的教育思维方式、各种社会政治行动者，以及对教材内容产生政治影响或试图通过教材影响政治形势的一系列条件（Raheb，2018）。

一项关于伊斯兰教的研究，基于对伊斯兰教"维度"的分析，将"伊斯兰教"区分为一种宗教系统，一种生活方式，一种历史、民族或文化现象，一种文化现实和一种意识形态（Jödicke，1997：21ff.）。一项对欧洲各国教材中有关伊斯兰教的描述的广泛探索（Kröhnert-Othman et al.，2011）进行了结构分析，旨在确认伊斯兰教参与讨论的情境。该研究进一步分析了出版商、描述范围和针对中学生的材料的目标等标准，这种详细分析旨在确定书本是否将"穆斯林"塑造为一个统一体，以及它们描述穆斯林信仰多元化表达谱系的程度（Kröhnert-Othman et al.，2011：22f.）。

从传播研究学科中汲取的各种研究方法都强调了对地图的研究，这是一条揭示教材在依赖现有知识范围和在教材生产期间占据统治地位的权力关系的情况下改编和产生信息的途径（Thobro，2014：158）。其他研究参考高夫曼（Goffman）（Frank，2014）的框架分析，或将文学研究中的叙事分析方法与相关历史背景下的内容分析要素和调查相结合，从而追求公平对待教材中出现的混合结构的文本以及"事实"和虚构成分的融合。

实践教材分析旨在揭示教材内容对其生产条件的依赖性。有两种明显不同的方法（Schmitz，Štimac）。一种方法分析了影响和规范知识库的实践和利益相关者。另一种方法追溯了教材内容与教材生产者在宗教领域的地位之间的相互关系，并对这一常态进行了分析。

💡 结论

综上所述,我们可以将教材中的宗教研究划分为两个不同的阶段。从20世纪80年代末开始,教材宗教研究领域开始面临着新议题,即移民带来的社会变革、有意识的无宗教信仰人群的增长,以及引进新课程过程中固有的教育挑战。这种宗教课程作为一个新主题,无论是从综合的角度还是宗教的角度看,都不同于以往占主导地位的宗教课程,如伊斯兰教宗教课程。教材分析不再聚焦教育媒介内容的事实准确性或其他方面;从该领域的总体趋势来看,目前的研究更强调探讨教材中是否呈现和讨论宗教多元化,如果是的话,又是如何呈现和讨论的,同时探索有关宗教事件描述背后所蕴含的理论假设。在对德语地区的伊斯兰教宗教教育书籍进行分析时,我们发现了一个不同于总体趋势的例外,即这些书籍倾向于允许当前的政治话语影响它们的主要研究目标。

在考察理论方法时,显然社会多元化理念和现实提出了大量研究问题,例如教材描述或忽略了哪些宗教。在此背景下,教材被视为一种具有争议的建设性媒介,受到呈现特定学科知识的目的与要求支配。同样地,对教材的分析反映了特定学术训练的假设;研究发现,正是由于欧洲中心主义的"宗教"观念在宗教研究中占主导地位,才导致了土著人民及其宗教观念在相当长时期内被排除在研究之外(Lewis, 2014)。直到近年,围绕宗教与"非宗教"界限的争论才进入教材研究领域。

从方法论的角度看,质性分析在这一领域最为常见。一些研究者批判了对基础研究的忽视、过分关注政治因素强加给该领域的问题,以及由此产生的规范性预设(Frank, 2014);然而,近些年来,该研究领域所采用的研究方法在一定程度上有所扩展。

本章所讨论的主要研究成果之一,是对各种不同宗教和社会观念的建构。教材经常基于这样的假设:要么每个人都信仰宗教,要么没有人信仰宗教;它们经常从不同宗教的角度理解宗教,并把宗教描述为是沿着国界分开的;教材也可能会对宗教做出价值判断,将它们描述为积极的或消极的、有价值的或无价值的。对于一本教材来说,讨论"宗教"含义的多样性,或宗教所引发的各种观点,确实是一件罕见的事情。决定在教材中描述和讨论哪一种所谓的世界宗教往往遵循一种务实的逻辑,通过参考以下几方面使其合法化:宗教的地理传播、信徒的数量,有时是对公认的进化阶段的隐晦看法,或被视为存在于宗教中的现代化能力。其结果是创造了一个层级结构。在这一点上,我们意识到宗教研究学科长期以来为解决这些问题提供其他途径,但其产生的专业知识对教材内容的影响是有限的。

我们通过指出一些研究空白来结束本章的讨论。教材中几乎完全没有关于经验主义的研究,也没有关于宗教观念与社会分层关系的研究,这是一个显著的缺失。关于宗教教材生产的各种条件以及这些条件所包含的话语实践和决策问题,迄今为止一直被研究所忽略。同样,年轻人如何获得宗教知识(认识方式)这一问题也有待研究。教材的美学方面以及它们对宗教描写方式的影响亦是如此。值得注意的是,所有现存的关于宗教与冲突之间关系的研究都与伊斯兰教有关。我们尚未对不同学科教材中关于不同宗教的描述进行比较分析。补充来说，尤其是数字化的教育材料很少引起研究者的关注，尽管它们通常是受冲突影响和遭受冲突创伤的社会中唯一可用的材料。最后，数字人文学科尚未将它们的注意力和研究方法转向这一研究领域，以及与之相关的潜在焦点、相关问题和相关的学校科目。

注释

1. "文化间性"（interculturality）这一术语和概念，及其前身"多元文化主义"已经受到了批评，"跨文化"（transcultural）、"超文化"或"多样性"等新术语，正在讨论中或已经被使用。然而，由于大多数课程，以及欧洲理事会（见 Jackson, 2014）仍然继续使用"文化间性"，因此我们在这里也保留了这一术语。

参考文献

Andreassen, B. O., & Lewis, J. R. (Eds.). (2014). *Textbook Gods: Genre, Text and Teaching Religious Studies.* Sheffeld：Equinox Publishing.

Barker, E. (1990). *New Religious Movements: A Practical Introduction.* Lanham, MD：Bernan Press.

Bartsch, P. (2005). *Die Darstellung des Christentums in Schulbüchern islamisch geprägter Länder. Teil 2, Türkei und Iran.* Schenefeld：EB-Verlag.

Behr, H. H. (2005). *Curriculum Islamunterricht. Analyse von Lehrplanentwürfen fürislamischen Religionsunterricht in der Grundschule. Ein Beitrag zur Lehrplantheorie des Islamunterrichts im Kontext der praxeologischen Dimension islamisch-theologischen Denkens.* Dissertation, Universität Bayreuth, Bayreuth.

Berglund, J. (2010). *Teaching Islam.* Münster：Waxmann.

Biener, H. (2007). *Herausforderungen zu einer multiperspektivischen Schulbucharbeit. Eine exemplarische Analyse am Beispiel der Berücksichtigung des Islam in Religions-, Ethik- und Geschichtsbüchern.* Schenefeld：EB-Verlag.

Cusack, C. M. (2014). Representations of Indigenous Australian Religions in New South Wales (NSW) Higher School Certifcate Studies of Religion Textbooks. In B.-O. Andreassen & J. R. Lewis (Eds.), *Textbook Gods: Genre, Text and Teaching Religious Studies* (pp. 117-133). Sheffeld：Equinox Publishing.

Douglass, S. L. (1998). Abrahamic Religions in World History Textbooks. Council on Islamic Education. Retrieved April 11, 2017, from http://www. ircv. org/download/at%20abrahamic%20religions%20in%20world%20history%20textbooks. pdf.

Douglass, S. L. (2005). Teaching Resources on Islam in World History/Cultures and Geography Courses for Elementary, Middle and High School. ISNA Education Forum 2005, Council on Islamic Education http://www. isna. net/wp-content/uploads/2016/10/susan_douglas_-_teaching_resources_on_islam. pdf.

El-Halougi, M. (2016). *The Image of the Arab-Islamic Culture in European, American, African History Textbooks. Faculty of Languages and Translation.* Al-Azhar University. Committee of Correcting the Image of Arabic Islamic Culture in TextbooksWorldwide, Egyptian Ministry of Higher Education. Conference Paper.

Falaturi, A., & Tworuschka, U. (1992). *Der Islam im Unterricht: Beiträge zur interkulturellen Erziehung in Europa. Beilagen zu den Studien zur Internationalen Schulbuchforschung.* Braunschweig: Georg Eckert Institute for International Textbook Research.

Figl, J. (Ed.). (2003). *Handbuch Religionswissenschaft.* Innsbruck and Vienna: Tyrolia Verlag.

Fischer, G. (1987). *Analyse der Geographiebücher zum Thema Islam.* Braunschweig: Georg Eckert Institute for International Textbook Research.

Frank, K. (2009). *Schulischer Religionsunterricht: Eine religionswissenschaftlich-soziologische Untersuchung (Religionswissenschaft heute).* Stuttgart: Kohlhammer.

Frank, K. (2014). Bad Religions and Good Religions: The Representation of Religious Traditions in a New Swiss Textbook. In B. O. Andreassen et al. (Eds.), *Textbook Gods: Genre, Text and Teaching Religious Studies.* Sheffeld: Equinox Publishing.

Fujiwara, S. (2014). Establishing Religion Through Textbooks: Religions in Japan's "Ethics" Program. In B. O. Andreassen & J. R. Lewis (Eds.), *Textbook Gods: Genre, Text and Teaching Religious Studies* (pp. 43 – 61). Sheffeld: Equinox Publishing.

Geertz, C. (1987). *Dichte Beschreibung: Beiträge zum Verstehen kultureller Systeme.* Frankfurt am Main: Suhrkamp.

Härenstam, K. (1993). *Skolboks-islam: analys av bilden av islam i läroböcker i religionkunskap.* Göteborg: Acta Universitatis Gothoburgensis.

Härenstam, K. (2009). Images of Muslims in Swedish School Textbooks. In S. Selander et al. (Eds.), *Nordic Identities in Transition — As Refected in Pedagogic Texts and Cultural Contexts*. Oslo: Novus Press.

Hirsch, S., & McAndrew, M. (2014). To Learn About the Other and to Get to Know Him: Judaism and the Jewish Community of Quebec as Represented in Ethics and Religious Culture Textbooks. In B. O. Andreassen & J. R. Lewis (Eds.), *Textbook Gods: Genre, Text and Teaching Religious Studies* (pp. 86 – 97). Sheffeld: Equinox Publishing.

Hock, K., & Lähnemann, J. (2005 – 2012). *Die Darstellung des Christentums in Schulbüchern islamisch geprägter Länder*, 3 vols. (Band 3 with W. Reiss). Schenefeld: EB-Verlag.

Husremović, D., Powell, S., Šišić, A., & Dolić, A. (2007). *Obrazovanje u Bosni I Hercegovini. Čemu učimo djecu? Istraživanje stavova roditelja i učenika o vrijednos -tima u nastavnim planovima i programima i udžbenicima*. Sarajevo: Fond otvorenodruštvo Bosna i Hercegovina.

Jackson, R. (2014). *Signposts — Policy and Practice for Teaching About Religions and Non-Religious World Views in Intercultural Education*. Strasbourg: Council ofEurope Press.

Jödicke, A. (1997). *Das Islambild in den Schulbüchern der Schweiz*. Zürich: PanoVerlag.

Jonker, G. (2011). Caught in a Nutshell: "Islam" and the Rise of History Books in Germany (1700 – 2005). *Journal of Educational Media, Memory and Society*, *3*(1), 61 – 81.

Kastning-Olmesdahl, R. (1981). *Die Juden und der Tod Jesu. Antijüdische Motive in den evangelischen Religionsbüchern für die Grundschule. Eine Untersuchung im Rahmen des Forschungsschwerpunktes 'Geschichte und Religion des Judentums' an der Universität Duisburg*. Neukirchen-Vluyn: Neukirchener Verlag.

Kiefer, M. (2012). "Saphir 5/6" und "Ein Blick in den Islam 5/6". Kritische Anmerkungen aus islamwissenschaftlicher Perspektive. In K. Spenlen et al. (Eds.), *Integrationsmedium Schulbuch. Anforderungen an islamischen Religionsunterricht und seine Bildungsmaterialien* (pp. 99 – 112). Göttingen: V& R unipress.

Kirsch, A. (2016). *Weltanschauung als Erzählkultur. Zur Konstruktion von Religion und*

Sozialismus in Staatsbürgerkundeschulbüchern der DDR. Göttingen: Vandenhoek & Ruprecht.

Kirsch, A. (2018). Weltanschauungen im Schulbuch. Religionswissenschaftlichen Perspektiven auf DDR-Staatsbürgerkundelehrbücher. In Z. Štimac (Ed.), *Schulbuch und religiöse Vielfalt. Interdisziplinäre Perspektiven*. Göttingen: V& R unipress.

Kröhnert-Othman, S., Kamp, M., & Wagner, C. (2011). *Keine Chance auf Zugehörigkeit? Schulbücher europäischer Länder halten Islam und modernes Leben getrennt*. Braunschweig: Georg Eckert Institute for International Textbook Research.

Lewis, J. R. (2014). Stones and Bones: Indigenous African Religions and the 'Evolution' of World Religions. In B. O. Andreassen & J. R. Lewis (Eds.), *Textbook Gods: Genre, Text and Teaching Religious Studies* (pp. 198–211). Sheffeld: Equinox Publishing.

Linkenbach, A. (2015). Weltreligion Hinduismus. Zur Konstruktion des Indienbildes in deutschen Schulbüchern. In C. Bultmann et al. (Eds.), *Religionen übersetzen. Klischees und Vorurteile im Religionsdiskurs* (pp. 23–44). Münster: Aschendorf Verlag.

Luckmann, T. (1971). *Die unsichtbare Religion*. Frankfurt am Main: Suhrkamp.

Mohr, I.-C. (2009). Lehrpläne für den islamischen und für den alevitischen Religionsunterricht. Ein Feld für die Aushandlung von Sunna, Schia und Alevitentum. In M. Kiefer (Ed.), *Islamunterricht, islamischer Religionsunterricht, Islamkunde. Viele Titel, ein Fach?* (pp. 71–93). Bielefeld: Transcript.

Müller, R. (2013). (Glaubens) Bilder — Glaube am Beispiel des Schulbuchs "Saphir". In B. Schröder et al. (Eds.), *'Du sollst Dir kein Bildnis machen...'. Bilderverbot und Bilddidaktik im jüdischen, christlichen und islamischen Religionsunterricht* (pp. 177–182). Berlin: Frank & Timme.

Omland, K. (1979). *Zur gegenwärtigen Situation des Religionsunterrichts in der Grundschule im Spiegel neuerer Religionsbücher*. Frankfurt am Main: Peter Lang.

Pollack, D. (1995). Was Is Religion? Probleme der Defnition. *Zeitschrift für Religion*, 3, 163–190.

Pollack, D. (2003–2012). *Studien zum religiösen Wandel in Deutschland und Europa*, 3 vols. Tübingen: Mohr Siebeck.

Pusztai, G. (Ed.). (2008). *Religion and Church in Central and Eastern Europe at First*

Glance. Debrecen: Centre for Higher Education Research and Development, University of Debrecen.

Raheb, V. (2018). Ein Plädoyer für einen Perspektivwechsel in der Methodologie der Schulbuchforschung im arabischen Raum. In Z. Štimac (Ed.), *Schulbuch und religiösen Vielfalt. Interdisziplinäre Perspektiven*. Göttingen: V&R unipress.

Reiss, W. (2014). Eine Analyse der offziell für den islamischen Religionsunterricht in Österreich zugelassenen Bücher. In F.-P. Burkard et al. (Eds.), *Praktische Religionswissenschaft. Theoretische und methodische Ansätze und Beispiele. Festschrift zum 65. Geburtstag von Udo Tworuschka*. Münster: LIT Verlag.

Schatzker, C. (1994). *Juden, Judentum und Staat Israel in den Geschichtsbüchern der DDR*. Bonn: Bundeszentrale für politische Bildung.

Schmitz, S. (2018). Zur Bedeutung der religiösen Dimension des historischen Lernens. Zulassungsverfahren von Geschichtsbüchern für die Volksschule in Rheinland-Pfalz in der ersten Hälfte der 1950er Jahre. In Z. Štimac (Ed.), *Schulbuch und religiose Vielfalt. Interdisziplinäre Perspektiven*. Göttingen: V&R unipress.

Shakhnovich, M. (2015). Religion in the Contemporary Public Education in Russia. In J. Berglund et al. (Eds.), *Crossings and Crosses. Borders, Education, and Religion in Northern Europe*. Berlin: de Gruyter.

Spenlen, K. (2012). "Saphir" und "Ein Blick in den Islam". Kritische Anmerkungen aus pädagogischer Perspektive. In K. Spenlen et al. (Eds.), *Integrationsmedium Schulbuch. Anforderungen an islamischen Religionsunterricht und seine Bildungsmaterialien* (pp. 113 - 137). Göttingen: V&R unipress.

Štimac, Z. (2014). Wir, die Anderen und die Fremden. Konstruktion von Religion in ausgewählten Ethikbüchern. *Non Fiktion. Schulbuch. Arsenal der anderen Gattungen*, 9 (2), 45 - 62.

Štimac, Z. (2017). Ignore the War. Concentrate on Peace. Textbook Analysis of Strategies in Post-Conflict Societies: A Praxeological Approach. In B. O. Andreassen & J. R. Lewis (Eds.), *Textbook Violence* (pp. 55 - 73). Sheffeld: Equinox Publishing.

von Stuckrad, K. (2003). Discursive Study of Religion: From States of the Mind to Communication and Action. *Method & Theory in the Study of Religion*, 15, 255 - 271.

Thobro, A. (2014). Cartographic Representations of Religion (s) in Norwegian

Textbooks. In B. O. Andreassen & J. R. Lewis (Eds.), *Textbook Gods: Genre, Text and Teaching Religious Studies* (pp. 157 – 176). Sheffeld: Equinox Publishing.

Tomka, M., & Zulehner, P. M. (Eds.). (2000). *Religion im gesellschaftlichen Kontext Ost (Mittel) Europas*. Vienna: Schwabenverlag.

Tworuschka, M. (1986). *Analyse der Geschichtsbücher zum Thema Islam*. Braunschweig: Georg Eckert Institute for International Textbook Research.

Tworuschka, U., & Falaturi, A. (Eds.). (1986). *Analyse der evangelischen Religionsbücher zum Thema Islam, Studien zur internationalen Schulbuchforschung* (*Schriftenreihe des Georg-Eckert-Instituts*, vol. 47). Braunschweig: Georg Eckert Institute for International Textbook Research.

Wohlrab-Sahr, M., & Burchard, M. (2012). Multiple Secularities: Toward a Cultural Sociology of Secular Modernities. *Comparative Sociology*, *11*, 875 – 909.

Wöstemeyer, C. (2018). Against All Gods? Weltanschauliche Diversität in religionsbezogenen Schulbüchern in Niedersachsen. In Z. Štimac (Ed.), *Schulbuch und religiöse Pluralität. Interdisziplinäre Perspektive*. Göttingen: V&R unipress.

第18章 关于教材对纳粹主义与大屠杀描述的研究

作者 / 斯图尔特·福斯特 埃琳尼·卡拉伊安妮（Stuart Foster and Eleni Karayianni）
译者 / 吕玉曼

引言

近几十年来，世界各地的许多教育体系越来越主张将学习纳粹主义和大屠杀作为各个年龄段学生的重要课题。特别是，在欧洲和西方世界，人们普遍认为对这些历史现象的研究在几乎所有课程中都具有核心意义。一般来说，教育工作者将这些问题视为教育年轻人成为具有批判性和负责任的民主国家公民的基础。教师经常通过对纳粹主义和大屠杀的研究来警醒学生注意过去的"经验教训"，以及允许极端主义、偏见和根深蒂固的不容异己观念存在的潜在危险（见，例如 Kinloch, 1998; Pettigrew et al., 2009; Russell, 2006）。可以说，对这些问题的关注鼓励了年轻人在政治、社会和道德上积极维护个人权利和接纳多样性。

由于世界范围内的课程和教材中经常纳入关于纳粹主义和大屠杀的研究，越来越多的学术研究开始关注这些课题在课堂和教育资源中是如何表现的。本章所回顾的研究虽然没有涵盖该领域所有的教材研究，但指出了目前已经出版或翻译成英语的最重要的研究成果。对图书馆和电子资源进行全面的文献检索发现，在相关的教材研究清单中有37项研究集中在纳粹主义和/或大屠杀上。这些教材分析集中在历史教材中描述第二次世界大战和/或大屠杀的一系列国家和/或地区，包括西欧、东欧、美洲、非洲和亚洲。

教材研究概况

就本研究的重点而言，在所分析的37项教材研究中，有26项直接调查了对大屠杀的描述。另外3项研究以对大屠杀的讨论为例考察了更广泛的问题，如种族主义、战争与和平以及共情。此外，有两项研究在评估教育改革效果时考察了对大屠杀的处理，而另一项研究则考察了历史学术研究与教材内容的关系。尽管这些主题并不是相互排斥的，但这些教材研究往往更多地关注对大屠杀的描述，而不是广泛的纳粹主义研究。事实上，只有3项研究将德国和纳粹主义视为独立的研究主题（一项研究调查了对希特勒掌权过程的描述，另一项研究聚焦在第三帝国，第三项研究则关注在普遍意义上对德国的描述）。最后，有3项研究同时考虑了大屠杀和纳粹主义。

本章所分析的大多数研究(28项)是小规模研究,样本教材小于30本。有6项研究的样本数约为30—60本教材,此外还有3项大规模研究。在这3项大规模研究中,第一项研究考察了来自26个国家的89本教材(Carrier et al., 2015);第二项研究聚焦于来自69个国家的465本教材(Bromley & Russell, 2010);第三项研究分析了仅仅来自一个国家的152本教材(Pate, 1987)。此外,在本分析中有33项研究集中在一个国家或地区,而只有4项研究是比较研究,旨在探讨两个或两个以上国家在描述大屠杀方面的异同。有13项研究的目的在于比较不同时期(两个或两个以上时期)的描述,而大多数研究(24项)集中在一个时间段内。[1] 总体而言,本章所讨论的教材研究主要以小规模为主,并且聚焦在某个国家的单个时间段内。

就研究分布的地理范围而言,东欧国家有7项,西欧(主要是德国和英国)有12项,美国有9项,加拿大有4项,南非有2项,以色列有1项。此外,两项大规模研究包括了来自南美、亚洲和非洲其他国家的观点。

综合文献检索可知,目前已有的大部分教材研究是2000年之后撰写的(37项研究中有28项)。这可能表明,在过去20年里人们对大屠杀(和纳粹主义)的兴趣增强了,而且/或者它可能仅仅表明人们总体上对教材研究的兴趣增强了。值得注意的是,所有以东欧国家为中心的分析报告都是在2010年以后发表的。这可能反映出教材研究最近才扩展到东欧国家,或者说大屠杀教育是这些国家教材和课程中出现的一个最新特点,研究人员现在才开始评价其包容性和对它的描述。

就这37项研究特别关注的焦点而言,我们的分析揭示了其主题和问题的多样性。一些研究对政府行政部门实施的纳粹主义和大屠杀教育的变化感兴趣,如伯尔布列斯库等(Bărbulescu et al., 2013)在罗马尼亚的研究,迪奇(Dietsch, 2012)在乌克兰的研究,迈克尔斯(Michaels, 2013)在斯洛伐克的研究,以及威士肯(Witschonke)在美国——或在统一前后的德国的研究(Frohnert, 2006; Pingel, 2006; von Borries, 2003)。其他研究对某些教育改革实施后发生的变化更感兴趣,例如南非(Morgan, 2012)、波兰(Ambrosewicz-Jacobs & Szuchta, 2014)和罗马尼亚(Waldman, 2009)。

多样化的样本进一步显示出,研究经常关注对纳粹主义和大屠杀描述的准确性(Crawford & Foster, 2007; Detwiler, 1982; Foster & Burgess, 2013; Hirsch & McAndrew, 2014; Pate, 1987; Renn, 1987)、教材如何呈现大屠杀的罪责(Wenzeler, 2003),或是教材如何详细描述希特勒的崛起(Bunn, 1962)。值得注意的是,许多研究涉及焦点、描述和解释的问题。这些研究经常讨论替代性的历史表征、什么观点和谁的观点占主导地位,以及如何呈现不同群体的不同经历(Kanter, 1998; Lässig & Pohl, 2009; Lindquist, 2009)。其他研究更侧重于内容的一个特定方面,如肖特(Short, 2001)关于教材解释宗教作用的程度的研究,科尔曼(Korman, 1970)对教材中关于战争前非犹太人和犹太人之间关系的调查,波尔马特(Perlmutter, 2009)对视觉图像及其所传达信息的考察。

此外,一些研究对教授纳粹主义和大屠杀时所采用的更广泛的方法感兴趣:例如,这些主题是否用历史或人权的术语进行描述(Bromley & Russell, 2010),或者它们是如何促进人权教育的(Hirsch & McAndrew, 2014;也可参阅本书中布罗姆利和勒奇所著章节)。研究还关注了国家史、大屠杀史、相互冲突的战争记忆和国家身份认同是如何影响教材内容的(Beresniova, 2014; Carrier et al., 2015; Frankl, 2003; Schär & Sperisen, 2010)。另一些研究采用了完全不同的视角,并不仅仅关注纳粹主义和大屠杀。相反,这些主题被用来研究教材是如何使制度压迫合法化并维持特定形式的,如蒙哥马利(Montgomery, 2005, 2006)调查了种族主义和白人至上主义,肖特(Short, 2000)探索了大屠杀教育是否有助于实现反种族主义目标。最后,摩根(Morgan, 2015)的研究聚焦在对共情的调节和对指向历史教育中的概念特征的南非教育转向的评估,这为该文献提供了另一个独特的贡献。

总的来说,对这些研究的分析揭示了一系列不同的观点和方法。事实上,这些研究显示了在内容选择、目标、范围、时间跨度和地理覆盖范围方面存在的差异。虽然所有研究都关注教材中对大屠杀的描述,但它们在研究问题、理论视角和研究方法上都有所不同。

研究问题

通常,根据研究重点、研究问题、发现和建议可以区分其指导目的(即使没有明确说明)。这里所分析的大多数研究的主要目的是评价对大屠杀的描述的准确性和广度。林德奎斯特(Lindquist, 2009:298)指出,"与任何重大事件一样,教材提供严格准确和合理有效的历史叙述是非常重要的",并且"否认大屠杀现象的存在使得教材叙事应当完全准确变得至关重要"。因此,对一些人来说,教材分析的最终目的是确定教材描述的历史准确性,从而提高该学科教与学的质量。在这方面,威士肯(Witschonke, 2013:146)认为,"本研究结果揭示了一个方法论过程,在这个过程中,教材可以用来在今天的课堂上培养批判性和历史性思维"。

然而,其他研究强调了基于不同目的分析大屠杀的描述的重要性。例如,赫希(Hirsch)和麦克安德鲁(McAndrew)声称,他们的研究"考虑到该主题对人权教育的潜在和实际贡献,分析了魁北克历史教材中对大屠杀的讨论"(Hirsch & McAndrew, 2014:24)。还有一些研究宣称其目的是为了探讨对大屠杀的了解是如何有助于实现教育或社会目标的,例如发展能动意识或理解种族主义(Montgomery, 2005, 2006; Morgan, 2012, 2015; Short, 2000)。在这些情况下,关注大屠杀的理由更广泛,并且更加明确地与价值观教学相关。因此,如何描述大屠杀的历史准确性并不是人们关注的焦点。

此外,许多研究人员从事教材分析的目的是了解随着时间推移在不同地理区域关于大屠杀教学的教育趋势(Bărbulescu et al., 2013; Bromley & Russell, 2010; Dietsch, 2012; Pingel 2014; von Borries, 2003)。例如,布罗姆利(Bromley)和拉塞尔(Russell)分析了各个国家大屠杀教育的状况,并询问是否强调了了解历史事件的具体情况或促进人权(Bromley & Russell, 2010)。冯波里斯(Von Borries, 2003)分析了在德国关于大屠杀的描述是如何随着时间发生变化的。这些探索通常是对决定教材内容的历史、政治、社会和文化力量的调查的补充。许多研究人员还考虑了特定政治背景和已确立的身份认同是以何种方式影响对大屠杀的讨论的(例子包括 Ambrosewicz-Jacobs & Szuchta, 2014; Michaels, 2013; Schär & Sperisen, 2010; Witschonke, 2013)。举个例子,迈克尔斯(Michaels, 2013:19)声称她的研究有助于理解"在斯洛伐克的学校里,相互冲突的话语是如何相互作用,从而交替倡导、阻碍和复杂化关于大屠杀和政权更迭的叙述"的。

应当指出的是,本章前面部分描述的不同目的并不总是清晰可辨的;在许多情况下,两个或两个以上的指导性理论在一项研究中共存。例如,威士肯(Witschonke, 2013)的目的是探索不断变化的政治关系如何影响教材对大屠杀的描述,并旨在为改进实践提供建议。迪奇(Dietsch, 2012)不仅关注所描述事件的准确性,而且对确认影响教材内容的历史和文化因素也很感兴趣。

考虑到该领域的研究者拥有丰富多样的动机,因此辨别不同地理区域下研究目的的异同是很有启发意义的。例如,东欧的一些研究者进行教材研究的目的很明显是为了了解政治话语是如何影响大屠杀教育的。这种对教育政治学的关注还包括对国家身份认同概念的分析,以及它们是如何影响对纳粹主义和大屠杀的描述并受其影响的。相比之下,在德国、英国和美国等国家,进行教材研究的目的通常聚焦在评价历史事件的准确性上。在这些国家,研究者通常更感兴趣的是这些描述的详细程度、包括哪些观点,以及哪些叙事显得尤为突出。他们的最终目标往往是为改进教学实践和教材编写提供建议。然而,在其他地区,研究教材中对纳粹主义和大屠杀的描述的目的是为了揭示和探讨如何处理当地其他更广泛的问题,如种族主义、人权和价值观教育,例如南非和加拿大。

约翰森(Johnsen, 1993)认为,根据是否涉及教材的意识形态、使用或发展,可以将教材文献和研究划分为三个主要类别。该分析中包括的教材研究大多属于第一类,尽管有些研究还涉及了如何在课堂上使用教材的问题(关于教材在课堂上的使用以及教材实践和效果,参考本书第四编)。彼得·迈尔斯(Peter Meyers)和沃尔夫冈·玛丽恩菲尔德(Wolfgang Marienfeld)(引自 Johnsen, 1993:139)根据其目的,对"意识形态研究"进行了有效分类。显然,当前的教材分析通常旨在了解一个国家或文化在特定时间点是如何看待自己的,可以利用这些分类来评估作为教学工具的教材(尤其是涉及历史准确性和某些价值观的推广时),并提出能够改进教学、学习和教材编写的建议。

💡 理论视角

理论框架之所以很重要,是因为它们"对研究项目中的每一个决策都有影响"(Mertens,1998:3),并且能够证明方法和结论的合理性(Nicholls,2005;Weinbrenner,1992)。然而,尼克尔斯(Nicholls,2006)的观察证明,教材研究者通常不进行理论讨论,大多数教材研究仅对分析理论如何影响其研究过程提供有限的参考。因此,理论框架对研究问题、方法和解释的影响在很大程度上仍有待探索。尽管这种现象比较普遍,但仍有一些研究者更明确地阐述了其研究的理论基础。例如,摩根(Morgan,2015)提供了一个很好的例子,来说明如何使用理论设想制定研究方案。摩根在研究历史教材促进共情技能发展的方式和程度时,以维果茨基的文化历史理论为基础,并以符号中介为中心原则。这一理论认为,思维的发展是由语言(language)决定的。言语(words)与过去不一致;相反语言通过符号中介创造现实。因此,摩根认为,她的数据分析方法致力于"揭示作者是如何通过有关文学技巧、叙事策略或'文化工具'的特定选择——有意识或无意识地——推断过去的"(p.9)。因此,在她的研究中,摩根(Morgan,2015)着重于确定培养共情的主要文学技巧。例如,她发现最主要的文学技巧是从不同行动者的视角出发进行描述,如受害者、犯罪者、旁观者、反对者和救援者。摩根还通过评估教材以及它们在叙事中使用这些文学技巧和工具的程度来证实她的研究。

此外,许多研究者(Beresniova,2014;Crawford & Foster,2007;Dietsch,2012;Frohnert,2006;Lässig & Pohl,2009;Michaels,2013;Montgomery,2005,2006;Wenzeler,2003)提出了明确的理论探讨,承认教材同时也是政治产物,由特定权力群体进行选择,是一个国家自我认知的形象(关于国家建设和通过教材形成国家身份认同的观点参阅本书卡利所著章节)。例如,文泽尔(Wenzeler,2003:107)指出,"教材除了传递事实,还传播一个社会或其政治家的意识形态和价值观,以加强和促进国家身份认同"。迈克尔斯(Michaels,2013:23)解释说,教材"提供了关于国家身份认同叙事的有价值的见解,而国家机构希望通过国家学校教育法将这种见解强加给年轻公民"。贝雷斯尼奥瓦(Beresniova,2014:270)提供了另一个关于理论设想的例子,她指出她的研究是"通过福柯式方法得出的,该方法承认历史和文化影响了国家改革,而权力关系在社会、话语和学校中产生和加强的知识种类中发挥了重要作用"。蒙哥马利(Montgomery,2006:21)也开始用福柯的理论进行分析,他认为"教材是在当下有助于促进民族主义形成和传播的'知识工具'"。总之,尽管许多作者没有充分解释理论视角如何指导和影响他们对教材中关于大屠杀和纳粹主义描述的研究,但一些研究者意识到了阐明支撑他们研究的理论框架的重要性。

💡 研究方法

一般来说,本章所分析的许多教材研究并没有明确说明其使用的教材样本或用来确定关键文本的选择标准。此外,许多案例没有详细描述方法论过程。然而,也有一些研究确实准确描述了它们的方法和数据采集过程(例如,Bromley & Russell, 2010; Carrier et al., 2015; Foster & Burgess, 2013; Lindquist, 2009; Morgan, 2012, 2015; Wenzeler, 2003; Witschonke, 2013)。尤其是摩根(Morgan, 2012)特别详细地描述了她是如何在研究中确定和编码主题和内容的。文泽尔(Wenzeler, 2003)也清楚解释了她如何将量化和质性方法结合起来,以支持方法论意义上稳妥的调查。例如,她首先从量化的角度评估了与整个页面相关的大屠杀图片和叙事空间的数量。然后,她通过更小的教材样本进行了更详细的质性分析。此外,该分析不仅评估了教材内容,还考虑了语言的使用以及为学生提供与资料来源互动的机会。

类似地,威士肯(Witschonke, 2013)也采用了量化和质性分析相结合的方法,他首先研究了内容的覆盖,然后根据之前的研究设计了20个分析问题,以对文本进行调查。他为每一个问题都设置了答案说明并对每本教材进行了相应的评估。福斯特(Foster)和布格斯(Burgess)采用了一种不同的处理方法,即将多种方法结合起来:"量化方法用于探讨相对重要的特定内容,例如纳粹领导人撰写的原始资料的数量,或相对于20世纪其他事件来说,关于大屠杀研究的优先次序。"(Foster & Burgess, 2013)接下来,作者将国际大屠杀纪念联盟关于"大屠杀的原因、内容和教学方法"的教育指南作为"外部的和明确的基准",并采用格拉泽(Glaser)的"连续比较法"对教材内容进行评估(p. 24)。林德奎斯特(Lindquist, 2009)采用了类似的方法,利用美国大屠杀纪念馆的教学指南设计了8个核心问题,用以评估教材内容。最后一个例子,摩根(Morgen, 2015)综合了多位学者的研究成果,通过使用共情的定义来设计问题或标准,以评估教材内容在促进共情理解方面的有效性。

总的来说,正如本小结开头所述,很少有研究者明确关注他们所使用的方法论过程。然而,令人鼓舞的是,一些教材研究确实提供了重要且令人信服的方法细节。有趣的是,似乎那些确实揭示了其研究方法过程的研究者,会经常使用类似方法对教材进行评估。例如,许多研究方法将量化和质性两种维度结合起来。此外,在采用质性分析的情况下,通常基于问题清单或标准评估教材。这些示范性研究都证明了采用稳妥和明确的研究方法进行教材研究的重要性。通常,这些研究为读者提供了清晰且详细的解释,说明如何选择教材样本,以及如何选择、编码和分析教材内容。

💡 结论与未来研究

本章对37项教材研究的简要分析,使我们对教材中与纳粹主义和大屠杀的描述相关的核心问题有了深入了解。对教材研究的分析表明,在研究重点、目的和方法上存在巨大差异,这种差异反过来揭示了世界各地对待大屠杀态度的巨大差异。在这种复杂的背景下很难得出准确的结论,但我们可以指出一些重要的一般趋势。

从广义上讲,研究者似乎一致认为,在许多国家,教材中对纳粹主义和大屠杀的描述的历史准确性虽然远未达到完美,但随着时间的推移已经有所提高。例如,德国的教材研究指出,教材在描绘这个国家艰难和令人不安的过去方面做出了巨大努力。正如许多研究所表明的那样,德国的教材通常会对事件进行详细描述,并对纳粹主义何以盛行以及大屠杀何以成为可能给出了复杂的解释(Crawford & Foster, 2007;Frohnert, 2006;Lässig & Pohl, 2009;Pingel, 2006;Wenzeler, 2003)。这些发现与对东欧国家教材描述的批判性分析形成了鲜明对比,在东欧国家,教材作者往往无法或没有准备好面对过去并接受他们祖先的负面行为(Ambrosewicz-Jacobs & Szuchta, 2014;Bărbulescu et al., 2013;Beresniova, 2014;Dietsch, 2012;Michaels, 2013)。同样,在美国和加拿大进行的大量研究也对关于大屠杀的肤浅、简略和不充分的描述提出了担忧(Detwiler, 1982;Hirsch & McAndrew, 2014;Kanter, 1998;Lindquist, 2009;Montgomery, 2005, 2006;Pate, 1987;Perlmutter, 2009;Witschonke, 2013)。[2]

本章所分析的研究采用了多种标准来评价教材内容、重点和方法。一些研究在比较不同时期和不同国家间的教材内容时采用了内在标准,根据相似点和差异点得出结论。例如,文泽尔(Wenzeler, 2003)对比了德语教材的内容和英语教材的内容,认为德语教材对导致大屠杀的事件提供了更丰富的解释。弗罗内特(Frohnert, 2006)对比了德国统一前后的教材内容,以评估描述是如何随着时间的推移而改进的。其他研究者采用外部标准来评估教材内容的适切性。例如,莱希斯(Lässig)和保尔(Pohl)以历史研究和教育学为标准,来判断教材在多大程度上包括诸如"多视角"的历史和教学概念(Lässig & Pohl, 2009)。其他研究者对他们的标准非常明确。例如,林德奎斯特(Lindquist, 2009)以及福斯特和布格斯(Foster & Burgess, 2013)使用关于如何教授大屠杀的外部指南来评估教材中历史描述的准确性和全面性。

基于这些见解和观察,我们提出了关于未来研究的五个方向。第一,研究者应该敏锐地意识到正在进行的研究的背景。研究者意识到并明确地讨论了可能对教材内容产生潜在影响的文化、历史、地缘政治和教育力量是至关重要的。这样可以通过研究加深对内容选择问题的理解,并对各个国家如何对待纳粹主义和大屠杀进行更加丰富的描述和解释。

第二,有必要对如何对待纳粹主义和大屠杀进行更加深思熟虑的研究,特别是在南欧、南美洲、中东和亚洲等相关知识仍然匮乏的地区。更多这方面的研究将使该领域的研究者能够比较和对比不同国家或地区的实践,从而建立一个分析研究网络。理想情况下,研究之间更多的交叉引用将会创建一个更加有效和更具批判性的相关学术网络,并对诸如什么内容是已知的和大家一致认同的、什么内容是相互矛盾的，以及什么内容是未探索的等问题有更加全面的描述。安姆布罗斯韦茨-雅各布斯（Ambrosewicz-Jacobs）和斯如特（Szuchta）的研究为这方面的实践提供了一个极好的例子（Ambrosewicz-Jacobs & Szuchta, 2014）。他们在分析了教材中对波兰大屠杀的描述之后，又吸收了其他研究者对其他欧洲国家关于大屠杀描述的研究结论，如罗马尼亚、捷克共和国、克罗地亚、塞尔维亚和白俄罗斯。这些研究方法为这些地区如何对待大屠杀和存在的主要问题与挑战提供了深入的比较理解。

第三，有必要研究各个国家的历史发展和对待纳粹主义和大屠杀的情况。在这方面，威士肯（Witschonke, 2013）分析了 1943—1959 年美国教材中对大屠杀的描述，他提出了一个有效的观点，即审查某一时期内对事件的描述，而不是仅关注特定时期的概况，这是非常重要的。他引用了沃什伯恩（Washburn）的观点，认为从历史的视角审视教材内容是很有必要的，"因为那些没有从更长远的角度来审视对该主题的描述的研究容易受到偏见和压力的影响，而这些偏见和压力与他们希望揭露的那些偏见和压力类似"（引自 Witschonke, 2013: 147）。威士肯（Witschonke, 2013）通过观察研究期间对大屠杀的描述如何变化，为政治如何影响教育优先级以及政治派别的变化如何影响教材内容提供了丰富见解。个别国家需要对这一方面进行更多研究。

第四，当前的历史编纂学可以帮助研究者评估对事件描述和解释的准确性和全面性。这种评估不必局限于文本描述，而是可以扩展到视觉信息。此外，这些研究还可以解决文本的教学法问题。例如，分析重点可能侧重于要求学生开展什么活动、需要学生回答哪些问题，以及需要学生做出哪些判断（如果有的话）。基于他们的发现，研究者可以就如何提高教材的历史准确性、重点和教学方法提出具体建议。

第五，描述纳粹主义和大屠杀的学术研究，不仅在内容上，而且在方法论上，都应该与其他相关研究加强联系。其他的教材研究，即使有不同的研究重点，也可以对有关步骤和技术进行有用的说明（例如，Crawford, 2001；Foster, 2005；Foster & Morris, 1994；Mirkovic & Crawford, 2003；Nicholls, 2006；Sleeter & Grant, 1991；Vickers, 2006）。详细描述样本选择、方法和数据分析有助于进行比较分析，并为未来的研究者构建一个丰富的方法程序体系。[3]

总的来说，这篇文献综述表明，需要更多高质量、多样化和详细的教材研究，这些研究应以清晰的基本原理、理论框架和方法程序为基础。最后，这些研究应该与其他国家和国际研究网络建立联系，以促进与纳粹主义和大屠杀有关的教和学以及学术研究。

💡 注释

1. 提及时间段并不意味着对它有任何先入为主或商定的概念。相反，它表明了研究人员是否对在时代变迁中探索变化和连续性感兴趣。

2. 关于教材对待大屠杀的国际趋势的详细讨论,参考平格尔(Pingel, 2014)。

3. 为此,布迪隆(Bourdillon, 1992)、克劳福德(Crawford, 2000)、米克(Mikk, 2000)、尼克尔斯(Nicholls, 2003)、平格尔(Pingel, 1999)和温布伦纳(Weinbrenner, 1992)的研究提供了一个良好的起点。

参考文献

TEXTBOOK STUDIES ANALYSED

Ambrosewicz-Jacobs, J. S., & Szuchta, R. (2014). The Intricacies of Education About the Holocaust in Poland. Ten Years After the Jedwabne Debate, What Can Polish School Students Learn About the Holocaust in History Classes? *Intercultural Education*, 25(4), 283–299.

Bărbulescu, A., Degeratu, L., & Guşu, C. (2013). The Holocaust as Refected in Communist and Post-Communist Romanian Textbooks. *Intercultural Education*, 24(1–2), 41–60.

Beresniova, C. (2014). An Unimagined Community? Examining Narratives of the Holocaust in Lithuanian Textbooks. In J. H. Williams (Ed.), *(Re)Constructing Memory: School Textbooks and the Imagination of the Nation*. Rotterdam: Sense Publishers.

Bromley, P., & Russell, S. G. (2010). The Holocaust as History and Human Rights: A Cross-National Analysis of Holocaust Education in Social Science Textbooks, 1970–2008. *Prospects: UNESCO's Quarterly Review of Comparative Education*, 40(1), 153–173.

Bunn, R. F. (1962). Treatment of Hitler's Rise to Power in West German School Textbooks. *Comparative Education Review*, 6(1), 34–43.

Carrier, P., Fuchs, E., & Messinger, T. (2015). *The International Status of Education About the Holocaust: A Global Mapping of Textbooks and Curricula*. Paris and Braunschweig: UNESCO/Georg Eckert Institute for International Textbook Research.

Crawford, K., & Foster, S. J. (2007). *War, Nation, Memory: International Perspectives on World War II in School History Textbooks*. Charlotte, NC: Information Age Publishing.

Detwiler, D. S. (1982). National Socialism, World War II and the Holocaust: A Case Study of American History Textbook Interpretations. *Internationale Schulbuchforschung*, 4

(2-3), 149-158.

Dietsch, J. (2012). Textbooks and the Holocaust in Independent Ukraine. *European Education*, *44*(3), 67-94.

Epstein, J. (1997). Treatment of the Holocaust in Western and World Civilization Textbooks: An Update. *Schofar*, *15*(2), 64-76.

Firer, R. (1987). The Holocaust in History Textbooks. In R. L. Braham (Ed.), *The Treatment of the Holocaust in Textbooks: The Federal Republic of Germany, Israel, the United States of America.* New York: Columbia University Press.

Foster, S., & Burgess, A. (2013). Problematic Portrayals and Contentious Content: Representations of the Holocaust in English History Textbooks. *Journal of Educational Media, Memory, and Society*, *5*(2), 20-38.

Frankl, G. (2003). Holocaust Education in the Czech Republic, 1989-2002. *Intercultural Education*, *14*(2), 177-189.

Frohnert, P. (2006). "We Want to Learn from the Past." The Holocaust in German History Schoolbooks Before and After Reunifcation. In K. G. Karlsson & U. Zander (Eds.), *The Holocaust on Post-War Battlefelds. Genocide as Historical Culture.* Malmö: Sekel Bokförlag.

Hirsch, S., & McAndrew, M. (2014). The Holocaust in the Textbooks and in the History and Citizenship Education Program in Quebec. *Journal of Educational Media, Memory, and Society*, *6*(1), 24-41.

Kanter, L. (1998). *Forgetting to Remember: Presenting the Holocaust in American College Social Science and History Textbooks.* Fulbright-Hays Summer Seminars Abroad Program.

Korman, G. (1970). Silence in American Textbooks. *Yad Vashem Studies*, *8*, 183-202.

Kraemer, D., & Stassen, M. (1994). Europe in U.S. Social Studies Textbooks: A Case Study on Germany in the Textbooks. In J. F. Harris & F. Metcalf (Eds.), *Germany and Europe Since World War II: Resources for Teachers.* Bloomington, IN: ERIC Clearinghouse for Social Sciences.

Lässig, S., & Pohl, K. H. (2009). History Textbooks and Historical Scholarship in Germany. *History Workshop Journal*, *67*, 125-139.

Lindquist, D. (2009). The Coverage of the Holocaust in High School History Textbooks. *Social Education*, *73*(6), 298–304.

Michaels, D. L. (2013). Holocaust Education in the "Black Hole of Europe": Slovakia's Identity Politics and History Textbooks Pre- and Post-1989. *Intercultural Education*, *24*(1–2), 19–40.

Montgomery, K. (2005). Imagining the Anti-Racist State: Representations of Racism in Canadian History Textbooks. *Discourse: Studies in the Cultural Politics of Education*, *26*(4), 427–442.

Montgomery, K. (2006). Racialised Hegemony and Nationalist Mythologies: Representations of War and Peace in High School History Textbooks, 1945–2005. *Journal of Peace Education*, *3*(1), 19–37.

Morgan, K. (2012). From Auschwitz to Apartheid—Conceptual Representations in History Textbooks. *Education as Change*, *16*(1), 3–20.

Morgan, K. (2015). Learning Empathy Through School History Textbooks? A Case Study. *Rethinking History: The Journal of Theory and Practice*, *19*(3), 370–392.

Pate, G. (1987). The Holocaust in American Textbooks. In R. L. Braham (Ed.), *The Treatment of the Holocaust in Textbooks: The Federal Republic of Germany, Israel, the United States of America*. New York: Columbia University Press.

Pauca, B. M. (2011). Teaching Trauma and Responsibility: World War II in West German History Textbooks. *New German Critique*, *38*(1), 135–153.

Perlmutter, D. D. (2009). Re-visions of the Holocaust: Textbook Images and Historical Myth-Making. *Howard Journal of Communications*, *8*(2), 151–159.

Pingel, F. (2006). From Evasion to a Crucial Tool of Moral and Political Education: Teaching National Socialism and the Holocaust in Germany. In S. J. Foster & K. A. Crawford (Eds.), *What Shall We Tell the Children? International Perspectives on School History Textbooks*. Greenwich, CT: Information Age Publishing.

Renn, W. F. (1987). Textbooks: Treatment of the Holocaust and Related Themes. In R. L. Braham (Ed.), *The Treatment of the Holocaust in Textbooks: The Federal Republic of Germany, Israel, the United States of America*. New York: Columbia University Press.

Schär, B. C., & Sperisen, V. (2010). Switzerland and the Holocaust: Teaching Contested History. *Journal of Curriculum Studies*, *42*(5), 649–669.

Short, G. (2000). Holocaust Education in Ontario High Schools: An Antidote to Racism? *Cambridge Journal of Education*, *30*(2), 291–305.

Short, G. (2001). Confronting the Holocaust in Religious Education. *Journal of Beliefs and Values: Studies in Religion and Education*, *22*(1), 41–54.

Von Borries, B. (2003). The Third Reich in German History Textbooks Since 1945. *Journal of Contemporary History*, *38*, 45–62.

Waldman, F. (2009). Der Holocaust in den post-kommunistischen rumänischen Schulbuchern. In W. Benz & B. Mihok (Eds.), *Holocaust an der Peripherie: Judenpolitik und Judenmord in Rumänien und Transnistrien 1940–1944*. Berlin: Metropol Verlag.

Wenzeler, B. (2003). The Presentation of the Holocaust in German and English School History Textbooks—A Comparative Study. *International Journal of Historical Learning, Teaching and Research*, *3*(2), 107–118.

Witschonke, C. (2013). A "Curtain of Ignorance": An Analysis of Holocaust Portrayal in Textbooks from 1943 Through 1959. *The Social Studies*, *104*, 146–154.

BIBLIOGRAPHY

Bourdillon, H. (1992). *History and Social Studies — Methodologies of Textbook Analysis*. Amsterdam: Swets and Zeitlinger.

Crawford, K. (2000). Researching the Ideological and Political Role of the History Textbook — Issues and Methods. *International Journal of Historical Learning, Teaching and Research*, *1*(1), 1–8.

Crawford, K. (2001). *Constructing National Memory: The 1940/41 Blitz in British History Textbooks*, Internationale Schulbuchforschung (Vol. 21). Hanover: Verlag Hahnsche Buchhandlung.

Foster, S. (2005). The British Empire and Commonwealth in World War II: Selection and Omission in English History Textbooks. *International Journal of Historical Learning, Teaching and Research*, *5*, 1–19.

Foster, S., & Morris, J. (1994). Arsenal of Righteousness? — Treatment of the Atomic Bombing of Hiroshima in English and U.S. History Textbooks. *Curriculum*, *5*(3), 163–173.

Johnsen, E. (1993). *Textbooks in the Kaleidoscope: A Critical Survey of Literature and Research on Educational Texts.* Oslo: Scandinavian University.

Kinloch, N. (1998). Review Essay: Learning About the Holocaust: Moral or Historical Question? *Teaching History*, 93, 44–46.

Mertens, D. (1998). *Research Methods in Education and Psychology: Integrating Diversity with Quantitative and Qualitative Approaches.* Thousand Oaks, CA: Sage.

Mikk, J. (2000). *Textbook: Research and Writing.* Frankfurt am Main: Peter Lang.

Mirkovic, M., & Crawford, K. (2003). Teaching History in Serbian and English Secondary Schools: A Cross-Cultural Analysis of Textbooks. *International Journal of Historical Learning, Teaching and Research*, 3(2), 91–106.

Nicholls, J. (2003). Methods in School Textbook Research. *International Journal of Historical Learning, Teaching and Research*, 3(2), 11–26.

Nicholls, J. (2005). The Philosophical Underpinnings of School Textbook Research. *Paradigm*, 3(1), 24–35.

Nicholls, J. (2006). *School History Textbooks Across Cultures: International Debates and Perspectives.* Oxford: Symposium.

Pettigrew, A., Foster, S., Howson, J., Salmons, P., Lenga, R., & Andrews, K. (2009). *Teaching About the Holocaust in English Secondary School: An Empirical Study of National Trends, Perspectives and Practice.* London: Institute of Education.

Pingel, F. (1999). *UNESCO Guidebook on Textbook Research and Textbook Revision.* Hanover: Verlag Hahnsche Buchhandlung.

Pingel, F. (2014). The Holocaust in Textbooks: From a European to a Global Event. In K. Fracapane & M. Haß (Eds.), *Holocaust Education in a Global Context.* Berlin: UNESCO.

Russell, L. (2006). *Teaching the Holocaust in School History.* London and New York: Continuum International Publishing Group.

Sleeter, C., & Grant, C. (1991). Race, Class, Gender and Disability in Current Textbooks. In M. Apple & L. Christian-Smith (Eds.), *The Politics of the Textbook.* New York: Routledge.

Vickers, E. (2006). Defning the Boundaries of "Chineseness": Tibet, Mongolia,

Taiwan, and Hong Kong in Mainland History Textbooks. In S. J. Foster & K. A. Crawford (Eds.), *What Shall We Tell the Children? International Perspectives on School History Textbooks*. Greenwich, CT: Information Age Publishing.

Weinbrenner, P. (1992). Methodologies of Textbook Analysis Used to Date. In H. Bourdillon (Ed.), *History and Social Studies — Methodologies of Textbook Analysis*. Amsterdam: Swets and Zeitlinger.

第 19 章　殖民主义

作者 / 拉尔斯·穆勒（Lars Müller）
译者 / 郑杰

自 20 世纪 90 年代以来，公众和学术界对殖民历史的关注日益增加。后殖民研究领域中的学术争论以及移民对欧洲的影响不仅共同激发了学术界对殖民化过程更加深入的检视，而且提升了公众对这一过程的关注。近期三大顶级期刊就殖民主义在教材中的表征发表了一些特刊[1]，反映了这一研究领域的显著进展。

概览：国家、时代、学科

现代殖民主义是一种全球现象，盛行于 16 世纪初期至 20 世纪。它不涉及同质化或线性过程，其殖民化行径表现为多个方面（Eckert, 2006；Osterhammel & Jansen, 2009）。然而，现有的教材分析主要局限于特定的国家、地区、时代或学科。

大多数对国家教材的研究都检视了欧洲国家的教材。这类研究反映了诸多社会讨论，这些讨论不仅涉及殖民主义及其后果，还关乎殖民主义在欧洲文化记忆中所起的作用。个别考察殖民主义表征的研究一度聚焦于长期控制世界大部分地区的殖民列强（见如，Yeandle, 2003；Oetting, 2006；Petter, 2008；Lantheaume, 2013；Grindel, 2013），但也有研究针对那些居于次主导地位的殖民列强，例如意大利（见如，de Michele, 2011；Deplano, 2013；Pes, 2013；Cajani, 2013）、德国（见如，Kerber, 2005；Poenicke, 2008）和比利时（见 Nieuwenhuyse, 2014）。相比之下，对西班牙和葡萄牙教材中殖民主义的表征分析较少（见如，Dores Cruz, 2007；Araújo & Maeso, 2012）。研究甚至也已经涉及那些没有直接参与现代殖民主义的欧洲国家（见如，挪威：Aamotsbakken, 2008；冰岛：Loftsdóttir, 2010；瑞士：Moser-Léchot, 2012；波兰：Techmańska, 2014）。对殖民主义列强的大多数分析主要集中在作为殖民主义组成部分的暴力这一主题上（见如，Lieven, 2000；Renken, 2004；Leone & Mastrovito, 2010；Müller, 2013；作为比较，参见前殖民地国家的教材研究：Gorbahn, 2014），聚焦殖民列强和被殖民主体之间的冲突。福斯特（Foster, 2006）指出，教材中关于殖民地人民在诸如第二次世界大战等其他冲突中所起作用的内容通常被删除了，也被教材研究所忽略；然而，这确实反映了学术界更广泛的趋势。

相较之下，对非欧洲国家教材的分析鲜少谈及殖民主义的表征。然而，这并不意味着殖民主义在那些地区的社会与学术政策讨论中不太重要，仅仅是他们关注的焦点不同而已。在前殖民地国家，人们的研究兴趣主要集中于外来殖民者到来之前居住于这些区域的人民被赋予的角色。例如,卡尔顿(Carleton, 2011)分析了1920—1970年加拿大英属哥伦比亚省教材中的殖民主义话语,进而明确指出文本是"殖民列强、声望和特权的强有力的工具"。他认为教材在"表征过去,特别是在对土著人民的表征方面发挥了重要的作用,其方式是为殖民主义辩护,并使资本主义殖民者社会的发展和持续存在合理化,认为这是自然的、不可避免的和合乎常理的"。克劳福德(Crawford, 2013)和卡奥梅(Kaomea, 2000)在分别考察对"澳大利亚土著"和"夏威夷原住民"的表征时也有着类似的关注点。西野(Nishino, 2008)通过比较1890年出版的教材和1945—1996年出版的教材,探讨了南非教材中的"殖民者史学",特别关注了殖民思维方式的经久不衰。

就非洲和亚洲国家而言,如何在去殖民化后(在教材中)书写历史的问题尤其重要。随着这些国家的独立,它们不得不将殖民主义写入"新的国家历史"。各国的研究水平参差不齐,部分原因在于各国对作为教学媒介的教材的重视程度不尽相同。例如,教学内容的国家化一直是布拉斯(Bouras)研究的一个主题,他在2013年的研究中考察了阿尔及利亚的情况,该国在1963年以后出版的第一本阿拉伯语教材就是以国家叙事的形式描述了历史事件。另一种观点是霍尔曼(Holmén, 2011)在分析肯尼亚教材时提出的,他认为肯尼亚是一个多民族国家,没有共同的前殖民历史作为国家叙事的基础,因此重点关注泛非、国家和部落的身份认同。研究表明,欧洲人的殖民过程被刻画成为统一、泛非的经历,在这种经历中,欧洲人被区分为"他者"。除此,该研究认为相比于"国家身份认同",国家应更优先鼓励"部落身份认同"。在对津巴布韦的教材分析中,林德格伦(Lindgren, 2002)强调了部落身份认同,例如恩德贝勒人的身份认同。她的研究聚焦"土著历史学家"帕西萨·尼亚蒂(P. Nyathi)所著的历史书籍,这些历史著作别具一格,因为它们主要基于口述历史和作者在马塔贝莱兰(津巴布韦西南地区)与当地长老们的访谈。林德格伦检视了尼亚蒂是如何从津巴布韦恩德贝勒人的叙事中选取事件进行描述的,并将其与"殖民作家"和其他津巴布韦作家所著的教材进行比较。这种方法使得对殖民事件的描述不仅可以从民族国家的角度来分析,还可以从殖民传统和各自的土著历史传统的角度来分析。一些有深度的研究还从后殖民主义的视角分析了所选国家教材中对殖民主义的表征(见如,Seri-Hersch, 2010; Koross, 2012)。在其他地区的教材中,探索殖民主义表征的英文作品相对较少。豪乌(Hau, 2010)撰写了为数不多的关于拉丁美洲的英文作品,其中他比较了西班牙殖民主义在墨西哥、阿根廷和秘鲁建国时期的作用。[2] 涉及亚洲教材的研究也探讨了殖民主义在较长时期里是如何发生变化的。直树(Naoki, 2001)通过对马来西亚教材变化的检视,专注于殖民主义知识是如何产生的,而这些教材最初由英国作家和马来西亚作家撰写。其他的研究则关注了印度(Basu, 2010)或缅甸(Oo, 2012a)。尽管这些研究的焦点并不在于如何描述殖民主义,但殖民主义确实是一个重要的分析因素。金等人的研究(Kim et al., 2013)基于四个分析标准("主体/他者"的构建、包含—排斥的语境、声音的沉默和对殖民化/再殖民化的叙事)探讨了当前韩国教材中对两个历史主题的表征。这个研究主要聚焦于工业革命和"新贸易路线的发现",这是一个与殖民主义密切相关的议题。它阐述了欧洲中心主义的后殖民霸权是如何被再生产的,以及"教材如何对某些历史事件和人物保持沉默和边缘化"。将教材如何描述"受压迫的土著女性的殖民神话"作为中心议题进行探讨,卡奥梅(Kaomea, 2006)论证了性别主题如何与殖民主义相联系。无独有偶,种族作为一个概念,在很多与殖民主义相关的研究中被提及(见如,Stanley, 2000; Barnes, 2007; Marmer et al., 2010; Basu, 2010;参阅本书中奇泽姆所著章节)。

这些研究绝大多数分析的是历史教材,尽管其他学科也可以在殖民主义的表征方面提供具有启发性的原始素材。在2010年的研究中,乔西(Joshi)分析了印度和巴基斯坦的地理教材,以了解两个"拥有共同过去"的国家如何刻画出不同的历史。这里一个重要的因素在于两国构建了一个不同的"想象的地理"。印度的教材描绘了殖民时期发展起来的"印度的自然性",而巴基斯坦的教材则强调了"巴基斯坦与伊斯兰世界'天然'的亲近关系"(Joshi, 2010)。所教授的地理的不同导致了强调共性的历史事件被模糊化。虽然许多研究在分析殖民主义表征时聚焦于过程和具有里程碑意义的事件,但这项研究表明"地理空间"同样具有相关性。肯尼迪(Kennedy)2002年的研究是为数不多的关于书籍阅读的研究之一。她展示了在德意志帝国和魏玛共和国时期,殖民地生活被描绘为"德式家园的舒适、亲密和熟悉的迁移延伸",从而掩盖了殖民主义暴力的一面(Kennedy, 2002)。

研究观点

在以下部分,我将从自我与他者、记忆、知识这三个理论视角来介绍相关研究。

自我与他者

大部分的研究至少都间接地涉及了后殖民主义研究的概念。它们通常聚焦欧洲中心主义约束的瓦解、殖民地人民的呼声、他者化的过程,或思想的去殖民化等一般性问题。这些研究表明了殖民化的等级制度如何在自我与他者的镜像里得到巩固(见如,Grindel, 2008; Kim et al., 2013; Haue, 2014; Kokkinos et al., 2014; Löfström, 2015)。视角的不同取决于国家叙事如何与殖民主义相联系。许多欧洲国家的研究表明,殖民主义历史最初在教材中是被压制的,或是没有进行批判性的辩论。只是在近些年,这方面才有了一定的发展(见如,de Michele, 2011; Lantheaume, 2013; Müller, 2013; Grindel, 2013)。虽然"自我"的建构与"他者"紧密地交织在一起,但有些研究倾向于对某一方面的考察而不是对另一个方面的研究。奥托(Otto)在他对法国的各种研究中表明,"文明使命"构成了国家的自我特征,而去殖民化则挑战了这一点(见如,Otto,

2011)。正如佩斯(Pes, 2013)和德普拉诺(Deplano, 2013)所言,殖民主义对意大利也有着类似的重要性。其他的研究则集中在各自的"他者"是如何被用来定义"自我"的问题上(见如, Aamotsbakken, 2008; Loftsdóttir, 2010)。对于澳大利亚、加拿大和美国夏威夷等前殖民地来说,这个问题已经得到了深入的探讨。这些案例研究检视了殖民过程中各土著民族如何被描述为"他者",以及这种思维方式在多大程度上继续产生远远超出殖民的直接后果的影响(见如, Kaomea, 2000; Carleton, 2011; Crawford, 2013)。对非洲国家教材的研究旨在明确殖民主义的哪些时期在多大程度上造成了国家身份认同、部落身份认同和泛非身份认同之间的差异(见 Holmén, 2011)。少数研究质疑了前殖民地教材中对殖民者形象的描述,马卡(Maca)和莫里斯(Morris)的研究就是其中之一,他们对菲律宾进行了案例研究,主要检视了相比其他殖民列强,日本人在菲律宾的教材中是如何被描绘的(Maca & Morris, 2014)。

记 忆

文化记忆中的殖民主义研究主要针对欧洲国家的教材。这类研究探究了殖民历史如何被表征,有哪些内容值得铭记并对当代有着启示意义。在这种情境下,教材被视为对霸权话语的反思。记忆研究中的理论概念在这些研究中得到了不同程度的应用;一些人以记忆文化为大的背景检视教材,而另一些人则坚持基于某些特定概念进行探索。希林(Schilling, 2014)不仅聚焦不同的记忆"产物"和"媒介的特殊形式",并且通过它们检视殖民主义在课本中、殖民文学(非洲书籍)中,以及在"国家天赋""家庭传承"和其他记忆的载体中是如何被呈现的。其逻辑过程是调查媒介形式如何影响记忆的构建。基于殖民主义越来越多地被当作一项欧洲事务来讨论的论断,格林德尔(Grindel, 2008)认为尽管存在一般的关于欧洲的参考文献,殖民历史仍主要从国家记忆文化的角度来论述。记忆的视角也包括一些没有被记忆的议题。例如,纽温惠斯(Nieuwenhuyse, 2014)指出 20 世纪 60 年代到 90 年代末比利时教材中关于刚果(后)殖民主义历史的集体缺失。无独有偶,奥廷(Oetting, 2006)指出法国教材给人的印象是"非殖民化"事件没有进入"集体记忆"。近些年来,记忆研究领域已经引起了人们对哪些内容应该被铭记的社会争议。如此,教材被置于一个更为广阔的情境之中。在福克斯和奥托(Fuchs & Otto, 2013)主编的《教育媒体、记忆和社会》特刊中,教材不仅被视为一种记忆文化的媒介,而且也是后殖民主义政治的载体。这期特刊专门论述了如何将过去应用于当下。

知 识

历史研究中的学术方法集中于知识共创,因此总是在情境中分析教材。通过专注于知识,可以消除殖民者和被殖民者之间的割裂,并打破线性和简化的观念,即殖民主义者可以直接影响教学内容,以保留殖民权威和鼓吹殖民思维。

不少研究都探索了殖民知识的产生。在2010年的研究中,巴苏(Basu)研究了孟加拉语地理教材,并专注于建立一个"地理知识体系"。将"种族"作为一个核心概念引入这个知识体系并没有偏离前殖民时期,而是一个辩证过程的结果(见Oo,2012b)。除了有关前殖民知识、殖民知识以及它们之间的关系问题,其他研究集中于探索教育政策如何在教材中产生"去殖民化的变革性知识"问题。在这方面,苏布伦戴斯(Subreenduth, 2013)探究了南非历史教材如何彰显平等和社会正义的宏大叙事,以克服种族隔离思想的灌输。在对前殖民地国家的教材进行分析时,经常会发现检验知识概念的不同路径,而这些观点也可以被成功地应用于欧洲国家。穆勒(Müller, 2013)探讨了德国教材中的知识在政治、学术和教育领域的流通。在这种情境下,可以将教材作为社会协商过程和争议的一个组成部分来加以分析(有关情境下的教材生产,参见本书的第一编)。

方法

关于殖民主义主题的教材内容分析通常是质性的,且更倾向于使用后殖民主义研究方法。比较研究在这个研究领域占据主导地位,通常阐述殖民地化描述之间的差异或相似之处。2012年,格林德尔(Grindel, 2012)对前殖民列强和被殖民主体进行了为数不多的比较,展示了选定的欧洲和非洲国家教材之间的联系。格林德尔的研究表明,各国的国家视角牢固地嵌入教材对(共享的)殖民历史的表征之中。然而,一个重要的区别在于能动性的归因:不同于欧洲教材,非洲教材将非洲人描绘成历史更重要的参与者。戈尔巴恩(Gorbahn, 2014)还比较了前殖民列强和被殖民主体(德国和坦桑尼亚)的教材,并检视了教材(视觉材料、读者指南等)准备上的差异。相较于将殖民主义作为一个整体来研究,还有一些研究通过选取对特殊事件的表征进行国别比较。卡雷特罗等人(Carretero et al., 2002)指出,在墨西哥和西班牙的教材中,关于1492年"发现"美洲新大陆的描述很大程度上取决于他们各自的国家视角。

格林德尔(Grindel, 2012)和特雷普斯多夫(Trepsdorf, 2006)都对各殖民列强如何在其教材中描述殖民主义做了比较研究。然而,特雷普斯多夫并非简单地比较两个具有不同殖民历史的国家;相反,他分析了在一系列情境和媒介中,对非洲"他者"的描绘是如何体现的。一些现有的研究始终将教材置于教育政策争论的情境下,而另一些研究者则将教材与其他媒介进行比较。这种对比的方法能够被证明是具有启发性的。卡奥梅(Kaomea, 2000)将教材与旅行指南作了比较,并认为在这两种媒介中,在殖民传统方面夏威夷人具有很强的代表性。她进一步阐述了这个观点,指出旅行指南中对殖民地的描述服务于旅游业的经济利益,甚至教材中对殖民的描述也为旅游业吸引了廉价劳动力,使旅游业受益。在情境中比较分析教材的另一个选择是研究教材中的殖民主义与教育系统中不同的利益相关者之间的关系;这些研究通常使用社会科学的研究方法。在2002年的研究中，凯夫（Cave）在比较英语和日语教材时，研究了什么是对待殖民历史的"正确"方法。他的研究设计包括对教材和课程的分析、对历史课的观察以及对教师的半结构式访谈。在涉及南非（Subreenduth，2013）和格陵兰岛（Haue，2014）的研究中，对教材中殖民主义的分析也与访谈和问卷调查相结合，而其他研究则包括对生产实践的调查（Cave，2013；Macgilchrist & Müller，2012；Barnes，2007）。

💡 研究的迫切性

在20世纪80年代中期，麦肯锡（MacKenzie，1985：174）指出对大英帝国在英语教材中所起作用的调查是缺乏的，这一事实当时也存在于其他许多国家。这种缺失在近些年来得到了弥补，但研究中的空白依然存在。这一研究领域将因摆脱对19世纪欧洲殖民主义在时间和地理上的局限而受益。检视教材如何讲述殖民列强、被殖民主体的作用，或是与前欧洲殖民者或非欧洲殖民者的冲突结果是具有启示意义的。

对作为一门学校学科的历史进行更广泛的研究或比较研究，对确定不同学科对殖民主义描述的程度，或思想的表达是否因学科而异来说，也是有价值的。正因为教材时常作为对社会的反思而被分析，所以研究教材是否因学科而不同是有裨益的。未来的研究可以讨论现代教材中对殖民地人民观点的日益关注是否确实如人们所说的那样，是社会变革和后殖民方法的结果，还是出于教学方面的考虑。

尽管存在一些初步的比较研究，但仍缺乏与特定国家相关的系统的案例比较研究。教材中的殖民主义是国家记忆文化形成过程的重要组成部分，或教材越来越多地强调殖民主义的负面影响，这些争议都可以通过案例研究进行探讨。这些变化是否已在多个国家中同时发生，或是否存在国别差异，这仍有待观察。这对研究前殖民地和前殖民国家所使用的教材而言同样是适用的。

最后，将焦点从专为教材编写的文本转移到更密切的对视觉要素的研究也是很有成效的（有关视觉教育媒介和视觉转向的进一步阅读，请参与本书中博克所著章节）。探究在教材对殖民主义的描述中是否出现了一种视觉准则，以及研究不同国家相似甚至相同的图像是如何被情境化的，都具有启示意义。对视觉材料进行更细致的检视或许能揭示出教材中文本和图像之间的冲突，并且能够突出教材作为媒介的特殊性。对其他教育材料（如电影）的比较分析，可以确定对殖民主义的描述不仅受到国家争议的影响，而且也受到各种媒介的影响。尽管人们对这个主题的兴趣有所增加，对教材中殖民主义表征的研究越来越多，但这个领域仍然存在明显的研究空白。

💡 注释

1. 《国际教材研究》（2008）；《教育媒体和记忆研究期刊》（2013）；《国际历史教育

学会年鉴》(2014)。

2. 本章聚焦英语的分析；许多其他语言的教材分析在此未能涵盖。里贝罗（Ribeiro, 2007）提供了一份他对巴西教材中殖民历史分析的英文摘要。

参考文献

Aamotsbakken, B. (2008). The Colonial Past in Norwegian History Textbooks. *International Textbook Research*, 30(3), 763–776.

Araújo, M., & Maeso, S. R. (2012). History Textbooks, Racism and the Critique of Eurocentrism: Beyond Rectification or Compensation. *Ethnic and Racial Studies*, 35(7), 1266–1286.

Barnes, T. (2007). "History Has to Play Its Role": Constructions of Race and Reconciliation in Secondary School Historiography in Zimbabwe, 1980–2002. *Journal of Southern African Studies*, 33(3), 633–651.

Basu, S. (2010). The Dialectics of Resistance: Colonial Geography, Bengali Literati and the Racial Mapping of Indian Identity. *Modern Asian Studies*, 44(1), 53–79.

Bouras, L. A. S. (2013). The National History of Algeria as Reflected in Textbooks at a Time of Political and Educational Reform. In P. Carrier (Ed.), *School and Nation. Identity Politics and Educational Media in an Age of Diversity* (pp. 125–134). Frankfurt am Main: Taylor & Francis.

Cajani, L. (2013). The Image of Italian Colonialism in Italian History Textbooks for Secondary Schools. *Journal of Educational Media, Memory and Society*, 5(1), 72–89.

Carretero, M., Jacott, L., & López-Manjón, A. (2002). Learning History Through Textbooks: Are Mexican and Spanish Students Taught the Same Story? *Learning and Instruction*, 12(6), 651–665.

Carleton, S. (2011). Colonizing Minds: Public Education, the "Textbook Indian", and Settler Colonialism in British Columbia, 1920–1970. *BC Studies*, 169, 101–130.

Cave, P. (2002). Teaching the History of Empire in Japan and England. *International Journal of Educational Research*, 37(6–7), 623–641.

Cave, P. (2013). Japanese Colonialism and the Asia-Pacific War in Japan's History Textbooks: Changing Representations and Their Causes. *Modern Asian Studies*, 47(2), 542–580.

Crawford, K. (2013). Constructing Aboriginal Australians, 1930 – 1960: Projecting False Memories. *Journal of Educational Media, Memory and Society*, 5(1), 90 – 107.

Dores Cruz, M. (2007). "Portugal Gigante": Nationalism, Motherland and Colonial Encounters in Portuguese School Textbooks. *Habitus*, 5(2), 395 – 422.

Deplano, V. (2013). Making Italians: Colonial History and the Graduate Education System from the Liberal Era to Fascism. *Journal of Modern Italian Studies*, 18(5), 580 – 598.

Eckert, A. (2006). *Kolonialismus*. Frankfurt am Main: S. Fischer Verlag. Foster, S. (2006). The British Empire and Commonwealth in World War II: Selection and Omission in English History Textbooks. In É. Bruillard et al. (Eds.), *Caught in the Web or Lost in the Textbook?* (pp. 135 – 142). Utrecht: IARTEM.

Fuchs, E., & Otto, M. (2013). Introduction: Educational Media, Textbooks, and Postcolonial Relocations of Memory Politics in Europe. *Journal of Educational Media, Memory and Society*, 5(1), 1 – 13.

Gorbahn, K. (2014). From Carl Peters to the Maji Maji War: Colonialism in Current Tanzanian and German Textbooks. *International Society for History Didactics Yearbook*, 35, 57 – 78.

Grindel, S. (2008). Deutscher Sonderweg oder europäischer Erinnerungsort? Die Darstellung des modernen Kolonialismus in neueren deutschen Schulbüchern. *International Textbook Research*, 3, 695 – 716.

Grindel, S. (2012). Kolonialismus im Schulbuch als Übersetzungsproblem. Deutsche, französische und englische Geschichtslehrwerke im Vergleich. *Geschichte und Gesellschaft*, 38(2), 272 – 303.

Grindel, S. (2013). The End of Empire: Colonial Heritage and the Politics of Memory in Britain. *Journal of Educational Media, Memory and Society*, 5(1), 33 – 49.

Hau, M. v. (2010). Unpacking the School: Textbooks, Teachers, and the Construction of Nationhood in Mexico, Argentina, and Peru. *Latin American Research Review*, 44(3), 127 – 154.

Haue, H. (2014). Greenland—History Teaching in a Former Danish Colony. *International Society for History Didactics Yearbook*, 35, 101 – 114.

Holmén, J. (2011). Nation-Building in Kenyan Secondary School Textbooks. *Education*

Inquiry, 2(1), 79–91.

Joshi, S. (2010). Contesting Histories and Nationalist Geographies: A Comparison of School Textbooks in India and Pakistan. *South Asian History and Culture*, 1(3), 357–377.

Kaomea, J. (2000). A Curriculum of Aloha? Colonialism and Tourism in Hawai'i's Elementary Textbooks. *Curriculum Inquiry*, 30(3), 319–344.

Kaomea, J. (2006). "Nā Wāhine Mana": A Postcolonial Reading of Classroom Discourse on the Imperial Rescue of Oppressed Hawaiian Women. *Pedagogy, Culture and Society*, 14(3), 329–348.

Kennedy, K. (2002). African Heimat: German Colonies in Wilhelmine and Weimar Reading Books. *Internationale Schulbuchforschung*, 24(1), 7–26.

Kerber, A. (2005). Kolonialgeschichte in deutschen Schulbüchern. Kritisch oder kritikwürdig? In H. Lutz & K. Gawarecki (Eds.), *Kolonialismus und Erinnerungskultur. Die Kolonialvergangenheit im kollektiven Gedächtnis der deutschen und niederlän-dischen Einwanderungsgesellschaft* (pp. 81–93). Münster: Waxmann.

Kim, Y. C., Moon, S., & Joo, J. (2013). Elusive Images of the Other: A Postcolonial Analysis of South Korean World History Textbooks. *Educational Studies*, 49(3), 213–246.

Kokkinos, G., et al. (2014). Colonialism and Decolonisation in Greek School History Textbooks of Secondary and Primary Education. *International Society for History Didactics Yearbook*, 35, 115–136.

Koross, R. (2012). National Identity and Unity in Kiswahili Textbooks for Secondary School Students in Kenya: A Content Analysis. *Journal of Emerging Trends in Educational Research and Policy Studies*, 4(3), 544–550.

Lantheaume, F. (2013). The Empire in French History Teaching. From a Promise to a Burden. In P. Carrier (Ed.), *School and Nation. Identity Politics and Educational Media in an Age of Diversity* (pp. 15–23). Frankfurt am Main: Taylor & Francis.

Leone, G., & Mastrovito, T. (2010). Learning About Our Shameful Past: A Socio-Psychological Analysis of Present-Day Historical Narratives of Italian Colonial Wars. *International Journal of Conflict and Violence*, 4(1), 11–27.

Lieven, M. (2000). Bias in School History Textbooks: Representations of the British

Invasion of Zululand. *Paradigm*, 2.

Lindgren, B. (2002). Power, Education, and Identity in Post-Colonial Zimbabwe: The Fate of King Lobengula of Matabeleland. *African Sociological Review*, 6(1), 46 - 67.

Löfström, J. (2015). Lost Encounters: A Post-Colonial View on the History Course "Meeting of Cultures", in the Upper Secondary School in Finland. *International Society for History Didactics Yearbook*, 35, 147 - 164.

Loftsdóttir, K. (2010). Encountering Others in the Icelandic Schoolbooks: Images of Imperialism and Racial Diversity in the 19th Century. In Þ. Helgason & S. Lässig (Eds.), *Opening the Mind or Drawing Boundaries? History Texts in Nordic Schools* (pp. 81 - 95). Göttingen: V&R unipress.

Maca, M., & Morris, P. (2014). National Identity Formation and the Portrayal of the Japanese Occupation in Filipino Textbooks. In P. Morris, E. Vickers, & N. Shimazu (Eds.), *Imagining Japan in postwar East Asia. Identity Politics, Schooling and Popular Culture* (pp. 229 - 248). London: Routledge.

Macgilchrist, F., & Müller, L. (2012). Kolonialismus und Modernisierung: Das Ringen um 'Afrika' bei der Schulbuchentwicklung. In M. Aßner et al. (Eds.), *AfrikaBilder im Wandel? Quellen, Kontinuitäten, Wirkungen und Brüche* (pp. 195 - 208). Frankfurt am Main: Lang.

MacKenzie, J. (1985). Imperialism and the School Textbook. In J. MacKenzie (Ed.), *Propaganda and Empire. The Manipulation of British Public Opinion, 1880 - 1960* (pp. 173 - 200). Manchester: Manchester University Press.

Marmer, E., et al. (2010). Racism and the Image of Africa in German Schools and Textbooks. *The International Journal of Diversity in Organizations, Communities and Nations*, 10(5), 1 - 12.

de Michele, G. (2011). "A Beautiful Moment of Bravery and Hard Work": Italian Colonialism in Post - 1945 History High School Textbooks. *Modern Italy*, 16(2), 105 - 120.

Moser-Léchot, D. (2012). From Theories of History to Textbook Presentations: Themes of Imperialism. *International Society for History Didactics Yearbook*, 35, 49 - 62.

Müller, L. (2013). "We Need to Get Away from a Culture of Denial?" The German-Herero War in Politics and Textbooks. *Journal of Educational Media, Memory and*

Society, *5*(1), 50 – 71.

Naoki, S. (2001). The Malay World in Textbooks: The Transmission of Colonial Knowledge in British Malaya. *Southeast Asian Studies*, *39*(2), 188 – 234.

Nieuwenhuyse, K. v. (2014). From Triumphalism to Amnesia. Belgian-Congolese (Post)Colonial History in Belgian Secondary History Education Curricula and Textbooks (1945 – 1989). *International Society for History Didactics Yearbook*, *35*, 79 – 100.

Nishino, R. (2008). George McCall Theal and South African History Textbooks: Enduring Influence of Settler Historiography in Descriptions of the Fifth Frontier War 1818 – 19. In P. Limb & N. Etherington (Eds.), *Orb and Sceptre. Studies on British Imperialism and Its Legacies* (Vol. 6, pp. 6.1 – 6.17). Clayton: Monash University Publishing.

Oetting, B. (2006). Bruch mit der kolonialen Vergangenheit? Der Algerienkrieg und die Entkolonisierung in französischen Geschichtsbüchern der "Troisième". *International Textbook Research*, *28*, 25 – 42.

Oo, M. (2012a). Colonial Knowledge Transmitted in British Burma: An Analysis of Civic Textbook Prescribed in National School. *The Kanda Journal of Global and Area Studies*, *3*, 121 – 140.

Oo, M. (2012b). Historiography and National Identity of Colonial Burma. An Analysis of a Vernacular School History Textbook. *The Journal of Philippine & Southeast Asian Studies*, *15*(2), 1 – 26.

Osterhammel, J., & Jansen, J. C. (2009). *Kolonialismus. Geschichte, Formen, Folgen*. München: C. H. Beck.

Otto, M. (2011). Das Subjekt der Nation in der Condition Postcoloniale. Krisen der Repräsentation und der Widerstreit postkolonialer Erinnerungspolitik in Frankreich. *Lendemains*, *39*(144), 1 – 23.

Pes, A. (2013). Becoming Imperialist: Italian Colonies in Fascist Textbooks for Primary Schools. *Journal of Modern Italian Studies*, *18*(5), 599 – 614.

Petter, D. (2008). Bilder imperialen Abschieds. Die französische Dekolonisation im Spiegel von öffentlichen Debatten und Geschichtsbüchern (1954 – 1962). *International Textbook Research*, *30*(3), 717 – 740.

Poenicke, A. (2008). *Afrika im neuen Geschichtsbuch. Eine Analyse der aktuellen deutschen Schulbücher*. St Augustin: Konrad-Adenauer-Stiftung.

Renken, F. (2004). Unsichtbare Geschichte. Der Algerienkrieg in den Schulbüchern der französischen Abschlussklassen vor 1983. *International Textbook Research*, 26(1), 75–92.

Ribeiro, R. R. (2007). Representações didáticas do Brasil colonial. Didactics Representations of Colonial Brazil. *Educação Temática Digital*, 8(2).

Schilling, B. (2014). *Postcolonial Germany: Memories of Empire in a Decolonized Nation*. Oxford: Oxford University Press.

Seri-Hersch, I. (2010). Did Friends and Enemies Change Upon Decolonization? A Sudanese History Handbook for Elementary Schools, 1949–1958. In A. Djurović & E. Matthes (Eds.), *Freund- und Feindbilder in Schulbüchern: Concepts of Friends and Enemies in Schoolbooks* (pp. 217–229). Bad Heilbrunn: Verlag Julius Klinkhardt.

Stanley, T. (2000). Why I Killed Canadian History: Conditions for an Anti-Racist History in Canada. *Social History*, 33(65), 79–103.

Subreenduth, S. (2013). Insidious Colonialism in Post-Apartheid Education: Interplay of Black Teacher Narratives, Educational Policy and Textbook Analysis. *Qualitative Research in Education*, 2(3), 213–241.

Techmańska, B. (2014). Decolonisation Issues in Contemporary History Textbooks for Secondary Schools in Poland. *International Society for History Didactics Yearbook*, 35, 137–146.

Trepsdorf, D. (2006). *Afrikanisches Alter Ego und europäischer Egoismus. Eine komparative Studie zur Selbst- und Fremdenperzeption im Wilhelminischen Deutschland und Spätviktorianischen Großbritannien*. Dresden: TUDpress.

Yeandle, P. (2003). Empire, Englishness and Elementary School History Education, c. 1880–1914. *International Journal of Historical Learning, Teaching and Research*, 3(1), 55–68.

第 20 章　教材中的战争

作者 / 西尔维·格依查德（Sylvie Guichard）
译者 / 付雪凌

引言

1935 年，沃克（E. C. Walker）注意到"教材通常……在有关战争问题的描述上极尽其能"。根据这位英国历史学家的观点，战争谎言"已经在我们的书籍和教学中毋庸置疑地占据着无可辩驳的地位"（Marsden, 2000: 31）。很长一段时间以来，人们对教材如何描述历史，特别是战争非常感兴趣。在 20 世纪的前半叶，评论家指出了传播谎言和憎恨的民族主义教育和"毒历史"的危险性（Marsden, 2000）。第一次世界大战以后，类似国际联盟和此后的联合国等国际组织开始仔细审查教材，尤其是历史教材的内容以及教材中描述冲突、战争、"国家"（见本书中卡利所著章节）及其"敌人"或"敌人们"的方式。包含偏见的教材将会强化冲突，而明智的教材则会支持实现和维护和平。这样的假设过去如此，现在依然存在。

尽管这样的作用机制与教材整体内容密切相关，但正如近来有关教材中战争表述的研究文献所揭示的那样，战争依然扮演着一个特别的角色。然而，本章不是综述，而是试图谨慎地梳理近 20 年[1]有关这个主题的研究趋势，并仅限于历史教材，因为绝大多数研究关注点在历史教材上。[2]本章通过回顾研究类型、方法和理论背景，呈现近 20 年来学者们对历史教材中战争表述的研究，并提出未来研究的可能路径。

研究类型综述

我们可以根据作者在历史教材中呈现战争的方式区分四种研究类型：垂直/历时性分析、水平/共时性分析、更广泛的国家叙事研究和对某些未被写入教材的战争的研究。前两类关于教材及其战争表述的分析就是分析教材本身，而后两类研究则将其视作更大范围研究的一部分。

第一，垂直/历时性分析（也称为纵向研究）检视过去一段时间内对战争、冲突或内战中某一事件的描述。这些研究强调一个国家一段时间内连续出版的教材中相关叙述的变化或相似之处。这里有大量的例子可供选择。要提及最近的一些研究，我们会引用皮尔西对美国教材中关于美国南北战争描述的研究（Pearcy, 2014）和洛温对美国教材中越南战争处理的研究（Loewen, 2000）。对以色列教材的研究，包括约格夫对 1967 年战争叙述的研究（Yogev, 2012）和波德对阿以冲突描述的研究（Podeh, 2000, 2010）。

关于日本教材,吉田写到了太平洋战争的问题(Yoshida,2007)。瓦尔斯发表了关于西班牙教材中的西班牙国内战争的研究(Valls,2007);蒙哥马利研究了1945—2005年加拿大教材中对战争的表述(Montgomery,2006);洛伊特费尔纳则研究了奥地利教材中对纳粹德国的描述(Loitfellner,2008)。

1991年以来,苏联解体后成立的"新"国家的课程和教材受到了特别关注。一些研究探讨了历史教材的重写问题,这些教材与苏联视角的历史拉开了距离,以更具民族性的视角来阅读过去。在这样的情境中,研究者呈现了这些国家教材中对第二次世界大战(以下简称为"二战")的表述如何发生变化,以及这些修订多么具有争议,因为它们经常会直接从国家身份认同的角度阐述问题(如,Jilge,2006;Klymenko,2014;Radonic,2011)。

一些历时性分析还比较了一个国家在一段时间内对数次战争描述的演变(Lachmann & Mitchell,2014),或者考察了不同国家对同一场战争描述的变化(Crawford & Foster,2007;Dierkes,2010)。例如,拉赫曼和米切尔检视了1970—2009年美国高中教材对二战和越南战争的表述(Lachmann & Mitchell,2014);克劳福德和福斯特研究了英国、德国、法国、日本、中国和美国教材中关于二战表述的变化(Crawford & Foster,2007);迪克斯比较了在其他历史事件中,德国(东德和西德)和日本高中教材中对二战的表述(Dierkes,2010)。

第二,水平/共时性分析检视同时期不同国家的教材如何描述一场战争或战争中的一个事件。一些近期研究比较了不同国家教材中关于二战(Nicholls,2006;Shin,2012)以及朝鲜战争(参阅Bleiker & Young-Ju 2007;Suh et al.,2008;Lin et al.,2009)的表述。同样,菲雷和爱德文仔细研究了以色列和巴勒斯坦教材中有关巴以冲突的表述(Firer & Adwan,2004;另一项同类研究参见Barnard,2003)。

第三,有关民族主义和国家叙事、历史政治或对历史的政治应用的更广泛研究,通常会触及教材及其战争描述的问题。例如,研究者研究了1991年后中国开展的"爱国主义教育运动"(Wang,2008)。研究者呈现了通过博物馆、公共纪念碑、电影和教材等形式进行"百年沧桑"叙事的影响。在此类型中,我们还要提及皮尔维·托斯蒂关于历史教材如何支持波黑战后的"敌人"形象的研究(Pilvi Torsti,2007)。在她有关教材内容的讨论中提及了有关二战和20世纪90年代内战的叙述,两者在对"他者"的建构上都发挥着重要作用(还可以参阅赛格斯汀有关巴尔干半岛地区历史教材的研究,Segesten,2008)。

第四,一些教材研究关注的是对某些战争的忽略,检视这些战争为什么没有被写入教材,通常也解释了为什么它们应该出现。例如,梅尔滕斯关于斯里兰卡的研究(Meertens,2013)和巴克利-齐斯特尔关于卢旺达的研究(Buckley-Zistel,2009)。

💡 方法：战争表述的话语分析

上文提及的绝大多数研究都是在语境中分析历史话语，并采用了一种非精确定义的话语分析形式。为了解释话语，上述研究使用了多种方法，并经常会在一个研究中混合使用；这些是话语分析的核心技术，也可以被称为历史叙事法（见后文）。开展话语分析有不同的方式，其正式化程度取决于作者。一些研究关注有关命名行为（冲突、特定事件或"其他"）的语词使用和辩论或争议。举两个例子，皮里基分析了 1990—2010 年匈牙利、波兰、斯洛伐克和捷克出版的教材中对奥斯曼土耳其人及其在中欧扩张的看法（Pirický，2013）。他注意到奥斯曼帝国的扩张通常被称为"土耳其战争"，一些教材使用"土耳其"来指称所有跟奥斯曼帝国有关的事物。在以色列教材中，波德注意到教材作者提及以色列所谓的"独立战争"在巴勒斯坦人看来是一场"灾难"（"al-nakba"）时有所保留（Podeh，2010：53-54）。类似的情形，我们还可以参考佩利德-埃尔哈南的研究，他同样讨论了以色列教材中"巴勒斯坦人"一词的使用（Peled-Elhanan，2012：16）。

其他研究直接采用了诸如洛伊特费尔纳所用的话语分析方法（Loitfellner，2008：157—158），他指出"区别不同论述策略（论证话语、扭曲、'淡化'）以及特殊语言实现形式（个性化、匿名化等）"在教材分析中是有用的。还有一些研究倾向于对战争表述采用精确且详尽的语言学或符号学方法分析（符号学方法，见 Montgomery，2006；Peled-Elhanan，2012）。巴纳德的一篇论文分析了 88 本日本 1995 年在用的中学教材中的语言（Barnard，2003）。他比较了教材在描述德国对波兰的袭击和日本对美国珍珠港的袭击时的语言选择，揭示出相较于对德国的描述，教材语言选择是如何削弱了日本在袭击珍珠港中的责任（例如被动语态的运用，也可见 Yogev，2012）。

一些作者将话语分析与"历史叙事法"结合在一起使用。它"比较了教材叙事和其他历史叙事，指出替代性解释、遗漏、扭曲和历史'神话'的存在"（Pearcy，2014：46）。在这一脉络下，一些研究探讨了教材内容对当前史学知识和学界辩论现状的反映程度。例如，迪尔克斯揭示了在西德和重新统一后的德国，教材是如何随着历史学家对纳粹政权研究的发展而发生变化的（有关其他历史研究话题，见 Le Marec，2006；Loitfellner，2008；Yogev，2012）。

话语分析并不局限于书面文字，让人惊讶的是现有研究鲜少关注图像和其他"类文本"元素，例如图表、学习目标或色彩和方框的使用。绝大多数的研究完全没有提及图像学，并未将图像当做文本来进行分析（见 Lachmann & Mitchell，2014；Suh et al.，2008）。一些研究提出对图像本身的反思，研究选择了什么样的图像、为什么，以及这些图像与文本结合在一起传递了什么样的信息（见 Yogev，2012）。洛温在对美国中学教材中的越南战争的研究中，强烈批评了教材中使用的看似中立、有意规避争议的图片（"士兵在巡逻、走过沼泽或从直升机上跳下来"的图像），特别是考虑到照片在描述战争中发挥的作用；它们不仅讲述了那场战争，还"制造了历史，影响美国人、越南人看待这场战争的方式"。事实上,洛温指出,现在上了年纪的成年人还能清晰地记得一些有关这场战争的画面,例如一个没穿衣服的小女孩在一号高速公路上奔跑以逃离汽油弹袭击的照片。极具讽刺意味的是,正如洛温揭示的那样,这张图片在教材中消失了,不是因为它太具震撼力,而是因为出版商遵循"不裸露"的出版规则(Loewen,2000:155-156)。

就方法而言,努里特·佩利德-埃尔哈南的研究特别有趣(Nurit Peled-Elhanan,2012)。该研究并不关注对战争本身的描述,而是关注以色列历史、地理和公民教材中对巴勒斯坦和巴勒斯坦人的表述。它结合了批判话语分析、社会符号学和多模态分析。佩利德-埃尔哈南通过综合分析文本、照片、地图、色彩和整体排版来观察教材传递的意义,不是通过对意义的叠加汇编,而是基于各方面分析共同唤起的普遍意义。

因为教材是以教育和学科为导向的文本,对教材的研究既可以着眼于文本内容分析("文本告诉我们什么?是否与学术研究一致?是否涵盖这一问题的所有主题?")或文本的教学分析,探索"文本背后的教育学"(Pingel,2010:31)。当然,内容和教学分析紧密相关。过去数十年中许多国家的历史教学更多着眼于传授技能,而不是传授内容。与之相对应,教材内容已经从单一的叙述转向基于来源(连贯性降低)、呈现多视角的文本。历史教学的改革已经影响到教材中的战争表述(关于北爱尔兰的研究见Terra,2014)。需要注意的是,对此我们的目的并非讨论多视角方法和技能导向方法及其消长变化。例如,平格尔注意到"一些欧洲国家在推动多视角方法改革方面已有深入实践,现在却因退回到国家核心课程或达成共同标准而动摇了"(Pingel,2010:40)。

当讲述战争的故事/历史时,视角是一个特别紧要的问题,因为战争体验极大程度上取决于个人和国家在此事件中的立场。教材内容也会被这种情境性的"偏见"所影响。最有可能的是,教材在提及其他国家的战争时不会采用像描述他们自己国家的战争时一样的方式——瑞士教材中对美国南北战争的描述就是一个例子。基于该国是战胜国、战败国或中立国,战争是否结束或演变成持续冲突(关于卢旺达的研究,见Buckley-Zistel,2009;关于斯里兰卡的研究,见Meertens,2013),对战争的描述也会不同(见Nicholls,2006;Dierkes,2010)

为了克服战争描述的局限性,许多学者认为教材应该从单一转向多元,其内容应包括不同的、有时相互矛盾的论述。一个例证是平行呈现阿以冲突的以色列版本和巴勒斯坦版本的"双重叙事法"(Korostelina & Lässig,2013;另一种多元化版本见Podeh,2010)。此种研究范式是基于这样的假设,即"当双方的学生同时阅读本国的叙事和他国的叙事时,他们将会更愿意了解他者的叙事,更开放地接受它。这对于在两国人民之间建立真正对话和更好的关系而言是一个必要的步骤"(Eid,2010:56)。但是,这种方法对学生的影响仍不太清楚,而且大部分还未经验证。在一项关于巴勒斯坦—以色列样本学生群体对于1948年事件的双重叙事法的反应的实验研究中,并未发现对他者叙事的接受或者更积极的态度(Eid, 2010)。

💡 理论：在背景和过程中描述国家

这里所回顾的绝大多数研究是基于社会建构主义的理论框架，认为学校教材是社会建构的对象，是只能通过其历史的、文化的、政治的和社会—经济的背景才能理解的人工制品。在这样宽泛的框架中，研究者们通常会提及阿普尔的"隐性课程"或福柯的"真理体制"等理论(见 Foster & Crawford, 2006: 89)³。更准确地说，现有绝大多数研究将历史教材假设为国家叙事的载体，检视战争在这一叙事中的角色，即对战争的描述如何随着时间而变化(与国家叙事的变化进行比较)；对某一特定战争的描述如何因国家而异；这些"战争故事"如何在国内和国际上产生争议(关于建立这一分析框架以及参考文献列表，见 Crawford & Foster, 2007)。这些研究指出，教材中对战争的描述带有民族主义偏见。其形式可能是企图掩盖或减轻自己国家对战争暴行的责任，这方面的策略包括拒绝责任、使用被动语态，或将责任凝结并投射在一个领导人身上，如奥地利教材中的希特勒(Loitfellner, 2008)和意大利教材中的墨索里尼(Nicholls, 2006)。其他方法可能包括过分强调自己的受害者身份和遭受的痛苦，和/或对"敌方"遭受的伤亡与暴力缺乏关注(例如，通常只会提供本国的伤亡人数；见 Loitfellner, 2008: 160-161; Lachmann & Mitchell, 2014: 202)。

然而，在最近的一项研究中，拉克曼和米歇尔对教材作为国家叙事工具的概念提出质疑(Lachmann & Mitchell, 2014: 188)。他们将文献中的历史教材区分为三种：教材"作为培养爱国主义和无条件服务于国家的'隐性课程'提供者"；"作为政治和意识形态冲突的场所"；"作为一种正在取代集体主义的不断发展的个人主义世界文化的表达"。他们通过分析 102 本美国教材中对二战和越南战争的表述的沿革来检视这三种观点。

他们的研究结果表明，1970—2009 年，关于战争的非个人叙事减少了，给士兵的个人经历留出了更多的空间。教材的内容因此也从对战争的美化转向了对士兵遭遇的强调。作者的结论是，"隐性课程理论没有得到足够的数据支撑"(Lachmann & Mitchell, 2014: 200)，因为教材并不试图将年轻人变成潜在士兵。此外，他们认为第二种观点(教材作为"政治和意识形态冲突的场所")也未有定论，因为尽管教材更常提及反战运动，但这些运动所表达的批评却往往被忽略了。最后，他们发现该分析最好地支持了第三种观点(与世界文化理论有关)。拉克曼和米歇尔因此认为美国教材已经远离了对爱国主义的牺牲或公然的军国主义民族主义的庆祝，转向"反映'个体的而非社会全体的认同、需求和选择'的全球合法性"(Lachmann & Mitchell, 2014: 201, 引自 Frank & Meyer)。然而，当作者补充指出"美国教材中呈现战争遭遇的有限视角表明，我们追踪到的变化与一般意义上的反战关系不大，而更多地与个体权利和人民福祉有关"时，这个结论似乎从根本上被削弱了(Lachmann & Mitchell, 2014: 202)。

基于最后的观察,我将得出与拉克曼和米歇尔不同的结论。不再鼓吹民族主义军国主义的教材有可能仍会促进民族主义,而民族主义实际上可能并不需要军国主义。现在对民族主义的定义方式多样,不仅仅是指为了国家而献身。蒙哥马利(Montgomery, 2006)揭示,如加拿大历史教材围绕加拿大在维护和平中的作用构建了一种国家叙事,并强调这种叙事——即便它并不鼓励国民为国家献身——仍然符合基于"种族霸权"和"国家主义神话"的民族主义话语。

此外,拉克曼和米歇尔在文献中提出的教材要么是"隐性课程提供者"要么是"政治和意识形态冲突的场所"的二分法并不存在。作为被检视的研究文件,教材是协商和调整过程中的政治工具。研究揭示了教材是如何包含有关国家身份认同的特定话语——通常是主导性话语,以及这一话语如何在教材生命周期的不同阶段受到挑战(见如,Jilge, 2006; Podeh, 2010; Terra, 2014; Yogev, 2010)。

因此,许多作者在他们的分析中认识到所谓的"作为过程的教材"的重要性,并考虑到:课程的选择先于教材;作者受委托撰写文本,图像的选择需符合经济和其他出版限制条件;教材必须被政府部门核准;教师可能不教授书中的内容,学生可能选择性地学习。每一步都要经历争议、协商、改变或转向。背景在这一过程中扮演核心作用,而国内政治变革(见如,Yoshida, 2007; Wang, 2008)、地缘政治因素(见 Suh et al., 2008)、社会和史学上的变化(一个例子是 Podeh, 2010: 59)将更深远地影响教材的内容。

关于战争的特别表述,在教材发展过程的不同阶段受到了一些关注,但对接受或使用(教什么和学什么)的研究仍很少见(McCormack, 2004 是一个例外),且主要由简短评论组成,例如洛温(Loewen, 2000)和瓦尔斯(Valls, 2007)的研究。这些评论表明,如教师不愿意教授某一特定主题(例如越南战争或西班牙内战)则经常会选择不教授。对教材使用的进一步研究,请见本书中托马斯·伊勒姆·汉森所著章节。

研究的新方向:更多国家和更多战争

目前的研究存在时空局限,绝大多数的研究集中在欧洲国家、美国、日本和以色列的教材,而且几乎只研究20世纪的战争,主要是二战,少量涉及越南战争、朝鲜战争或巴以冲突。[4] 很少有研究分析(除日本教材外)亚洲教材中对战争的描述,对非洲教材的研究则更少。[5] 中美洲和南美洲同样缺乏研究,至少在英语文献中是如此。

此外,一些研究者强调了历史教材中对战争的普遍观点,例如,当和平到来时,故事就此结束(Firer & Adwan, 2004: 153)。虽然我们知道了教材如何呈现特定战争,但我们对教材关于战争的一般性论述却知之甚少。研究很少从本体论的角度来检视战争,其探索可能促使对教材所描绘战争的总体图景的理解(例外包括 Scott, 2009; Lachmann & Mitchell, 2014; Montgomery, 2006)。这可以通过基础量化数据来解释,例如"战争"或"冲突"在教材中出现的次数,或专门描述战争的页数。了解20世纪以前的战争是如何被描绘的也很有趣,如更久远的战争是否采用了与近期战争相同的叙述方式,哪些战争被讨论,选择是如何做出的,这些方面如何影响教材的"战争叙事"。

从史学观点来看,现有研究显示,尽管社会和文化史的比重在增加(Scott 2009),军事史和政治史仍在许多教材中占据重要地位(Loitfellner, 2008:164; Pirický, 2013:113)。被讲述的历史往往是关于一个伟大的男性,尽管偶尔也会承认女性的参与(Crawford & Foster, 2007:145-175)。此外,如皮尔西(Pearcy, 2014:58)指出的那样,教材中战争的呈现几乎没有给个体能动性留下空间。这些描述形成了一种目的论叙事,冲突似乎是必然的,痛苦也不可避免。通常而言,总认为己方是受苦的一方,而对方则是残忍的(Segesten, 2008:147; Lin et al., 2009:228)。教材通常止步于对罪行的一般性归因,而对痛苦和暴力的讲述惊人地少见(Loitfellner, 2008:166,有关教材中对暴力的表征,见 Guichard, 2013)。

综上所述,仍有许多问题有待解决,进一步研究的空间仍很大。教材中的关于战争的现有文献探讨了更加引人入胜的问题,然而,"过去的战争已经发生,在对它们的呈现中继续形塑国家、社区和个人的身份认同。事实上,南北战争后'斗争'仍在继续……超越了竞争和矛盾等战争解释"(Baraban et al., 2012:6)。

💡 注释

1. 我并未将有关大屠杀和去殖民化的研究纳入进来,因为这些研究是本书独立章节的主题。不过,我确实提及了对发生在去殖民化期间的某些战争(如阿尔及利亚战争)的研究。

2. 关于其他学科教材中的战争表述研究,见卡巴勒斯(Carballés, 2010)有关法国所用西班牙语教材对西班牙内战的处理的研究;菲勒和阿德万(Firer & Adwan, 2004)有关巴勒斯坦和以色列公民教材中对巴以冲突的描述的研究;卡姆塞拉(Kamusella, 2010)有关学校历史地图集的研究;佩雷德-埃尔赫南(Peled-Elhanan, 2012)有关以色列在用的地理和公民教材的研究;什蒂马克(Štimac, 2017)有关波黑穆斯林社区的宗教教育教材中对战争与和平的描述的研究。

3. 福斯特和克劳福德在引言中引用福柯的解释:"每个社会都有其自由的真理体制,它的'一般政治'真理:其接受和发挥真理功能的话语类型;使人区分真理和谬误陈述的机制和案例,使其神圣化的手段;获得真理时价值一致的技术和程序;承担说出什么是真理的人的身份。"(Foster & Crawford, 2006:8-9)。

4. 有关较少被研究的18世纪晚期和19世纪早期的冲突,见莱曼(Lehmann, 2015)有关法国1875—1895年的历史教材对普法战争的描述;还可见穆勒(Müller, 2013)有关20世纪90年代以来德国历史教材对德国-赫里罗战争(1904—1907)的描述。

5. 极少数的研究之一就是穆西·哈伯特（Mussie Habte）有关厄立特里亚教材中对厄立特里亚独立战争的描述的研究（见 Habte，2012：500－505，546－559）。

💡 参考文献

Baraban, E. V., Jaeger, S., & Muller, A.（Eds.）.（2012）. *Fighting Words and Images: Representing War Across Disciplines.* Toronto：University of Toronto Press.

Barnard, C.（2003）. Pearl Harbor in Japanese High School Textbooks：The Grammar and Semantics of Responsibility. In J. R. Martin & R. Wodak（Eds.）, *Re/reading the Past. Critical and Functional Perspectives on Time and Value*（pp. 155－174）. Amsterdam, Philadelphia：John Benjamins.

Bleiker, R., & Young-Ju, H.（2007）. On the Use and Abuse of Korea's Past：An Inquiry into History Teaching and Reconciliation. In E. A. Cole（Ed.）, *Teaching the Violent Past. History, Education and Reconciliation*（pp. 249－274）. Lanham：Rowman and Littlefeld.

Buckley-Zistel, S.（2009）. Nation, Narration, Unifcation? The Politics of History Teaching After the Rwandan Genocide. *Journal of Genocide Research*, 11(1), 31－53.

Carballés, J. J. A.（2010）. La guerre d'Espagne dans les manuels de l'enseignement secondaire en France. In B. Falaize & M. Koreta（Eds.）, *La guerre d'Espagne, l'écrire et l'enseigner*（pp. 167－188）. Lyon：INRP.

Crawford, K. A., & Foster, S. J.（2007）. *War, Nation, Memory. International Perspectives on World War II in School History Textbooks.* Charlotte, NC：Information Age Publishing.

Dierkes, J.（2010）. *Postwar History Education in Japan and the Germanys: Guilty Lessons.* Abingdon：Routledge.

Eid, N.（2010）. The Inner Confict：How Palestinian Students in Israel React to the Dual Narrative Approach Concerning the Events of 1948. *Journal of Educational Media, Memory, and Society*, 2(1), 55－77.

Firer, R., & Adwan, S.（2004）. In F. Pingel（Ed.）, *The Israeli-Palestinian Confict in History and Civics Textbooks of Both Nations.* Hanover：Verlag Hahnsche Buchhandlung.

Foster, S. J., & Crawford, K. A.（2006）. *What Shall We Tell the Children? International Perspectives on School History Textbooks.* Greenwich, CT：Information Age

Publishing.

Guichard, S. (2013). The Indian Nation and Selective Amnesia: Representing Conficts and Violence in Indian History Textbooks. *Nations and Nationalism*, *19*(1), 68–86.

Habte, M. (2012). *Nationenbildung in einem multiethnischen Staat: Beitrag von Bildung und Schulbücher im nationalen Integrationsprozess Eritreas*. Berlin: LIT.

Jilge, W. (2006). The Politics of History and the Second World War in Post-Communist Ukraine (1986/1991–2004/2015). *Jahrbücher für Geschichte Osteuropas*, *54*(1), 50–81.

Kamusella, T. (2010). School History Atlases as Instruments of Nation-State Making and Maintenance: A Remark on the Invisibility of Ideology in Popular Education. *Journal of Educational Media, Memory, and Society*, *2*(1), 113–138.

Klymenko, L. (2014). World War II in Ukrainian School History Textbooks: Mapping the Discourse of the Past. *Compare*, *44*(5), 756–777.

Korostelina, K. V., & Lässig, S. (Eds.). (2013). *History Education and Post-Confict Reconciliation. Reconsidering Joint Textbook Projects*. Abingdon: Routledge.

Lachmann, R., & Mitchell, L. (2014). The Changing Face of War in Textbooks: Depictions of World War II and Vietnam, 1970–2009. *Sociology of Education*, *87*(3), 188–203.

Le Marec, Y. (2006). L'intégration des nouveaux savoirs dans les manuels d'histoire français: le cas de la première guerre mondiale au Lycée. *Le cartable de Clio*, *6*, 147–159.

Lehmann, J. (2015). Civilization Versus Barbarism: The Franco-Prussian War in French History Textbooks, 1875–1895. *Journal of Educational Media, Memory, and Society*, *7*(1), 51–65.

Lin, L., Zhao, Y., Ogawa, M., Hoge, J., & Kim, B. Y. (2009). Whose History? An Analysis of the Korean War in History Textbooks from the United States, South Korea, Japan, and China. *The Social Studies*, *100*(5), 222–232.

Loewen, J. W. (2000). The Vietnam War in High School American History. In L. Hein & M. Selden (Eds.), *Censoring History: Citizenship and Memory in Japan, Germany and the United States* (pp. 150–172). Armonk, NY and London: M. E. Sharpe.

Loitfellner, S. (2008). "The Appalling Toll in Austrian Lives...": The Wehrmacht and

Its Soldiers in Austrian School Books. In H. Heer, W. Manoschek, A. Pollak, & R. Wodak (Eds.), *The Discursive Construction of History. Remembering the Wehrmacht's War of Annihilation* (pp. 155 – 174). Houndsmill: Palgrave Macmillan.

Marsden, W. E. (2000). "Poisoned History": A Comparative Study of Nationalism, Propaganda and the Treatment of War and Peace in the Late Nineteenth and Early Twentieth Century School Curriculum. *History of Education*, 29(1), 29 – 47.

McCormack, J. (2004). *Terminale* History Class: Teaching About Torture During the Algerian War. *Modern and Contemporary France*, 12(1), 75 – 86.

Meertens, A. S. (2013). Courses of Confict: Transmission of Knowledge and War's History in Eastern Sri Lanka. *History and Anthropology*, 24(2), 253 – 273.

Montgomery, K. (2006). Racialized Hegemony and Nationalist Mythologies: Representations of War and Peace in High School History Textbooks, 1945 – 2005. *Journal of Peace Education*, 3(1), 19 – 37.

Müller, L. (2013). "We Need to Get Away from a Culture of Denial"? The GermanHerero War in Politics and Textbooks. *Journal of Educational Media, Memory, and Society*, 5(1), 50 – 71.

Nicholls, J. (2006). Beyond the National and the Transnational: Perspectives of WWII in U. S. A, Italian, Swedish, Japanese, and English School History Textbooks. In S. J. Foster & K. A. Crawford (Eds.), *What Shall We Tell the Children? International Perspectives on School History Textbooks* (pp. 89 – 112). Greenwich, CT: Information Age Publishing.

Pearcy, M. (2014). "We Have Never Known What Death Was Before" U. S. History Textbooks and the Civil War. *The Journal of Social Studies Research*, 38(1), 45 – 60.

Peled-Elhanan, N. (2012). *Palestine in Israeli School Books: Ideology and Propaganda in Education*. London and New York: I. B. Tauris.

Pingel, F. (2010). *UNESCO Guidebook on Textbook Research and Textbook Revision*, 2nd rev. ed. Paris: UNESCO/Braunschweig: Georg Eckert Institute for International Textbook Research.

Piricky, G. (2013). The Ottoman Age in Southern Central Europe as Represented in Secondary School History Textbooks in the Czech Republic, Hungary, Poland, and Slovakia. *Journal of Educational Media, Memory and Society*, 5(1), 108 – 129.

Podeh, E. (2000). History and Memory in the Israeli Educational System: The Portrayal of the Arab-Israeli Confict in History Textbooks (1948 – 2000). *History and Memory*, *12*(1), 65 – 100.

Podeh, E. (2010). Univocality Within Multivocality: The Israeli-Arab-Palestinian Confict as Refected in Israeli History Textbooks, 2000 – 2010. *Journal of Educational Media, Memory and Society*, *2*(2), 46 – 62.

Radonic, L. (2011). Helden, Opfer, Täter. Der Zweite Weltkrieg im kroatischen Schulbuch. *Osteuropa*, *61*(11), 97 – 114.

Segesten, A. D. (2008). History Textbooks in the Balkans: Representations and Confict. In J. Lindblach (Ed.), *The Poetics of Memory in Post-Totalitarian Narration* (pp. 139 – 153). Lund, Sweden: Centre for European Studies at Lund University.

Scott, S. B. (2009). The Perpetuation of War in U.S. History Textbooks. *Journal of Educational Media, Memory, and Society*, *1*(1), 59 – 70.

Shin, J. (2012). The Second World War in History Textbooks of Korea, China, and Japan. In U. Han, T. Kondo, B. Yang, & F. Pingel (Eds.), *History Education and Reconciliation. Comparative Perspectives on East Asia* (pp. 121 – 136). Frankfurt: Peter Lang.

Štimac, Z. (2017). Ignore the War, Concentrate on Peace: Textbook Analysis of Strategies in Post-Conflict Societies—A Praxeological Approach. In J. R. Lewis, B.-O. Andreassen, & S. A. Thobro (Eds.), *Textbook Violence* (pp. 53 – 70), Sheffeld: Equinox Publishing.

Suh, Y., Yurita, M., & Metzger, S. A. (2008). What Do We Want Students to Remember About the "Forgotten War"? A Comparative Study of the Korean War as Depicted in Korean, Japanese, and U.S. Secondary School History Textbooks. *International Journal of Social Education*, *23*(1), 51 – 75.

Terra, L. (2014). New Histories for a New State: A Study of History Textbook Content in Northern Ireland. *Journal of Curriculum Studies*, *46*(2), 225 – 248.

Torsti, P. (2007). How to Deal with a Diffcult Past? History Textbooks Supporting Enemy Images in Post-War Bosnia and Herzegovina. *Journal of Curriculum Studies*, *39*(1), 77 – 96.

Valls, R. (2007). The Spanish Civil War and the Franco Dictatorship: The Challenges of

Representing a Confictive Past in Secondary Schools. In E. A. Cole (Ed.), *Teaching the Violent Past: History, Education and Reconciliation* (pp. 155 – 174). Lanham: Rowman and Littlefeld.

Wang, Z. (2008). National Humiliation, History Education, and the Politics of Historical Memory: Patriotic Education Campaign in China. *International Studies Quarterly, 52,* 783 – 806.

Yogev, E. (2010). A Crossroads: History Textbooks and Curricula in Israel. *Journal of Peace Education, 7*(1), 1 – 14.

Yogev, E. (2012). The Image of the 1967 War in Israeli History Textbooks as Test Case: Studying an Active Past in a Protracted Regional Confict. *Oxford Review of Education, 38* (2), 171 – 188.

Yoshida, T. (2007). Advancing or Obstructing Reconciliation? Changes in History Education and Disputes over History Textbooks in Japan. In E. A. Cole (Ed.), *Teaching the Violent Past: History, Education and Reconciliation* (pp. 51 – 80). Lanham: Rowman and Littlefeld.

第 21 章　我们的教材差异有多大？国际视野中的研究发现

作者 / 英加·尼豪斯（Inga Niehaus）
译者 / 付雪凌

引言

在教育媒介语境下研究多样性，关注"多样性教育"非常重要，过去十年中它在教育科学领域占据了重要位置。"多样性"及其相关概念"一致性"都是社会—政治学概念，强调权力关系和不平等，因而在教育领域中扮演了重要角色。通常这些概念与反歧视观点相关联，或以包容政策为导向。多样性概念最初源于企业管理中的多样性管理方法，是获取平等待遇和公平机会的工具（见 Walgenbach，2014：92），其目的在于创造一个最大限度消除隔阂和歧视的社会。作为所谓的迁移概念，这些理念不仅跨学科传播到了教育科学领域，还传播到了全世界：多样性教育起源于美国和加拿大这两个典型的移民国家，后来进入其他（主要是欧洲）以移民为特征的多元社会国家的话语体系（见 Walgenbach，2014：92）。[1] "多样性教育"通常被用作"多元文化教育"的同义词（Faas & Ross，2012；Banks，2006；Appelbaum，2002）；两者都意味着认同社会多样性和防止部分群体或个体在学校或更广泛的社会中被排斥。

现有文献在对待多样性上存在两种取向：第一种是肯定取向，促进对教育场景中的差异的理解，因此本质上是积极的。然而，在早期，批判多元文化理论的学者对这一取向提出挑战，认为其未能对不平等和某些社会群体的政治经济特权进行批判性反思（Appelbaum，2002：2f.）。第二种是分析取向，部分关注权力不对称性，以及教育领域和其他社会领域中特定差异类型的相关性。两种取向均认为差异不是简单地与生俱来的，而是社会建构的（通过他者化的过程）。

据此，教育学者阿莱曼－吉翁达（Allemann-Ghionda，2011：25）将差异建构定义如下："多样性由个体和群体属性构成，有的源自出生，有的源自个体获致，有的源自法律和制度实践。"差异的类别通过这种方式形成——并与教材研究相关——首先是性别/性多样性、社会经济地位、年龄、国籍、出生地、健全/残疾，以及地区/世界观（见本书什蒂马克所著章节）。

多样性教育与交叉性研究紧密相关（见 Baader，2013：39）；交叉性研究是从美国的性别和黑人女性主义话语发展而来的。交叉研究涵盖了差异的类别，例如社会经济地位和出生地，或性别和地区。其核心假设是，个人的社会地位往往是由多个类别的身份所决定的。例如，并不是一个儿童的移民背景，而是这一属性与低社会经济地位的结合造成其在教育体系中的不利地位。与多样性和异质性概念紧密相关的还有融合概念。尤其是对于典型的移民社会,融合被定义为社会所有成员都会参与的开放的、多向的、文化的和政治的协商过程(Auernheimer, 2003; Beger, 2000)。在 20 世纪 80 年代和 90 年代,这类社会更关注学校融合政策,帮助移民儿童融入接收方的多数群体,但是自 21 世纪初以来,情况发生了重大转变。"多样性教育"现在关注不同类别的差异,例如性别、(社会)背景和能力差异(Prengel, 2007: 56)。

关于教材中的多样性与差异表述的研究

本节将首先概述教育媒介对社会和教育政策的重要意义,以及在这一领域的教材研究的相关性。其次,参照本章前文阐述的多样性教育方法,介绍国际教材研究关于某些差异类别的代表性研究结论。对社会多样性的描述中,这些研究表明典型的移民国家与那些认为自己在文化和宗教上具有同质性的国家存在巨大差异。最后,本节将强调有关教材多样性研究的应用性,其中许多研究最终为教育政策与实践提出建议。

因为教材传播广泛,并每日在课堂中为教师和学生所用,学者和教育实践者们认为教材在促进社会一致性方面发挥着特殊作用。然而,教材中不均衡、刻板的表述经常会对学生产生消极影响:"教材……有助于宣扬国家或民族的高度理想化的观点。同时,它们也帮助传播了对他人不正确和不合适的观点,两者都会对建立社会一致性、尊重多样性、宽容与和平带来不利影响。"(Greaney, 2006: 47f.)

根据德文等人的研究(Dervin et al., 2015: 7),目前国际上有关教材多样性的研究有四种趋势:多样性总体分析、多样性和公民教育、英语教材中的语言和文化,以及发展跨文化能力和共情的教材使用。理论上,有关多样性的教材研究关注性别差异、迁徙和移民(Hintermann et al., 2014; Grabbert, 2010; Höhne et al., 2005; Mannitz, 2005; Wiater, 2004)、伊斯兰教和穆斯林(Kröhnert-Othman et al., 2011; Gürsoy, 2016; 也可见本书什蒂马克所著章节)、非洲和非洲人(Marmer, 2013, 2015; Marmer & Sow, 2015; Guggeis, 2004)、特定种族或宗教少数群体(Noboa, 2006; Krupnikova, 2004),或少数族裔(Seewann & Maier, 2015; Çayir, 2015; Senegacnik, 2012; Janjetović, 2001; Karge & Helmedach, 2001)。特别是有关移民、穆斯林以及其他宗教和文化少数群体的研究显示,教材在"我们"和"他们"、"现代"和"传统"、"属于"和"不属于"之间形成了一种刻板的对立。边缘性群体通常被描绘为"他者",不被归于任何正式群体。

一些研究调查了教材中对白人、种族主义/种族、非洲和非洲人的描述(Marmer, 2015; Grawan, 2014; Sleeter & Grant, 2011; Loftsdóttir, 2010; Osterloh, 2008; Rezai-Rashti & McCarthy, 2008; Guggeis, 2004)。这些研究表明,教材再现了充斥污名化描述的殖民地形象。种族主义通过语言明显地表达出来,使得"白"被视为规范标准。

只有少数研究关注教材中对残疾或残疾人的表述,或将此主题与其他差异类别联系在一起开展研究（Táboas-Pais & Rey-Cao, 2012; Sleeter & Grant, 2011; HALDE, 2008; Hodkinson, 2007）。所有这些分析的共同结论是，残疾人几乎从未出现在教材中；当他们出现时，通常会以负面或不能胜任的形象出现。其中玛丽亚·塔伯斯-派斯和安娜·雷-曹（Maria Táboas-Pais & Ana Rey-Cao, 2012）开展的对当前西班牙教材中的照片的量化研究令人印象深刻。在被纳入研究的3 316张照片中，只有45张照片有关残疾人或适合残疾人的活动。除了一张全纳体育教育课堂的照片外，其他有关残疾人的照片呈现的都是单独的活动（Táboas-Pais & Rey-Cao 2012：320f.）。艾伦·霍德金森的研究（Alan Hodkinson, 2007）得出了类似结论，他检视了英语教学材料中的插图和照片，发现残疾人在图片中极少出现。在绝大多数与残疾有关的研究中，重点不在于对残疾人士的描述，而在于批判性评价教材对于不同残疾学生的适用性（Nader & Samac, 2007; McKinney, 2005）。

很少有教材研究从总体上检视多样性的表述（Hahl et al., 2015; Treadwell, 2014; Faas & Ross, 2012; Paparoussi, 2010）。大多数研究限定于一个具体的国家框架内，而不是进行国别比较。除了一些量化的教材比较研究，如勒奇（Lerch, 2016）、布罗姆利（Bromley, 2014）、迈耶等（Meyer et al., 2010）和拉米雷斯等（Ramirez et al., 2009）。已开展的质性比较研究涉及欧洲教材对伊斯兰教和穆斯林的描述（Kröhnert-Othman et al., 2011）、欧洲教材对少数族裔的描述（Senegacnik, 2012），以及比较德国和美国教材对移民的表述（Radkau, 2004），法国和英国公民课程与教材中的多样性比较（Soysal & Szakács, 2010）。

典型移民社会如美国或西欧国家的教材研究关注的是移民或种族/种族主义的描述（Beauftragte der Bundesregierung für Migration, Flüchtlinge und Integration, 2015; Hintermann et al., 2014; Sleeter & Grant, 2011; Rezai-Rashti & McCarthy, 2008），而在一些多民族、多宗教国家中，研究者的研究重点是特定（民族）少数群体和宗教群体（Seewann & Maier, 2015; Karge & Helmedach, 2001; Senegacnik, 2012）。

文献表明，在某些社会的教材中，完全没有少数族裔成员的观点，也没有关于他们移民和文化或经济贡献的历史方面的详细阐述（Yamada, 2011：307; Noboa, 2006; Greaney, 2006; Krupnikova, 2004）。在欧洲的教材中，欧洲中心论在讨论历史和现状时非常突出。例如，尼尔斯·安德森（Nils Andersson, 2010：54）发现在描绘对拉丁美洲、非洲、亚洲的殖民时，欧洲教材倾向于强调欧洲的优越性和对新领土的"发现"，尤其是在历史学科中。

许多分析表明，尽管教材可能以积极的方式描述多样性和多元文化主义，它们仍代表着一种特殊的"主流"，不允许对不同（文化和政治）立场进行有争议的讨论（见Hanauer, 2013; Paparoussi, 2010; Rezai-Rashti & McCarthy, 2008）。雷扎伊-拉什蒂和麦卡锡（Rezai-Rashti & McCarthy, 2008：537）在分析加拿大社会研究教材时写道："这本教材避免讨论复杂和有争议的问题,并在普遍性和客观性的语境中表述种族、多元文化和反种族主义。"

在非英语国家针对英语学习者的教材中,对外国文化的描述也出现了偏差(Yuen, 2011；Nguyen, 2011；Yamada, 2011)。以中国香港地区的英语教材为例,袁嘉明(Ka-Ming Yuen)的研究揭示出它们假设了一种"旅行者视角",绝大多数呈现的是来自以英语为母语的国家的例子。类似的,阮(Nguyen, 2011：27)观察到,越南教材中对母语规范的坚持有碍于地区性交流；相反,她认为还应吸收亚洲英语语音变体。与当前语言教学方法论的建议相反,英语通常不被列为在世界各地使用的世界性语言,亚洲和非洲对英语的区域性语言创新很少被介绍(Yuen, 2011)。山田美子(Mieko Yamada)关于日本的英语教学材料的研究是一个例外。作者发现这些教材中的民族和种族多样性表述近年来显著增加,教材通常认为多样性归因于全球化过程。此外,英语材料经常包含来自其他亚洲国家的案例,并强调日本在亚洲地区的地位(Yamada, 2011：307)。

达伦·伊莱特(Darren Ilett, 2009：56f)研究美国学校的德语教材时发现,与此前的研究相比,体现民族多样性的照片和插图数量在过去十年中显著增加,但是文本仍包含将在德国的"外国人"作为问题化和充满冲突可能性的存在的表述。

此外,一些研究揭示了教材内容和教育政策方针之间的不一致。法斯和罗斯(Faas & Ross, 2012：586)对比了爱尔兰课程和相应的教材,发现课程将民族和宗教多样性视为爱尔兰社会的基本组成部分进行传播,但是教材却将多样性描述为一种新的现象,强调主要由天主教塑造的国家身份认同。少量历时性研究也揭示了近十年来课程和教材的显著(积极)变化。保罗·布雷西(Paul Bracey, 2006)研究自20世纪70年代以来的英国历史教材,发现爱尔兰历史被逐渐整合进课程,反映出对爱尔兰人作为英国最大的移民群体的认可。在一项针对法国和英国公民教材的比较研究中,亚森米·索伊萨尔(Yasemin Soysal)和西蒙娜·绍卡奇(Simona Szakács)发现,课程和教材"承认全球的相互联系,并认可对外开放的国家和人民在地区、国家、欧洲和全球层面作出的建设性贡献和参与"(Soysal & Szakács, 2010：90)。

一项聚焦冲突后国家教材的多样性表述的历时性国际比较研究得出了特别有意思的结论。作者发现自20世纪90年代以来,许多国家的教材中均增加了对移民/难民、土著和少数族裔及其权利的讨论。然而,冲突后国家的教材却鲜有这一做法(Lerch, 2016：38)。作者认为"冲突后国家似乎并没有像非冲突后国家那样,将不同人群及其权利的多元文化叙事纳入教材中"(Lerch, 2016：38)。此外,她所研究的教材暗示,其目的在于"在内部冲突后灌输一种统一和独一无二的国家意志"(Lerch, 2016：41)。

特别值得注意的是,有关教材中各种差异类别的研究呈现出较强的实践取向。教材研究通常会提出教育政策和实践建议,希望对教育媒介的变革及其应用产生直接影响。这些建议直接针对教育媒介的出版者、教材作者和教师(Marmer & Projekt LEO, 2015; Beauftragte der Bundesregierung für Migration, Flüchtlinge und Integration, 2015; Kröhnert-Othman et al., 2011; Krupnikova, 2004; Noboa, 2006;对参与教材开发和生产的不同行为者角色的研究见本书中布拉西和奥托所著章节,教师使用教材的研究见本书中汉森所著章节)。教材分析和建议的实际应用取向在国际合作项目中更加明确。2002年,世界银行开展了一项名为"通过教育尊重多样性"的项目,该项目包含课程、教材和教学方法三个部分(Smith, 2006:33)。在国家分析的基础上,世界银行提出了针对教材编写和课堂中教材使用的综合建议。在提出这些实践性建议时,许多教材分析都聚焦于教师的中心角色上。一些研究者指出,只要教师具备必要的跨文化理解能力,即便是具有偏见的教材也能在课堂上被批判性地使用(Andersson, 2010:57)。

💡 方法论路径

教材多样性研究主要以文本分析为主,其中绝大多数研究采用了话语分析方法。这些分析聚焦在教材文本的混合性,置于各种社会—政治话语分析的交叉点上。这些方法应用于对当前教材的研究,同样也适用于对过去教材(Loftsdóttir, 2010:84)的研究(Yamada, 2011; Markom & Weinhäupl, 2007; Grabbert, 2010; Beauftragte der Bundesregierung für Migration, Flüchtlinge und Integration, 2015)。

量化的教材研究也同样存在,例如,一项比较研究对不同国家教材中承认多样性和人权的某些国际标准的普遍性进行比较(Bromley, 2014)。其他教材研究采用混合研究方法,综合运用量化研究和质性研究方法(Táboas-Pais & Rey-Cao, 2015; Ahlrichs, 2015; Paparoussi, 2010; Ilett, 2009)。这尤其适合那些首先对有关多样性相关类别研究进行综述,然后开展更深层次文本内容分析的研究。例如,玛丽亚·帕帕鲁西(Maria Paparoussi)采用这种方法研究希腊语言与文学教材中的多样性问题。她首先获取正在使用的教材的作者和文学文本的量化信息,然后质性分析教材在多大程度上传播了多元化社会的概念,以及是否包含刻板印象和片面表征。

大多数的教材研究集中在社会科学学科(历史、地理、社会研究/公民教育)和语言教学材料。玛丽亚·塔伯斯-派斯和安娜·雷-曹(Táboas-Pais & Rey-Cao, 2015)开展的研究是一个例外,她们聚焦于分析体育教材中的种族表征。这项研究的另一个不同寻常之处在于,研究者采用量化评价,但关注的并非文本而是图像。

大多数的教材研究是共时性的,主要关注当下使用的教材。然而,也有一些研究采用历时角度,通过比较过去的和当代的教材呈现表述的历时性变化。例如,一些有关伊斯兰教描述(Gürsoy, 2016)和移民描述的研究(Geuenich, 2015)应用了这种方式。只关注历史教材中的表述的纯历史研究更少一些(Matthes,2004)。

到目前为止,很少有研究关注教材中多样性表述的影响及其被教材使用者内化的程度。亨特曼等人(Hintermann et al.,2014)开展的一项研究则是例外,他们对教材进行质性分析,采用民族志方式检视教材的表述对奥地利课堂中学生的影响。在另一项有关教师如何在课堂中处理多样性问题的初步研究中,乔安娜·阿瑞克(Johanna Ahlrichs,2015)调查了教师如何评价教材对移民的描述以及他们选用教材的标准。作者发现,教师对教材表述移民的方式持批评态度。他们特别批评了他们所认为的片面观点和移民问题化,表达了对包含更多元视角的教学材料的需求(Ahlrichs,2015)。一项更进一步的研究检视了美国教材中对拉丁美洲人的表征。研究者采用混合研究方法,对得克萨斯州的历史教师进行了个别访谈和焦点小组访谈,并对历史教材进行了质性分析(Noboa,2006)。在访谈中,教师们指出因标准化课程和考试导致教学时间不足,是课堂上难以充分讨论少数族裔和女性视角的重要原因(Noboa,2006:127)。种族主义学者埃莉娜·马尔默(Elina Marmer,2015)实证调查了表述非洲的方式对学生的影响。她同时采用开放式问卷和结构化问卷,要求一所学校的学生描述他们对非洲的看法。在焦点小组访谈中,她向黑人学生呈现了教材中的非洲表述。她的研究发现,学生们绝大多数采取了"非洲悲观主义"或"非洲浪漫主义"的立场。然而在焦点小组中,黑人学生对教材中的非洲表述表达了强烈批评,有时还会反思自己(受伤害)的经历(Marmer,2015:144f)。关于体育教材中的种族表述的研究也从教材中抽取图像并向学生进行展示,然后对他们的反应作实证分析(Táboas-Pais & Rey-Cao,2015)。作者通过这种方式呈现了学生们包含偏见和刻板印象的态度,以及将有色人种视为"他者"的倾向(Táboas-Pais & Rey-Cao,2015:8)。

💡 理论路径

在理论层面上,许多教材研究借鉴了教育科学领域分析多样性教育或多元文化教育的路径(Beauftragte der Bundesregierung für Migration, Flüchtlinge und Integration, 2015;Paparoussi,2010;Noboa,2006),也有一些则从话语理论的视角展开研究(Höhne et al.,2005;Rezai-Rashti & McCarthy,2008)。许多研究者明确引用欧内斯托·拉克劳(Ernesto Laclau)的话语理论方法(Andersson,2010:35;Mikander,2015:111)。诺曼·费尔克劳夫(Norman Fairclough)的语言分析模式也被用于话语理论的语境中,将文本、话语实践和社会实践联系起来(Andersson,2010:35)。

此外,一些研究者使用更新的来自移民社会的历史和政治教育说教方法。以德克·兰格(Dirk Lange)和斯文·罗勒(Sven Rößler)开展的一项教材研究为例,他们发展出新的针对移民的教学法基本原则(Lange & Rößler,2012:191)。文本间性和交叉性理论方法也被用于教材分析,特别是旨在强调教材中主流群体与少数群体的地位和关系。这个方法不仅在理论上论证了教育媒介代表不同的社会群体，还指出某些群体被视为"有问题的"，这就构成了不对称的权力关系和不平等（Aamotsbakken，2010：62f.；Markom & Weinhäupl，2007）。一些研究者引用社会学理论，例如尤尔根·哈贝马斯（Jürgen Habermas）的交往行为理论（Treadwell，2014：33）。

关于种族的教材研究通常遵循批判种族理论（Marmer，2015；Rezai-Rashti & McCarthy，2008；Osterloh，2008），通常指向教育情境中的实践应用（Marmer & Projekt LEO，2015；Marmer & Sow，2015）。在借鉴批判种族理论时，一些研究者还会寻求后殖民理论，在一个案例中就明确提及了后殖民民族学（Guggeis，2004）。一些研究者还会借用文化研究方法，特别分析特定文化或跨文化理解，以及多样性的交叉的表述（Yuen，2011；Huber，2015）。另一些研究则涉及跨文化交流的理论方法（Yamada，2011）。

涉及多国教材比较的量化研究有时依赖于新制度理论的方法（Lerch，2016；Bromley，2014；Meyer, et al.，2010；Ramirez et al.，2009），以得出全球教材在达到国际标准（人权或多样性）方面进展的结论。

结论

总体而言，研究发现表明，教材中对社会多样性的表述仍是"特例"，尚未成为一种常态。多样性在绝大多数情况下被认为是对社会一致性的挑战，并被描绘成有问题的事物且伴有潜在的冲突可能性。这似乎就是许多学者强烈要求修订教材并对教材出版商和教育实践者们提出明确建议的原因所在。

在这里提及的所有差异类型，包括残疾、移民、有色人种和其他宗教或民族少数群体中，研究发现目前的教材中很少出现明显的歧视或种族歧视。[2] 但是，即便是在那些遵循多元文化政策或视自己为移民或多元化社会的国家，其教材中仍存在隐性的刻板印象和排他性内容（Höhne et al.，2005；Schissler，2009；Noboa，2006）。此外，许多研究者发现，某些受歧视影响的群体（少数族裔、有色人种、残疾人）在课程和教材中的代表性不足或根本没有出现（Táboas-Pais & Rey-Cao，2012，2015：8；Hanauer，2013：59；Greaney，2006：53）。例如，布鲁克·特雷德韦尔（Brooke Treadwell）在研究缅甸的小学教材时发现，尽管该国生活着135个不同的民族，"教材中描绘的人几乎都是佛教徒、缅甸人和讲缅甸语的人"（Treadwell，2014：35）。

值得注意的是，很少有教材研究关注不同差异类别之间的交叉性。多个类别的关系和差异的交叉性质，对分析排斥和包容过程非常重要，能够丰富有关教育媒介的研究并帮助打破单一视角。这需要研究者与新的教育研究方法更紧密地结合，增强对交叉性研究的把握。

此外，很重要的一点是扩大对教材使用和适应性的研究，以检视本章前文提及的歧视性表述事实上如何被学生和教师所感知和判断。只有采取这一步骤,才有可能基于坚实的、实证的研究结论,为教育政策制定者和实践者提出建议。

鉴于目前许多国家教育系统正在进行有关全纳政策和全纳教育学的变革,很有必要开展对教材中的健全/残疾表述的进一步研究,调查为全纳课堂设计的特别教材是否真的能满足特殊教育需求的期望。

最后,现有研究大多数聚焦在中等教育阶段的教材。加强对初等教育教材的关注和研究将非常有必要,因为在许多国家初等教育是种族隔离最少、包容性最强的教育阶段。调查是否存在包含创造性概念的初等教育教材,对如何表述社会多元化非常有帮助,并能被用作最好的实践案例。将教育媒介研究的范围扩大到社会科学学科以外的学科领域,也会提供更有价值的视角。

注释

1. 关于多样性教育和多元文化教育的发展和理论方法,见阿佩尔鲍姆的研究成果(Appelbaum, 2002)。
2. 本章呈现的研究首先关注那些自视为多元文化或典型移民社会的国家。

参考文献

Aamotsbakken, B. (2010). Pictures of Greenlanders and Samis in Norwegian and Danish Textbooks. In Þ. Helgason & S. Lässig (Eds.), *Opening the Mind or Drawing Boundaries? History Texts in Nordic Schools* (pp. 61–80). Göttingen: V & R Unipress.

Ahlrichs, J. (2015). *Migrationsbedingte Vielfalt in Unterricht: Lehrerhandeln zwischen theoretischen Ansprüchen und praktischen Herausforderungen*. Eckert. Working Papers, No 4. Retrieved January 20, 2016, from http://www.edumeres.net/urn/urn: nbn: de: 0220-2015-00084.

Allemann-Ghionda, C. (2011). Orte und Worte der Diversität — heute und gestern. In C. Allemann-Ghionda & W.-D. Buckow (Eds.), *Orte der Diversität. Formate, Arrangements und Inszenierungen* (pp. 15–34). Wiesbaden: Springer.

Andersson, N. (2010). Intercultural Education and the Representation of the Other in History Textbooks. In Þ. Helgason & S. Lässig (Eds.), *Opening the Mind or Drawing Boundaries? History Texts in Nordic Schools* (pp. 33–59). Göttingen: V & R Unipress.

Appelbaum, P. M. (2002). *Multicultural and Diversity Education: A Reference Handbook, Contemporary Education Issues*. Santa Barbara, CA: ABC-CLIO.

Auernheimer, G. (2003). *Schiefagen im Bildungssystem: die Benachteiligung der Migrantenkinder*. Opladen: Leske & Budrich.

Baader, M. (2013). Diversity Education in den Erziehungswissenschaften. In K. Hauenschild, S. Robak, & I. Sievers (Eds.), *Diversity Education. Zugänge — Perspektiven — Beispiele* (pp. 38 – 59). Frankfurt: Brandes & Apsel-Verlag.

Banks, J. A. (2006). *Cultural Diversity and Education. Foundations, Curriculum, and Teaching* (5th ed.). Boston and New York: Pearson.

Beauftragte der Bundesregierung für Migration, Flüchtlinge und Integration (Ed.). (2015). *Schulbuchstudie Migration und Integration*. Berlin. Retrieved January 20, 2016, from http://www.bundesregierung.de/Content/Infomaterial/BPA/IB/Schulbuchstudie_Migration_und_Integration_09_03_2015.pdf?_blob=publicationFile&v=3.

Beger, K.-U. (2000). *Migration und Integration. Eine Einführung in das Wanderungsgeschehen und die Integration der Zugewanderten in Deutschland*. Opladen: Leske & Budrich.

Bracey, P. (2006). Teaching for diversity? Exploring an Irish dimension in the school history curriculum since c. 1970. *History of Education*, 35(6), 619 – 635.

Bromley, P. (2014). Legitimacy and the Contingent Diffusion of World Culture. Diversity and Human Rights in Social Science Textbooks, Divergent Cross-national Patterns (1970 – 2008). *Canadian Journal of Sociology*, 39(1). Retrieved March 17, 2017, from https://ejournals.library.ualberta.ca/index.php/CJS/article/viewFile/17001/16265.

Çayir, K. (2015). Citizenship, Nationality and Minorities in Turkey's Textbooks: From Politics of Non-recognition to "Difference Multiculturalism". *Comparative Education*, 51(4), 519 – 536.

Dervin, F., Hahl, K., Niemi, P.-M., & Longfor, R. J. (2015). Introduction. In K. Hahl, P.-M. Niemi, R. J. Longfor, & F. Dervin (Eds.), *Diversities and Interculturality in Textbooks. Finland as an Example (Post-intercultural Communication and Education)* (pp. 1 – 16). Newcastle upon Tyne: Cambridge Scholars Publishing.

Faas, D., & Ross, W. (2012). Identity, Diversity and Citizenship: A Critical Analysis of Textbooks and Curricula in Irish Schools. *International Sociology: The Journal of the International Sociological Association*, 27(4), 574 – 591.

Geuenich, H. (2015). *Migration und Migrant(inn)en im Schulbuch: Diskursanalysen* nordrhein-westfälischer Politik- und Sozialkundebücher für die Sekundarstufe I. Wiesbaden：Springer.

Grabbert, T. (2010). Migration im niedersächsischen Schulbuch. *Polis*, *3*, 15 – 17.

Grawan, F. (2014). *Implizierter Rassismus und kulturelle Hegemonie im Schulbuch? Rassismuskritische Analyse und objektivhermeneutische Rekonstruktion*. Eckert. Working Papers, No 2. Retrieved January 20, 2017, from http：//repository. gei. de/bitstream/handle/11428/137/782613454_2016_A. pdf? sequence = 2&isAllowe d = y.

Greaney, V. (2006). Textbooks, Respect for Diversity, and Social Cohesion. In E. Roberts-Schweitzer (Ed.), *Promoting Social Cohesion through Education: Case Studies and Tools for Using Textbooks and Curricula* (pp. 47 – 69). Washington, DC：World Bank.

Guggeis, K. (2004). Der Mohr hat seine Schuldigkeit noch nicht getan. Afrika und seine Bewohner in zeitgenössischen Schulbüchern aus ethnologischer Sicht. In C. Heinze & E. Matthes (Eds.), *Interkulturelles Verstehen und kulturelle Integration durch das Schulbuch? Die Auseinandersetzung mit dem Fremden* (pp. 251 – 270). Bad Heilbrunn：Klinkhardt.

Gürsoy, K. (2016). *Der Islam in deutschen Schulgeschichtsbüchern: eine empirische Analyse zur Darstellung des Islams*. Nordhausen：Verlag Traugott Bautz.

Hahl, K., Niemi, P. -M., Longfor, R. J., & Dervin, F. (Eds.). (2015). *Diversities and Interculturality in Textbooks. Finland as an Example (Post-intercultural Communication and Education)*. Newcastle upon Tyne：Cambridge Scholars Publishing.

HALDE (Haute Autorité de Lutte contre les Discriminations et pour l'Égalité) (Ed.). (2008). *La place des stéréotypes et des discriminations dans les manuels scolaires*. Paris：Press Dossier.

Hanauer, E. (2013). The Integration and Segregation of African American History. Self-esteem and Recognition in History Education. In P. Carrier (Ed.), *School & Nation: Identity Politics and Educational Media in an Age of Diversity* (pp. 58 – 69). Frankfurt am Main：Lang.

Hintermann, C., Markom, C., Weinhäupl, H., & Üllen, S. (2014). Debating Migration in Textbooks and Classrooms in Austria. *Journal of Educational Media*, *Media and Society*, *6*(1), 79 – 106.

Hodkinson, A. (2007). Inclusive Education and the Cultural Representation of Disability and Disabled People within the English Education System: A Critical Examination of the Mediating Infuence of Primary School Textbooks. *IARTEM — e-Journal of the International Association of Research into Textbooks and Educational Media*, *1*(1), 51 - 71.

Höhne, T., Kunz, T., & Radtke, F.-O. (2005). *Bilder von Fremden. Was unsere Kinder aus Schulbüchern über Migranten lernen sollen*. Frankfurt am Main: Frankfurter Beiträge zur Erziehungswissenschaft.

Huber, C. (2015). The Representation of Diversity Among Citizens of London in Current English Language Textbooks for German Primary and Secondary Schools. In S. Labd-Hilbert & T. Hartung (Eds.), *School Texts as Artefacts: Studying Anglophone Cultures through the Lens of Educational Media*. Eckert. Working Papers, No 3, 89 - 103. Retrieved March 17, 2017, from http://repository.gei.de/bitstream/handle/11428/148/832576425_2016_A.pdf.

Ilett, D. (2009). Racial and Ethnic Diversity in Secondary and Postsecondary German Textbooks. *Die Unterrichtspraxis/Teaching German*, *42*, No. 1 (Spring), pp. 50 - 59. Retrieved from http://www.jstor.org/stable/40608588.

Janjetović, Z. (2001). National Minorities and Non-Slav Neighbours in Serbian Textbooks. *Internationale Schulbuchforschung/International Textbook Research*, *23*(2), 201 - 214.

Karge, H., & Helmedach, A. (2001). Minderheiten im Schulbuch: Südosteuropa. *Internationale Schulbuchforschung/International Textbook Research*, *23*(2), 111 - 251.

Kröhnert-Othman, S., Kamp, M., & Wagner, C. (2011). Keine Chance auf Zugehörigkeit? Schulbücher europäischer Länder halten Islam und modernes Europa getrennt; Ergebnisse einer Studie des Georg-Eckert-Instituts für international Schulbuchforschung zu aktuellen Darstellungen von Islam und Muslimen in Schulbüchern europäischer Länder. *Georg-Eckert-Institut für internationale Schulbuchforschung*, Braunschweig. Retrieved March 13, 2017, from http://www.gei.de/fleadmin/gei.de/pdf/publikationen/Expertise/fulltext/Islamstudie_2011.pdf.

Krupnikova, M. (2004). *Diversity in Latvian Textbooks*. Riga: Latvijan Centre for Human Rights and Ethnic Studies.

Lange, D., & Rößler, S. (2012). *Repräsentationen der Migrationsgesellschaft. Das*

Durchgangslager Friedland im historisch-politischen Schulbuch. Baltmannsweiler: Schneider Verlag Hohengehren.

Lerch, J. (2016). Embracing Diversity? Textbook Narratives in Countries with a Legacy of Internal Armed Confict 1950 to 2011. In D. Betrovato, K. V. Korostelina, & M. Schulze (Eds.), *History Can Bite: History Education in Divided and Postwar Societies* (pp. 31 – 43). Göttingen: V&R Unipress.

Loftsdóttir, K. (2010). Encountering Others in Icelandic Textbooks: Imperialism and Racial Diversity in the Era of Nationalism. In Þ. Helgason & S. Lässig (Eds.), *Opening the Mind or Drawing Boundaries? History Texts in Nordic Schools* (pp. 82 – 95). Göttingen: V&R Unipress.

Mannitz, S. (2005). Differenzdarstellungen im Schulbuch. *Kursiv*, *4*, 41 – 53.

Markom, C., & Weinhäupl, H. (2007). Die Anderen im Schulbuch. Rassismen, Exotismen, Sexismen und Antisemitismus in österreichischen Schulbüchern. In H. Weiss & C. Reinprecht (Eds.), *Sociologica* (Vol. 11). Wien: Braumüller.

Marmer, E. (2013). Rassismus in deutschen Schulbüchern am Beispiel von Afrikabildern. *ZEP*, *2*(13), 25 – 31. Retrieved June 2, 2015, from http://www.waxmann.com/index.php?id=zeitschriftendetails&no_cache=1&eID=download&id_artikel=ART101308&uid=frei.

Marmer, E. (2015). Das ... das ... das ist demütigend. Schülerinnen und Schüler afrikanischer Herkunft über Rassismus in Schulbüchern und im Klassenraum. In E. Marmer & P. Sow (Eds.), *Wie Rassismus aus Schulbüchern spricht. Kritische Auseinandersetzung mit 'Afrika'-Bildern und Schwarz-Weiß-Konstruktionen in der Schule. Ursachen, Auswirkungen und Handlungsansätze für die pädagogische Praxis* (pp. 130 – 147). Weinheim and Basel: Beltz Juventa.

Marmer, E., & Projekt Lern- und Erinnerungsort Afrikanisches Viertel (LEO) beim Amt für Weiterbildung und Kultur des Bezirksamtes Mitte von Berlin (Eds.). (2015). Rassismuskritischer Leitfaden. Zur Refektion bestehender und Erstellung neuer didaktischer Lehr-und Lernmaterialien für die schulische und außerschulische Bildungsarbeit zu Schwarzsein, Afrika und afrikanischer Diaspora. Retrieved April 14, 2015, from http://www.elina-marmer.com/wp-content/uploads/2015/03/IMAFREDU-Rassismuskritischer-Leiftaden_Web_barrierefrei-NEU.pdf.

Marmer, E., & Sow, P. (2015). *Wie Rassismus aus Schulbüchern spricht. Kritische Auseinandersetzung mit 'Afrika'-Bildern und Schwarz-Weiß-Konstruktionen in der Schule. Ursachen, Auswirkungen und Handlungsansätze für die pädagogische Praxis.* Weinheim and Basel: Beltz Juventa.

Matthes, E. (2004). Die Vermittlung von Stereotypen und Feindbildern in Schulbüchern — allgemeine Überlegungen und ausgewählte Beispiele anhand der Darstellung der Schwarzafrikander in deutschen Geographieschulbüchern vom Wilhelminischen Kaiserreich bis in die 70er Jahre des 20. Jahrhunderts. In C. Heinze & E. Matthes (Eds.), *Interkulturelles Verstehen und kulturelle Integration durch das Schulbuch? Die Auseinandersetzung mit dem Fremden* (pp. 31 – 250). Bad Heilbrunn: Klinkhardt.

McKinney, C. (2005). *Textbooks for Diverse Leaners: A Critical Analysis of Learning Materials in South African Schools.* Cape Town: HSRC Press. Retrieved March 17, 2017, from http://repository.gei.de/bitstream/handle/11428/27/798720425_2015_A.pdf?sequence=2&isAllowed=y.

Meyer, J. W., Bromley, P., & Ramirez, F. O. (2010). Human Rights in Social Science Textbooks. Cross-national Analyses, 1975 – 2006. *Sociology of Education*, 83 (2), 111 – 134.

Mikander, P. (2015). Democracy and Human Rights: A Critical Look at the Concept of Western Values in Finnish School Textbooks. In K. Hahl, P.-M. Niemi, R. J. Longfor, & F. Dervin (Eds.), *Diversities and Interculturality in Textbooks. Finland as an Example (Post-intercultural Communication and Education)* (pp. 107 – 124). Newcastle upon Tyne: Cambridge Scholars Publishing.

Nader, M., & Samac, K. (2007). Der Einfuss von Lehr- und Lernmaterial auf die Unterrichtssituation in Integrationsklassen: eine empirische Studie. *Zeitschrift für Heilpädagogik*, 5, 7 – 12.

Nguyen, M. T. T. (2011). Learning to Communicate in a Globalized World. To What Extent do School Textbooks Facilitate the Development of Intercultural Pragmatic Competence? *RELC Journal*, 42 (1), 17 – 30. https://doi.org/10.1177/0033688210390265.

Noboa, J. (2006). *Leaving Latinos out of History: Teaching U.S. History in Texas.* New York: Routledge.

Osterloh, K. (2008). Weißsein in Politikschulbüchern. Eine diskursanalytische Untersuchung. Saarbrücken: VDM.

Paparoussi, M. (2010). Exploring Diversity in Greek Language and Literary Textbooks. In C. Govaris & S. Kaldi (Eds.), *The Educational Challenge of Cultural Diversity in the International Context* (pp. 153 – 173). Münster: Waxmann.

Prengel, A. (2007). Diversity Education. Grundlagen und Probleme der Pädagogik der Vielfalt. In G. Krell, B. Riedmüller, B. Sieben, & D. Vinz (Eds.), *Diversity Studies: Grundlagen und disziplinäre Ansätze*. Frankfurt am Main: Campus.

Radkau, V. (2004). Vom Umgang mit Verschiedenheit und Vielfalt. Befunde aus deutschen und US-amerikanischen Schulbüchern. In C. Heinze & E. Matthes (Eds.), *Interkulturelles Verstehen und kulturelle Integration durch das Schulbuch? Die Auseinandersetzung mit dem Fremden* (pp. 301 – 320). Bad Heilbrunn: Klinkhardt.

Ramirez, F. O., Bromley, P., & Russel, S. G. (2009). The Valorization of Humanity and Diversity. *Multicultural Education Review*, *1*, 29 – 54.

Rezai-Rashti, M. G., & McCarthy, C. (2008). Race, Text and the Politics of Offcial Knowledge: A Critical Investigation of a Social Science Textbook in Ontario. *Discourse: Studies in the Cultural Politics of Education*, *29*, 527 – 540.

Schissler, H. (2009). *Tolerance Is Not Enough. Migrants in German School Textbooks Between Stigma and Agency*. Eckert. Beiträge, 5. Retrieved December 17, 2014, from http://repository. gei. de/bitstream/handle/11428/86/722408129 _ 2016 _ A. pdf? sequence = 1&isAllowed = y.

Seewann, G., & Maier, R. (2015). *Deutsche Minderheiten im Fokus. Schulbücher und Schulbuchprojekte zur Geschichte der Deutschen in einzelnen Ländern Europas*. Eckert. Dossiers, 5, Retrieved June 9, 2017, from http://www. edumeres. net/urn/urn: nbn: de: 0220 – 2015 – 00113.

Senegacnik, J. (2012). European Traditional National Minorities in Slovenian Geography Textbooks Compared with Textbooks from Other European Countries. *IARTEM e-Journal*, *5*(1), 22 – 32. Retrieved September 9, 2016, from http://biriwa. com/iartem/ejournal/volume5. 1/papers/Paper2_Senegacnik_IARTEM_eJournal_EuropeanMinorities_Vol5No1. pdf.

Sleeter, C. E., & Grant, C. A. (2011). Race, Class, Gender, and Disability in Current

Textbooks. In E. F. Provenzo Jr. , A. N. Shaver, & M. Bello (Eds.), *The Textbook as Discourse. Sociocultural Dimensions of American Schoolbooks* (pp. 183 – 215). New York: Routledge.

Smith, A. (2006). Education for Diversity: Investing in Systemic Change through Curriculum, Textbooks, and Teachers. In E. Roberts-Schweitzer (Ed.), *Promoting Social Cohesion through Education: Case Studies and Tools for Using Textbooks and Curricula* (pp. 29 – 43). Washington, DC: World Bank.

Socknat, J. (2006). Diversity-Sensitive Interventions in Curriculum, Textbooks, and Pedagogical Practices: Guidelines for International Assistance Agencies. In E. Roberts-Schweitzer (Ed.), *Promoting Social Cohesion Through Education: Case Studies and Tools for Using Textbooks and Curricula* (pp. 139 – 254). Washington, DC: World Bank.

Soysal, Y. , & Szakács, S. (2010). Projections of "Diversity" in Citizenship Education. In C. Hintermann & C. Johansson (Eds.), *Migration and Memory: Representations of Migration in Europe since 1960* (pp. 79 – 93). Innsbruck: Studien Verlag.

Táboas-Pais, M. I. , & Rey-Cao, A. (2012). Disability in Physical Education Textbooks: An Analysis of Image Content. *Adapted Physical Activity Quarterly: APAQ*, 29(4), 310 – 328.

Táboas-Pais, M. I. , & Rey-Cao, A. (2015). Racial Representation in Physical Education Textbooks for Secondary Schools. Image Content and Perceptions Held by Students. *Sage Open*, 5(1). https://doi. org/10. 1177/2158244015574972.

Treadwell, B. (2014). Downplaying Difference: Representations of Diversity in Contemporary Burmese Schools and Educational Equity. In C. Joseph & J. Matthews (Eds.), *Equity, Opportunity and Education in Postcolonial Southeast Asia*. London: Routledge.

Walgenbach, K. (2014). *Heterogenität — Intersektionalität — Diversity in der Erziehungswissenschaft*. Opladen and Toronto: Verlag Barbara Budrich.

Wiater, W. (2004). Kulturelle Integration durch das Schulbuch. In C. Heinze & E. Matthes (Eds.), *Interkulturelles Verstehen und kulturelle Integration durch das Schulbuch? Die Auseinandersetzung mit dem Fremden* (pp. 35 – 48). Bad Heilbrunn: Klinkhardt.

Yamada, M. (2011). Awareness of Racial and Ethnic Diversity in Japanese Junior High Schools' English Language Textbooks. *Critical Inquiry in Language Studies: The Offcial*

Journal of the International Society for Language Studies, 8(3), 289–312.

Yuen, K.-M. (2011). The Representation of Foreign Cultures in English Textbooks. *ELT Journal*, 65(4), 458–466. https://doi.org/10.1093/elt/ccq089.

第 22 章 作为文化全球化的人权：教材中人权的出现（1890—2013）

作者 / 帕特里夏·布罗姆利 茱莉亚·勒奇（Patricia Bromley and Julia Lerch）
译者 / 郑杰

当今，人权议题及其倡导的价值观和技能通常会在学校中受到青睐。尽管情况并非总是如此，但从当前世界各地的课程和课堂来看，人权教育还是较为普及的。本章首先回顾了人权教育如何演变为国际社会关注的核心问题和大众教育的主流方面。然后，我们梳理了人权教育在学术领域常见的理论和方法论路径及中心议题，并特别关注将人权教育及其相关议题融入学校教材的情况。在本章最后的部分，我们谈及对人权教育现象研究不足的方面及未来研究的前景，即解释人权教育为何盛行于全球。对此，我们展示了新的经验性证据，其记录了整个 20 世纪全球教材对人权讨论的显著拓展。总的来说，人权教育最好被理解成为一种文化现象，它出现于两个阶段：第一个阶段为制度化时期，包括两次世界大战之前和之后的几十年；第二个阶段为快速拓展时期，始于 20 世纪 90 年代，随着冷战的结束和新自由主义意识形态的巩固而到来。

💡 背景：人权教育的兴起

第二次世界大战造成的恐慌对全球人权制度的发展产生了重大影响。以 1948 年颁布的《世界人权宣言》（Universal Declaration of Human Rights，UDHR）为号角，全球人权制度在战后急剧加强（教材中关于战争的内容，可参阅本书中格依查德所著章节）。人权教育的发展与 20 世纪下半叶这一制度范围的拓展密切相关。在此期间，全球人权愿景明确表达了对越来越多的人（例如儿童、妇女、少数族裔）的人权保护。此外，这些愿景从狭隘的对法律上的关注转向更为广阔的对社会的关注，越来越多的社会问题被理解为社会制度中所彰显的人权关注和人权焦点（Elliott，2007）。作为这些发展的一部分，人权成为了一个教育问题，也反映出教育作为社会机构的日益重要性。人权教育的兴起及人权教育的组织、学术发表和项目的激增得益于一场全球化的课程运动（Suárez，2007；Ramirez et al.，2009）。

人权教育之所以能够演变成为国际社会的核心关注之一，其早期的关键步骤在于 1948 年人们将其纳入了《世界人权宣言》。不久之后，在"既然战争肇于人心，'保卫和平'之念就应被根植于人心"的坚定信念驱动下，联合国教科文组织的创始人采取正式行动，于国际上宣传在学校进行人权教育（ASPnet，2003：5）。1953 年，成员国学校协调实验活动计划（Scheme of Co-ordinated Experimental Activities in Schools of Member

States),正如当时所声明的那样,旨在根据《世界人权宣言》的原则发展国民教育(1952年联合国教科文组织大会第1.341号决议,引自 ASPnet,2003:5)。来自15个国家的21名专家代表33所中学参加了在巴黎的第一次集会(ASPnet,2003:7)。今天,该计划被称为"联合国教科文组织联合学校项目"(UNESCO Associated Schools Project),已经扩展成为覆盖181个国家、包括10 000个教育机构的全球网络(UNESCO,2015;也见 Suárez et al.,2009)。

直到20世纪90年代,扩大联合学校项目仍然是联合国教科文组织人权教育活动的核心。但在20世纪90年代,随着冷战的结束和苏联的解体,出现了更多全球合作的新机遇,为推动人权教育所做的其他努力也迅速增加。联合国宣布自1995年起开始人权教育的十年,并通过联合国人权事务高级专员办事处(UN Office of the High Commissioner for Human Rights, OHCHR;简称"人权高专办")的"世界人权教育项目"(World Programme for Human Rights Education)持续推动这项工作。这个项目促进各级教育(从小学到大学)和一系列参与者(从教育家到国家官员到执法部门和军队)的人权教育(OHCHR,2015)。除了联合国所做的努力,人权教育活动成为非政府组织(NGO)日益关注的焦点。致力于解决这一问题的新的非政府组织成立了,例如现有的人权非政府组织。今天,作为可持续发展目标的一部分,人们再次强调人权教育这一主题,目的在于确保所有学习者获得知识和技能,以促进可持续发展。以下部分调查了人权教育涉及的学术研究领域,并为将人权教育纳入国家教育课程提供了见解。

💡 研究领域概览:人权教育研究

人权教育的丰硕成果展现在关于这个议题的丰富的学术文献中。在这里,我们首先概述了人权教育的学术研究,然后就特定方面作更广泛更深入的探讨,即国家教材和课程中关于人权待遇的学术研究。人权教育文献中的议题主要涉及教学方法和定义的发展(如 Tibbitts,2002;Bajaj,2011)。早期,塔罗(Tarrow,1987)将作为一项人权的教育与关于人权的教育区分开来。其他人则强调人权教育,将人权教育定义为教导年轻人促进人权及和平、正义和宽容的相关因素(Flowers,2000;Osler & Starkey,2010)。蒂比茨(Tibbitts,2002)综合了几种方法,确定了三种人权教育模型,即价值观和意识模型、问责模型和转型模型。每种模型都与特定的目标群体、内容和策略相关。这三个模型强调了从整体上支持人权教育的多个目标,包括知识和价值观的传播、保护人权方面的培训和个人充权。在检视当代该领域的研究时,巴贾杰(Bajaj,2011)指出学者和实践者在两个领域有着广泛的认同。首先,人权教育既有内容又有过程(见如,Tibbitts,2005)。其次,与此相关的,人权教育应该以促进特定价值观并产生行动为目标(见 Flowers,2000)。本着这种精神,绝大多数人权教育学术研究通常通过对特定项目或国家进行案例分析,致力于完善教学理论和实践。

然而,一个值得注意的研究方向聚焦国家教材和课程,以了解如何将人权主题纳入学校教材当中。这些文献绝大部分包括丰富的以国别案例为主的质性研究和小样本比较(如 Firer, 1998; Karaman-Kepeneckci, 2005; Suárez, 2008; Moon & Koo, 2011)。但近些年来也出现了对教材数据的跨国量化研究,充实了案例研究(Ramirez et al., 2009; Meyer et al., 2010; Russell & Tiplic, 2014)。总的来说,这标志着近几十年来教材中关于人权的讨论在大幅增加。例如,对 1970—2008 年 69 个国家出版的 465 本教材进行的量化研究发现,虽然在 1995 年之前出版的教材中仅有五分之一的课本讨论了人权问题,但在 1995—2008 年,样本中近乎一半的教材都对人权加以讨论(Meyer et al., 2010)。此外,有证据表明,当今的历史事件是从人权方面来描绘的。例如,布罗姆利(Bromley)和罗塞尔(Russell)发现世界各地的教材越来越多地在侵犯人权的框架下讨论大屠杀(Bromley & Russell, 2010)。许多包含纵向视角的质性研究指向了相似的研究结果。在对 1981—2004 年韩国公民教材的分析中,文(Moon)和具(Koo)从他们抽样的教材中发现,人权方面的资料始现于 20 世纪 90 年代(Moon & Koo, 2011)。类似的,苏亚雷斯(Suárez, 2008)在过去 20 年中对阿根廷和哥斯达黎加的公民教材样本做了研究,发现关于人权的讨论有所增加。丰富的质性案例研究强调了将人权纳入教材中的矛盾性和复杂性。例如,人权往往(并且可能越来越多地)被视为一个抽象概念,与当地的社会问题脱钩,在其他地方违反人权是个突出的问题,但在当地却并非如此。在一项关于以色列教材的研究中,菲勒(Firer, 1998)发现人权问题以"客观语言"呈现,没有提到"少数族裔的问题及其对以色列的重要性"(p. 198)。

虽然某些教材的研究仅专注于人权,但这一议题通常与以下问题有关,即教材如何更广泛地将多元文化和世界主义的公民概念纳入其中,而非仅仅涉及基于国家的公民概念。事实上,有相当多的文献涉及了教材中对多样性权利的描述,例如聚焦于性别和女性(Blumberg, 2008; Nakagawa & Wotipka, 2016)、少数族裔(Yamada, 2011; Çayir, 2015)、难民及移民(Hintermann et al., 2014)。尽管越来越多的多样性权利被纳入世界各地的教材中(Terra & Bromley, 2012),但文献中一个不变的主题是,这种纳入是不平衡的。例如,一项量化研究发现,少数族裔的权利在自由民主国家更受重视(Bromley, 2014)。尽管多样性权利的覆盖面越来越广,世界各地深度的质性研究仍不断发现教材中对边缘群体的忽视和刻板印象(参见本章前面部分引用的对不同群体的研究)。除了直接关注(人)权的学术研究,基于全球和地区的公民身份的教材研究也提供了其他见解,因为这些公民身份概念支撑了人权原则(见如, Keating, 2009; Buckner & Rusell, 2013)。(有关多样性和教材的进一步阅读,请参阅本书中尼豪斯所著章节。)

尽管有关人权教育的教学法及将人权教育融入学校教材的文献越来越多,致力于理解为什么人权教育能在课程和课堂中发展成为如此突出的全球焦点的研究仍然相对较少,我们现在转向这一点。

💡 持续的不解之谜：对人权教育的解读

人权在课程和教学中的应用受到了广泛的关注，与此形成鲜明对比的是，关于人权教育因何兴起的问题却很少受到关注。这种差距的存在是因为人们普遍认为人权教育会改变学生的态度和行动，从而创造一个更公正更和平的世界；基于这个基线假设，人权教育为何得以拓展的原因显而易见。然而，人权教育的两个特征表明其还有更多的内容。首先，几乎没有系统的证据表明人权教育有助于它的终极目标，即促进一个更公正更和平的世界。通过使用当前的社会科学研究方法设计研究，进而明确一种整体的因果关系是不太可能的。自然，许多违反人权原则的因素远远超出了课堂控制的范围。由于侵犯人权事件的原因复杂，通过因果关系将任何一个人权教育计划与其后续事件联系起来似乎都是不现实的。相反，人权教育基于一种深刻的信念之上，因果关系或许是存在的（或者无论其终极影响如何，至少在道德上倡导人权教育都是正确的）。其次，人权教育的拓展与任何可能看起来最需要它的特定环境相分离。第二次世界大战后人权教育在全球得到拓展，而非在特定的地方情境中出现。鉴于这些考量，我们有必要追问其原因。这个问题尤为突出，因为许多国家仍然挣扎于像识字、算数这样的基本技能教育，而其他国家则面临改善数学和科学等学科的巨大压力。在学校面对竞争性需求，包括为学生未来从事某种工作做准备的巨大压力时，为什么人权教育还能成为世界教育的一个核心特征？

一些社会学研究已转向从文化方面解释人权教育广泛传播之谜。此类研究指出，世界范围内的人权传播源于一种文化的兴起和全球化。这种文化将个人权利、赋权、能力和责任置于可选择的共有的社会秩序基础之上（Meyer et al., 1997; Meyer & Jepperson, 2000; Elliott, 2007; Meyer et al., 2010）。这些学者认为，全球传播意味着广泛的文化力量在起作用；公民个体和国家被重新概念化，超越了经济或政治的基本需要（Meyer et al., 1997）。拉米雷斯（Ramirez）等人专注于人权教育的拓展（Ramirez et al., 2009: 35），并描述了当前对人权教育的重视反映出个人不再被主要地视为一国公民，而是被看作全球社会的一员，这样的意识日益增强。文化和政治全球化都是这一过程中的重要推动力，并产生了标准化的培养人的能力（Rychen & Tiana, 2004）和促进国家进步（Ramirez & Meyer, 2002）的教育模式。

尽管这些研究为理解人权教育的全球拓展提供了一些解释性的基础，但其中一个缺陷在于，这些解释认为二战的结束是文化全球化的一个主要推手，但因只有后来几十年的数据，我们无法审视战争带来的影响。

从100个国家的1 008本社会科学教材的内容分析中收集到的新数据，让我们在这里对1890年以来人权的扩张做了一个初步的展示。在我们的样本中，社会科学教材包括历史、公民、社会研究和地理教材。用来分析的教材主要来自德国格奥尔格·埃克尔特国际教材研究所图书馆的优秀藏书。我们也从大学图书馆、世界各地的个人收藏和当地书店中选取教材作为补充。由于随机抽样教材是不可行的——我们的选择在很大程度上取决于教材的可获得性,但我们尽量在时段和国家上保持教材的均衡分布。因可获得性及我们仅以已独立国家为样本,寻找20世纪前半叶的教材是最困难的。在我们选取的教材中有83%的课本是第二次世界大战结束后出版的。历史教材占据了最大的比例(52%),社会研究占据了最小的比例(8%)。我们样本中的每本教材都由一位以其语言为母语或接近母语的人使用标准化问卷进行分析,以测量书中是否在其他方面清晰地讨论了人权。

图22.1记录了1890—2013年教材中人权叙事的兴起,为我们样本中提到人权的教材比例绘制了20年动态均值。统计显示,人权叙事在第二次世界大战之前的几十年里有过早期的拓展,其保持了稳定的增长态势,直到20世纪90年代才开始急剧拓展。总的来说,这些数字为100多年来教材对人权的纳入提供了惊人的证据。

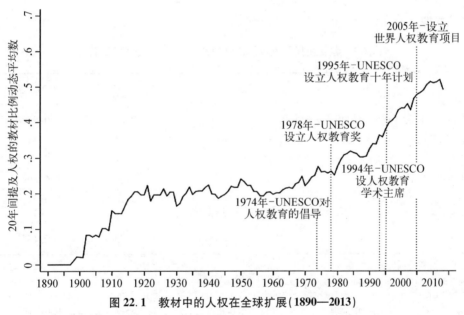

图22.1 教材中的人权在全球扩展(1890—2013)

来源:教材数据(曲线图);时间线改编自苏亚雷斯和拉米雷斯的研究(Suárez & Ramirez, 2007)。

表22.1按地区分析了这种拓展。该表报告了每个地区教材中提及人权的比例,且划分了三个具有历史意义的时期:第一次世界大战前夕至第二次世界大战结束时期(1890—1945)、二战后及冷战时期(1945—1989)和后冷战时期(1989—2013)。它显示了世界范围内的增长:每个地区的人权覆盖率都有明显的增长,特别是在后冷战时期,大多数地区的变化非常显著。

然而,即使在最近的时代,地区差异仍然存在。中东和北非以及东欧和中亚仅有约三分之一的教材提到人权,撒哈拉以南非洲地区约有65%的教材提到人权。撒哈拉以南非洲教材中人权话语的显著增加表明,这些国家极易受全球模式的影响,鉴于全球活动家在该地区的广泛参与,这个结果也许并不令人惊讶。正如预期的那样,考虑到人权的文化基础,西方教材突出了对人权的讨论。拉丁美洲的教材纳入人权的比例较高(最近占据了46%),并显示出其早期对人权的推广。先前的研究同样注意到拉丁美洲教材中人权话语的重要性(Suárez,2008)。在第一个历史阶段,来自东亚、东南亚和南亚的教材显示出最高的人权覆盖率。我们认为这可能是由于我们样本的特殊性引起的。这个时期提到人权的样本都是(来自中国的)公民教育教材。正如本章后面部分所述,关于公民教育的教材对人权的讨论多于其他学科的教材,这表明亚洲早期的教材中对人权的强调可能源于他们的学科导向。

总的来说,表22.1主要说明,尽管世界各地的历史遗产和当代地缘政治条件存在巨大差异,我们还是看到人权讨论的拓展模式惊人地相似。具体而言,先有一个逐步拓展和制度化的时期,随后是一个统计上的显著增加,标志着自20世纪90年代以来世界上大多数地区的人权教育进入快速拓展时期。

表22.1 教材中提及人权的比例(1890—2013,按地区[a]统计)

	1890—1945	1946—1989[b]	1990—2013[c]
西方国家(北美、西欧、澳大利亚、新西兰)	0.20	0.29	0.55***
东亚、东南亚和南亚	0.30	0.35	0.41
东欧和中亚	0.17	0.16	0.30†
拉丁美洲和加勒比海地区	0.07	0.26*	0.46*
中东和北非	0.08	0.20	0.31
撒哈拉以南非洲地区	0.00	0.18**	0.65***
所有地区	0.19	0.25	0.45***

来源:教材数据

*** $p<0.001$, ** $p<0.01$, * $p<0.05$, † $p<0.1$,双侧检验。

[a] 按历史阶段和地区统计的教材数量:西方国家(96、140、139);东亚、东南亚和南亚(27、55、69);东欧和中亚(24、49、82);拉丁美洲和加勒比海地区(14、53、41);中东和北非(12、54、54);撒哈拉以南非洲地区(2、56、30)。每一历史阶段的教材总数分别为:175、408、425。

[b] 显著性表明t检验比较了1和2两个历史阶段在平均值和百分比上的不同。

[c] 显著性表明t检验比较了2和3两个历史阶段在平均值和百分比上的不同。

表22.2按学科类别检视了数据。对于每一学科,该表分三个时期显示了提及人权的教材的比例。随着时间的推移,所有学科关于人权的讨论都大幅增加。后冷战时期再次成为拓展最为广泛的区间,所有变化都具有统计意义,其中许多变化非常显著。正如在各地区之间,学校的学科之间也存在差异,即便在最近一段时期也是如此。只有约13%的地理教材提到了人权,相比之下,多达70%的公民教材以及大约一半的历史教材和综合学科的教材提到了人权。一般而言,公民教材一贯高度倾向于将人权主题纳入其中。鉴于该主题对公民权利的关注,这一点并不奇怪:即使在第一阶段,仍有57%的

公民教材提到了人权。总的来说,表22.2证实了表22.1的结果:教材中对人权的讨论在所有学科的教材中都随着时间的推移而增加,在1989年之后出现了最大幅度的拓展。

表22.2 教材中提及人权的比例(1890—2013,按学科[a]统计)

	1890—1945	1946—1989[b]	1990—2013[c]
社会科教材	0.00	0.29**	0.52*
公民教材	0.57	0.53	0.70†
历史教材	0.16	0.25†	0.46***
地理教材	0.00	0.03	0.13*
混编教材	0.19	0.24	0.50*
所有科目	0.19	0.25	0.45***

来源:教材数据

*** $p<0.001$,** $p<0.01$,* $p<0.05$,† $p<0.1$,双侧检验。

[a] 按历史阶段统计的每一学科教材数量:社会科(2、28、50);公民(14、60、54);历史(123、214、186);地理(9、77、71);混合(27、29、64)。每一历史阶段的教材总数分别为:175、408、425。

[b] 显著性表明t检验比较了1和2两个历史阶段在平均值和百分比上的不同。

[c] 显著性表明t检验比较了2和3两个历史阶段在平均值和百分比上的不同。

综上所述,我们的数据显示,在1890—2013年,世界范围内非特定学科的人权叙事在教材中显著增加,而在20世纪90年代和21世纪初期则发生了最显著的拓展。当然,我们的分析是有限的,因为我们只是衡量教材中是否提及人权,而没有详细研究它们是如何被讨论的。此外,我们的样本覆盖面局限于某些地区和时间段,我们并没有来自每个国家的教材。我们也很难确定样本中的教材的使用情况。尽管如此,我们发现无论从地区变量还是从具体的学科变量来看,20世纪人权的扩张是令人印象深刻和强有力的。上述研究充实了我们对人权教育的特定情境模式和人权教育历史方面的洞察,在20世纪后半叶,特别是最近的新自由主义时代,受文化个人主义全球化的大幅推动,这些研究结果强调了将人权教育兴起概念化的意义。

💡 新的研究方向

人权作为一个话语项目的成功,令人惊讶。当今,人权教育已经在全球得到推广,被赋予了多种形式和内涵。一方面,这个术语在意义上的含糊不清令一些人担心这个词语不具有什么意义。正如奥斯勒和斯塔基(Osler & Starkey, 2010;摘要)所描述的那样,"活动家、政治家和媒体都引用人权来证明或挑战从和平抗议到军事行动的任何事情"。"人权"似乎是一个需要被定义的口号。当然,在其拓展过程中,人权话语又会以相当不寻常的方式为人所用(例如,海盗在海上被捕时可以声明其人权被侵犯,独裁者可以声称为保护某些类型的人权,例如经济福利,而违反其他人权原则)。另一方面,对人权进行多重诠释的可能性或许有助于解释人权话语的现象性拓展。巴贾杰（Bajaj, 2011：507-508）指出：

> 人权教育的可变性就是它的力量。具有不同社会基础和世界观的各种组织在这一话语中立足，表现出了人权教育的丰富性和可能性……人权教育能够而且已经在多种情境下得以实施，证明了它作为一项持久的教育改革的相关性、适应性和可能性。

许多研究试图对各种人权教育方法进行分类、描述和评估，但较少有研究检视它在全球范围内的拓展程度，或试图解释为什么会出现这种拓展。这里，我们借鉴了新的分析，发现20世纪90年代世界大部分地区出现了最快速的话语增长。这些调查结果表明，第二次世界大战期间国际人权制度的构建为人权教育奠定了基础，但在冷战结束之前，其传播范围甚为有限。对这种模式的一个可能的解释是，个人人权（而不是更多以国家为中心的公民权利或集体文化权利）已成为日益占据主导地位的新自由主义经济和政治意识形态的社会对立面。总的来说，很难评估人权教育的扩张是否有助于世界和平与正义。但我们的研究表明，除了其实际贡献（未知），人权教育项目与特定（新自由主义）文化基础相关联，如果有所变化，将改变其作为教育模式的吸引力。

人权教育在世界不同情境下的广泛传播，其影响和动态为未来的研究提供了一个成果丰富且非常必要的领域。作为一个概念，人权教育具有可塑性，我们需要更多地了解在不同情境下塑造其形式和意义的各种因素。政策制定者、课程设计者和教育者们如何将人权教育模式转化到特定的地方和国家环境当中？独特的国家需要和优先事项会怎样影响人权教育的形式？在课程中和课堂上采用人权教育的国家间存在明显的人口、文化和政治差异，这为理解人权教育的哪些因素与不同的社会和教育环境相兼容提供了独特的契机。此外，未来的研究可以有效地关注人权教育如何与更多关于权力的传统概念相融，而后者是和国家公民权利紧密联系在一起的。长期以来，教育系统一直致力于国家建设，人权教育与这种以国家为中心的教育之间可能存在的复杂的相互作用，值得学术界关注。

参考文献

ASPnet. (2003). *UNESCO Associated Schools Project Network (ASPnet): Historical Review 1953-2003*. Paris：UNESCO.

Bajaj, M. (2011). Human Rights Education：Ideology, Location, and Approaches. *Human Rights Quarterly*, 33(2), 481-508.

Blumberg, R. L. (2008). The Invisible Obstacle to Educational Equality：Gender Bias in

Textbooks. *Prospects*, *38*(3), 345–361.

Bromley, P. (2014). Legitimacy and the Contingent Diffusion of World Culture: Diversity and Human Rights in Social Science Textbooks, Divergent Cross-National Patterns (1970–2008). *Canadian Journal of Sociology*, *39*(1), 1–44.

Bromley, P., & Russell, S. G. (2010). The Holocaust as History and Human Rights: A Cross-National Analysis of Holocaust Education in Social Science Textbooks, 1970–2008. *Prospects*, *40*(1), 153–173.

Buckner, E., & Russell, S. G. (2013). Portraying the Global: Cross-National Trends in Textbooks' Portrayal of Globalization and Global Citizenship. *International Studies Quarterly*, *57*, 738–750.

Çayır, K. (2015). Citizenship, Nationality and Minorities in Turkey's Textbooks: From Politics of Non-Recognition to "Difference Multiculturalism". *Comparative Education*, *51*(4), 519–536.

Elliott, M. A. (2007). Human Rights and the Triumph of the Individual in World Culture. *Cultural Sociology*, *1*(3), 343–363.

Firer, R. (1998). Human Rights in History and Civics Textbooks: The Case of Israel. *Curriculum Inquiry*, *28*(2), 195–208.

Flowers, N. (2000). *The Human Rights Education Handbook: Effective Practices for Learning, Action, and Change. Human Rights Education Series, Topic Book.* Minneapolis: Human Rights Resource Center, University of Minnesota.

Hintermann, C., Markom, C., Weinhäupl, H., & Üllen, S. (2014). Debating Migration in Textbooks and Classrooms in Austria. *Journal of Educational Media, Memory, and Society*, *6*(1), 79–106.

Karaman-Kepenekci, Y. (2005). Citizenship and Human Rights Education: A Comparison of Textbooks in Turkey and the United States. *International Journal of Educational Reform*, *14*(1), 73–88.

Keating, A. (2009). Nationalizing the Postnational: Reframing European Citizenship for the Civics Curriculum in Ireland. *Journal of Curriculum Studies*, *41*(2), 159–178.

Meyer, J. W., Boli, J., Thomas, G. M., & Ramirez, F. O. (1997). World Society and the Nation-State. *American Journal of Sociology*, *103*(1), 144–181.

Meyer, J. W. , Bromley, P. , & Ramirez, F. O. (2010). Human Rights in Social Science Textbooks: Cross-National Analyses, 1970 – 2008. *Sociology of Education*, *83*(2), 111 – 134.

Meyer, J. W. , & Jepperson, R. L. (2000). The "Actors" of Modern Society: The Cultural Construction of Social Agency. *Sociological Theory*, *18*(1), 100 – 120.

Moon, R. J. , & Koo, J. (2011). Global Citizenship and Human Rights: A Longitudinal Analysis of Social Studies and Ethics Textbooks in the Republic of Korea. *Comparative Education Review*, *55*(4), 574 – 599.

Nakagawa, M. , & Wotipka, C. M. (2016). The Worldwide Incorporation of Women and Women's Rights Discourse in Social Science Textbooks, 1970 – 2008. *Comparative Education Review*, *60*(3), 501 – 529.

Office of the High Commissioner for Human Rights (OHCHR). (2015). World Programme for Human Rights Education (2005-Ongoing). Retrieved September 12, 2015, from http://www.ohchr.org/EN/Issues/Education/Training/Pages/Programme.aspx.

Osler, A. , & Starkey, H. (2010). *Teachers and Human Rights Education*. Staffordshire: Trentham Books Ltd.

Ramirez, F. O. , Bromley, P. , & Russell, S. G. (2009). The Valorization of Humanity and Diversity. *Multicultural Education Review*, *1*(1), 29 – 53.

Ramirez, F. O. , & Meyer, J. W. (2002). *Expansion and Impact of the World Human Rights Regime: Longitudinal and Cross-National Analyses over the Twentieth Century*. Unpublished Funded National Science Foundation Proposal (2002 – 2004).

Russell, S. G. , & Tiplic, D. (2014). Rights-Based Education and Conflict: A Cross-National Study of Rights Discourse in Textbooks. *Compare: A Journal of Comparative and International Education*, *44*(3), 314 – 334.

Rychen, D. S. , & Tiana, A. (2004). *Developing Key Competencies in Education: Some Lessons from International and National Experience, Studies in Comparative Education*. Paris: UNESCO International Bureau of Education.

Suárez, D. (2007). Education Professionals and the Construction of Human Rights Education. *Comparative Education Review*, *51*(1), 48 – 70.

Suárez, D. F. (2008). Rewriting Citizenship? Civic Education in Costa Rica and Argentina. *Comparative Education*, *44*(4), 485 – 503.

Suárez, D. , & Ramirez, F. O. (2007). Human Rights and Citizenship: The Emergence of Human Rights Education. In C. A. Torres (Ed.), *Critique and Utopia: New Developments in the Sociology of Education in the Twenty-First Century* (pp. 43 – 64). Lanham: Rowman and Littlefield.

Suárez, D. F. , Ramirez, F. O. , & Koo, J. W. (2009). UNESCO and the Associated Schools Project: Symbolic Affirmation of World Community, International Understanding, and Human Rights. *Sociology of Education*, 82(3), 197 – 216.

Tarrow, N. B. (1987). *Education and Human Rights*. Elmsford, NY: Pergamon Press.

Terra, L. , & Bromley, P. (2012). The Globalization of Multicultural Education in Social Science Textbooks: Cross-National Analyses, 1950 – 2010. *Multicultural Perspectives*, 14 (3), 136 – 143.

Tibbitts, F. (2002). Understanding What We Do: Emerging Models for Human Rights Education. *International Review of Education*, 48(3), 159 – 171.

Tibbitts, F. (2005). Transformative Learning and Human Rights Education: Taking a Closer Look. *Intercultural Education*, 16(2), 107 – 113.

United Nations Educational, Scientific, and Cultural Organization (UNESCO). (2015). *The UNESCO Associated Schools Project Network*. Retrieved September 12, 2015, http:// www. unesco. org/new/en/education/networks/global-networks/ aspnet/.

Yamada, M. (2011). Awareness of Racial and Ethnic Diversity in Japanese Junior High Schools' English Language Textbooks. *Critical Inquiry in Language Studies*, 8 (3), 289 – 312.

第 23 章　环境

作者 / 托比亚斯·伊德（Tobias Ide）
译者 / 宾恩林

🔖 引言

当前，地球的自然环境正在急剧恶化。例如，沃土的流失和水资源的枯竭正威胁着越来越多人的食品安全和生活（Bai et al., 2008；Wada et al., 2010）。生物多样性的丧失，空气、土壤和水的污染，也危及人类健康和生态系统的稳定（Cadinale et al., 2012；Jamieson et al., 2017）。然而，气候变化加速了这些进程，引发了其他一系列更频繁、更强烈的自然灾害，并且导致海平面上升（IPCC, 2014）。为了应对这些令人担忧的趋势，人们逐步采取了一系列重要举措。例如，《21 世纪议程》（1992 年制定）、联合国可持续发展教育十年计划（2005—2014），以及将于 2030 年实现的可持续发展目标等等。

教育是这类倡议行动的重要组成部分。因此，越来越多的研究工作致力于环境教育、生态意识养成和可持续发展教育等问题（Bajaj & Chiu, 2009；Wenden, 2014）。在这种背景下，许多研究转向网站、工具包、非政府组织或者研究人员提供的课外教学资料（Bajaj & Chiu, 2009；Haynes & Tanner, 2015；Stratford, 2016）。其他研究人员则将重点放在正式课程和学校教材，这也是本章的重点。

学校教材研究能够推动有关环境的社会科学研究：第一，学校的正规教学通常围绕着教材来组织（Fuchs et al., 2014），它们成为知识代际传播的重要工具，环境主题当然也不例外。虽然教师、同龄人和父母在非正式课程中有着重要影响（Bird, 2007），但学校教材为年轻人提供了一些有关环境问题的重要理解（Sharma & Buxton, 2015）。分析学校教材如何处理与环境有关的问题并确定改进的方向，成为研究人员的一项重要任务。第二，学校教材是既定社会"官方知识的物质表征"（Mahamud, 2014：31）。因此，教材研究能够帮助研究人员理解主流话语如何考虑环境问题（Lässig, 2009）。这种主流话语分析对各个层面上环境的动态治理亦相当重要。

🔖 理论路径

学校教材分析能够且已被应用于环境问题的相关研究领域。如果讨论所有问题将超出本章的研究范围，因而我们在此将重点关注三个研究领域：环境教育、灾难教育和批判性地缘政治学。环境教育被定义为"是一个旨在促进人们意识并关注到全球环境及其相关问题，培养个人和集体努力解决（环境）问题的态度、动机、知识、认同和技能的过程"(Carvalho et al., 2011:2588)。与可持续发展教育领域一样(Sauvé, 2002),环境教育基于这样的假设:适当的教育对于缓解未来和解决现有的环境问题至关重要(Sahin, 2016)。从理论上讲,环境教育的基础依赖于两种不同的传统,尽管大多数研究都不愿明确地将自己定位于其中之一。第一种主张与结构主义理论一致(Berger & Luckmann, 1967),认为人类对世界的行为是由主体间建立的话语所构成,这些话语需要通过教育来塑造,以形成对环境友好的行为(pro-environmental behavior)。第二种观点认为人类决策呈现有限理性特征(Gigerenzer & Selten, 2002)。换句话说,这里的假设是,理论上大多数人对保护环境有兴趣,但由于缺乏环境知识人们不能够采取适当的行为,这个问题能够且应当通过加强环境知识教育来解决。

虽然儿童和年轻人经常被视为改变环境问题的重要主体(Buttigieg & Pace, 2013),但相对而言,环境教育领域的研究人员对学校教材关注得不够。[1]这就是说,相当多已有研究都集中在德国(Boehn & Hamann, 2011)、墨西哥(Barazza, 2001)与美国(Sharma & Buxton, 2015)等不同情境下,地理和科学教材对环境问题的描述差异。在这方面,卡瓦略等对14个西欧、东欧和非欧洲国家的一项比较研究特别值得注意,所有这些研究就如何改进学校教材的环境教育内容提出了实践建议(Carvalho et al., 2011)。其中包括劝导人类不要以"二元对立"的方式看待自然和自身,而要把人类嵌入自然,使其成为自然结构的一部分(Korfatis et al., 2004),强调采用跨学科方法(Salmani et al., 2015;Sharma & Buxton, 2015),以及注重环境问题本土性和全球性的双重特征(Carvalho et al., 2011)。

灾难教育通常被理解为通过媒介来传递信息,以便"公民为各种灾难做好准备,考虑他们在灾难中会做些什么,并思考将如何应对"(Preston, 2012:3)。从广义上讲,灾难教育更符合有限理性的概念,它假设人们如果提前了解自然灾难,就更具动力且能更有效地应对自然灾难(Shaw et al., 2011)。灾难教育提供了整个灾难周期中四个阶段的信息,即缓解、准备、(或多或少的紧急情况)响应和恢复。灾难教育进一步假设一定数量的自然灾害是不可避免的。正如对自然与人类互动的广泛讨论(Schilling et al., 2017),重点因此从环境教育的主要目标——缓解,转移到适应以及建构心理弹性(Haynes & Tanner 2015)。

长期以来,人们一直认为年轻人在应对自然灾害方面具有重要性和主动性,特别是在他们能够充当(环境)知识传播者的领域(Sharpe & Kelman, 2011)。例如,在2004年印度洋海啸期间,一名十岁女孩认出了她在学校学到的海啸早期预警信号,并促使一处泰国海滩的人员疏散(Owen, 2005)。尽管有这样广为人知的成功案例,但对灾害教育方面学校教材的研究却相对较少。英国(Sharpe & Kelman, 2011)与尼泊尔(Shiwaku & Fernandez, 2011)都有相关研究表明,教材中对积极预防和应对措施的覆盖面不足,也没有建立起灾难与广泛的社会环境问题的联系。总的来说,更多综合性的分析主要致力于研究正式课程和课外活动(Selby & Kagawa, 2012; Wisner, 2006)。这些研究忽视了学校教材在自然灾难研究领域的重要性。[2]

批判性地缘政治学采取了一个不同的视角,它"将我们的注意力引向在权力、空间和领土的话语中构建民族国家、意识形态和文化图式"(Mawdsley, 2008:510)。换句话说,批判性地缘政治学文献研究,在各种话语中或是通过各种话语来构建政治、身份和空间,并寻求确定这些结构使哪些行为和利益合法化,或是通过对比提出哪些是非法的、徒劳的甚至是不可想象的(Dalby, 2008)。这种做法显然需要一种建构主义立场,并与批判理论保持一致。与之相比,考克斯(Cox, 1981)坚持环境教育和灾难教育遵循的是问题解决理论。在批判性地缘政治中,环境是一个重要问题,因为环境话语往往具有深远的政治色彩。例如,他们会以环境保护的名义排斥当地人使用自然资源,或是选择性地将环境问题归咎于南方国家而非北方国家和公司(Cavanagh & Benjaminsen, 2014; Dalby, 2014)。

学校教材是批判性地缘政治学的重要研究对象。它们常通过将经允许的知识传播给更广泛的人来巩固某一个社会群体的霸权地位(Ingrao, 2009)。再者,它们反映了批判性地缘政治学所关心的各个领域中流通的话语,包括流行文化、知识精英和政策制定(Ide, 2016)。虽然文本分析仍是批判地缘政治学中一种新兴的方法,但许多作者都提出了与环境相关的有趣见解。西多罗夫(Sidorov, 2009)讨论了美国如何通过将其描述为农村、落后和环境污染来诋毁东欧国家。同样的,聚焦于德国教材中环境与冲突之间关系的描述,伊德(Ide, 2016)发现人们认为南方国家是不负责任且危险的,而北方国家则被暗示为虽受到威胁但却积极行动。

💡 方法

尽管上述研究领域各不相同,但在研究学校教材及其对环境的描述时,人们通常采用相似的量化或者质性方法。量化内容分析通常是为了获得描述中出现的概念、行动者、地区和问题等方面的概览。学校教材通常会形成一个庞大且相当异质的语料库,因此这种方法很有用。但几乎所有研究中对所用方法的描述都相当简短,并且几乎没有讨论最合适的程序。除了量化内容分析,学者们还经常使用一些质性方法,例如批判性话语方法(Sharma & Buxton, 2015)或者质性比较解释方法(Sidorov, 2009)。很少有研究完全依赖于量化方法(Salmani et al., 2015)或质性方法(Sharpe & Kelman, 2011)。

大多数研究主要聚焦于文本分析。但是,人们也逐步意识到在教育与政治中视觉文化的重要性(Heck & Schlag, 2012; Janko & Knecht, 2014)。因此,有些教材分析包括(Ide, 2016)或事实上主要聚焦于照片、地图和图表等教材视觉元素(Carvalho et al., 2011)。尽管这些研究将教材设想为多模态研究的对象,但它们并没有(明确地)利用多模态分析的工具(van Leeuwen, 2005)。

💡 未来研究方向

近几十年来,环境问题越来越受到社会科学学者们的关注,鉴于这个时代严重的环境问题,我们也乐于看到这一发展。学校教材分析能够以多种方式促进这一研究议程的发展。在本章的第一节,我已经讨论了环境教育、灾难教育和批判性地缘政治学这三个研究领域教材分析的情况及其巨大的研究潜力。通过以下三种方式开展研究,教材分析能够促进这三个领域发展。

第一,教材研究需要进一步扩大范围。换句话说,教材虽作为社会支配性知识的指标和传播者,但学校教材及其对环境问题的概念化仍未得到充分研究,从事灾难教育和批判性地缘政治学研究的学者的研究成果尤其少见。

第二,深化教材研究有利于推进这三个领域的研究。很多方法都能够达到这一目标。在存在许多教材的情况下,学者们应当避免将分析限制于一本或几本教材(Sahin, 2016; Sharma & Buxton, 2015),因为关注异常情况会让他们面临巨大风险。国际比较有助于深入了解最佳教育实践以及环境和地缘性政治学问题的不同视角(Carvalho et al., 2011; Ide, 2017)。在视觉文化时代(Walker, 2004: 23),我们也建议学者们更多地使用视觉(Rose, 2005)与多模态分析(van Leeuwen, 2005)的工具。

第三,应该更多地关注学校教材的实施环境。马尼克(Manik, 2008)、斯坦尼斯克与马克斯克(Stanišić & Maksić, 2014)已证明,即使教材中有关环境问题的内容发生了变化,对学校实践的影响也可能很小,因为教师不愿意或者无法实现这些改变。同样,学生对教材内容以及教授的课程的参与可能经过了选择,这主要取决于他们的社会政治背景(Porat, 2004; Ronan & Johnston, 2003)。此外,教材的内容还取决于政治家、政府行政人员、教材编写者和出版社之间复杂的互动行为(Sammler et al., 2016)。这种生产过程几乎没有被研究过,但是意识到它们对于实践干预的成功而言至关重要。对教材的生产、使用和接受情况的关注,也符合在话语表达的社会语境和受众倾向上新兴的对批判性地缘政治学的强调(Dittmer, 2011; Dittmer & Gray, 2010)。

除了这三个具体建议(拓宽、深化、情境化),我想讨论一个更为深远的问题。环境教育、灾难教育和批判性地缘政治学的研究,在某种程度上都是对学校教材及其提供/再现的信息/话语进行研究。然而,其他与环境有关的社会科学领域也将从分析学校教材中大大受益,但它们尚未这样做。

其中一个领域是(全球)环境治理。在所涉及的行动者网络以及他们能够动员的物质或法律权力等其他因素中,话语是实现或限制环境政治的关键。诸如哈耶尔(Hajer, 1995)或塞尔布曼恩(Selbmann, 2015)等作者强调了环境问题的性质、原因和后果的不同结构会如何促进某些政策选择。最明显的例子是围绕美国气候变化问题是否存在及是否由人类造成这一争议(Fisher et al., 2013)。这个领域的许多研究要么聚焦于政策制定者的语言和文本,要么集中在新闻媒体的内容上。学校教材分析能够提供有用的补充视角,因为它使研究人员能够专注于更广泛、更连续的话语元素,而不是强调与政策制定以及快速变化的新闻媒体报道相关的精英话语。

另一个相关领域是环境冲突和合作。近年来,大量研究致力于环境污染,特别是气候变化引起的水资源匮乏是否会导致暴力冲突,或是面对共同挑战时是否反而会引发共同解决问题的尝试(Ali,2007)。各种研究表明,通过建立共享的环境责任和义务意识,知识和教育能够塑造这些冲突和合作的动力(Ide & Fröhlich,2015;Naoufal,2014)。但这些研究仍然很少,而且主要聚焦于非政府组织活动,而非学校教育和学校教材,但实际上后者覆盖范围要大得多。

最后,对环境话语的批判性研究为教材分析的潜力提供了一个例子。这个领域的学者强调了气候难民如何使边界封闭合法化并重现对东方的偏见(Bettini,2013)。或者如何要求把加强心理弹性[3]这一集团和国家行为者的责任转移到当地社区的肩上(Evans & Reid,2013)。这些叙述在被看起来中立的行动者(例如安全专家或开发人员)表达出来时具有特别重要的意义。在这种背景下,对学校教材中环境移民、心理弹性、生态现代化和被认为是中立的"权威认识"的其他有争议的概念进行调查(Fuchs & Otto,2013:5),这是一个充满希望的途径。由于学校教材尤其适合分析长期的话语变化,从而揭示其在历史中的偶发事件,这一点尤为突出。

💡 结论

在社会和政治进程以及社会科学研究中,环境问题越来越重要。在这一章里,我们概述了与研究学校教材中对环境主题的描述相关的理论、方法和实际问题,讨论了环境教育、灾难教育和批判性地缘政治学等三个已使用了教材分析的研究领域,并给出了在这些领域以及其他尚未关注教材的研究领域。如果研究人员可以为负责环境问题的非政府组织、政府部门、政策制定者以及教材编写者和教师提供建议,那么学校教材的研究势必能够产生实践效果。与之类似,对学校教材的研究具有解决诸多环境社会科学若干重大争议的潜力,包括环境治理、环境冲突与合作、环境安全、人类对环境变化的影响和应对环境变化的适应性或心理弹性。所有这些都表明,教材研究人员和社会环境研究学者相互合作进行研究代表了该领域的未来。

💡 注释

1. 例如,在该研究领域主要的同行评议刊物《环境教育杂志》(*Journal of Environmental Education*)中,只有少数论文明确涉及学校教材。

2. 课外活动通常不受国家政策的管制,其覆盖范围要比学校教材小得多,而正式课程通常比较模糊,需要以教材来明确(教什么)。

3. 心理弹性在这里被理解为(通常是本地的)群体预测、应对通常与环境压力和自然灾害有关的外部冲击,或从中恢复与学习的能力。

💡 参考文献

Ali, S. H. (2007). A Natural Connection Between Ecology and Peace? In S. Ali (Ed.), *Peace Parks: Conservation and Confict Resolution* (pp. 1 – 18). Cambridge: MIT Press.

Bai, Z. G., Dent, D. L., Olsson, L., & Schaepman, M. E. (2008). *Global Assessment of Land Degradation and Improvement*. Wageningen: ISRIC.

Bajaj, M., & Chiu, B. (2009). Education for Sustainable Development as Peace Education. *Peace & Change*, 34(4), 441 – 455.

Barazza, L. (2001). Environmental Education in Mexican Schools: The Primary Levels. *Journal of Environmental Education*, 32(2), 31 – 36.

Berger, P., & Luckmann, T. (1967). *The Social Construction of Reality*. New York: Doubleday.

Bettini, G. (2013). Climate Barbarians at the Gate? A Critique of Apocalyptic Narratives on Climate Refugees. *Geoforum*, 45(1), 63 – 72.

Bird, L. (2007). Learning About War and Peace in the Great Lakes Region of Africa. *Research in Comparative and International Education*, 2(3), 176 – 189.

Boehn, D., & Hamann, B. (2011). Approaches to Sustainability: Examples from Geography Textbook Analysis in Germany. *European Journal of Geography*, 2(1), 1 – 10.

Buttigieg, K., & Pace, P. (2013). Positive Youth Action Towards Climate Change. *Journal of Teacher Education for Sustainability*, 15(1), 15 – 47.

Cardinale, B. J., Duffy, J. E., Gonzalez, A., Hooper, D. U., Perrings, C., Venail, P., et al. (2012). Biodiversity Loss and Its Impact on Humanity. *Nature*, 486(7401), 59 – 67.

Carvalho, G. S., Tracana, R. B., Skujiene, G., & Turcinaviciene, J. (2011). Trends in Environmental Education Images of Textbooks from Western and Eastern European Countries and non-European Countries. *International Journal of Science Education*, 33(18), 2587 – 2610.

Cavanagh, C., & Benjaminsen, T. A. (2014). Virtual Nature, Violent Accumulation:

The 'Spectacular Failure' of Carbon Offsetting at a Ugandan National Park. *Geoforum*, 56(1), 55–65.

Cox, R. W. (1981). Social Forces, States, and World Orders: Beyond International Relations Theories. *Millennium*, 10(2), 126–155.

Dalby, S. (2008). Imperialism, Domination, Culture: The Continued Relevance of Critical Geopolitics. *Geopolitics*, 13(3), 413–436.

Dalby, S. (2014). Environmental Geopolitics in the Twenty-First Century. *Alternatives*, 39(1), 3–16.

Dittmer, J. (2011). American Exceptionalism, Visual Effects, and the Post-9/11 Cinematic Superhero Boom. *Environment and Planning D: Society and Space*, 29(1), 114–130.

Dittmer, J., & Gray, N. (2010). Popular Geopolitics 2.0: Towards New Methodologies of the Everyday. *Geography Compass*, 4(11), 1664–1677.

Evans, B., & Reid, J. (2013). Dangerously Exposed: The Life and Death of the Resilient Subject. *Resilience*, 1(2), 83–98.

Fisher, D. R., Waggle, J., & Leifeld, P. (2013). Where Does Political Polarization Come from? Locating Polarization Within the U.S. Climate Change Debate. *American Behavioral Scientist*, 57(1), 70–92.

Fuchs, E., & Otto, M. (2013). Educational Media, Textbooks, and Postcolonial Relations of Memory in Europe. *Journal of Educational Media, Memory and, Society*, 5(1), 1–13.

Fuchs, E., Niehaus, I., & Stoletzki, A. (2014). *Das Schulbuch in der Forschung: Analysen und Empfehlungen für die Bildungspraxis*. Göttingen: V&R unipress.

Gigerenzer, G., & Selten, R. (2002). *Bounded Rationality*. Cambridge: MIT Press.

Hajer, M. A. (1995). *The Politics of Environmental Discourse: Ecological Modernization and the Policy Process*. Oxford: Oxford University Press.

Haynes, K., & Tanner, T. M. (2015). Empowering Young People and Strengthening Resilience: Youth-Centred Participatory Video as a Tool for Climate Change Adaptation and Disaster Risk Reduction. *Children's Geographies*, 13(3), 357–371.

Heck, A., & Schlag, G. (2012). Securitizing Images: The Female Body and the War in

Afghanistan. *European Journal of International Relations*, *19*(4), 891–913.

Ide, T. (2016). Critical Geopolitics and School Textbooks: The Case of EnvironmentConfict Links in Germany. *Political Geography*, *55*(1), 61–70.

Ide, T. (2017). Terrorism in the Textbook: A Comparative Analysis of Terrorism Discourses in Germany, India, Kenya and the United States Based on School Textbooks. *Cambridge Review of International Affairs*. Retrieved from http://www.tandfonline.com/eprint/ufxH22wf3AYZrU4hgcvj/full.

Ide, T., & Fröhlich, C. (2015). Socio-Environmental Cooperation and Confict? A Discursive Understanding and its Application to the Case of Israel/Palestine. *Earth System Dynamics*, *6*(2), 659–671.

Ingrao, C. (2009). Weapons of Mass Instruction: Schoolbooks and Democratization in Multiethnic Central Europe. *Journal of Educational Media, Memory and, Society*, *1*(1), 180–189.

IPCC. (2014). *Climate Change 2014: Impacts, Adaptation, and Vulnerability*. Geneva: IPCC.

Jamieson, A. J., Malkocs, T., Piertney, S. B., Fujii, T., & Zhang, Z. (2017). Bioaccumulation of Persistent Organic Pollutants in the Deepest Ocean Fauna. *Nature Ecology and Evolution*, *1*(1), 51.

Janko, T., & Knecht, P. (2014). Visuals in Geography Textbooks: Increasing the Reliability of a Research Instrument. In P. Knecht, E. Matthes, S. Schütze, & B. Aamotsbakken (Eds.), *Methodology and Methods of Research on Textbooks and Educational Media* (pp. 227–240). Bad Heilbrunn: Julius Klinkhardt.

Korfatis, K. J., Stamou, A. G., & Paraskevopoulos, S. (2004). Images of Nature in Greek Primary School Textbooks. *Science Education*, *88*(1), 72–89.

Lässig, S. (2009). Textbooks and Beyond: Educational Media in Context(s). *Journal of Educational Media, Memory and Society*, *1*(1), 1–20.

Mahamud, K. (2014). Contexts, Texts, and Representativeness. A Methodological Approach to School Textbooks Research. In P. Knecht, E. Matthes, S. Schütze, & B. Aamotsbakken (Eds.), *Methodologie und Methoden der Schulbuch- und Lehrmittelforschung* (pp. 31–49). Bad Heilbrunn: Julius Klinkhardt.

Manik, S. (2008). (En)viable Attempts at Addressing Education for Sustainable

Development Through New Geography Textbooks in Post-Apartheid South Africa. *International Textbook Research*, *30*(2), 621–638.

Mawdsley, E. (2008). Fu Manchu Versus Dr. Livingstone in the Dark Continent? Representing China, Africa and the West in British Broadsheet Newspapers. *Political Geography*, *27*(5), 509–529.

Naoufal, N. (2014). Peace and Environmental Education for Climate Change: Challenges and Practices in Lebanon. *Journal of Peace Education*, *14*(3), 279–296.

Owen, J. (2005). *Tsunami: Family Saved by Schoolgirl's Geography Lesson*. Retrieved February 20, 2017, from http://news.nationalgeographic.com/news/2005/01/0118_050118_tsunami_geography_lesson.html.

Porat, D. A. (2004). It's not Written here, but this is what Happened: Students' Cultural Comprehension of Textbook Narratives on the Israeli-Arab Confict. *American Educational Research Journal*, *41*(4), 963–996.

Preston, J. (2012). What is Disaster Education? In J. Preston (Ed.), *Disaster Education: 'Race', Equity and Pedagogy* (pp. 1–10). Rotterdam: Sense Publishers.

Ronan, K. R., & Johnston, D. M. (2003). Hazards Education for Youth: A QuasiExperimental Investigation. *Risk Analysis*, *23*(5), 1009–1020.

Rose, G. (2005). *Visual Methodologies: An Introduction to the Interpretation of Visual Materials*. London: Sage.

Sahin, E. (2016). Delving into Key Dimensions of ESD Through Analyses of a Middle School Science Textbook. *Discourse and Communication for Sustainable Education*, *7*(2), 34–42.

Salmani, B., Hakimzadeh, R., Asgari, M., & Khaleghinezhad, S. (2015). Environmental Education in Iranian School Curriculum: A Content Analyses [sic] of Social Studies and Science Textbooks. *International Journal of Environmental Research*, *9*(1), 151–156.

Sammler, S., Macgilchrist, F., Müller, L., & Otto, M. (2016). Textbook Production in a Hybrid Age: Contemporary and Historical Perspectives on Producing Textbooks and Digital Educational Media. *Eckert Dossiers*, *6*(1), 1–32.

Sauvé, L. (2002). Environmental Education: Possibilities and Constraints. *Connect*, *XXVII*(1/2), 1–4.

Schilling, J., Nash, S., Ide, T., Scheffran, J., Froese, R., & von Prondzinski, P. (2017). Resilience and Environmental Security: Towards Joint Application in Peacebuilding. *Global Change, Peace and Security*, *29*(2), 107–127.

Selbmann, K. (2015). Bio-, Agro- or Even Social Fuels: Discourse Dynamics on Biofuels in Germany. *Environmental Values*, *24*(4), 483–510.

Selby, D., & Kagawa, F. (2012). *Disaster Risk Reduction in School Curricula: Case Studies from Thirty Countries*. Geneva: UNESCO.

Sharma, A., & Buxton, C. A. (2015). Human-Nature Relationships in School Science: A Critical Discourse Analysis of a Middle-Grade Science Textbook. *Science Education*, *99*(2), 260–281.

Sharpe, J., & Kelman, I. (2011). Improving the Disaster-Related Component of Secondary School Geography Education in England. *International Research in Geographical and Environmental Education*, *20*(4), 327–343.

Shaw, R., Takeuchi, Y., Gwee, Q. R., & Shiwaku, K. (2011). Disaster Education: An Introduction. In R. Shaw, K. Shiwaku, & Y. Takeuchi (Eds.), *Disaster Education* (pp. 1–22). Bingley: Emerald Publishing.

Shiwaku, K., & Fernandez, G. (2011). Roles of School in Disaster Education. In R. Shaw, K. Shiwaku, & Y. Takeuchi (Eds.), *Disaster Education* (pp. 45–75). Bingley: Emerald Publishing.

Sidorov, D. (2009). Visualizing the Former Cold War "Other": Images of Eastern Europe in World Regional Geography Textbooks in the United States. *Journal of Educational Media, Memory and Society*, *1*(1), 39–58.

Stanišić, J., & Maksić, S. (2014). Environmental Education in Serbian Primary Schools: Challenges and Changes in Curriculum, Pedagogy, and Teacher Training. *The Journal of Environmental Education*, *45*(2), 118–131.

Stratford, E. (2016). "Dear Prime Minister ..." Mapping Island Children's Political View on Climate Change. In M. C. Benwell & P. Hopkins (Eds.), *Children, Young People and Critical Geopolitics* (pp. 123–138). London: Ashgate.

van Leeuwen, T. (2005). Multimodality, Genre and Design. In S. Norris & R. H. Jones (Eds.), *Discourse in Action: Introducing Mediated Discourse Analysis* (pp. 73–95). London: Routledge.

Wada, Y. , van Beek, L. P. H. , van Kempen, C. M. , Reckman, J. W. T. M. , Vasak, S. , & Bierkens, M. F. P. (2010). Global Depletion of Groundwater Resources. *Geophysical Research Letters*, *37*(20), 1–5.

Walker, S. (2004). Artmaking in an Age of Visual Culture: Vision and Visuality. *Visual Arts Research*, *30*(2), 23–37.

Wenden, A. L. (2014). Greening Peace and Sustaining Justice. *Journal of Peace Education*, *11*(3), 261–266.

Wisner, B. (2006). *Let Our Children Teach Us! A Review of the Role of Education and Knowledge in Disaster Risk Reduction*. Bangalore: Books for Change.

第四编

教材的使用、效果与实践

第 24 章　教材使用

作者 / 托马斯·伊勒姆·汉森（Thomas Illum Hansen）
译者 / 李政

💡 主题简介

教材有多种目的和不同的情境。它们被用于确定教学目标和框架、传播内容、布置任务、为学生活动提供脚手架、提供家庭作业、支持和指导教师，以及以不同的方式更普遍地调节行为。因此，它们呈现出多功能性和多义性。这可能就是为什么教材很难被理解和概念化。

"教材"这个概念很难通过几个具有区别性的特征划定边界和定义。相反，它由一组被社会长时间形塑的典型特征所表达，这些社会性的特征能够满足教材在不同学习环境和教育背景下的一般功能。所以，"教材"这个概念是一个动态的范畴，在历史中不断演变，并随着周围的社会文化实践的变化而变化。

"教材"的概念化强调了研究在教材使用中的重要性。哈特穆特·哈克（H. Hacker）描述了教材的六种教导（didactic）功能：（a）结构，（b）表征，（c）导向，（d）动机，（e）分化以及（f）实践与评价（巩固学习成果，并向学习者反馈其学习水平）（Hacker，1980；Hansen，2006）。如果想要去探索和挑战这一理解，那么对教材使用的研究就显得十分重要。因为这些教导功能必须要在教学实践中，从教与学两个角度去考察。当教师使用教材来支撑学生在其最近发展区内学习时，这两个角度似乎是紧密相连的。

在对教材使用进行研究的基础上，我们有可能阐述对这六种教导功能的理解，同时指出一些其他功能，如教材的整合功能，即"教材是学生理解和整合从其他资源所获知识的基础"（Horsley & Sikorová，2014）。[1]

💡 重点研究综述

有两份综述构成了本研究综述的基础，一个是《国际学习材料研究综述》（Knudsen et al.，2011），另一个是《美国教材使用研究综述》（Watt，2015）。一些主要的研究兴趣领域包括教材在课堂上的传播和主导作用、教师和学生对教材的修改，以及纸制教材和数字教材的比较研究。

首先，这两篇综述本身就是重要的研究，表明在教材使用方面的研究普遍缺乏。根据努森等人（Knudsen et al.，2011）的观点，沃特的研究涵盖了大量的量化研究，这些研究证实了教材的主导作用；同时，他的研究也包括了大量的案例研究，指出了教师使用教材的多样性，包括在使用过程中忠于教材（Watt，2015）。基于这些研究，沃特认为，质性研究缓和了量化研究中以教材为主导的研究结果。这一方法论的结论可以通过将教材概念化为对情境敏感的人工制品来解释。这个观点需要混合方法的研究，这一点将在后面部分讨论。

沃特在美国的这一研究发现可以由捷克共和国的另一项重要研究得到印证。根据对捷克部分小学和中学的数学与捷克语教师的访谈，斯克洛瓦（Sikorová，2003）发现了一系列教师修改教材主体的途径，包括让其更易于理解、更好地被组织、更透明、更有趣、让复杂的问题和任务更为简化等。这里特别有趣的是，该研究注意到了学科上的差异性。数学教师经常修改数学学习材料，使之与课程相适应；而捷克语教师则适度修改语言学习材料，试图使它们更有趣。

两项来自芬兰的研究详细阐述了教师如何使用和修改教材。海诺宁（Heinonen，2005）分析了四种类型的教师：（1）个体创新者；（2）依赖教材的教师；（3）具有课程意识的创新者；（4）目标导向的创新者。第一类教师独立于教材与课程之外开展教学；第二类教师倾向于根据教材进行教学；第三类教师在国家课程的基础上进行教学，同时他（她）也会尝试去创造以学生为中心的学习经验；第四类教师则更关注课程的重新编排，以及对教材的选择性使用。

第二项来自芬兰的重要研究将目光转向了数学教材，以及三种谈论教材的不同方式：辩护、批判与内疚（Pehkonen，2004）。第一种方式，即辩护，是一种对教材的积极态度。秉持这种态度的老师，将教材看作教学质量的保障、教学改革的支撑，以及新教学方法的辅助和启发。第二种方式，即批判，则是一种对教材的消极态度。秉持这种态度的老师，将教材视为一种负担、一个阻碍，一种对教师自由做决定的限制。所以教师认为教材让他们更加被动，导致了工具化和机械化教学。最后一种方式因他们使用教材的程度而背负更多的负罪感。这种方式同样也包括一个批判性的组成部分，但更多的是普遍的顺从和对教师专业技能丧失的担忧。

澳大利亚的一项基于视频观察的研究捕捉到了一个重要的情境因素。该研究分析了教师的经验水平与其在教学中使用教材的策略之间的关系（Horsley & Walker，2006）。研究显示，新手教师与有经验的教师在教材的使用上存在较大的差距。新手教师使用教材进行个性化教学，让学生独自学习，很少关注教学和学习的策略。因此，新手教师没有恰当地使用教材搭建脚手架，没有围绕该学科进行文化的介绍，也没有观点建构的协作过程。相反，有经验的教师将更多时间花费在教材的协作使用和脚手架的提供上，这促进了对教材的元认知与更有效的使用。人们还可以补充说，在这里重要的不仅是经验，还有专业化程度。在芬兰，一项大规模的量化研究已经显示，教师指南的使用随教育程度和教师在教学内容上的专业化程度而异。为了支持这一发现，教师指南的使用在学校系统中更为常见。在这些学校系统中,教师需要教授许多不同的科目,因此没有机会进行专业化或发展专家知识(Atjonen et al.,2008)。

然而,到目前为止,教材仍然是最常用的学习材料。借助"国际数学与科学趋势研究"(TIMSS)项目,这一说法可以得到一些证据的支持。该项目是一个国际评估项目,它产生了历史上大量的学生数据集(2011年来自52个国家和地区),包括区分4年级和8年级的数学与科学课程中将教材作为课程的主要基础以及将教材作为补充材料的两种教材使用数据。

霍斯利(Horsley)和斯克洛瓦使用2003、2007和2011年的TIMSS数据集开展了一项大规模的研究。他们得出的结论是:教材的使用十分普遍。2011年他们有了一个十分重要的发现:其教师使用教材作为教学基础的学生比例明显上升,其教师使用教材作为教学补充的学生比例明显下降(Horsley & Sikorová,2014:54)。

最终,数字化催生出了一些新的关键研究。开展比较研究的一个特殊原因是数字教材和开放教育资源的发展。研究文集《数字教材:有何新意?》(Rodríguez et al.,2015)对相关主题进行了综述,并认为在教材使用领域缺乏数据驱动的研究。绝大多数的比较研究建立在理论驱动的形式和内容分析以及对数字化潜力的反思之上。尽管这一发现可能适用于一般情况,但它可以得到补充和细致入微的说明。对计算机和信息科学的广泛检索表明,在过去几年里,对纸质教材与数字教材和开放教育资源的影响和感知之间的比较研究已经出现。

一项囊括16个关于开放教育资源(Hilton,2016)与数字教材的同类研究(Walton,2014; Daniel & Woody,2013; Kim & Jung,2010; Woody et al.,2010; Maynard & Cheyne,2005)揭示了一些效果研究(通过能力测试进行)和一些感知研究。重要的是,不同类型的学习材料在学习结果上几乎没有区别。学生更喜欢纸质教材(Walton,2014; Woody et al.,2010);当学生使用数字教材时,阅读时间和多任务处理都显著增加(Daniel & Woody,2013);学生认为传统学习材料的质量可以与数字学习材料相媲美(Hilton,2016)。因此,支持数字教材和开放教育资源的主要论据似乎是价格,以及旨在增加ICT(信息和通信技术)在教育中使用的某种政策目标。

一个例外是来自韩国的大型比较研究(Kim & Jung,2010),该研究将80个班级的5 255名5年级和6年级学生分成两组,一组是实验班,另一组是比较班,他们分别使用数字教材和纸质教材。研究者采用问卷调查的方法,对韩语、社会学、科学、数学、英语五门课程中学生的教育效果进行调查。结果显示,数字教材对学生的学习态度有积极的影响,比对照班提高了7.5%。根据学生的自陈报告,这种积极影响可以通过几个参数来衡量:"元认知、自我调节学习、自我效能感、信息探索、问题解决、内在动机和自我反思"(Kim & Jung,2010:247)。然而,这种影响包括一定程度的变异,因为它取决于学科、学生的成绩水平和学校的位置(农村/城市)。学科似乎作为调节变量和生成机制扮演着重要的角色,而在数学或英语中没有可以测量的显著差异。

这说明有必要进行混合方法研究,以更深入地了解作为学习材料数字化效果重要调节因素的学科教学理论和特定学科文化的影响。这本身也构成了一个问题,由于近年来数字教材的界面和交互设计都有了长足的发展,很难将数字教材和纸质教材进行比较。同样,对数字教材在多大程度上促进了深度阅读进行概括说明也是有问题的(Mardis et al., 2010)。

对感知性的教育效果的比较研究就像快照,需要更精确的分析。书面表现形式和章节推进经常在数字教材中发挥作用,在某种程度上类似于纸质教材。然而,它们之间的不同之处不仅在于模拟、动画、交互模型、定制功能和带有实时反馈的学习分析等方面的集成,还在于这些特征的作用及其对整体交互设计的意义。

💡 方法论概述

在教材使用的研究中,最普遍的两种方法是以学生、教师或管理者为对象的问卷调查和访谈。这类研究的结果是洞察对教材的选择、对教材的态度,以及对教材使用的普遍性和频率的概述。粗略地说,调查和其他量化研究提供了对使用模式的代表性概述,而半结构化访谈和其他质性研究提供了对调节这种使用的心理和社会文化动态的洞察。

就质性而言,访谈提供了对教材的方法、选择和使用的标准和程序更深入的了解,从而为教材的作用增添了更多的细微差别。可以合理地断言,教材仍然发挥着核心作用,这可以用哈克的六个教导功能来分析,但这并不等同于教材驱动教学。一个重要的调节变量是兰伯特(Lambert)所谓的"教材教学法",它强调教师态度的重要性和教师在课堂上使用教材的方式(Lambert, 2002; Horsley & Walker, 2003; Walker & Horsley, 2006)。

这种类型的质性研究指向教材教学法,包括教师对作为重要影响因素的课程和教材的能动性和解释。在丹麦有这样一个传统,即根据与能动性有关的参数来区分三种类型的教师:(1)自主型,他们以教材为灵感;(2)部分自主/独立型,他们以教材为依托;(3)依赖型,他们依靠教材指导教学(Hansen & Skovmand, 2011)。这种类型的划分需要通过观察课堂使用情况进行具体的研究。

对教师的使用档案——即教师(或教师类型)作为教材使用者的档案——开展的质性研究指出,需要对不同使用者档案的普遍性进行更多的研究,这些研究部分是量化的。学生的使用档案可能需要借助质性和量化的双重方法来进一步理解。后一种类型的贡献是在荷兰的一项比较研究中发现的。该研究对56名年龄在15—16岁的学生进行了比较,这些学生两人一组,在有教材和没有教材情况下学习关于电的主题(Kanselaar et al., 2000)。虽然这是一个小样本的研究,但它表明了一个普遍存在的问题：在近一半的案例中，学生没有使用课本的策略，而是漫无目的地浏览，寻找有用的信息。使用教材的学生比不使用教材的学生讨论得更少，这使得这一问题变得更加严重。在本研究中，这一现象被解释为学生认为教材是权威的。总的来说，这项研究描绘了一个充满问题的画面，因为学生在他们所在的这个年纪还未形成有效的元认知策略，如将教材作为具有多种符号学资源的人工制品，评价和讨论各种资源的相关性和有用性，并对教材及其作者提出批判性问题。这些就是众所周知的 QtA 方法，即"质疑作者"（Questioning the Author）（Beck et al.，1997）。

在这方面，除了调查、访谈和观察的量化和质性方法外，日记的使用、出声思维法和眼球追踪也很重要。日记有多种形式，从经典的书面日记到音频、图像和视频记录。在芬兰的一项研究中，教师日记被用来记录正在进行的与高中化学课程目标相关的教材评价，并与学生自己的评价进行比较（Ahtineva，2000）。这种方法使系统比较教师和学生在学习任务认知上的差异成为可能。学生从动机的角度来评价任务，而没有动机的学生尤其想要更困难的任务。教师从内容的角度对任务进行评价，希望任务更简单，以巩固对内容的理解。

出声思维法也同样被用在一些设计中，包括倾听、录音、视听结合录音以及边注技术（学生定期记录与教材使用相关的元反思内容）。出声思维法应用的一个很好的范例是玛格罗和斯克耶布雷德（Maagerø & Skjelbred，2010）的一项关于数学与自然科学学术文本阅读的研究。这项研究中把对教材的分析、对教材使用的课堂观察，与特定学生的出声思维序列相结合。出声思维法的独特之处在于，它能够洞察学生的推理。例如，当学生必须用文本、图像或图表来解释可视集群时，玛格罗和斯克耶布雷德能描绘出很多问题，表明学生运用图表等符号资源与书面表现形式相结合，对手头的学术课题进行推断。数学和自然科学中的图表对学生的挑战尤其大，因为它们浓缩了学生们认为难以再次展开的信息。正是出声思维法使得"打开黑箱"成为可能。例如，有一项出声思维研究还显示，学生很难理解体积示意图的三维性（Maagerø & Skjelbred，2010）。

此外还必须提到眼球追踪，因为它代表了收集和处理教材和其他学习材料数据的新技术和方法（Knight & Horsley，2014）。眼球追踪可以记录眼动和定位，从而使得学习者在使用学习材料时，仪器可以记录关于他们不同注意模式的数据。例如，在使用材料中不同类型的任务或文本时，他们正在注意什么、他们是按照什么顺序注意的，以及时间持续的长度和时间的分配。

显然，不同的方法对这一问题有不同的贡献，近年来存在一种在混合方法研究中将它们结合起来的趋势，以便探讨如何在复杂的语境中将教材作为多种含义的人工制品来使用。例如，丹麦的一项新研究结合了教材的文本分析、教师计划文本的文献分析、半结构化观察、访谈以及教师和学生对教材几个参数的评分。这样一种结合，使得在数学课中开展关于教材使用的准实验研究成为可能。这表明，教师们正在进行我们所谓的数学创新教材的"再传统化"(retraditionalisation),他们使用一个基于工作站的协作式教材系统,使用许多触觉材料来实现相对传统的教学模式。这种方式优先考虑内容的传递以及对个别学生的训练(Hansen et al. 2015)。有趣的是,在向教师们呈现这些详细描述课堂互动模式的案例之前,他们并没有意识到这种"再传统化"的发生。

另一个最近的例子是赖森伯格(Reichenberg, 2015)基于视频的观察研究,在该研究中,作者观察了瑞典四所小学74节课中教材和其他学习材料的使用情况。这些观察结果构成了编码和回归分析的基础,证实了一些关于教师决定使用学习材料的原因的假设,但也对这些假设提出了挑战。本研究中有两个因素很有趣:第一,对教材使用进行编码是具有一定挑战性的。因为缺乏与语言编码基础相匹配的身体动作的通用术语,例如"轮流说话"(Reichenberg, 2015)。第二,研究增加了一般因果模型的深度,该模型认为选择教材而不是数字技术可以归因于教材的传统性质和对以教师为中心的教学实践的偏好(Belland, 2009)。因此,赖森伯格对因果机制进行了测试,证明了控制的必要性,并提出专业认知对于学习材料的使用是至关重要的。事实证明,班级规模、学科和共同互动对教师使用决策十分重要,且学科之间的情况各不相同。所有这些都被解释为"由于学科领域内的相互作用而形成的共同关注机制"重要意义的体现(Reichenberg, 2015:28)。

💡 核心理论路径概述

对理论路径的概述为本讨论提供了三个中心观点。这一部分阐述了教材使用研究不足的原因,指出了量化研究中理论反思的缺失,促进了对理论和方法缺陷的反思。

绝大部分的教材研究是理论驱动的文本分析和文献研究,主要关注内容,其次是形式,缺乏使用方面的数据驱动研究。这可以由这样一个事实加以解释,即解释学已经成为主流的范式,聚焦于将教材视为一个历史现象和文本建构。与此同时,我们也有可能观察到一种与之竞争的结构主义范式,聚焦于将教材作为一种符号系统和一种语言表现形式。

因此,数据基础本身就是教材的形式和内容,可能还辅之以基于文本分析方法的使用研究。其中一个案例是托兰(Torvatn, 2004)对文本语言学的研究,该研究运用修辞结构理论(RST)分析教材的文本结构,并辅以对学生的访谈和观察学生对教材的理解。这种方法的结合使她能够肯定修辞建构的意义;例如,如果希望促进理解,关于信息应该放在文本层次顶部的建议最好由几个不同的"卫星"添加信息来提供支持(Torvatn, 2004)。这方面的一个实验变体是赖森伯格(Reichenberg, 2000)关于学生对不同文本的接受情况进行的比较研究。该研究将两篇原文改写成三个版本,以研究清楚因果关系的意义和作者在教材中的声音。结果表明,解释因果关系和作者声音这两个特征对理解具有积极的作用。

教材使用方法的实证研究传统是在形式和内容分析的基础上发展起来的,这意味着该研究在很大程度上是值得肯定的,并基于文本方法论的前提进行应用。因此,它经常作为对教材潜力分析的补充。

与这一传统相平行,我们可以观察到两种互补的趋势。量化研究的理论方法并不特别明确,除非涉及概念的清晰性和方法的精确性,这对研究的有效性和可靠性非常重要。质性研究的理论方法更加明确,同时也难以摆脱文本分析的传统。

探索性路径的理论基础可以在社会文化理论和"作为人工制品的技术与材料"的概念化中找到。它们在人类认知和行为模式中发挥着重要的组成作用(Vygotsky,1997;Wartofsky,1973;Cole,1996)。维果茨基(Vygotsky,1997)用"人工制品"这个概念来描述事物是如何并非由人简单地创造和赋予形式的,而是由其与事物的互动来塑造的。这意味着我们必须通过一个人采用媒介手段做出的行为来理解此人。沃茨奇(Wertsch)将人描述为"通过媒介手段行动的个体"(Wertsch,1991:12)。在这个理论框架下,我们避免了一个人与其社会和物质环境(包括教材)相割裂。

教材使用领域内的创新研究潜力以及一些开放性问题

正如本章前面几次所指出的,教材使用的研究已经发展成为一个更加独立的研究领域,因此它可以得到更多的重视,而不仅仅是对形式和内容分析的补充,这是很重要的。目标不应该仅仅是形式、内容和使用的三角关系,因为三角关系出现在实证主义范式中,因此这样一种倾向正在得到重视,即我们正在基于各种质性和量化方法研究同一对象。

如果我们认真对待社会文化的方法,那么应该将教材作为多面向和多义的人工制品来研究其使用,这些人工制品很难通过形式或内容分析来预先确定。为此,我们可以从优先观察实践和记录交互模式的研究中找到灵感。例如,霍斯利和沃克(Horsley & Walker,2006)在澳大利亚进行的基于视频的观察研究,最近赖森伯格(Reichenberg,2015)在瑞典进行的基于视频的观察研究,以及阿瑞克等人(Ahlrichs et al.,2015)在德国历史课堂上进行的民族志扩展观察。

这类研究的典型特征是,关于过程和交互模式的数据构成了对教材使用进行更多探索性研究的基础。这使得绘制学生对一门学科的理解、教学方法和学习材料之间的新关联成为可能。

这些例子可以作为更普遍的方法论观点的基础,以展望未来对教材使用的研究。该论断认为,如果我们处理的是重心分散在几个方法上的方法组合,那么混合方法路径可以丰富本研究领域。参考格林(Greene)的方法组合分类(Greene et al.,1989),这一论断得到了加强。最著名的组合是三角互证,它寻找不同方法产生的结果之间的收敛、确认和一致。注重文本分析的教材肯定法就是一个例子。此外,格林等人(Greene et al., 1989)在大规模回顾文献的基础上,指出了另外四种具有创新研究潜力的混合方法设计:

(1) 互补。"互补"要求一种方法产生的结果能被另一种方法的结果阐述、增强、说明和澄清。一个例子可能是对生成机制的质性研究,这些生成机制调节了量化研究中确定教材主导作用的感知。

(2) 开发。"开发"旨在使用一种方法的结果来帮助开发另一种方法或为其提供信息。例如设计数字学习材料的分析,这是将学习材料汇编和分类为不同类型的基础。

(3) 启动。"启动"寻求发现悖论、矛盾、新观点、新框架。例如在实践中对异质性的扩展式人种志观察,在这样的观察环境中,学习材料可以作为课堂上理解层次的复制、破坏和中断的来源,而这些很难用量化方法绘制出来。

(4) 扩展。"扩展"寻求在一项调查中为不同的目的和部分选择不同的调查方法,以扩大调查的广度和范围。例如,质性和量化相结合的方法可用于研究教材的生态系统及其对不同情境下的教学规划、实施和评价中向心和离心动力机制的重要性,包括专业学习共同体、讲座、团队任务、作业以及协作解决问题。

这四种设计的共同之处在于,它们将不同的方法相结合,从而可以探索性地开发、扩展和解决研究领域中的问题。因此,它们既可以用来补充三角互证,也可以用来挑战三角互证,还可以为现有的教材使用研究建立一个元视角,并指出我们可以将该领域扩大,以涵盖其他类型的学习材料。文本方法仍然可以是合理的,但是它们被赋予了与使用研究相关的另一个功能,例如,它们被用来形成一个或一组假设,作为预测研究和探索性研究的基础。

在这一研究领域的发展中,一个至关重要的因素是它所基于的认识论。文本分析中的解释学锚定(hermeneutic anchoring)具有方法论上的偏差,因为该方法倾向于从第一人称的角度强调教材的主体性和潜力。另一方面,数量、类型和频率的量化描述也是有偏差的,并且倾向于从第三人称的角度强调教材的客观性、普遍性及其传播。因此,实质性方法的结合需要一种二元认识论,这种认识论能够把这些观点结合起来,因为教材在世界上既是主观经验,也是客观的物质和结构。更一般意义上,正是这种基于二元性的对位研究,使得教材和学习材料的使用研究可以近似地作为一种替代性的、更全面的方法,它将教材和学习材料概念化为中介的人工制品,而这一概念无法单纯从主观或客观的角度充分描述。方法和二元认识论的大量结合为新的研究问题开辟了前景。在这些问题中,教材的潜力被理解为一种具有相互作用功能的主体,或者说是一种不能通过单独的文本分析来确定的涌现现象。

💡 注释

1. 特别感谢已故的迈克·霍斯利(Mike Horsley),在这一章中他慷慨地给予了我很重要的启发和反馈。

💡 参考文献

Ahlrichs, J., Baier, K., Christophe, B., Macgilchrist, F., Mielke, P., & Richtera, R. (2015). Memory Practices in the Classroom. On Reproducing, Destabilising and Interrupting Majority Memories. *Journal of Educational Media, Memory, and Society*, 7 (2), 89–109. https://doi.org/10.3167/jemms.2015.07020.

Ahtineva, A. (2000). *Oppikirja — tiedon välittäjä ja opintojen innoittaja? Lukion kemian oppikirjan — Kemian maailma 1 — tiedonkäsitys ja käyttökokemukset* [Textbook — Dissemination of Knowledge and Inspiration to Study? Notions of Knowledge and User's Experiences Concerning Kemian maailma 1, an Upper Secondary Level Chemistry textbook]. Åbo: Åbo Universitet.

Atjonen, P., Halinen, I., Hämäläinen, S., Korkeakoski, E., Knubb-Manninen, G., Kupari, P., et al. (2008). Tavoitteista vuorovaikutukseen. Perusopetuksen pedagogiikan arviointi [From aim to interaction. An Evaluation of the Pedagogy of the Comprehensive Education in Finland]. *Jyväskylä: Koulutuksen arviointineuvoston julkaisuja*, 30. https://karvi.f/app/uploads/2014/09/KAN_30.pdf.

Beck, I. L., McKeown, M. G., Hamilton, R. L., & Kugan, L. (1997). *Questioning the Author: An Approach for Enhancing Student Engagement with Text*. Newark, DE: International Reading Association.

Belland, B. R. (2009). Using the Theory of Habitus to Move Beyond the Study of Barriers to Technology Integration. *Computers & Education*, 52(2), 353–364.

Cole, M. (1996). *Cultural Psychology: A Once and Future Discipline*. Cambridge, MA: Harvard University Press.

Daniel, B. D., & Woody, W. D. (2013). E-Textbooks at What Cost? Performance and Use of Electronic v. Print Texts. *Computers & Education*, 62, 18–23.

Greene, J. C., Caracelli, V. J., & Graham, W. F. (1989). Toward a Conceptual Framework for Mixed-Method Evaluation Designs. *Educational Evaluation and Policy Analysis*, 11, 255–274.

Hacker, H. (1980). Didaktische Funktionen des Mediums Schulbuch. In H. Hacker (Ed.), *Das Schulbuch. Funktion und Verwendung im Unterricht*. Bad Heilbrunn:

Klinkhardt.

Hansen, J. J. (2006). *Mellem design og didaktik: om digitale læremidler i skolen*. Odense: Syddansk Universitet.

Hansen, T. I., & Skovmand, K. (2011). *Fælles mål og midler*. Århus: Klims forlag.

Hansen, T. I., Hjelmborg, M., & Brodersen, P. (2015). Timeglas eller værksted: Komparativ undersøgelse af to lærebogssystemer i matematik. *Monatshefte*, *2*, 28–45.

Heinonen, J. -P. (2005). *Opetussunnitelmat vai oppimateriaalit. Peruskoulun opettajien käsityksiä opetussuunnitelmien ja opppimateriaalien merkityksestä opetuksessa*. Helsingfors: Helsingfors Universitet.

Hilton, J. (2016). Open Educational Resources and College Textbook Choices: A Review of Research on Effcacy and Perceptions. *Education Tech Research Dev*, *64*, 573–590.

Horsley, M., & Sikorová, Z. (2014). Classroom Teaching and Learning Resources: International Comparisons from TIMSS — A Preliminary Review. *Orbis Scholae*, *8*(2), 43–60.

Horsley, M., & Walker, R. (2003). *Textbook Pedagogy: A Sociocultural Approach*. Invited Keynote Address to the Biennial Conference of the International Association for Research on Textbooks and Educational Media, Bratislava, 24–27 September.

Horsley, M., & Walker, R. (2006, October). Video Based Classroom Observation Systems for Examining the Use and Role of Textbooks and Teaching Materials in Learning. In E. Bruillard, B. Aamotsbakken, S. V. Knudsen, & M. Horsley (Eds.), *Caught in the Web or Lost in the Textbook?* Proceedings of the Eighth International Conference on Learning and Educational Media, Caen, France (pp. 263–268). Retrieved March 8, 2010, from http://www.caen.iufm.fr/colloque_iartem/pdf/horsley_walker.pdf.

Kanselaar, G., Boxtel, C., & van der Linden, J. L. (2000). The Use of Textbooks as an Extra Tool During Collaborative Physics Learning. *Journal of Experimental Education*, *69*, 57–76.

Kim, J. H. -Y., & Jung, H. -Y. (2010). South Korean Digital Textbook Project. *Computers in the Schools*, *27*, 247–265. https://doi.org/10.1080/07380569.2010.523887.

Knight, B., & Horsley, M. (2014). A New Approach to Cognitive Metrics: Analysing the Mechanics of Comprehension by Aligning EEG and Eye Tracking Data in Student

Completion of High Stakes Testing Evaluation. In M. Horsley, B. Knight, M. Eliot, & R. Reilly (Eds.), *Current Trends in Eye Tracking Research*. Frankfurt: Springer.

Knudsen, S. V. et al. (Eds.). (2011). *Internasjonal forskning på læremidler: en kunnskapsstatus*. Borre: Høgskolen i Vestfold.

Lambert, D. (2002). Textbook Pedagogy. In M. Horsley (Ed.), *Perspectives on Textbooks* (pp. 18 – 33). Sydney: TREAT.

Maagerø, E., & Skjelbred, D. (2010). *De mangfoldige realfagstekstene: Om lesing og skriving i matematikk og naturfag*. Bergen: Fagbokforlaget.

Mardis, M., Everhart, N., Smith, D., Newsum, J., & Baker, S. (2010). *From Paper to Pixel: Digital Textbook and Florida's Schools*. Tallahassee, FL: The Florida State University Palm Center.

Maynard, S., & Cheyne, E. (2005). Can Electronic Textbooks Help Children to Learn? *The Electronic Library*, 23(1), 103 – 115.

Pehkonen, L. (2004). *The Magic Circle of the Textbook — An Option or an Obstacle for Teacher Change*. In Proceedings of the 28th Conference of the International Group for the Psychology of Mathematics Education, Vol. 3, International Group for the Psychology of Mathematics Education, 28th, Bergen, Norway, July 14 – 18, pp. 513 – 520.

Reichenberg, M. (2000). *Röst och kausalitet i lärobokstexter. En studie av elevers förståelse av olika textversioner*. Gothenburg: Göteborgs universitet.

Reichenberg, O. (2015). Explaining Variation in Usage of Instructional Material in Teaching Practice. *IARTEM e-Journal*, 7(2), 22 – 47.

Rodríguez, R., Bruillard, E., & Horsley, M. (Eds.). (2015). *Digital Textbooks: What's New?* Santiago de Compostela: Servizo de Publicacións da USC/IARTEM.

Sikorová, S. (2003). *Transforming Curriculum as Teacher's Activity*. Paper Presented to the Biennial Conference of the International Association for Research on Textbooks and Educational Media, Bratislava, 24 – 27 September.

Torvatn, A. C. (2004). *Tekststrukturens innvirkning på leseforståelsen: en studie av fre lærebøktekster for ungdomstrinnet og sju elevers lesing av dem*. Unpublished Doctoral Thesis, Høgskolen i Hedmark, Elverum. Retrieved from https://brage.bibsys.no/xmlui/bitstream/handle/11250/133736/rapp13_2004.pdf?sequence=1&isAllow ed=y.

Vygotsky, L. S. (1997/1931). *The Collected Works of L. S. Vygotsky: Vol. 4. The History of the Development of Higher Mental Functions* (Trans. M. Hall; Ed. R. W. Rieber). New York: Plenum.

Walker, R., & Horsley, M. (2006). Textbook Pedagogy: A Sociocultural Analysis of Effective Teaching. In D. McInerney, M. Dowson, & S. Van Etten (Eds.), *Effective Schools, Research on Sociocultural Infuences on Motivation and Learning* (Vol. 6, pp. 105–133). Greenwich: Information Age Publishing.

Walton, E. W. (2014). Why Undergraduate Students Choose to Use E-Books. *Journal of Librarianship and Information Science*, *46*(4), 263–270.

Wartofsky, M. W. (1973). Perception, Representation, and the Forms of Action: Toward an Historical Epistemology. In M. W. Wartofsky (Ed.), *Models* (pp. 188–210). Dordrecht: D. Reidel.

Watt, M. (2015). Research on Textbook Use in the United States of America. *IARTEM e-Journal*, *7*(2), 48–72.

Wertsch, J. V. (1991). *Voices of the Mind: Sociocultural Approach to Mediated Action*. Cambridge, MA: Harvard University Press.

Woody, W. D., Daniel, B. D., & Baker, C. A. (2010). E-Books or Textbooks: Students Prefer Textbooks. *Computers & Education*, *55*, 945–948.

第 25 章 教材的作用与效果

作者 / 伊冯·贝恩克（Yvonne Behnke）
译者 / 李政

教材在很大程度上不仅决定了课堂上教学的主题和思想，同时也决定了这些主题和思想的呈现方式（Stern & Roseman, 2004: 539）。所以教材通过不同途径影响着学习与教学。这一章旨在基于本领域内的主要研究成果，提供一个关于教材作用与效果的研究综述。在此过程中，综述总结了教材和教育媒介在不同领域产生的经验性证据。这里的重点是实验与准实验研究。

当前的研究路径

教材语言

语言影响着人们建构自己的世界、价值观、社会现实和知识的方式（参看 Ott, 2014: 254）。所以，教材中的语言如何影响学生的知识建构，就成了教材研究的一个重要领域。该领域涵盖了多个科学范畴，如语言学（尤其是 Ott, 2014）、语言习得（尤其是 Hadley, 2013; López-Jimenéz, 2014）以及教育（尤其是 Reichenberg, 2013; Oleschko & Moraitis, 2012; Berkeley et al., 2012; Linderholm et al., 2000）。关于阅读理解的相关研究正是出自于该领域，因为阅读理解是通过语言建构知识的一个核心因素，而阅读理解又是基于教材进行学习的关键。赖森伯格（Reichenberg, 2013）的一项实验研究探讨了支持学习者阅读理解的方法。研究结果显示，具有平均水平阅读能力的读者在阅读真实文本时表现得更好，而对于低于平均水平阅读能力的读者而言，即使是阅读"读者友好型"的文本，其阅读能力也没有得到提升。这与林德霍姆等人（Linderholm, 2000）的研究结果一致，他们指出，能力一般的读者和能力低于平均水平的读者只有在阅读难度较大的文本时才会从因果结构修复中受益。基于此，奥列什科和莫雷蒂斯（Oleschko & Moraitis, 2012）提出了一种语言敏感性的方法来促进异质学习者群体中基于教材的学习。这些研究只是这一广泛研究领域的一个典型部分。

例如，在外语学习（Hadley, 2013; López-Jimenéz, 2014）和历史教材文本结构适应性领域（Berkeley et al., 2012）内就有一些深层次的研究。这些研究总体上得出两个结论：首先，平均水平的读者和能力低于平均水平的读者都更喜欢有趣、刺激、叙事和描述性的文本（Reichenberg, 2013）。其次，为了促进学习和提高动机，教材语言应该包含清晰、准确、连贯和一致的结构（Berkeley et al., 2012），并避免过分简化。

社会文化、社会经济因素与教材的效果

教材里的性别表征

教材是学习性别系统的基础,因为它们有助于性别角色的合法化(Brugeilles & Cromer, 2009),同时也可能成为获取性别角色模型的一个源头(Nofal & Qawar, 2015)。联合国教科文组织(Brugeilles & Cromer, 2009)已经研究出了一套基于教材促进性别平等的方法论指南。穆勒(Müller, 2012)的研究发现,近年来,几家德国教材出版商为小学教材提供了性别特有的色彩编码、主题和学习任务,以支持男女学生的不同兴趣和特殊学习需求。穆勒(Müller, 2012)认为教材可能有助于强化性别刻板印象。这与布隆伯格(Blumberg, 2015)的观点一致,他在世界范围内的多种教材中也发现了性别偏见的存在。

最近关于教材中的性别表征如何影响学生成绩的研究得出了不同的结论。古德等人(Good et al., 2010)基于美国高中生的实验研究显示,女生在观看反刻板印象图像(女科学家)后,其科学理解水平更高,而男性学生在观看刻板印象图像(男科学家)后的理解能力更高。相反,福尔兹(Foulds, 2013)的访谈研究分析了肯尼亚小学生对教材中形象的性别认知,从而揭示了性别刻板印象的连续性,尤其是当性别角色形象与学生的现实不一致时。因此,我们可以得出结论,教材中性别表征的效果尤其受到学生文化和社会背景的影响。由此,福尔兹认为,基于肯尼亚的文化背景,任何改变性别观念的努力都必须首先来自学生的生活,然后再被带进课堂。

社会经济因素

教材已被证明是一种相当划算的提高学生成绩的方法(Frölich & Michaelowa, 2005)。尽管如此,许多国家,特别是非洲国家(Dremmeh, 2013)仍然面临教材短缺的问题。在此背景下,弗勒利希和迈克尔洛瓦(Frölich & Michaelowa, 2005)调查了撒哈拉以南非洲地区学生拥有教材的同伴效应,报告称通过书籍共享和知识共享的形式,教材产生了非常广泛的影响。

费舍尔等人(Fischer et al., 2015)调查了免费开放数字教材对美国社会经济背景较低的学生学业成绩的影响。研究表明,由于开放教育资源(open education resources, OER)带来的成本节约,使用 OER 课程的学生在下一学期注册课程时的学分明显增加,而这些课程的成绩与使用商业教材的课程相同。入学强度(enrollment intensity)是学生毕业进度的一个指标(Fischer et al., 2015)。因此,这些研究强调了经济有效地获取教材对学生成绩的重要性。

总的来说,诸多研究表明,教材中的性别表征对学生成绩的影响受学生日常生活中的文化、社会和意识形态结构的影响(Foulds, 2013;Good et al., 2010)。因此,需要进一步研究"性别公平"教材,因为它们可能对纠正性别偏见有所帮助(Good et al., 2010)。

此外,联合国教科文组织的《全球教育监测报告2016》中的性别报告部分强调教育(和教材)在促进性别平等和妇女赋权方面的作用。该报告还指出,需要在课程、教材、评估和教师教育的性别方面提供更全面的数据(UNESCO, 2016)。

教材设计

根据摩根(Morgan, 2014)的研究,精心设计的教材有可能使学习变得更加有趣、持久和有意义,并可能通过视觉处理、分析思维、提出问题、测试假设和语言推理等机制,以多种方式积极地调动学习者的认知。

有效教材设计原则的理论方法尤其可以在视觉传播和心理学中找到。

韦特海默(Wertheimer, 1923)的格式塔理论(Gestalt Theory)总结了视觉感知的基本原则,如图形—背景(或译为"图基")、接近性、相似性和封闭性等,这些原则在今天都是公认的媒介设计原则。

梅耶(Mayer, 2009)提出了多媒体学习的认知理论,辅以12条教学设计原则,讨论人们如何通过静态/动态图像和书面/口头文本的组合有效地学习。梅耶的多媒体学习原理包括了韦特海默的格式塔理论的研究成果。

信息设计师提出了一些概念,以一种能够吸引他人好奇心和注意力的,清晰、难忘和可理解的方式促进复杂信息(数据或想法)的可视化与传播。格式塔理论、多媒体理论和信息设计可以为教材设计提供方法论工具,包括版面、版式和图像设计。

版　面

对学生图像—文本理解的研究主要基于钱德勒和斯威尔(Chandler & Sweller, 1991)的认知负荷理论、梅耶(Mayer, 2005)的多媒体学习认知理论(CTML)以及斯诺茨(Schnotz, 2005)的文本图像综合理解模型。基于此,里克特等人(Richter et al., 2016)研究了强调文本和图片之间对应关系的符号(图像,如颜色编码;指示符,如文本引用),以促进学生对内容的理解。研究支持了CTML的信号传递原则,尤其是对于那些先验知识有限的学习者。艾特尔和谢伊特(Eitel & Scheiter, 2014)研究了排序的问题,并报告说,影响学习的不是文本和图片的顺序,而是潜在的条件,如先验知识或复杂性。此外,研究还揭示了学生将复杂的图文关系进行联系中存在的困难(Hochpöchler et al., 2012; Schnotz et al., 2011)。

教材排版的有效性受资源类型、学习目标和学习者特点的影响。然而,清晰、连贯、一致和美观是学习友好型排版应该考虑的原则。这与拉斯皮纳(LaSpina, 1998)的观点是一致的,她认为清晰和复杂不是相互排斥的,好的教材设计通过对教材内容的清晰排版提供视觉指导。

版　式

版式对使用教材进行学习的潜在影响目前正受到热议。在此背景下,拉莫等人(Rummer et al.,2015)研究了难读(不流畅)的字体对学生成绩的影响。尽管之前的研究显示,对字体不流畅的文本存在更深层次的认知处理(不流畅效应)(Diemand-Yauman et al.,2010),但拉莫等人并不赞同这种不流畅效应。拉莫等人的发现与梅耶等人(Meyer et al.,2015)的一致,他们得出的结论是"不流畅的字体无助于解决数学问题"(Meyer et al.,2015:16)。此外,这两个发现与维尔贝格和福斯曼(Willberg & Forsmann,1997)的"阅读版式"原则是一致的。

图　像

与基于图像构建知识相关的关键能力是解码图像的能力、将图像与相关内容联结的能力,以及对图像的视觉注意。贝恩克(Behnke,2015)研究了学生在使用教材时的视觉注意。这项研究显示,人们对照片的关注度很低,而对文本的关注度很高。这与斯诺茨等人(Schnotz et al.,2014)的研究一致,他们调查了多媒体学习中学习者的注意焦点和文本模态选择(模态效应),发现学习者经常表现出忽视图片的倾向。平托和阿梅特勒(Pintó & Ametller,2002)也报告了在解释教材中的图片时遇到的困难,他们说:"教师应该意识到,只有当学生知道解释图片的密码时,一张图片才值千言万语。"(Pintó & Ametller,2002:341)同样,泰斯塔等人(Testa et al.,2014)和安古等人(Ancourt et al.,2012)都揭示了学生在解码图形可视化方面的困难。

因此,我们可以假设,尽管在日常生活中视觉无处不在,但是学生在使用图像学习时也面临着挑战。因此,学生的视觉解码能力(视觉素养)应得到更深入的培养,并定期练习(Behnke,2016;Schüler et al.,2015;Scheiter et al.,2015;Testa et al.,2014)。教材中的视觉和图文结合的设计和使用,应更有利于学生的学习。在此背景下,斯诺茨等人(Schnotz et al.,2014)建议通过使用与插图相关的文本段落来引导学习者进行图片分析。

故而,设计对于使用教材进行学习而言至关重要;一个与教材内容相协调、考虑到学习者及其需求的设计可以帮助学习者理解所提供信息的含义(Holmqvist Olander et al.,2014)。有目的的设计包括图形在教学、育人、技术、美感上的质量(Pettersson,2015),图形可视化中信息呈现的清晰性和一致性,一种引导读者浏览资源并使他们能够识别相关信息的排版,相关材料之间的视觉和文本联结,以及对读者友好的版式。

💡 教材的认知、情感和行为效应

最近的研究考察了多媒体学习的认知和情感方面,目的是将情感、动机和态度整合到认知处理模型中(Park et al., 2014)。理论背景建立在莫雷诺(Moreno, 2006)的认知情感理论(cognitive affective theory of learning with media, CATLM)的基础上,该理论是梅耶的 CTML 的延伸,加入了动机和情感的因素、自我调节技能和学习者特征(Park et al., 2015)。

情 感 设 计

情感设计假说认为视觉上吸引人的学习材料支持认知加工(Mayer & Estrella, 2014)。在此背景下,一些研究探索了支持学习的设计原则,发现精心设计的学习材料可以培养积极的情绪和理解(Park et al., 2015),并降低学习任务的感知难度(Um et al., 2012)。相反,钱德勒和斯威勒(Chandler & Sweller, 1991)提出的"认知负荷理论"假设学习者的工作记忆存在局限性,建议避免装饰元素来减少认知负荷。麦格纳等人(Magner et al., 2014)研究了装饰性插图是激发学习者的兴趣和参与,还是分散了学习者的注意力。该研究发现,装饰插图分散了先验知识水平较低的学生的注意力,而先验知识水平较高的学生则会受益。我们能得出这样的结论:如果考虑到学习者的特点和学习目标,那么精心设计的、包含有意义和有目的的装饰元素的学习材料就可以支持学习。

成 绩

已有学者提出了用教材提高学生成绩的方法,例如阿库兹(Akyüz, 2004),他研究了(概念化的)教材风格和 K-W-L 阅读策略(K-W-L 即"我知道什么、我想学什么、我学了什么")如何影响学生的成绩和他们对科学的态度。他报告说,概念化的教材文本支持了学生积极态度的形成,K-W-L 则提高了学生的学业成就,所以它们的结合促进了积极态度和成就水平。

弗利和麦克菲(Foley & Mcphee, 2008)以及威拉德和布拉希耶(Willard & Brasier, 2014)提出了改善学生对科学态度的方法。弗利和麦克菲(Foley & Mcphee, 2008)指出,动手实践课堂中的学生对科学的态度比单纯学习教材的课堂中的学生要好。威拉德和布拉希耶(Willard & Brasier, 2014)将原始文献与传统教材在大学理科课堂上的有效性进行了比较,报告称一年级学生能够通过使用原始文献取得很大的进步。他们认为,让学生在职业生涯的早期接触原始文献可以增加他们对科学的热情,提高他们对科学方法的信心。

乔基奇(Djokic, 2015)研究了以支持现实数学教育(Realistic Mathematics Education, RME)为目的的创新数学教材对学生学习效果的影响。结果表明,RME 通过鼓励学生进行几何的和系统的思考，对学生的几何成绩有积极的影响。相比之下，斯拉文等人（Slavin et al.，2008）注意到，比起那些强调教材的方案，注重日常教学实践和结构良好的合作学习的方案对学生成绩的影响更大。

贝水曾等人（Beishuizen et al.，1994）研究了教学支持（关注任务完成的元认知或认知水平）和任务约束（准备考试或搜索特定的文本单元）对不同学习风格（深度加工和表面加工）的学生完成任务方式的影响。研究发现，将自我调节与深度加工相结合的学生，以及将外部调节与表面加工相结合的学生，比调节方式与加工方式互补组合的学生表现得更好。

技 能 发 展

现代教材被要求超越单一的学科内容传授，帮助教师培养学生的能力、形成技能，以及获取"有力量的知识"（Young，2011），比如关键的科学概念。目前的情况很难满足这一崇高的抱负；研究表明，美国教材几乎没有为关键科学概念的获取提供支持（Stern & Roseman，2004）；芬兰教材未能促进学生的全球性学习（Pudas，2013）；土耳其的英语教材并没有开发所有四种关键的语言技能（听、读、说、写）（Dogan & Zekiye，2015）；伊朗教材也没有为提升学生的生活技能提供社会文化建构（Khosravani et al.，2014）。换句话说，在同等重视能力、重要技能和"有力量的知识"的获得上，许多教材还不能满足现代课程的要求。

这项研究发现，如果创新教材能处理好日常教学实践，提供结构良好的合作学习，就能提高学生的学习成绩。让学生更深层次地参与教材使用的研究活动，包括纳入一些原始文献，可能是改进教材的有用方法。然而，这些研究也强调了教师准备的重要性和进一步研究的必要性。综上所述，我们可以看到，在设计学习材料时，充分考虑情感、行为和认知变量是至关重要的，也是理解和探究学习奥秘的关键（Park et al.，2014）。

💡 数字教材

以数字教材为代表的各种技术创新成果，正在以多种途径影响教育。这一节将对数字教材效果的相关研究成果与方法论路径进行综述。

学 习 效 果

一些研究比较了学生使用数字教材和使用纸质教材所取得的成绩，结果各不相同。丹尼尔和道格拉斯（Daniel & Douglas，2013）强调，虽然使用数字教材的学生在阅读文本的时间上通常比阅读传统教材的学生要长，但学生的成绩是差不多的。同样，萨帕基等人（Szapkiw et al.，2013）发现，数字教材和纸质教材带来的学习结果没有差异，但使用数字教材的学生，其情感和心理运动学习的感知水平更高。相反，来自韩国的一项元分析报告称,尽管数字教材能够提升学生的学习动机,但在提高学生学习成绩方面存在局限性(Jang et al.,2015)。在这一背景下,蒋等人(Jang et al.,2015)强调课堂实践对学生通过数字教材取得成就至关重要。

学生和老师对数字教材的态度

如果不考虑使用者的态度,技术创新是无法得到成功应用的(Joo et al.,2014:95)。德奥利维拉等人(De Oliveira et al.,2014)调查了西班牙小学生和教师对数字教材的态度。他们进行的课堂观察显示,尽管学生们很重视数字教材在信息获取上的便利性,但教师却因为教材提供的信息有限而给予其负面评价。尽管如此,学生们还是继续使用纸质教材作为数字资源的支架辅助。

对大学生的调查显示,他们对数字教材的态度大多是消极的。耶尔曼(Yalman,2015)发现土耳其学生更偏好于纸质教材。道格拉斯等人(Douglas et al.,2010),以及丹尼尔和道格拉斯(Daniel & Douglas,2013)均指出,数字教材不受美国大学生的欢迎。加纳学生对用数字教材取代纸质教材的态度比较谨慎(Asunka,2013)。

这就引出了影响人们接受或不接受数字教材的因素问题。在此背景下,卡西迪等人(Cassidy et al.,2012)注意到,虽然大学生更喜欢纸质书,但他们仍然重视电子书的便利性。作者假设许多学生可能还没有意识到电子书的存在,而德奥利维拉等人(De Oliveira et al.,2014)发现,对数字教材的接受程度受其所嵌入的制度文化的影响。乔等人(Joo et al.,2014)认为,环境变量、学生自我效能感、感知易用性、感知有用性等方面的学生主观规范会影响学生对数字教材的态度。

技术增强学习

今天的学生是"数字原住民";他们的成长环境中始终伴随着互联网和各种小工具(gadgets)(Boeckle & Ebner 2015:1510)。研究人员正在研究如何将这些小工具整合到教学中。托马斯(Thomas,2014)研究了教材形式(基于游戏的 vs. 传统的)如何影响学生在任务上的心智努力程度和时间投入。他发现,学生们在基于游戏的教材中的任务所投入的时间要多得多,而心智努力程度上的差异并不明显。同样,法哈(Farha,2009)报告了基于游戏的教材学习结果的得分是基于传统教材学习的三倍。此外,一项关于学生通过移动学习(平板电脑)取得成就的调查报告显示,移动学习在学习结果和认知负荷方面优于传统教材(Shadiev et al.,2015)。福塔里斯等人(Fotaris et al.,2016)在一项准实验研究中发现,基于问题的多维游戏化学习方法的应用对学生的学习经验、动机、回忆能力和表现都有积极的影响。

这些研究结果表明,如果在学习环境中使用一定的策略,如嵌入与有效教学相关联的基于问题的学习方法,那么技术增强学习是有益的(Fotaris et al.,2016;Boeckle &

Ebner，2015）。

由于数字教材具有激励、交流和技术能力，它有潜力成为学习和教学的有效工具。然而，它们的有效性受到用户对这些媒介的接受程度、有用性和感知可用性的看法的影响（Joo et al.，2014）。（关于数字媒介的进一步内容将在理论和方法章节以及新方向章节中进行探讨）。

当前数字教材不被接受的一个可能原因是，它们只是纸质教材的有效且主要的增强版数字拷贝。因此，如果数字教材在设计、可用性、背后的教学理念以及支持学习的特征等方面与纸质教材不同，人们对数字教材的接受程度可能会提高。

瑞安和德西（Ryan & Deci，2000）的自我决定理论（self-determination theory）通过揭示在学习中有效的三个内在动机因素来支持这些发现。这三个内在动机分别是能力（competence）、自主性（autonomy）和关联性（relatedness）。能力与自我效能感的构建有关。自主性（在学习环境中）被描述为朝着自己的目标、兴趣和能力努力的能力。关联性被描述为与他人互动和与他人联系的体验（Hense & Mandl，2012；Fotaris et al. 2016）。

因此，数字教材的有用特性应该包括交互性、连接性、定制性、差异性、即时反馈，或在学习环境中有意义地嵌入有趣的元素，并作为贯穿始终的教学理念的一部分。技术增强学习和基于游戏的学习中可能会有一些可行的方法。

💡 当前研究路径的总结

目前对教材和教育媒介的实证研究可归纳为五个研究方向。

第一个问题涉及语言方面，比如教材中的语言如何影响学生的知识建构、阅读理解和外语学习。第二个问题涉及社会文化和社会经济因素的影响，例如教材拥有和缺乏性别表征对学生的影响及其效果。

第三，视觉的教材参数对学习过程的影响，如设计、版面、版式、图像和信息设计。第四是认知、情感和行为效应，如学生成绩、学习风格、知识和技能的习得、认知发展和作业。第五是新的技术和/或方法论路径，如数字学习环境、技术增强学习或基于游戏的学习。

然而，尽管许多科学领域目前正在通过多种方法研究教材的作用与效果，但只有部分主题得到了关注，例如教材对课堂教学实践的影响。这表明该领域需要进一步的探索，并指出了潜在的研究新方向。

💡 潜在的研究方向

本章早些时候讨论的一些研究具有特定的局限性，这或许突出了这一领域进一步研究的可能方向。首先,研究对象主要是大学生。然而,教材可能因为较低的先验知识水平或使用不那么精细的学习策略,而对学生的学习产生不同的影响。其次,很多研究都是在实验条件下进行的。有效学习教材设计的研究主要基于认知信息加工理论,如认知负荷理论(Chandler & Sweller, 1991)和多媒体学习认知理论(Mayer, 2005)。然而,最近的实证研究并不总是支持这些理论的所有方面(Jarodzka, 2016)。一些观察到的现象,如多媒体学习中的模态效应,只在特定的条件下被发现(Schnotz et al., 2014)。因此,这些理论应该与潜在学习的感知过程的新发现相关联,并通过在教室等真实学习环境中的研究加以验证(Jarodzka, 2016)。

第三,在许多情况下,接受研究的材料是具有实验性质的材料而不是"常规"的教材。现代教材呈现出复杂的图文关系和多种多样的视觉效果。因此,单纯使用实验性质的材料,虽然在很大程度上优化了实验以满足特定的测试条件,但可能无法发现影响学生使用教材学习的其他因素。这意味着开展更多的课堂研究以及研究"常规"教材是明智的。这与程等人(Cheng et al., 2015)的观点一致,他们指出了基于课堂的研究存在差距,尤其是在小学和中学(参见本书中汉森所著章节)。

第四,这里分析的各种研究都提到了学习者特征的局限性。因此,有必要进一步研究学习者特征,如学习风格、先验知识、个人偏好等对教材效力的影响。这一点尤为重要,因为从教材中获取知识是一个复杂的过程,可能会受到多种因素的影响,如学生的兴趣和学习策略、媒介特有的技能、设计偏好以及教材设计对学习的影响(Schnotz et al., 2011; Ainsworth, 2006; Behnke, 2016)。

最后,在教材效果研究中,跨学科的方法仍然缺乏代表性,需要对教材的视觉分析进行进一步的研究(尤其是 Morgan, 2014);还需要对教材的效果进行实证研究(尤其是 Fuchs et al., 2014)。

参考文献

Ainsworth, S. (2006). DeFT: A Conceptual Framework for Considering Learning with Multiple Representations. *Learning and Instruction*, *16*, 183–198.

Akyüz, V. (2004). *The Effects of Textbook Style and Reading Strategy on Student's Achievements and Attitudes Towards Heat and Temperature*. Ankara: Middle EastTechnical University.

Asunka, S. (2013). The Viability of E-Textbooks in Developing Countries: GhanaianUniversity Students' Perceptions. *Open Learning: The Journal of Open, Distance and e-Learning*, *28*(1), 36–50. https://doi.org/10.1080/02680513.2013.796285.

Behnke, Y. (2016). How Textbook Design May Infuence Learning with Geography

Textbooks. *Nordidactica — Journal of Humanities and Social Science Education*, *1*, 38 – 62. Retrieved from www. kau. se/nordidactica.

Behnke, Y. (2015). Welchen Grad an visueller Aufmerksamkeit widmen Lernende den Abbildungen in Geographieschulbüchern? *Bildungsforschung*, *1*(12), 54 – 76. Retrieved from http://www. bildungsforschung. org/.

Beishuizen, J., Stoutjesdijk, E., & van Putten, K. (1994). Studying Textbooks: Effects of Learning Styles, Study Task, and Instruction. *Learning and Instruction*, *4*, 151 – 174.

Berkeley, S., et al. (2012). Are History Textbooks More "Considerate" After 20 Years? *The Journal of Special Education*, *47*(4), 217 – 230.

Bétrancourt, M., et al. (2012). Graphicacy: Do Readers of Science Textbooks Need It? In E. de Vries & K. Scheiter (Eds.), *Staging Knowledge and Experience: How to Take Advantage of Technologies in Education and Training? Proceedings of the EARLI SIG Meeting on Comprehension of Text and Graphics, Grenoble, August 28 – 31, 2012* (pp. 37 – 39). Grenoble: Universite Pierre-Mendes-France.

Blumberg, R. L. (2015). *Eliminating Gender Bias in Textbooks: Pushing for Policy Reforms that Promote Gender Equity in Education.* Paper Commissioned for the EFA Global Monitoring Report 2015, Education for All 2000 – 2015: Achievements and Challenges. Paris: UNESCO.

Boeckle, M., & Ebner, M. (2015). *Game Based Learning in Secondary Education: Geographical Knowledge of Austria.* Proceedings of World Conference on Educational Multimedia, Hypermedia and Telecommunications 2011, Chesapeake, pp. 1510 – 1515.

Brugeilles, C., & Cromer, S. (2009). *Promoting Gender Equality Through Textbooks: A Methodological Guide.* Paris: UNESCO — Division for the Promotion of Basic Education, in cooperation with the Division for Gender Equality, Bureau of Strategic Planning, and the Regional Offce for Education in Africa (BREDA).

Cassidy, D., Martinez, M., & Shen, L. (2012). Not in Love, or Not in the Know? Graduate Student and Faculty Use (and Non-Use) of E-Books. *The Journal of Academic Librarianship*, *38*(6), 326 – 332. https://doi. org/10. 1016/j. acalib. 2012. 08. 005.

Chandler, P., & Sweller, J. (1991). Cognitive Load Theory and the Format of Instruction. *Cognition and Instruction*, *8*(4), 293 – 332.

Cheng, M. C., et al. (2015). Learning Effects of a Science Textbook Designed with

Adapted Cognitive Process Principles on Grade 5 Students. *International Journal of Science and Mathematics Education*, *13*, 467–488.

Daniel, D. B., & Douglas, W. (2013). E-Textbooks at What Cost? Performance and Use of Electronic v. Print Texts. *Computers & Education*, *62*, 18–23. https://doi.org/10.1016/j.compedu.2012.10.016.

Diemand-Yauman, C., Oppenheimer, D. M., & Vaughan, E. B. (2010). Fortune Favors the Bold (and the Italicized): Effects of Disfuency on Educational Outcomes. *Cognition*, *118*(1), 111–115.

Djokic, O. (2015). The Effects of RME and Innovative Textbook Model on 4th Grade Pupils' Reasoning in Geometry. In J. Novotná & H. Moraová (Eds.), *International Symposium Elementary Maths Teaching SEMT '13 Proceedings* (pp. 107–117). Prague: Univerzita karlova, Pedagogická fakulta.

Dogan, D., & Zekiye, M. T. (2015). Are the Skills Really Integrated in Coursebooks? A Sample Case — Yes You Can A1.2. *Educational Research and Reviews*, *10*(12), 1599–1632.

Douglas, W., Daniel, D. B., & Baker, C. A. (2010). E-Books or Textbooks: Students Prefer Textbooks. *Computers & Education*, *55*(3), 945–948. https://doi.org/10.1016/j.compedu.2010.04.005.

Dremmeh, L. E. (2013). *A Mixed Methods Study Examining a Successful International Collaborative Partnership: The Effcacy of Textbooks/Educational Resources on Student Achievement*. Orangeburg, SC: South Carolina State University.

Eitel, A., & Scheiter, K. (2014). Picture or Text First? Explaining Sequence Effects when Learning with Pictures and Text. *Educational Psychology Review*, *27*(1), 153–180.

Farha, N. W. (2009). An Exploratory Study into the Effcacy of Learning Objects. *The Journal of Educators Online*, *6*(2), 1–32.

Fischer, L., Hilton, J., Robinson, J. T., & Wiley, D. A. (2015). A Multi-Institutional Study of the Impact of Open Textbook Adoption on the Learning Outcomes of Post-Secondary Students. *Journal of Computing in Higher Education*. https://doi.org/10.1007/s12528-015-9101-x.

Foley, B. J., & Mcphee, C. (2008). Students' Attitudes Towards Science in Classes

Using Hands-On or Textbook Based Curriculum. *AERA*, 1–12.

Fotaris, P., et al. (2016). Climbing Up the Leaderboard: An Empirical Study of Applying Gamifcation Techniques to a Computer Programming Class. *Electronic Journal of E-Learning*, *14*(2), 94–110.

Foulds, K. (2013). The Continua of Identities in Postcolonial Curricula: Kenyan Students' Perceptions of Gender in School Textbooks. *International Journal of Educational Development*, *33*(2), 165–174.

Frölich, M., & Michaelowa, K. (2005). *Peer Effects and Textbooks in Primary Education: Evidence from Francophone Sub-Saharan Africa*. Bonn: Institute for the Study of Labor.

Fuchs, E., Niehaus, I., & Stoletzki, A. (2014). *Das Schulbuch in der Forschung. Analysen und Empfehlungen für die Bildungspraxis*. Göttingen: V&R Unipress.

Good, J. J., Woodzicka, J., & Wingfeld, L. (2010). The Effects of Gender Stereotypic and Counter-Stereotypic Textbook Images on Science Performance. *The Journal of Social Psychology*, *150*(2), 132–147.

Hadley, G. (2013). Global Textbooks in Local Contexts: An Empirical Investigation of Effectiveness. In N. Harwood (Ed.), *English Language Teaching Textbooks: Content, Consumption, Production* (pp. 205–238). Basingstoke: Palgrave Macmillan.

Hense, J., & Mandl, H. (2012). Learning in or With Games? Quality Criteria for Digital Learning Games from the Perspectives of Learning, Emotion, and Motivation Theory. In G. G. Sampson et al. (Eds.), *Proceedings of the IADIS International Conference on Cognition and Exploratory Learning in the Digital Age* (pp. 19–26). Madrid: IADIS.

Hochpöchler, U., et al. (2012). Dynamics of Mental Model Construction from Text and Graphics. *European Journal of Psychology of Education*, *28*(4), 1105–1126.

Holmqvist Olander, M., Brante, E. W., & Nyström, M. (2014). The Image of Images as an Aid to Improve Learning. An Eye-Tracking Experiment Studying the Effect of Contrasts in Computer-based Learning Material. In CSEDU 2014 — 6th International Conference on Computer Supported Education, pp. 309–316.

Horn, R. E. (1999). Information Design. In R. Jacobsen (Ed.), *Information Design* (pp. 15–33). Cambridge: Cambridge University Press.

Jang, D., Yi, P., & Shin, I. (2015). Examining the Effectiveness of Digital Textbook

Use on Students' Learning Outcomes in South Korea: A Meta-Analysis. *The AsiaPacifc Education Researcher*, 25(1), 57 – 68.

Jarodzka, H. (2016). *Eye Tracking in Educational Science: Theoretical Frameworks and Research Agenda*. SWEAT 2016 — Scandinavian Workshop on Applied Eye Tracking, Turku, pp. 2 – 3.

Joo, Y. J., et al. (2014). Structural Relationships Between Variables of Elementary School Students' Intention of Accepting Digital Textbooks. In M. B. Nunes & M. McPherson (Eds.), *Proceedings of the International Conference on e-Learning 2014*, July 15 – 19 (pp. 95 – 102). Lisbon: IADIS Press.

Khosravani, M., Khosravani, M., & Khorashadyzadeh, A. (2014). Analyzing the Effects of Iranian EFL Textbooks on Developing Learners' Life Skills. *English Language Teaching*, 7(6), 54 – 67.

Knemeyer, D. (2006). Information Design: The Understanding Discipline. *Boxes and Arrows*, 7 – 12. Retrieved from http://boxesandarrows.com/information-designthe-understanding-discipline.

LaSpina, J. A. (1998). *The Visual Turn and the Transformation of the Textbook*. Mahwah, New Jersey, London: Lawrence Erlbaum Associates.

Linderholm, T., et al. (2000). Effects of Causal Text Revisions on More- and LessSkilled Readers' Comprehension of Easy and Diffcult Texts. *Cognition and Instruction*, 18(4), 525 – 556.

López-Jimenéz, D. (2014). A Critical Analysis of the Vocabulary in L2 Spanish Textbooks. *Porta Linguarum*, 21, 163 – 181.

Magner, U. I. E., et al. (2014). Triggering Situational Interest by Decorative Illustrations Both Fosters and Hinders Learning in Computer-Based Learning Environments. *Learning and Instruction*, 29, 141 – 152.

Mayer, R. E. (2005). Cognitive Theory of Multimedia Learning. In *The Cambridge Handbook of Multimedia Learning* (pp. 31 – 48). Cambridge: Cambridge University Press.

Mayer, R. E. (2009). *Multimedia Learning*. Cambridge: Cambridge University Press.

Mayer, R. E., & Estrella, G. (2014). Benefts of Emotional Design in Multimedia Instruction. *Learning and Instruction*, 33, 12 – 18.

Meyer, A., et al. (2015). Disfuent Fonts Don't Help People Solve Math Problems. *Journal of Experimental Psychology: General*, *144*(2), e16 – e30. https://doi.org/10.1037/xge0000049.

Moreno, R. (2006). Does the Modality Principle Hold for Different Media? A Test of the Method-Affects-Learning Hypothesis. *Journal of Computer Assisted Learning*, *22*(3), 149 – 158.

Morgan, K. E. (2014). Decoding the Visual Grammar of Selected South African History Textbooks. *Journal of Educational Media, Memory, and Society*, *6*(1), 59 – 78.

Müller, S. L. (2012). Suche Erklärungen für die Unterschiede: Gender in Schule und Lehrmaterialien. *Eckert, Das Bulletin*, *11*, 42 – 45.

Nofal, M. Y., & Qawar, H. A. (2015). Gender Representation in English Language Textbooks: Action Pack 10. *American Journal of Educational, Science*, *1*(2), 14 – 18.

Oleschko, S., & Moraitis, A. (2012). Die Sprache im Schulbuch. Erste Überlegungen zur Entwicklung von Geschichts- und Politikschulbüchern unter Berücksichtigung sprachlicher Besonderheiten. *Bildungsforschung*, *1*(9), 11 – 46.

de Oliveira, J., Camacho, M., & Gisbert, M. (2014). Exploring Student and Teacher Perception of E-Textbooks in a Primary School. *Comunicar. Media Education Research Journal*, *42*, 1 – 8.

Ott, C. (2014). Das Schulbuch beim Wort nehmen — Linguistische Methodik in der Schulbuchforschung. In K. Petr et al. (Eds.), *Methodologie und Methoden der Schulbuch- und Lehrmittelforschung* (pp. 234 – 263). Bad Heilbrunn: Klinkhardt.

Park, B., et al. (2015). Emotional Design and Positive Emotions in Multimedia Learning: An Eyetracking Study on the Use of Anthropomorphisms. *Computers & Education*, *86*, 30 – 42.

Park, B., Plass, J. L., & Brünken, R. (2014). Cognitive and Affective Processes I Multimedia Learning. *Learning and Instruction*, *29*, 125 – 127. https://doi.org/10.1016/j.learninstruc.2013.05.005.

Pettersson, R. (2015). *Information Design 3. Image Design*. Vienna: International Institute for Information Design.

Pintó, R., & Ametller, J. (2002). Students' Diffculties in Reading Images. Comparing Results from Four National Research Groups. *International Journal of Science Education*,

24(3), 333–341.

Plass, J. L., et al. (2013). Emotional Design in Multimedia Learning: Effects of Shape and Color on Affect and Learning. *Learning and Instruction*, *29*, 128–140.

Pudas, A.-K. (2013). Investigating Possibilities to Develop Textbooks to Implement Global Education in Basic Education Instruction. *IARTEM e-Journal*, *5*(2), 1–22.

Reichenberg, M. (2013). Are "Reader-Friendly" Texts Always Better? *IARTEM e-Journal*, *5*(2), 64–84.

Rummer, R., Schweppe, J., & Schwede, A. (2015). Fortune is Fickle: Null-Effects of Disfuency on Learning Outcomes. *Metacognition and Learning*, *10*(3). https://doi.org/10.1007/s11409-015-9151-5.

Ryan, R., & Deci, E. (2000). Self-determination Theory and the Facilitation of Intrinsic Motivation. *American Psychologist*, *55*(1), 68–78. https://doi.org/10.1037/0003-066X.55.1.68.

Richter, J., Scheiter, K., & Eitel, A. (2016). Signaling Text-Picture Relations in Multimedia Learning: A Comprehensive Meta-Analysis. *Educational Research Review*, *17*, 19–36. https://doi.org/10.1016/j.edurev.2015.12.003.

Scheiter, K., et al. (2015). Does a Strategy Training Foster Students' Ability to Learn from Multimedia? *The Journal of Experimental Education*, *83*(2), 266–289.

Schnotz, W. (2005). An Integrated Model for Text and Picture Comprehension. In R. E. Mayer (Ed.), *The Cambridge Handbook of Multimedia Learning* (pp. 49–70). Cambridge: Cambridge University Press.

Schnotz, W., et al. (2014). Focus of Attention and Choice of Text Modality in Multimedia Learning. *European Journal of Psychology of Education*. https://doi.org/10.1007/s10212-013-0209-y.

Schnotz, W., et al. (2011). What Makes Text-Picture-Integration Diffcult? A Structural and Procedural Analysis of Textbook Requirements. *Ricerche di Psicologia*, *1*, 103–135.

Schüler, A., Arndt, J., & Scheiter, K. (2015). Processing Multimedia Material: Does Integration of Text and Pictures Result in a Single or Two Interconnected Mental Representations? *Learning and Instruction*, *35*, 62–72. https://doi.org/10.1016/j.learninstruc.2014.09.005.

Shadiev, R., Hwang, W.-Y., Huang, Y.-M., Tzu-Yu, L. (2015). The Impact of Supported and Annotated Mobile Learning on Achievement and Cognitive Load. *Educational Technology and Society*, 18(4), 53–69.

Slavin, R. E., Lake, C., & Groff, C. (2008). Effective Programs in Middle and High School Mathematics: A Best-Evidence Synthesis, Version 1.3, *The Best Evidence Encyclopedia (BEE) Empowering Educators with Evidence on Proven Programs*, Johns Hopkins University School of Education's Center for Data-Driven Reform in Education (CDDRE), Baltimore.

Smiciklas, M. (2012). *The Power of Infographics: Using Pictures to Communicate and Connect with Your Audiences.* Indianapolis: Pearson Education.

Stern, L., & Roseman, J. E. (2004). Can Middle-School Science Textbooks Help Students Learn Important Ideas? Findings from Project 2061's Curriculum Evaluation Study: Life Science. *Journal of Research in Science Teaching*, 41(6), 538–568.

Stone, R. W., & Baker-Eveleth, L. (2013). Students' Expectation, Confrmation, and Continuance Intention to Use Electronic Textbooks. *Computers in Human Behavior*, 29(3), 984–990. https://doi.org/10.1016/j.chb.2012.12.007.

Szapkiw, A. J. R., et al. (2013). Electronic Versus Traditional Print Textbooks: A Comparison Study on the Infuence of University Students' Learning. *Computers & Education*, 63, 259–266. https://doi.org/10.1016/j.compedu.2012.11.022.

Testa, I., Leccia, S., & Puddu, E. (2014). Astronomy Textbook Images: Do They Really Help Students? *Physics Education*, 49, 332–343.

Thomas, A. (2014). *The Effect of Textbook Format on Mental Effort and Time on Task.* Minneapolis, MN: Walden University.

Tufte, E. R. (1990). *Envisioning Information.* Columbia: Graphics.

Um, E., et al. (2012). Emotional Design in Multimedia Learning. *Journal of Educational Psychology*, 104(2), 485–498.

UNESCO, G. E. M. R. Team. (2016). *Global Education Monitoring Report 2016. Gender Review. Creating Sustainable Futures for All.* Paris: UNESCO.

Uyan Dur, B. I. (2014). Data Visualisation and Infographics in the Visual Communication Design Education at the Age of Information. *Journal of Arts and Humanities*, 3(5), 39–40.

Wertheimer, M. (1923). Untersuchungen zur Lehre von der Gestalt. *Psychologische Forschung*, *3*(1), 302 – 350. https://doi.org/10.1007/BF00405549.

Willard, A. M., & Brasier, D. J. (2014). Controversies in Neuroscience: A LiteratureBased Course for First Year Undergraduates that Improves Scientifc Confdence While Teaching Concepts. *The Journal of Undergraduate Neuroscience Education* (*JUNE*), *12*(2), 159 – 166.

Willberg, H. P., & Forsmann, F. (1997). *Lesetypographie*. Mainz: Schmidt.

Yalman, M. (2015). Preservice Teachers' Views About E-Book and Their Levels of Use of E-Books. *Procedia — Social and Behavioral Sciences*, *176*, 255 – 262. https://doi.org/10.1016/j.sbspro.2015.01.469.

Young, M. (2011). What Are Schools for? *Educação Sociedade & Culturas*, *32*, 145 – 156.

第 26 章　转向教材实践：阅读文本,触及书本

作者 / 乔治·科尔贝克　托比亚斯·罗尔（Georg Kolbeck and Tobias Röhl）
译者 / 李政

教材不仅仅是内容的集合,而是在课堂上实际使用的文本人工制品。在这一章中,我们强调了这种明显的常见于(质性)教材研究的结果,并描述了一个以实践为重点的研究计划。"实践"这个概念指的是社会理论中的发展,被称为"实践转向"(Reckwitz, 2002)。对于教材使用的研究,这需要两个结果：（1）阅读教材是一个涉及不同参与者的情境性的解释过程；（2）和其他实践一样,教材的使用是一种依赖于人工制品属性的身体活动。因此,教材及其文本内容并不是简单传达信息的静态实体,而是经过改编、改造、争论、颠覆,甚至可能被禁止进入课堂的有形文本人工制品。

本章针对这些问题开展对教材实践的研究。在此过程中,我们将侧重基于质性访谈和观察的研究。我们认为有两种转变表明对教材实践研究的日益认可：（1）从静态内容的使用到动态文本的使用；（2）从作为文本集合的资料(*text*book)到基于文本的书籍(text*book*),即从书面语言到材料的人工制品。然后,我们以概述进一步研究教材实践的可能性来结束本章。

阅读文本：从静态内容的使用到动态文本的使用

教材研究仍然常常只从内容上进行。这些研究为政治问题提供了重要的见解（参见 Torsti, 2007）；或隐含在这些文本中的教学问题（如 Fan & Zhu, 2007）。然而,由于将教材与课堂使用隔离开来,这种研究往往无法解释文本的动态性,而只是将教材视为"思想的静态集合"(Weinberg & Wiesner, 2011：50)。因此,文本与读者的关系,以及对文本的接受并不是该方法的重点。相反,文学理论（如 Barthes, 1975）、文化研究（如 Hall, 1996)和社会符号学（如 Hodge & Kress, 1988）的研究者认为,阅读文本实际上是一个复杂的解释过程,在这个过程中,意义被解码并重新生成。因此,本研究认为,教材及其使用方式之间存在着不可逾越的鸿沟（Cronbach, 1955）,教材的目标读者(intended reader)永远不可能与其经验读者(empirical reader)相同（Weinberg & Wiesner, 2011）。因此,我们必须对文本及其在课堂上的表现加以区分,并各自进行研究。

作为读者的教师

在这种情况下,一些作者主张将教材的研究扩展到内容分析之外,并调查它们的实际使用情况（Fuchs et al., 2014：23；Matthes, 2014：21；Horsley & Walker, 2005：48；

Repoussi & Tutiaux-Guillon,2010:155)。许多与此表现性观点一致的研究将教师视为文本("预期课程")与课堂使用("实施课程")之间的中介(Remillard,2005)。教师如何调节教材取决于教师对恰当教学、可用时间和学生能力的个人想法(Freeman & Porter,1989)。例如,佩平和哈格蒂(Pepin & Haggarty,2001)在对数学课的多国观察研究中发现,在德国的学校里,那些认为学生学习能力不强的老师会大量使用教材。当学生被认为有较强的学习能力时,整个班级就会着重于开发数学思维,对书本的依赖就会减少。另一方面,英语数学教师通常更频繁地使用教材,因为他们觉得时间不够,而且学校的教育环境也更严格,要求教师能够提供可测量的评价结果。

布朗(Brown,2009)调查了美国中学科学课教师如何使用课程材料。在他的观察中,他确定了三种典型的使用风格。在"倾倒"(offloading)中,教师依赖于课程材料(如教材)提供的说明。其他老师则练习"调节"(adapting)教材,使之适应特定的环境,适应他们自己和学生的喜好。"即兴创作"(improvising)指的是教师对教学材料的最低限度的依赖。斯克洛瓦和和赛文科娃(Sikorová & Cervenková,2014)基于对教师的观察和访谈,也发现了不同的教材使用风格。不同于早期的研究(Sosniak & Stodolsky,1993),他们发现教材的使用随着所教科目的不同而不同。英语教师倾向于基于课程和学年安排系统地遵循教材。另一方面,数学老师们在进行教学时,只把教材作为几种资源之一。然而,在本研究中,教学经验与特定的风格并无关联。尽管如此,一项关于数学教师使用教材的研究(Taylor,2013)确实揭示了教师在参与关于"课程使用"的专业发展课程前后,其对待教材的行为有所变化;他们从严格遵循教材的教学风格转变为更加开放的风格,教材被大量改编以满足他们和学生的特定需求。在全球范围内,大多数教师使用教材主要是为了备课,只是松散地遵循其结构(Pingel,2009:46)。然而,在课程设置较为严格的国家,课堂教学中严格遵循教材的现象更为普遍。

当教师在课堂上使用教材时,他们追求不同的目标。兰伯特(Lambert,1999)在对英国地理课的研究中,指出了教师赋予教材的三种角色:(1)一些教师使用教材来约束学生,比如在课堂整体表现欠佳时广泛使用教材("课堂管理");(2)另一些人认为教材提供了课程主题,并使用它来组织课程,例如,密切遵循书中的课程序列("课程中介");(3)然而,许多教师把自己看作课程知识的主要来源,而把教材仅仅当作辅助,例如,只选择性地使用课本提供的文本作为可选的信息来源("课程支持")。吕本等人(Lubben et al.,2003)批评了教材与知识霸权之间的关联,并报告了纳米比亚科学教师使用教材来巩固知识,从而(无意中)限制了学生发展批判性思维的机会(p.122)。尼克和克雷斯波(Nicol & Crespo,2006)在对加拿大实习教师的观察中发现,在教师成长的过程中,教材所扮演的角色发生了变化。在实际实习之前,实习教师希望能够在课堂上大量依赖数学课本。然而,一旦进入到正式工作岗位中,他们就会面临一系列意想不到的实际问题,因此他们必须相应地调整对教材的使用。

除了教师的教学风格、他们对学生智力的信念,以及他们在课堂上追求的目标外,政治和文化因素也影响着教师对教材的使用。例如,通过访谈和课堂观察,辛茨(Hintz,2014)发现,当社会研究课教师的政治信仰与教材中的描述一致时,他们才会集中使用以教材为代表的创新课程材料。在他对阿根廷、墨西哥和秘鲁教材中的民族性描述的历史性考察中,沃姆·豪(Vom Hau, 2009)也同样追溯了教师如何在政治上对教材进行定位。由于他们在政治上反对强调大众文化的庇隆主义国家观,20世纪40年代和50年代的阿根廷教师与包含庇隆主义课程的教材之间关系较为紧张。因此,他们只在有限的时间段和特定的任务(如拼写练习)中使用它们,从而最大限度地减少学生与它们的接触。与此形成鲜明对比的是,20世纪30年代墨西哥农村地区的教师接受了卡德纳斯(Cardenas)的墨西哥教材中提出的"农业国家"的概念。因此,教师在课堂上有意且频繁地使用课本。可见,教师对教材的使用是由社会政治背景所建构的。对教材的异议往往会导致选择性的使用,甚至根本不使用。

因此,教师不仅根据自身的教学理念改编教材,而且还渗透着政治和文化方面的考虑——例如,性别问题应该如何表现。在这一过程中,教师不仅选择、修改或补充文本(Abraham, 1989),而且还用语言对文本进行框定。例如,桑德兰等人(Sunderland et al., 2001)在对外语课的观察中发现了"围绕文本说话"的不同方式。就像父母给孩子读故事一样,老师会塑造学生对课文的反应。通过口头上的颠覆、支持或干脆忽视性别角色的刻画,教师根据自己对性别的信念来转换文本。因此,使用教材的教师不仅是课程的中介,而且是文化规范和信仰的中介,最终也是性别、阶级和种族身份的中介。如此看来,用教材教学并不是简单地传递课程内容,而是建立在既定叙事基础上的教育和文化意义的形成(Gudmundsdottir, 1991)。教师根据他们(和学生)的预期需求、学科文化、政治和文化信仰,以及他们所处的更广泛的社会环境,来调整和修改教材。

作为读者的学生

上述研究通过分析教材与教师的关系,解决了课程如何通过教师赋予教材的权威角色进入课堂的问题。然而,教材与学生之间的关系往往受到忽视,只有少数研究涉及学生对教材的使用。雷扎特(Rezat, 2013)通过分析访谈、课堂观察和学生课本上的标记,确定了一套学生使用数学教材的典型模式。依赖于"位置依赖练习"(position-dependent practicing)模式的学生认为,书中相邻的任务可能是相似的。在"模块依赖练习"(block-dependent practicing)模式中,学生们假设数学教材是按模块(如章节)的主题组织的。因此,他们只从某个模块中选择任务,并假设它们与同一个模块中的其他任务相关。在"显著性依赖练习"(salience dependent practicing)模式中,学生是根据与教师介绍的任务相似的视觉特征来选择任务的。利特纳(Lithner, 2003)对数学专业的大学生进行了类似的观察。在他的录像中,学生们经常试图通过识别课本上的练习和之前的练习在视觉上的相似性来解决问题。

在一项关于大学生在会计学入门课程中教材使用情况的混合方法研究中,研究人员发现学生阅读教材的方式因学习成绩而异(Phillips & Phillips, 2007)。学业成绩优秀的学生阅读课本是为了预习,即使遇到困难的段落也要继续阅读。相比之下,学习成绩较差的学生则较为拖延,当他们不能理解一篇文章时就停止阅读。然而,两组学生都采用了两种不同的阅读策略:课本的浅层阅读(略读)和深度阅读(下沉)。

通过分析图书馆教材中的旁注,阿滕伯勒(Attenborough, 2011)揭示了学生如何最终形成自身对"学生"身份意义的认知。当他们出于学习目的对段落进行注释和标记("做教育")时,有些人使用这些页边空白来与学术知识和其他学生的评论保持距离("做自己")。因此,旁注是学生们占用课本并在课本上留下自己印记的一种方式——无论是作为学习者还是同龄人。

就像老师使用课本一样,学生也会解释他们所读的内容。因此,还不完全清楚他们从教材的文本中获得了什么意义(Vom Hau, 2009:149)。此外,学生通常不单独阅读课本,而是集体阅读,从而成倍增加了课堂上塑造文本的声音。阅读教材是一种"文化实践"(Rockwell, 2006),它以不同的方式、不同的目的进行。因此,扩展教材实践将学生的观点包括进来,可以进一步拓展教材内容生发出的意义。

💡 触摸书本:从文本内容到人工制品

本章前面部分讨论的研究显示了意义是如何在情境和文化中产生的,并在此过程中强调了文本的模糊性和动态性。使用教材的教师和学生通过选择文本和解释其内容来转换和改编它们。这种解释学立场在许多教材使用的研究中普遍存在。然而,如果只关注教材的这一方面,就有可能忽视这样一个事实:教材也是具有影响其使用者的物质特征的人工制品。

然而,也有一些研究把阅读理解为一种教材和读者密切互动的实践。已经讨论过的一些研究利用维果茨基的活动理论来追踪教材和读者之间的相互关系(Brown, 2002;Horsley & Walker, 2005;Remillard, 2005;Rezat, 2013)。这些研究人员将教材视为文化工具,认为它受到其用途和使用方式的形塑。文本呈现出一种"客观给定的结构"(Remillard, 2005:231ff.),它向不同的读者提供不同的内容。例如,当学生们认为相似的任务被放在彼此的附近时,他们认识和使用文本的顺序就会与其他学生不同(Rezat, 2013)。

一系列关于教材的民族方法论研究将阅读视为一种实践活动,在这种实践活动中,读者和文本之间的关系必须在与文本及其组织特征接触的每个特定场合重新建立起来(Sharrock & Ikeya, 2000)。其他研究人员借鉴了行动者网络理论,强调教材的材料质量的作用,而不是其文本内容(Law, 2007)。教材并不是传递课程信息的中立工具,而是改变教育实践的"媒介"(Latour,2005)——通常是以意想不到的方式(Waltz,2006：56)。例如，芬威克和爱德华兹(Fenwick & Edwards,2010)认为，"如果只关注课本中嵌入的信息和论述，就忽略了这样一个事实，即如果文本的实质是纸、数字或塑料，沉重的或精致的、机械的或有机的，那么相关的活动就会发生变化"(p.8)。教材被视为一个异构网络的一部分，在这个网络中，人类和非人类事物(文物、文献、建筑等)相互作用和转换。这种方法并不去询问文本中包含了什么知识，而是询问教材对学生、教师和许多人工制品进行认知实践的网络有何贡献。

因此，教材可以被看作人工制品，而不仅仅是文本内容的集合。教材的材质在课堂实践中起着至关重要的作用。这包含两个中心方面：(1)文本的空间组织和(2)书籍本身的材质。

文本的空间组织

教材不止是一个接一个按线性顺序排列的文本集合，每一个文本都建立在另一个文本之上。相反，它们开辟了一个文本间的领域，在这个领域中，文本之间相互引用——包括书中的文本和书外的文本(Heer,2011：474-480)。

文本通常包含一个复杂的文本元素的空间顺序(Krämer,2003)：标题页、章节、页眉、脚注、段落、文本框。印刷上不同的文本要素之间也各不相同，如字体大小、字体、行等。空间上也有着上、下、左、右、前、后的区别。现在，越来越多的教材是基于文本非线性空间组织的视觉原则设计的(Bezemer & Kress,2009)。例如，它们使用多种图形元素，如文本框和不同字体，并在一个页面上放置多个图像。因此，版式并不是有意义符号的中性载体；相反，它有助于文本意义的表达(见 Assmann,1994；Van Leeuwen,2006,以及本书中关于教材效果的章节)。因此，教材可以被合理地描述为"并列的层次体系"。它使一些事物显得很大，又使一些事物显得很小，而另一些则完全从画面中消失(Law,2007：131)。文本的这种层次顺序通常类似于它所包含的知识体系本身的组织特点(Sharrock & Ikeya 2000：280)。例如，数学教材中的导论部分以"基本定义"和"基本运算"开头，然后再介绍更复杂的代数原理。

教材的这种空间层次也是文本非线性选择性阅读的前提。读者利用视觉线索来确定自己的方向，并在文本中找到自己的阅读方式——因此，文本可以只是略读，某些部分可以跳过等等。阅读就是"在文本中寻找位置"，或者换句话说，阅读是基于文本及其"阶段、论证步骤、叙述部分和功能"来定位自己(Sharrock & Ikeya 2000：276)。因此，教材的空间组织使得本章前面所述的各种不同的使用风格成为可能。

书本的材质

书本身的材质，也就是它的大小、重量、装帧、书页的厚度等等，对它的使用也起着至关重要的作用。对于对实践感兴趣的研究,这些材质已经超越了教材作为文化观念和习俗的象征。这些研究方法关注的是材质如何与实际应用相关。在这种情况下,阅读可以被看作一种用文本人工制品进行的身体练习(Engert & Krey, 2013)。为了使用一本书,一个人必须知道如何操作,如何正确地持有,如何翻页(Rezat, 2013: 663)。作为教育性书籍,教材的设计符合某些预期的使用要求,这使它们有别于其他书籍:它们的大小与学生课桌和书包的大小相适应;基于人体工程学的考虑,它们的重量是有限的。由于学生在课堂中的不同活动(阅读课本、回答问题、在练习本上写作、在计算器上点按等等)是交替进行的,所以教材需要能够在桌子上保持打开状态。有时,教材的材质会因国家和地区教育体系的不同而有所不同。例如,在德国,教材通常是学校的财产,每年都会借给学生。因此,它们需要相当坚固,才能承受多年来在课堂上的频繁使用。然而,在那些个人单独购买教材的国家,教材往往比较脆弱。

这些不同的材质使一种超越解释层面的阅读模式成为可能,这种模式可以被更准确地描述为对文本的操作和操纵,如标记并突出段落(Rezat, 2013)、写在空白处(Attenborough, 2011)、翻看某本书找到一个特定的页面、把书打开供以后使用等等。当然,教材也有很多违背教材服务教育目的的做法:书本可以成为学生躲避教师注视的盾牌,也可以用作乒乓球拍等等(Mohn & Amann, 2006)。在后一种情况下,书变成了一件纯粹的东西——只有它的物理性质是有用的,它的教育内容则毫无用处。这说明了一个事实,即教材通常被视为意义的载体,并指出了将教材视为具有特定物质特征的人工制品如此困难的原因:"我们大多数人都发现要集中精力整理一本书出奇地困难。毕竟,书籍的结构非常传统。就像墙纸一样,(一本书)几乎很难被人注意到,也不是很有趣,它只是一种简单的叙事手段。相反,我们倾向于认为我们应该关注它的内容,即故事。"(Law, 2007: 131)注重实践的目的是将我们的注意力从单纯的内容转移到教材的组织上,并使教材的材质与实践的相关性变得可见。

一些关于未来研究的开放问题

通过对教材实践的观察,研究者可以追溯文化和课程意义在行动中的生成与成就。这一见解为今后的研究指明了若干有前景的领域,我们现在列举一些例子:

1. 身份认同实践。教材将读者作为具有一定特征的文化主体。它们使用一种特殊的"声音"(Herbel-Eisenmann, 2007)为读者分配角色。尤其是数学教材,经常对学生应该做什么和应该知道什么做出权威的论断,例如,把第二人称单数代词和一个动词结合起来,告诉他们关于自己的情况("你知道""你认为";Herbel-Eisenmann, 2007: 356)。因此,教材的实践同时也是与文本所提供的身份建构相关的自我定位实践。这就提出了现代社会文化认同的重要问题(Fuchs, 2011: 13)。例如,一个日益异质化的学生群体是如何接受国家身份认同的概念的?基于这一思路,阿瑞克等人(Ahlrichs et al.,

2015)研究了当代德国历史课堂中历史记忆是如何构建的。

2. 相互关系。另一个有待研究的问题是教材研究不同层次之间的相互关系。一方面,我们对教师和学生使用教材的互动了解甚少。例如,雷扎特(Rezat,2012)报告称,当教师经常在课堂上使用教材时,学生更经常在家里使用教材来练习数学。另一方面,教材设计与开发、教材本身和教材使用之间的关系需要进一步的研究。在开发过程中,编辑和作者设计教材时会考虑到今后(可能的)用途、预期的问题和受到阻碍的案例(Macgilchrist,2012b)。然而,一些研究人员认为,教材的开发人员没有认识到,教材必须由教师在课堂上实施(Ball & Cohen,1996;Weinberg & Wiesner,2011)。因此,"教材教学法"这样一个概念就被创造出来(Horsley & Walker,2005),以确定如何有效地使用教材,以及如何设计教材来允许这种使用。

3. 数字媒介与教材。最后,传统教材在当前是如何使用的,以及将如何在数字时代使用,还需要进一步的研究。如今,教材开始逐渐面对自称同样代表知识的数字媒介,比如在线视频(Bernhardt & Friedburg,2014)、在线百科全书、学习软件,以及教材的数字对等物——数字教材(Macgilchrist,2012a)。在课程内容数字化和课堂数字媒介大量使用的背景之下,传统教材的未来地位尚不明确,并针对这一人工制品的确定性创造了一个新的"战场"(Waltz,2006:63)。对于教材作为可靠信息来源的权威在多大程度上正面临挑战,初步研究意见不一。霍斯利(Horsley,2002)认为,教师越来越多地使用其他资源来备课和教学,导致学校课程中教材及其结构化内容的相关性降低。相比之下,最近奈特(Knight,2015)报告说,他采访的澳大利亚教师仍然认为教材是一种可靠的教育工具。在他们看来,教材不同于网络上的数字课程材料,它包含一个易于识别的主题顺序和清晰的标记,表明了知识的边界;此外,受访者认为教材提供了可靠的信息。奥黑尔和史密斯(O'Hare & Smith,2012)同样发现,学生仍然更喜欢传统教材,而不是数字教材。尽管数字教材声称具有较强的互动性,但厂商仍然认为他们的用户是被动的接受者(Macgilchrist,2012a)。然而,如果能够利用这些功能使用户可以创建自己的内容,那么数字教材将成为传统教材的真正替代品。

关注教材实践过程中的这些问题,将有助于我们更好地理解课程和文化意义是如何通过教师、学生和教材本身的行为而产生的。

参考文献

Abraham, J. (1989). Teacher Ideology and Sex Roles in Curriculum Texts. *British Journal of Sociology of Education*, 10(1), 33–51.

Ahlrichs, J., Baier, K., Christophe, B., Macgilchrist, F., Mielke, P., & Richtera, R. (2015). Memory Practices. On Reproducing, Destabilizing and Interrupting Majority

Memories. *Journal of Educational Media, Memory, and Society*, 7(2), 89–109.

Assmann, J. (1994). Ancient Egypt and the Materiality of the Sign. In H. U. Gumbrecht & K. L. Pfeiffer (Eds.), *Materialities of Communication* (pp. 15–31). Stanford, CA: Stanford University Press.

Attenborough, F. T. (2011). "I don't f***ing care!" Marginalia and the (Textual) Negotiation of an Academic Identity by University Students. *Discourse & Communication*, 5(2), 99–121.

Ball, D. L., & Cohen, D. K. (1996). Reform by the Book: What Is or Might Be the Role of Curriculum Materials in Teacher Learning and Instructional Reform? *Educational Researcher*, 25(9), 6–14.

Barthes, R. (1975). *The Pleasure of the Text*. New York: Hill and Wang.

Bernhardt, M., & Friedburg, C. (2014). "Digital" vs. "Analog"? *Zeitschrift für Geschichtsdidaktik*, 13(1), 117–133.

Bezemer, J., & Kress, G. (2009). Visualizing English: A Social Semiotic History of a School Subject. *Visual Communication*, 8(3), 247–262.

Brown, M. (2009). The Teacher-Tool Relationship: Theorizing the Design and Use of Curriculum Materials. In J. Remillard, B. A. Herbel-Eisenmann, & G. M. Lloyd (Eds.), *Mathematics Teachers at Work: Connecting Curriculum Materials and Classroom Instruction* (pp. 17–36). London: Routledge.

Cronbach, L. J. (1955). The Text in Use. In L. J. Cronbach (Ed.), *Text Materials in Modern Education* (pp. 188–216). Urbana: University of Illinois Press.

Engert, K., & Krey, B. (2013). Das lesende Schreiben und das schreibende Lesen: Zur epistemischen Arbeit an und mit wissenschaftlichen Texten. *Zeitschrift für Soziologie*, 42(5), 366–384.

Fan, L., & Zhu, Y. (2007). Representation of Problem-Solving Procedures: A Comparative Look at China, Singapore, and US Mathematics Textbooks. *Educational Studies in Mathematics*, 66(1), 61–75.

Fenwick, T., & Edwards, R. (2010). *Actor-Network Theory in Education*. London: Routledge.

Freeman, D. J., & Porter, A. C. (1989). Do Textbooks Dictate the Content of

Mathematics Instruction in Elementary Schools? *American Educational Research Journal*, *26*(3), 403–421.

Fuchs, E. (2011). Aktuelle Entwicklungen der schulbuchbezogenen Forschung in Europa. *Bildung und Erziehung*, *64*(1), 7–22.

Fuchs, E., Niehaus, I., & Stoletzki, A. (2014). *Das Schulbuch in der Forschung: Analysen und Empfehlungen für die Bildungspraxis*. Göttingen: Vandenhoeck & Ruprecht.

Gudmundsdottir, S. (1991). Story-Maker, Story-Teller: Narrative Structures in Curriculum. *Journal of Curriculum Studies*, *23*(3), 207–218.

Hall, S. (1996). Encoding/Decoding. In S. Hall, D. Hobson, D. A. Lowe, & P. Willis (Eds.), *Culture, Media, Language* (pp. 128–138). London: Routledge.

Heer, N. (2011). Das Schulbuch als textlinguistischer Analysegegenstand. In M. Foschi Albert, M. Hepp, E. Neuland, & M. Dalmas (Eds.), *Texte unter sprachvergleichender und kulturkontrastiver Perspektive: Wege der akademischen Kooperation mit dem Ziel einer interkulturellen Germanistik* (pp. 471–481). Munich: Iudicium.

Herbel-Eisenmann, B. A. (2007). From Intended Curriculum to Written Curriculum: Examining the "Voice" of a Mathematics Textbook. *Journal for Research in Mathematics Education*, *38*(4), 344–369.

Hintz, K. (2014). "A Better Vision of What Social Studies Can Be": How Elementary Teachers' Philosophies Infuence Their Use of the History Alive! Textbook. *Theory & Research in Social Education*, *42*(1), 96–126.

Hodge, R., & Kress, G. (1988). *Social Semiotics*. Cambridge: Polity.

Horsley, M. (2002). New Studies Conducted by the Teaching Resources and Textbook Research Unit. In J. Mikk, V. Meisalo, H. Kukemik, & M. Horsley (Eds.), *Learning and Educational Media. The 3rd IARTEM Volume* (pp. 11–29). Tartu: Tartu University Press.

Horsley, M., & Walker, R. (2005). Textbook Pedagogy: A Sociocultural Analysis. In M. Horsley, S. V. Knudsen, & S. Selander (Eds.), *Has Past Passed? Textbooks and Educational Media for the 21st Century. The 7th IARTEM Volume* (pp. 47–69). Stockholm: HLS.

Khamsi, K., & Han, C. (2014). The Portrayal of the Japanese Occupation in Singaporean Textbook Narratives. In P. Morris, E. Vickers, & N. Shimazu (Eds.),

Imagining Japan in Post-War East Asia: Identity Politics, Schooling and Popular Culture (pp. 210 – 228). London: Routledge.

Knight, B. A. (2015). Teachers' Use of Textbooks in the Digital Age. *Cogent Education*, 2(1), 1 – 10.

Krämer, S. (2003). Writing, Notational Iconicity, Calculus: On Writing as a Cultural Technique. *Modern Language Notes — German Issue*, 118(3), 518 – 537.

Lambert, D. (1999). Exploring the Use of Textbooks in Key Stage 3 Geography Classrooms: A Small-Scale Study. *The Curriculum Journal*, 10(1), 85 – 105.

Latour, B. (2005). *Reassembling the Social: An Introduction to Actor-Network-Theory.* Oxford: Oxford University Press.

Law, J. (2007). Pinboards and Books: Juxtaposing, Learning and Materiality. In D. W. Kritt & L. Winegar (Eds.), *Education and Technology: Critical Perspectives, Possible Futures* (pp. 125 – 149). Plymouth: Lexington Books.

Lithner, J. (2003). Students' Mathematical Reasoning in University Textbook Exercises. *Educational Studies in Mathematics*, 52(1), 29 – 55.

Lubben, F., Campbell, B., Kasanda, C., Kapenda, H., Gaoseb, N., & Kandjeo-Marenga, U. (2003). Teachers' Use of Textbooks: Practice in Namibian Science Classrooms. *Educational Studies*, 29(2 – 3), 109 – 125.

Macgilchrist, F. (2012a). E-Schulbücher, iPads und, Interpassivität: Refexionen über neue schulische Bildungsmedien und deren Subjektivationspotential. *Bildungsforschung*, 9(1), 180 – 204.

Macgilchrist, F. (2012b). Global Subjects: Exploring Subjectivation Through Ethnography of Media Production. *Pragmatics*, 22(3), 417 – 445.

Matthes, E. (2014). Aktuelle Tendenzen der Schulbuch- bzw. der Bildungsforschung. In D. Wrobel & A. Müller (Eds.), *Bildungsmedien für den Deutschunterricht: Vielfalt — Entwicklungen — Herausforderungen* (pp. 17 – 26). Bad Heilbrunn: Klinkhardt.

Mohn, E., & Amann, K. (2006). *Lernkörper. Kamera-ethnographische Studien zum Schülerjob.* Begleitpublikation zur DVD-Video C 13 032. Tübingen: IWF Wissen und Medien.

Nicol, C. C., & Crespo, S. M. (2006). Learning to Teach with Mathematics

Textbooks: How Preservice Teachers interpret and Use Curriculum Materials. *Educational Studies in Mathematics*, *62*(3), 331–355.

O'Hare, S., & Smith, J. M. (2012). The Customer Is Always Right? Resistance from College Students to E-Books as Textbooks. *Kansas Library Association College and University Libraries Section Proceedings*, *2*(1). https://doi.org/10.4148/culs.v2i0.1615.

Pepin, B., & Haggarty, L. (2001). Mathematics Textbooks and Their Use in English, French and German Classrooms. *Zentralblatt für Didaktik der Mathematik*, *33*(5), 158–175.

Phillips, B. J., & Phillips, F. (2007). Sink or Skim: Textbook Reading Behaviors of Introductory Accounting Students. *Issues in Accounting Education*, *22*(1), 21–44.

Pingel, F. (2009). *UNESCO Guidebook on Textbook Research and Textbook Revision*. Paris: UNESCO.

Reckwitz, A. (2002). Towards a Theory of Social Practices: A Development in Culturalist Theorizing. *European Journal of Social Theory*, *5*(2), 243–263.

Remillard, J. T. (2005). Examining Key Concepts in Research on Teachers' Use of Mathematics Curricula. *Review of Educational Research*, *75*(2), 211–246.

Repoussi, M., & Tutiaux-Guillon, N. (2010). New Trends in History Textbook Research: Issues and Methodologies Toward a School Historiography. *Journal of Educational Media, Memory and, Society*, *2*(1), 154–170.

Rezat, S. (2012). Interactions of Teachers' and Students' Use of Mathematics Textbooks. In G. Gueudet, B. Pepin, & L. Trouche (Eds.), *From Text to "Lived" Resources* (pp. 231–245). New York: Springer.

Rezat, S. (2013). The Textbook-In-Use: Students' Utilization Schemes of Mathematics Textbooks Related to Self-Regulated Practicing. *ZDM*, *45*(5), 659–670.

Rockwell, E. (2006). La lecture scolaire comme pratique culturelle: Concepts pour l'étude de l'usage des manuels. *Education et sociétés*, *17*(1), 29–48.

Sharrock, W., & Ikeya, N. (2000). Instructional Matter: Readable Properties of an Introductory Text in Matrix Algebra. In S. Hester & D. Francis (Eds.), *Local Educational Order: Ethnomethodological Studies of Knowledge in Action* (pp. 271–289). Amsterdam and Philadelphia: John Benjamins Publishing Company.

Sikorová, Z., & Cervenková, I. (2014). Styles of Textbook Use. *The New Educational Review*, *35*(1), 112 – 122.

Sosniak, L. A., & Stodolsky, S. S. (1993). Teachers and Textbooks: Materials Use in Four Fourth-Grade Classrooms. *Elementary School Journal*, *93*(3), 249 – 275.

Sunderland, J., Cowley, M., Abdul Rahim, F., Leontzakou, C., & Shattuck, J. (2001). From Bias "In the Text" to "Teacher Talk Around the Text": An Exploration of Teacher Discourse and Gendered Foreign Language Textbook Texts. *Linguistics and Education*, *11*(3), 251 – 286.

Taylor, M. W. (2013). Replacing the "Teacher-Proof" Curriculum with the "CurriculumProof" Teacher: Toward More Effective Interactions with Mathematics Textbooks. *Journal of Curriculum Studies*, *45*(3), 295 – 321.

Torsti, P. (2007). How to Deal with a Diffcult Past? History Textbooks Supporting Enemy Images in Post-War Bosnia and Herzegovina. *Journal of Curriculum Studies*, *39*(1), 77 – 96.

Van Leeuwen, T. (2006). Towards a Semiotics of Typography. *Information Design Journal*, *14*(2), 139 – 155.

Vom Hau, M. (2009). Unpacking the School: Textbooks, Teachers, and the Construction of Nationhood in Mexico, Argentina, and Peru. *Latin American Research Review*, *44*(3), 127 – 154.

Waltz, S. B. (2006). Nonhumans Unbound: Actor-Network Theory and the Reconsideration of "Things" in Educational Foundations. *Educational Foundations*, *20*(3 – 4), 51 – 68.

Weinberg, A., & Wiesner, E. (2011). Understanding Mathematics Textbooks Through Reader-Oriented Theory. *Educational Studies in Mathematics*, *76*(1), 49 – 63.

第五编

总 结

第 27 章 新方向

作者 / 芭芭拉·克里斯托夫　安娜卡特琳·博克　埃克哈特·福克斯
费利西塔斯·麦吉克里斯　马库斯·奥托　史蒂芬·萨姆勒（Barbara Christophe, Annekatrin Bock, Eckhardt Fuchs, Felicitas Macgilchrist, Marcus Otto, and Steffen Sammler）
译者 / 宾恩林

《手册》各章节清晰描述了教材研究以及与教材相关媒介研究的多样性。该总结性章节的目的是通过综合核心理论、方法和问题来为教材研究领域画一个框架，以强化理论路径，指明未来研究方向。

趋势：概念和理论路径

《手册》勾画了当今教材研究理论发展的重要趋势，其中有三点尤其值得注意。第一，如何理解教材是什么及其对教材分析意味着什么，已成为研究反思的对象，亦是不同水平研究的重要发展趋势。《手册》表明，教材越来越被认为是社会建构的目标、国家内部和国家之间的政策工具、社会冲突的舞台，也是必须在其历史、文化、政策和社会经济背景下才能理解的媒介。作者们强调了教材在不稳定的、模棱两可的主观过程中发挥着重要作用：不同的教材阅读者具有不同的阅读定位、角色和认同情况。教材不再仅是政策意图的简单传导者；相反，教材作为居于竞争性话语交点中的复杂媒介而被分析，同时亦反映和制造了话语霸权。它们不仅是宣传爱国主义的隐性课程载体，更是发起政治、意识形态冲突的场所。它们不再是民族国家的特权领域，而是表达世界文化的媒介。例如，历史教材不再仅仅是一个国家的自画像，它们已成为围绕过去社会意义中社会冲突的角斗场。将优势群体的知识作为教材知识的研究，正被通过冲突、妥协和谈判再现和改变"常识"的研究所补充。总之，教材被视为一种媒介，其中包含各种文本和话语网络产生的多样而脆弱的叙述。

第二个趋势关注教材研究中更加广阔的理论路径。解释学、意识形态批判和刻板印象研究等经典方法在教材研究中占主导地位。社会科学和人文学科的几次转向，例如语言、空间和实践转向以及文化研究的制度化，都为教材研究提供了新机会。例如，《手册》中各具体章节指出的话语理论、符号学、多模态方法、新直觉主义、实践理论和新唯物主义等相关理论的重要性日益提高。

第三，目前的教材研究已有了足够的基础，可以为几个领域的理论辩论做出重要贡献。例如，在记忆研究领域，对教材的分析表明，媒介格式能影响记忆的构建方式。教材研究人员调查了教材、教师和学生是如何记忆过去的特定事件，并在此过程中对记忆实践研究领域的形成做出重大贡献。在话语分析领域中,教材分析强调了在中介化的(不)稳定意义中探索矛盾和非连贯性的重要性。教育媒介的实践理论研究,促进了对知识生产的社会学理解。传记研究也从中获益,因为教师使自己的传记叙事适应主流话语,从而成为教学资源。教师教育的研究也得益于教育媒介使用理论。

这三个方面的发展说明了当代教材研究已成为一个概念丰富的研究领域,在本领域的研究基础上拥有了良好理解,也已经与其他学科进行对话并且在社会科学和文化研究的交叉领域丰富了理论探讨。

趋势:方法

本章前面所概述的理论在方法与分析工具方面逐步精致化、多样化和扩展化。

比较是教材研究的重要方法之一。《手册》各章节说明了这种原本作为社会科学和文化研究的方法,如何通过教材分析得到实质性改进。因为教材具有明显优势——在跨越多种社会、政治和文化的时空中具有相对同质的制度功能,这使研究能够弄清历时性和共时性比较的具体目标。这一教材的特殊结构,在全球逐步形成民族国家并且全球教育系统逐步制度化的过程中承担着相同功能,这使研究人员能够探索可以系统而富有成效地提出哪些特定类型的历时性和共时性问题。

例如,历时性比较主要研究不同时期的教材,涉及三类主要问题:(1)探索权力和政府的变化如何影响教材;(2)研究教育改革是否会引发教材变化,以及以什么方式变化;(3)涉及对长期现象(longue-durée phenomena)的研究,例如,哪些结构与含义是随时间推移仍然保持稳定的。共时性比较主要包括三种主要形式:(1)比较不同国家/地区产生的教材是如何呈现一个特定事件或者现象的,倾向于研究政治因素和文化背景对教材叙事的影响;(2)教材分析着眼于同一国家中不同学校科目如何区别对待一个主题,研究各科目如何塑造叙事;(3)研究如何在一本书中描述两个或多个不同但可比较的事件,例如,第二次世界大战和越南战争的不同描述。

第二个例子是教材研究以内容分析法使经验研究方法精炼化。其他媒介,例如新闻媒体或社交媒体,允许在公共辩论中表达直率而积极的声音。然而,教材被认为是一种"缓慢"而又"无聊"的媒介,它抚平了公众争议的边缘,反映了标准的、编码化的、既定的知识。因此,教材研究不得不开发复杂的内容分析方法,这不仅要涉及字面的显性内容,还要涉及文字下的隐性内容。

教材研究的方法已非常多样化,话语研究作为一种重要方法与内容分析同时出现后该现象尤为明显。内容分析提供了一套成熟的分析工具,而话语分析是一个动态且高度多样化的跨学科领域。教材研究中话语分析的方法和认识论,从语言或多模态到后结构主义或新唯物主义。它们分享同样的假设,即话语不仅能够实现,而且能够构成现实。这些研究反思了权力、霸权和身份认同,旨在将教材中政治、社会和文化关系中的内容情境化。但是,它们对各方面内容以及如何将这些优先事项转化为具体研究设计的关注点不同。

一些研究,例如,批判话语分析或多模态话语分析,探索了语言/视觉形式(如名词化、被动语态或者特写镜头)如何构建主题、对象、关系和地点等;其他研究,特别是后结构主义或者后马克思主义研究传统,则旨在解构霸权关系,探索差距和裂痕、不连贯和矛盾。如《手册》中各章节所述,前一种研究说明了意义如何得以稳定,以及主要排除因素如何因此进一步确立;后者说明了在主导性话语的边缘以及可能正在发生变化的地方,阻力已然显而易见。前者旨在说明如何重建和加强主导性话语;后者旨在说明主导性话语是多么不稳定和脆弱的。在这个意义上看,建构视角的分析倾向于将教材作为主要的社会/政治/文化关系的实例来理解,解构视角的分析倾向于将教材作为争论、谈判和妥协的场所来理解。未来研究的创新潜力可能在于包容教材的双重本质,即同时充当霸权的工具和话语斗争的舞台。

除了使一系列现有的文本分析方法精细化和多样化,教材研究也扩大了它的知识库,其中涵盖了社会科学和文化研究的方法论工具,这些工具超越了教材文本本身,开始研究人们对教材的处理方式。从不同的理论角度来看,教材研究借鉴了学习心理学研究、基于设计的研究、学习分析、媒介效果研究、媒介使用和媒介实践等,并为之做出了贡献。

尤其是实践理论的转向,为把教材理解为实践奠定了基础。这些研究将"媒介"视为技术形式和相关实践与假设的结合体。例如,假设电视作为媒介的"变化"取决于人们是在公共场所一起观看还是在客厅单独观看;随着时间的流逝,它的形态不断变化,从作为一种新的实体出现在客厅中,到通过个人手持设备来观看"电视"的行为。为此,教材研究调查了在不同背景、不同研究焦点下使用教材的实践。在把教材作为文化记忆的制度化对象的研究兴趣中,人们已将教材使用作为记忆实践的一部分来分析。在把教材作为实体的研究兴趣中,人们探索了作为非人类行为者的教材,如何积极参与以前被认为完全由人类行为者才能实施的过程。例如,通过排除、接纳或使知识非政治化等操作,改变世界、建构现实、重现历史和重新确立科目地位等。

随着最近数字技术的发展,(教材研究)方法进一步扩展。这导致了大量(历史和当代)教材数字化,现在能够使用数字人文学科工具对其进行分析。这些工具包括主题建模、文本挖掘和意见挖掘,为大规模文本分析打开了新的(研究)空间,这超出了人工分析的边界。数字技术还导致了新的数字教育媒介设计,包括从交互式数字教材到其他数字课程材料,世界各地的课堂中也随之出现了大量纸质教材。必须采用新方法来调查媒介编制方式的变化情况(例如,出版商决定雇用软件工程师而不是编辑人员)和内容呈现方式(例如,从线性到超链接),以及如何使用它们(例如,当寻找和批准知识的权力从教师转移至学生时)。

以上所概述的趋势已清楚表明,教材研究领域通过与相近学科进行富有成效的互动,紧随这些学科的最新发展,不断发展并磨练方法。它们还表明这种富有成效的互动并不是单向作用的。通过将具体方法应用于教材作为研究对象,也有可能为各学科重新探索和发展潜在的研究方法。

💡 趋势:研究焦点

纵观《手册》,我们发现诸学者基于不同视角具体研究了教材问题并扩展了问题领域,主要呈现如下几个趋势。

第一,《手册》中各章节内容都强调了社会、政治、文化、经济和技术变革所引发的新的研究问题。社会运动和对平等需求的明确表达,将性别、种族、LGBTI 和人权等主题提上议程。诸如 1945 年后经济和文化全球化的深化、日益加深的对种族和宗教差异化共存的感知等历史转折点将上述问题推向前台。纯粹民族国家概念的去合法化、后国家公民身份概念的出现和重视人权成为全球的普遍共识等系列公共规范议题转变,为教材研究提供了新的契机。教与学过程变化、课程或结构转型等教育改革使教材研究面临其他迫切的主题。例如,按照多元视角教学要求或者针对全纳教育需要来设计教材。经济发展,例如教育逐步私有化,致使研究逐步关注教育媒介生产领域的竞争加剧集中,以及国家在教材内容决策上的退让如何影响知识和学生主体性的研究。技术创新引发了媒介开发和使用的问题。当开放教育资源或者其他数字资源使先前普遍不能参与教材开发的人能够开发和传播教育材料,教材开发研究就开始讨论谁的知识最有价值。媒介设计和媒介使用的研究开始探讨"新"媒介形式是否被纳入传统教育目标,或者开辟了新的教育实践。

第二,除了这些新问题之外,本章前面部分提到了理论和方法的转变,人们开始以新方法来研究传统主题。最近的研究不是调查国家和其他集体归属是否构建得"足够"准确、多数(使边缘化行为者发表意见)或具有反思性(符合驯服的民族主义规范,其中包括对国家自身所犯过错的反思),而是聚焦于如何组织构建教材。例如,分析调查将哪些价值观和特征分配给公民,或者探索哪些历史事件与之相关。欧洲的研究不是在调查历史教材是否为欧洲投入足够的空间,而是关注欧洲主题是如何被阐述的,为了形成"欧洲"(共同体)要提及和引用哪些历史时期、事件或者人物。宗教研究不是在询问宗教的表征是否符合其"真实"性,或者对宗教之间接触的叙事在历史角度上是否准确,而是越来越多地探讨如何在教材中理解宗教,教材中宗教与非宗教之间的界限,或研究哪些习惯可归因于虔诚的信仰者。

第三,采用传统方法来分析新主题,这一点出人意料。例如,LGBTI 问题研究主要是通过检查教材中是否有提及相应类别。性别界限是如何建立的,以及这可能对性别规范或二元概念产生何种影响等问题则很少受到关注。

第四，教材在开发与使用过程中日益情境化和特殊化。长期以来，教材研究的指导性假设是，教材位于文化、经济、政策和社会的交叉点。然而，迄今人们几乎不知道哪些参与者采取了主动行动来决定教材中包含和排除的内容。另外，人们对教材开发完成后发生了什么知之甚少：教师和学生如何与教材互动？一个新兴的研究机构已经开始关注这一议题。研究发现，学生更容易理解电子设备上较短的文本和纸质材料上较长的文本；宗教机构的专家建议已经影响了宗教教育书籍的内容；虽然以前被边缘化的知识已在教材中出现，例如南非种族隔离后的非洲主义民族身份认同概念，但课堂上教师几乎不会触及相关主题。

总之，教材研究所涉及的核心问题仍然是如何进行知识建构，尤其是对社会政治现象、历史事件、社会群体或者种族、文化和宗教身份认同，以及地理区域、国家或政权的表征。不过，一个清晰转变已出现，那就是从"表征"是否合适的问题转向了这种现象"如何"构成，以及这对社会生活意味着什么的问题。这一研究焦点也邀请学者研究教材是如何生产、设计、发行、使用和合理地挪用的。

研究不足和未来研究方向

《手册》各章节均提出了研究不足和未来研究的新方向。就理论层面而言，明显并没有单一的"教材理论"，也没有必要发展这种无所不包的理论。相反，几个章节都发现，缺乏反思性是最明显的不足，很少有研究能明确其理论框架和概念。从这个意义上说，如果更多的研究能更明确地反思其理论框架和概念，并概述其对更广泛的理论争鸣的贡献，这会促进教材研究并使相关领域之间相互借鉴。

方法论层面上，研究在若干方面均有不足。对许多学校科目来说，多模态分析是例外而非规则。同样，教材研究将受益于更广泛的混合方法研究。例如，一种明显的趋势是，根据研究主题来选择量化或质性研究：前者主导了关于性别构建的教材研究，探寻哪种性别与哪种类别的语言活动相关；而后者在种族/种族主义表征的研究中占主导地位。

民族志研究也相当罕见。但这种深度观察的研究方法尤其适合话语冲突与话语失稳的研究，不仅适用于教材文本分析，还适用于教材制作、教材编写和教材设计以及教材使用、教材接受和教材吸收等方面研究。更详细地了解这些媒体实践与它们的生产、使用和"推销"背景，有望进一步了解塑造今天年轻人知识和主观性的复杂与交织、物质与媒介、政治与经济的过程。在正规教育中循环流传的"谁的知识"的问题，应当基于历史对如何决定包括哪些内容进行特定说明，即文本如何（话语/多模态地）形成，以及教师和学生如何在特定的历史/现场情境中与这些文本互动。

对教材情境化的进一步研究将从其他相关媒介研究方法中受益，特别是在数字媒介和开放教育资源情境中。这显然需要更多地研究如何将不同类型的媒介整合到课堂实践中，但也涉及如何在出版媒体、社交媒体、在线教育视频、互动应用以及教材等不同媒体中构建相同的（有争议的）主题的比较研究。

教材研究仍有值得重视且研究不足的领域，即跨国比较知识生产的文化背景差异和调查教材日常的知识传递实践及其效果。在这种情况下，系统地调查和比较各种社会背景情境或广泛的利益相关者、教材和知识生产网络等要素将是未来发展的重点。

目前仍很少有研究从历史视角出发。运用长远眼光，研究人员能够探索教材知识的变化及其持续性。系统地关注知识生产的结构和促进与阻碍内容从一种语境向另一语境传递的条件，将加深我们对教材知识如何随时间进行演变的理解。

除了提出理论和方法层面的研究缺陷之外，《手册》在具体章节中还指出了几个亟待解决的焦点问题：从研究主题上看，研究侧重于特定地理区域而忽视其他区域。例如，对来自南欧、南美、中东和亚洲等地区的教材中关于大屠杀的表征缺乏研究。教材中关于战争描述的大多数研究都集中于欧洲国家、美国、日本和以色列等，而美洲中部及拉丁美洲或者非洲几乎没有被提及，当然，该结论主要来自英语文本。对跨国身份认同的分析几乎完全局限于欧洲。世界其他地区，特别是亚洲国家的研究往往更侧重于跨国价值观。对教材中 LGBTI 描述的研究仅限于北半球。后苏联地区（post-Soviet space）明显缺乏针对种族、性别和阶级的研究。然而，在西欧国家教材中同样很少研究社会主义。殖民主义的研究揭示出一种奇怪的地理不对称状态。关注前殖民国家教材的研究聚焦于暴力的使用上，而殖民列强与被殖民主体之间的冲突则是前殖民国家教材研究的主要内容。

到目前为止，除了本书中提到的不足以外，无疑还有许多几乎没有涉及的教材研究问题值得进一步研究。一些例子包含跨领域的问题，如自由、赋权、平等、正义、进步、童年或者现代性问题，这些问题并不会被标记为教材主题，或者难以在教材的索引和词汇表中找到，因为只有在字里行间的阅读中才能发现它们。《手册》的撰稿人无法审查这些主题，因为他们的主要职责是解决已经具体而清晰定义、期望主导研究领域的问题。在此，我们想简要介绍一下这些被我们的系统所排除的潜在研究焦点是如何与社会、政治和文化的辩论对话的。

研究者指出了分析整体性主题以提供有意义的结果的可能性，例如，通过观察现代性和现代化。采用一个历时性、比较性的视角能够提取教材发展的连续性和变化性，不仅体现在直接描述的现代性方面，亦体现在现代化的正规教育方面。例如，通过这个方法就能分析现代性宣称的优越性的后现代相对化特征最初是在哪里以及从哪个时间点开始进入教材的。从历史的角度来审视现代性与"落后"之间不断变化的关系亦具有启发性。同样，跨国比较以及不同科目的教材比较亦富有成效。宗教教育或数学教材所投射的现代性图景，可以与历史或地理教材中的图景进行比较。最后，研究能够检验在哪些现代性和现代化社会建构中教材内容是对时间特定理解的表述，而这些术语并不适用于对变化的描述。

　　另一个与教材所禁止内容不同的主题是童年和青年。相关问题将探讨一系列科目和年龄段的书籍如何建构了童年和青年,当然,也会对不同时间和地点生产的教材进行比较,以检查每个年龄段需要什么样的能力及其缺陷主要来自知识不足还是品格缺陷。

　　总而言之,通过研究理论、研究方法和研究重点的呈现,我们已然很清楚,教材研究已成为一个具有清晰轮廓的独立研究领域。同样,显而易见的是,教材研究与其他社会科学及人文学科的许多相关领域具有极强互动关系。近年来,这些学科为教材研究引入了许多理论、方法和问题,反过来,它们又通过教材研究逐步丰富起来;它们不仅是令人兴奋的经验性发现,而且在理论和方法论层面得到进一步磨炼、分化和精炼。这可能是未来研究最重要的推动力。教材研究不再是一个简单的教育研究领域。它以独特的方式融合了广泛的社会政治相关议题、理论范畴、重点分析对象以及逐步完善的方法,亦持续丰富了正在进行的社会和文化科学的辩论。

索引[1]

译者 / 郑杰

A

Accuracy 准确性, 161, 193, 260, 269, 270
 historical 历史的准确性, 270, 271, 274–276
 scientific 科学的准确性, 144, 145
Action-theoretical approach 行动—理论路径/方法, 77, 358, 376
 See also Communicative action 亦见交流行为
Activity theory 活动理论, 172, 403
Actor-network 行动者网络, 99, 100, 362
 theory 行动者网络理论, 103, 109–110, 172, 404
Agency 机构/能动性, 66, 97, 98, 100, 101, 147, 173, 207, 270, 286, 324, 331, 358, 359, 373
Alterity 他性、他异性, 184, 186, 187, 191, 192, 256
Anti-racism 反种族主义, 228, 229, 332
 critical, reflective 批判性/反思性反种族主义, 228, 234
Antisemitism 反犹太主义, 190
Artefact 人工制品, 91n2, 172, 285, 322, 370, 374–377, 379, 399, 403–406
Augsburger Raster（Augsburg Manual）《奥斯博格手册》, 159, 163, 164
Authenticity 真实性, 100, 216, 254
Author 作者
 disappearance of the 作者的消失, 95
 function 作者的功能, 95–101
Authorship 作者身份, 95–101
Axiology 价值论, 171

B

Belonging 归属感, 193, 202, 220, 331
Bielefelder Raster（Bielefeld Manual）《比勒费尔德手册》, 159
Book/publishing studies 书籍/出版研究, 14, 74, 75, 89, 90, 91n1

C

Capital 资本
 cultural 文化资本, 98, 116, 117
 economic 经济资本, 98, 117
 social 社会资本, 98, 117
 symbolic 符号资本, 98, 117
Cartographic history 地图史, 221
Childhood 童年/孩童时期, 15, 19, 420, 421
Christianity 基督教, 18, 251, 254, 255, 259
Citizenship 公民权利/意识, 199, 202–204, 207, 331, 348, 354, 417
 global 全球公民权利/意识, 195, 202, 203, 207, 348
Class 阶级, 30, 225–235, 402, 420
Classroom setting 课堂环境, 110, 131, 253
Climate change 气候变化, 147, 357, 362
Cognitive affective theory of learning with media 多媒体学习认知情感理论（CATLM）, 387
Cognitive load theory 认知负荷理论, 386, 388, 392

注释1：凡页码后有"n"的，请参见尾注。

Cognitive theory of multimedia learning 多媒体学习认知理论(CTML), 385, 386, 392
Cold War 冷战, 187, 188, 206, 208, 350
Colonial history 殖民历史, 34, 281, 284–287
Colonialism 殖民主义, 170, 206, 228, 229, 281–288, 420
Colonies, former 前殖民地, 21, 79, 106, 226, 282, 284, 286, 288, 420
Colonisation 殖民化, 20, 259, 281–284, 286, 332
Communication design 传播设计, 20, 40, 77, 171, 386, 391
  studies 传播研究, 133–134, 258, 259
Communicative action 交流行为, 133, 336
Comparative analysis 比较分析, 27, 34, 129, 158, 189, 253, 286, 288
Competence 能力, 25, 27, 38, 133, 135, 391
Conceptual history 概念史, 14, 15
Constructivism 建构主义, 150
  social 社会建构主义, 202, 203, 322
Content analysis 内容分析, 32, 63–65, 88, 128, 143–146, 148, 149, 151, 182, 183, 185, 189, 192, 203, 258, 334, 360, 415
Context analysis 情境分析, 128, 234, 419
Controversy 争议, 37, 166, 184, 300, 332, 413–415
Critical
  geopolitics 批判性地缘政治学, 358–361, 363
  multicultural theory 批判性多元文化理论, 329
  political economy 批判性政治经济 (see Political economy, 亦见政治经济)
  race theory 批判性种族理论, 228, 233, 336
  thinking 批判性思维, 40, 84, 401
Cross-border processes 跨境过程, 216, 217
Cultural
  capital 文化资本 (see Capital, 见资本)
  identity 文化认同 (see Identity, 见认同)
  memory 文化记忆 (see Memory, 见记忆)
  politics 文化政治, 103, 108, 116, 121, 413
  practice 文化实践, 107, 108, 369, 403
  resources 文化资源, 115, 116
  studies 文化研究, 26, 34, 57, 60, 63, 65, 169, 172, 203, 228, 336, 400, 414–416
  translation 文化翻译, 217, 221
  turn 文化转向, 216
Curricular media 课程媒介, 120, 122, 123
Curriculum 课程
  core 核心课程, 119, 157, 321
  hidden 隐性课程, 84, 226, 322, 323, 414

D

Data analysis 数据分析, 63, 88, 128, 272, 273, 276, 324, 347, 350–353, 372, 376
Decolonisation 去殖民化, 21, 282, 284, 286, 325n1
  See also Colonialism; Colonisation 亦见殖民主义;殖民化
Deconstruction 解构, deconstructivism 解构主义, 33, 186, 188–192, 416
Democracy 民主, 184, 190, 202, 204
  education 民主教育, 28, 84, 161
Democratisation 民主化, 107, 158, 202
Descriptive textbook research (描述性教材/教材研究), 129
Desecularisation 去世俗化, 251
  See also Secularisation 亦见世俗化
Design 设计
  experiment (*see* Experimental design) 见实验设计
  textbook (*see* Textbook design) 见教材设计
Developing countries 发展中国家, 76, 78, 79, 86–88, 90, 231
Diasporas 流散/离散, 200
Dictatorship 独裁/专政, 108, 190, 203
Didactic(s) 教学的/教学法, 13, 16, 18, 19,

25, 26, 31, 32, 35, 36–40, 43, 74, 135, 142, 150, 160, 161, 190, 191, 221, 253, 275, 321, 336, 372, 391

functions（教导功能），26, 369, 373

triangle（教学三角），130–131

See also Pedagogics 亦见教育学/教学法

Differentiation 差异化/分化，26, 115, 117, 119, 121, 134, 160, 162, 165, 256, 369, 391

Digital 数码的/数字的

age 数码时代，100, 407

humanities 数字人文，66, 261, 416

hypertext 数字超文本，77

market 数码市场，115, 118

media 数字媒体，36, 165, 391, 407, 419

revolution 数字革命，15, 21

textbook 数字/电子教材，37, 85, 165, 173, 174, 370, 372, 373, 385, 389–391, 407, 417

Digitalisation 数字化，14, 57, 67, 76, 85–86, 89, 115, 118, 121–123, 135, 163–165, 372, 407, 416

Digitisation 数码化/数字化，see Digitalisation 见数字化

Disability 残疾/残障，people with disabilities 残疾人，78, 330–332, 337

Disaster education 灾难教育，358, 359, 361, 363

Discourse analysis 话语分析，29, 31, 61, 65, 148, 171, 204, 230, 232, 258, 319, 320, 415

critical 批判性话语分析，148, 150, 230, 231, 233, 320, 360, 416

ethnographic 民族志话语分析，99

Discrimination 歧视，34, 171, 228, 231, 240, 329, 337

Discursive arena 话语竞技场，131

Dissemination 散播/传播/发布，38, 67, 115, 216, 217, 259, 370, 378

Diversity 差异/多样性，32, 34, 86, 199, 202–204, 207, 220, 252, 254, 255, 258, 260, 261, 261n1, 267, 329–338

education 多样化教育，329, 330, 336

representation of 多样性的呈现，330–334

rights 不同的权利，348

E

Economisation 经济化，118, 121, 122

Education(al) governance 教育治理，115, 164

norm 教育规范，119, 122, 157, 160, 164

policy 教育政策，15, 26, 35, 40, 43, 103, 106, 107, 109–111, 115, 118, 120, 123, 134, 158, 164, 166, 217, 220, 221, 252, 286, 287, 330, 333, 334, 337

publishing (houses) 教育出版(社)，17, 18, 40–42, 73, 76, 78–82, 91n3, 97, 106, 108, 118, 119

quality 教育质量（see also Quality education, 亦见质量教育），85, 157, 159

reform 教育改革，20, 28, 119–121, 268, 269, 353, 415, 417

sciences 教育科学，15, 60, 134, 150, 151, 203, 329, 336

system 教育体制/体制/系统，13, 15–18, 32, 39, 66, 103–106, 117, 149, 158, 164, 181, 267, 285, 287, 330, 337, 354, 405, 415

Education for Sustainable Development (ESD) 可持续发展教育，149

e-features 电子资源，160, 163, 391

e-learning 在线学习，73, 76, 78, 80, 390–392

Emotional design 情感设计，387–388

Empathy 同理心，188, 216, 257, 268, 269, 272, 273, 331

Empirical studies 实证研究/经验研究，37–39, 57, 63, 110, 122, 128, 129, 135, 159, 165,

170, 172, 207, 219, 335, 336, 376, 391–393, 415

Empowerment 充权/赋权, 347, 349, 385, 420

Enlightenment 启蒙运动, 15, 17, 19, 166, 251

Environmental 环境的

conflict 环境冲突, 362, 363

discourse 环境话语, 360, 362

education (EE) 环境教育, 147, 149, 357–359, 361, 363

governance 环境治理, 358, 362, 363

migration 环境移民, 362

Epistemology 认识论, 28, 134, 144, 150, 171, 181, 378, 379, 415

Essentialism 本质主义, essentialisation 本质化, 142, 147, 150, 186, 229, 253, 258

e-textbook 电子教材, 37, 372, 407 See also Digital, textbook 亦见数字/电子教材

Ethics 伦理, 127, 252, 253, 255

Ethnicity 种族, ethnicisation 种族化, 186, 187, 190, 220

multi- 多种族, 33, 216, 218, 220, 282

Ethnocentricity 种族优越感, 206

Ethnography 民族志, 43, 99, 108, 119, 128, 135, 143, 204, 377, 378, 419

Ethnomethodological research 民族方法学研究, 404

Etymology 词源学/词源, 14, 16

Eurocentrism 欧洲中心主义/欧洲中心论, 31, 195, 206, 208, 229, 251, 256, 258, 260, 283, 284, 332

Europe 欧洲, 13, 14, 16, 19, 20, 32–34, 41, 105, 182–184, 193–195, 200–202, 204–208, 216, 221, 251, 256, 267, 281, 418, 420

(re)presentation of Europe 对欧洲的表征/描述/呈现, 34, 201, 229

Europeanisation 欧洲化, 32–35

European Union 欧盟（EU）, European unification 欧洲一体化, 194, 199, 201, 205, 207, 216

Exclusion 排除, 32, 115, 121, 184, 187, 190, 225, 260, 283, 329, 337, 360, 416

See also Inclusion 亦见纳入/包容

Experimental design 实验设计, 143, 144, 164

Experimental/quasi-experimental studies 实验/类实验研究, 37, 143, 145, 375, 391

Eye-tracking 视线追踪/眼动追踪, 374, 375

F

Federalism 联邦主义/联邦制, 82, 217, 218, 221n1

Feminism 女权主义, 231, 330

First World War 第一次世界大战，一战, 27, 105, 186, 317

Frame analysis 框架分析, 259

Francoism 法兰西主义, 203

G

Game-based learning 基于游戏的学习, see Learning, game-based

Gender 性别, 29–32, 148, 170, 225–235, 283, 330, 348, 417–420

equality 性别平等, 384, 385

neutrality 性别中立, 234

representation 性别表征/性别意象, 31, 144, 147, 230–234, 243–246, 331, 337, 384, 385, 391, 402

roles 性别角色, 31, 232–234, 384, 402

socialization 性别社会化, 231

stereotypes 性别刻板印象, 31, 384

Genetics 遗传学, 142, 147, 227

Genre 体裁/类别, 62, 78, 84, 90, 91n1, 97, 104, 191

Georg Eckert Institute 格奥尔格·埃克尔特研究所, 14, 65, 182, 185

German-Israeli Textbook Commission 德国—以色列教材委员会, 183

German-Polish Textbook Commission 德国—波兰教材委员会, 183
Gestalt theory 格式塔理论, 39, 385, 386
Global citizenship 全球公民权利/意识, see Citizenship 见公民权利/意识
Globalisation 全球化, 32, 118, 149, 207, 208, 221, 251, 258, 333
  Cultural 文化全球化, 199, 345-354, 417
Grammar of schooling 学校教育法则, 18, 21, 62, 103, 109
Graphic design 平面设计, see Communication, design 见传媒设计

H

Habitus 惯习, 257, 260, 418
Hegemony 霸权, 84, 206, 228, 231, 252, 283, 285, 323, 360, 414-416
Heimat (homeland) 祖国, 218
Hermeneutical approach 解释学派, 376, 403, 414
Heterogeneity 异质性, 141, 151, 162, 329, 330, 378, 417
Hinduism 印度教, 255, 256, 258
Historicity 历史性/史实性, 15, 21, 193
Historiography 历史编纂学, 98, 183, 190-192, 276, 282, 323
Holocaust 大屠杀/大灾难, 190, 220, 267-276, 348, 420
Human 人/人类
  genome project 人类基因组计划, 227
  geography 人文地理, 219
  rights 人权, 64, 109, 184, 193, 199, 202-204, 207, 270, 271, 334, 336, 345-354, 417
    rights education 人权教育, 269, 270, 345-353
    rights violation 侵犯人权, 353
Humanities 人文, 39, 58, 63, 66, 127-135, 200, 216, 414

I

Identification 身份认同/身份证明, 189, 217, 254, 320
Identity 身份/认同
  collective 集体认同, 207
  construction of 身份/认同建构, 33, 201, 208, 215, 220, 221, 254, 255, 359, 406
  cultural 文化认同, 85, 86, 406
  European 欧洲认同, 34, 201, 204-205
  gender, 性别认同 31, 235
  national 国家认同, 32-35, 78, 105, 201, 219, 269, 271, 272, 283, 284, 318, 319, 323, 333, 406, 418
  practices 认同实践, 406
  regional 区域认同, 207, 216, 220, 221
  religious 宗教认同, 34, 418
  supranational 超国家身份/认同, 33, 207
  transnational 跨国身份/认同, 199-209, 420
  tribal 部落认同, 282-284
Ideology 意识形态/观念形态/思想
  class 阶级意识形态, 226
  critique of 对意识形态的批判, 30, 63, 86, 133, 159
  neoliberal 新自由主义的意识形态, 345
  race 种族意识形态, 227
ilz (Interkantonale Lehrmittelzentrale) 国际教材中心, 162, 163
Image analysis 图像分析, 40, 204
Images 图像, imagery 意像, 19, 20, 31, 32, 38-40, 65, 77, 105, 132, 142, 147, 170-172, 184, 186, 187, 190, 193, 194, 201, 203, 204, 227, 229, 230, 233, 251, 253-256, 258, 269, 272, 273, 284, 288, 319, 320, 322-324, 331, 335, 374, 384-387, 391, 392, 404, 421
  See also Visual media 亦见视觉媒体

Image-text relation 图像—文本关系, 386, 387, 392

Immateriality 非实体性, 169, 173
  See also Materiality 亦见实体性／物质性

Immigration 移民, 18, 220, 221, 251, 329, 330, 332, 335–337

Impact research ［关于教材］影响的研究, 29, 35–37, 129

Imperialism 帝国主义, 34, 258

Inclusion 纳入／包容, 32, 115, 184, 187, 190, 203, 225, 269, 283, 329, 337, 346 See also Exclusion 亦见排除

Indigenous peoples 原住民／土著人, 229, 255, 260, 282, 284, 333

Individualisation 个性化, individualism 个人主义, 117, 120, 121, 256, 322, 353

Individual rights 个人权利, 267, 323, 349

Industrial revolution 工业革命, 283

Inequality 不平等, 329, 336
  class 阶级不平等, 233
  gender 性别不平等, 231, 234 (see also Gender equality, 亦见社会性别平等)
  social 社会不平等, 225

Information design 信息设计, see Communication design 见传媒设计

Innovation 创新, 14, 20, 26, 37, 106, 110, 119, 134, 141, 183, 333, 389, 390, 416, 417

Institute for Textbook Research in Duisburg (Institut für Schulbuchforschung) 杜伊斯堡教材研究院, 29

Institute of Textbook Research in Hungary 匈牙利教材研究院, 185

Institutional critique 体制的批判, 311

Institutionalisation 制度化, 15, 16, 103, 104, 109, 110, 185, 345, 352, 414, 415

Integration 整合, 17, 18, 30, 32, 81, 109, 117, 162, 164, 182, 187, 199, 201, 202, 205, 207, 218, 254, 257, 330, 370, 373

Interaction 互动／相互作用, 21, 41, 74, 80, 84, 98, 99, 117, 121, 128, 131, 134, 135, 143, 221, 232, 252, 254, 255, 359, 361, 373, 375, 377, 379, 403, 406, 417

Interactivity 互动性, 391, 407

Intercultural 跨文化的／文化之间的
  competence 跨文化能力, 331, 334
  education 跨文化教育, 252, 253, 257

Interdisciplinarity 交叉学科性, 14, 15, 43, 65, 66, 159, 169, 191, 200, 203, 359, 415

Interface 结合点／界面, 39, 123, 160, 227, 373

International Association of Research on Textbooks and Educational Media 国际教材与教育媒介研究协会, 15

International Institute for Textbook Improvement 国际教材改进研究所, see Georg Eckert Institute 见格奥尔格·埃克尔特研究所

International Society for Historical and Systematic Textbook Research 国际历史与系统教材研究学会, 15

International Standing Conference on the History of Education 国际教育史常设会议, 15

Interreligious textbook research 跨宗教的教材研究, 254

Intersectionality 交叉性, 233, 330, 336, 337

Intertextuality 文本间性, 336, 404

Intervention research 干预研究, 129, 130, 148

Interview 访谈, 373–375

Invisibility 不可见性, 174, 227

Islam 伊斯兰教／伊斯兰教教徒／伊斯兰教国家, 30, 31, 206, 220, 253, 255, 256, 258, 259, 261, 331, 332, 335

J

Judaism 犹太教, 252, 254, 255

K

Knowledge 知识
  canon of 知识规范, 13, 15–19, 21, 42, 96, 260
  construction 知识建构, 383, 386, 391, 418
  cultural 文化知识, 42, 120
  (re)production of 知识的(再)生产, 16, 21, 30, 99, 118, 122, 123, 286
  sociology of 社会学知识, 60, 61
Korean War 朝鲜战争, 318, 319, 324
Korea Textbook Research Foundation 韩国教材研究基金会, 185

L

Language 语言, 13, 14, 16, 20, 31, 36, 38, 62, 76, 97, 108, 127, 128, 144, 146, 148, 150, 159–162, 164, 170–173, 186, 193, 194, 203, 217, 221, 228, 231–234, 252, 267, 272, 273, 288n2, 320, 324, 325n2, 331–335, 348, 353, 370, 383–384, 389, 391, 399, 402, 416
League of Nations 国际联盟, 27, 105, 231
Learning
  culture 学习文化, 131
  game-based 基于游戏的学习, 390–392
  individualized 个性化学习, 36, 121, 162
  multimedia 多媒体学习, 386
  outcome 学习效果, 35–37, 129, 132, 143, 148, 369, 372, 388–391
LGBTI (lesbian, gay, bisexual, transgender, and intersex 的缩写) 同性恋、双性恋、跨性别者和双性人
  rights LGBTI 享有的权利, 417
Linguistics 语言学, 40, 63, 77, 90, 159, 161, 169, 170, 174, 181, 184, 193, 194, 219, 232, 320, 333, 336, 376, 383, 391, 414, 415
Literacy 识字/读写能力, 119, 142, 150, 349, 387
  studies 识字研究, 150
Longitudinal studies 纵向研究, 128, 152, 208, 256, 318

M

Marginalisation 边缘化, 258
Marginalised groups 边缘群体, 106, 192, 331, 348
  See also Minorities 亦见少数群体
Marxist analysis 马克思主义观点分析, 233
Materiality 物质性, 16, 21, 73, 75, 78, 91n1, 169–174, 404
Media 媒介/媒体
  business studies 媒体商业研究, 74, 80, 90
  competence 媒体能力, 25, 120–122, 160
  linguistics 媒介语言学, 77, 90, 170–171
    (see also New media, 亦见新媒体)
  studies 媒介研究, 77, 90, 108, 111, 130, 135
Mediality 媒介性, 73, 91n1, 169–174
Mediation 调和, mediator 调和人/中介, 98, 107, 109, 110, 120, 169–171, 269, 272, 400, 402, 404
Memory 记忆
  cultural 文化记忆, 257, 281, 285, 416
  culture 记忆文化, 34, 216, 218, 220, 285, 288
  national 国家记忆, 285, 288
  studies 记忆研究, 285
Migration 移民, 30, 66, 170, 182–184, 187, 192, 199, 218–221, 260, 281, 331, 332, 335, 336
Minorities 少数群体/族裔, 29–32, 149, 173, 182, 184, 187, 201, 331–333, 335–337, 346, 348
Minority rights 少数群体/族裔权利, 220, 348
Mixed methods studies 混合研究方法的研究,

149, 204, 334, 335, 370, 372, 375, 377, 419

Modernisation 现代化, 20, 42, 258, 261, 362, 420, 421

Modernity 现代性, 199, 420, 421

Multicultural education 多元文化教育, 329, 336
　　See also Diversity, education Multiculturalism 亦见多样性、教育、多元文化主义, 261, 332

Multiethnicity 多元种族, 220, 332

Multilateralism 多边主义, 32

Multi-level analysis 多层次分析, 122, 123, 128

Multilingualism 多语现象, 217

Multimedia learning 多媒体学习, 385, 387, 392

Multimodal analysis 多模态分析, 67, 172, 218, 221, 321, 360, 361

Multimodality 多模态化/多模态性, 77, 169–172, 174

Multiperspectivity 多种观点, 37, 166, 201, 202

Multivocality 多义的, 321

Myth 神话, mythology 神话, 202, 203, 233, 283, 320, 323

N

Narrative 叙事
　　historical 历史叙事, 29, 33, 34, 171, 319, 320
　　master 宏大叙事, 33, 286
　　national 国家叙述, 33, 34, 190, 191, 205, 206, 282, 284, 318, 319, 322, 323

National 国家的, 33
　　autobiography 国家传记, 414
　　history 国家历史, 105, 204, 205, 269, 282
　　identity 国家认同, 193, 194, 199, 204–206
　　　　See also Narrative 亦见叙事

Nationalism 国家主义, 170, 181–195, 219, 273, 319, 323, 418
　　research 关于国家主义的研究, 219

National socialism 纳粹主义/国家社会主义/民族社会主义, 267–276

Nationhood 国家地位, 181–195, 199, 283, 401, 402

Nation-states 民族国家/政权, 21, 182, 184, 185, 189, 195, 200, 206, 215, 216, 219, 220, 283, 359, 414, 415

Naturalisation 归化, 228, 229

Nature 本质/自然, 29, 38, 63, 81, 90, 97, 142–144, 147, 150, 151, 187, 233, 254, 275, 276, 329, 330, 334, 337, 359, 362, 375, 400, 403, 416, 418

Nature of science (NOS) 科学的本质, 141, 142, 144, 150

Neo-colonialism 新殖民主义, 86

Neo-institutionalism 新制度主义, 64, 97, 103, 109

New imperialism 新帝国主义, 229

New materialism 新唯物主义, 172, 414

New media (technologies) 新媒体技术, 21, 39, 75, 98, 120, 121, 417 See also Digital, media 亦见数码媒体

Norm 规范/常态, 31, 109, 159, 228, 333, 390, 402, 417, 418
　　societal 社会规范, 96, 241

Normalisation 规范化, 121, 169, 228, 231

Normativity 规范性, 146, 164, 207, 209

O

Objectivity 客观性/客观事实, 32, 96, 163, 332, 378

Observation 观察, classroom 教室观察, 142, 170, 373, 374, 390, 401, 402

Open educational resources (OER) 开放教育资源, 86, 372, 385, 417, 419

Oral history 口述历史, 66, 283

Organisation for Economic Cooperation and Development (OECD) 经济合作与发展

组织,(简称"经合组织"),107,157

Orientalism 东方主义,230,256,362

Othering 他化/他者化,229,258,284

Otherness, the Other 他者/他性,187,191,282,321,331,336

Ottoman expansion 奥斯曼扩张,319

Outcomes research 结果研究/预后研究,129

P

Palestinian-Israeli conflict 巴以冲突,32,191,318-321,324,325n2,348

Peace education 和平教育,28,161

Pedagogics 教育学/教学法,14,19,20,26,29,39,40,63,104,105,110,121,130-131,134,135,142,158,160-163,166,174,231,269,270,275,276,337,347,348,369,373,391,392,400-402

See also Didactic(s) 亦见教学法

Perception 认知,25,34,62,120,131,133,171,185,186,195,219,228,254,256,257,261,272,285,286,319,370,372,374,378,384,385,391,417

Performance 表现, performativity 表现性,107,110,169,174,234,372,391,400,403

PISA(Programme for International Student Assessment 的缩写)OECD 国际学生评估项目,39,108,147,157,159

Pluralisation 多元化, plurality 多元,33,35,145,242,251,255-260

Political economy 政治经济,84,97,108,115-123

Postcolonial studies 后殖民主义研究,147,281,283,284,286,288,336

Post-humanism 后人文主义,172

Post-modernism 后现代主义,61,62,233,421

Post-socialist societies 后社会主义社会,201,203

Post-structuralism 后结构主义,170,231,234,415,416

Power

of definition 解释的权力,116,134

distribution of 权力的分配,226

and knowledge 权力与知识,103,106,121,389

micro-politics of 权力的微观政治,228

Power(续)

relations 权力关系,98,172,203,228,259,272,282,286,329,330,336

Practice 实践

theory 实践理论/演练论,414,416

turn 实践转向,399,414

Pragmatics 语用学,119,261

Praxeological approach 行为学方法,99,257,259

Professionalisation 职业化,98,119

Psychology 心理学,27,37,39,58,63,133,150,158,252,373,385,392,416

Publishing

houses(see Education(al), publishing (houses))出版社 见教育出版社

studies(see Book/publishing studies)出版研究(见书籍/出版研究)

Pupil 小学生,29,30,35-40,105,107,110,129,132-135,148,171,190,257,273 See also Student(亦见学生)

Q

Qualitative methods 质性研究方法,122,128,229,232,273,360,374

Quality assessment 质量评估,38,158,164-166

Quality education 质量教育,157,164

See also Education(al), quality 亦见教育质量

Quantitative methods 量化研究方法,64,65,122,128,149,163,204,273

R

Race 种族

　　biological 生物宗, 227

　　the myth of 种族的神话, 227

Racism 种族主义, 30, 225, 228–230, 235, 268–271, 331, 332, 335

Rationalisation 理性化/合理化, 120, 121

Readability studies 阅读能力研究, 27

Reading comprehension 阅读理解, 40, 148, 150, 383, 391

Reception 反应/反响/接收/接受, 35, 40, 59, 63, 64, 120, 122, 165, 193, 323, 361, 376, 400, 419

　　research 接受性研究, 35–37

Reconciliation 协调/和谐/调解, 32, 182–185, 194, 195, 200, 227

Regimes 政权/政体/管理体制, 17, 120, 189, 190, 199, 271, 320, 346, 353, 418

Regions 区域/地区, 13, 20, 28, 32, 33, 107, 149, 151, 182, 189, 193, 201, 202, 208, 215–221, 252, 253, 260, 267, 268, 270, 271, 275, 281–283, 333, 348, 350–353, 360, 418, 420

Regulations 规则/规定/章程/法规, 20, 26, 41, 76, 106, 123, 294

　　political 政治法规, 116, 117, 119, 122, 123

　　see also Technology, regulatory 亦见技术监管

Relations

　　bilateral 双边关系, 182

　　international 国际关系, 183–185, 191, 218

Religions 宗教, 17, 110, 162, 184, 193, 219, 251–261, 330, 418

Remediation 补习/辅导, 80

Remembrance 记忆/纪念, 285

Reproduction 再生产/再现/复制

　　cultural 文化再生产, 116, 117, 119, 120, 225

　　economic 经济再生产, 116, 117

　　social 社会再生产, 117, 123, 174

　　theory 再生产理论, 116–117

Resilience 弹性, 359, 362, 363, 363n3

Reutlinger Raster (Reutling Manual)《鲁林格手册》, 159

Rhetorical structure theory (RST) 修辞结构理论, 376

S

Second World War 第二次世界大战（二战）, 27, 64, 106, 183, 184, 200, 207, 218, 267, 282, 318, 346, 350, 353, 415

Secularisation 世俗化, 258

　　See also Desecularisation 亦见去世俗化

Selection 选择, 18

　　of content 内容选择, 18, 30, 99, 130, 162, 164, 257, 275

Self, the 自我, 30, 34

　　construction of 建构自我, 284

Self-perception 自我认知, 241, 272

Semiotics 符号学, 77, 150, 171, 173, 272, 320, 374, 414

　　social 社会符号学, 171, 320, 400

Sexism 性别歧视主义, 225, 231, 234

Sexual equality 性别平等, 30

　　（亦见 Gender equality）

Skills 技能/能力, 36, 115, 129, 131, 143, 145–160, 162, 195, 202, 232, 272, 321, 345, 347, 358, 387, 389, 393

　　（亦见 Competence）

Social

　　changes 社会变迁, 28, 172, 174, 287–288, 296

　　memory (see Memory) movements 社会记忆运动, 28, 215, 225, 234, 417

　　networks 社会网络, 121

　　reproduction 社会再生产, 117, 123, 174

sciences 社会科学, 30, 39, 43, 58, 63-66, 107, 109, 127-135, 141, 147, 151, 163, 172, 192, 200, 204, 216, 226, 230, 233, 234, 258, 287, 335, 338, 349, 350, 357, 361-363, 414-416, 421

Socialisation 社会化, 35, 117, 231

Socialism 社会主义, 34, 170, 417, 420

Sociocultural studies 社会文化研究, 376, 377

Sociological studies 社会学研究, 26, 34, 64, 349

Spaces 空间, 30, 149, 190, 192, 193, 201, 202, 208-209, 216, 229, 251, 273, 284, 322, 324, 325, 359, 415, 418, 420

Spatial turn 空间转向, 216, 414

Standardisation 标准化, 111, 119, 120, 122

Standards 标准, 18

 亦见 Norm

State control, influence 国家管控, 影响, 14, 83, 195

 亦见 Regulation, political; State interventions

State interventions 国家干预, 79, 107

Statistical analysis 统计分析, 128, 163, 188, 203, 299

 see also Data analysis 亦见数据分析

Stereotypes 成见/刻板印象, 32, 34, 105, 184-186, 189, 192, 254, 256, 331, 336, 337, 362, 384, 414

Student 学生, 130, 131, 170-173, 361, 373-376, 400-407, 417-419

 role of 学生的作用/角色, 170, 361, 400, 402-403, 417

 use of textbooks 学生对教材的使用, 383, 403

Subjectification 主体化/主观化/主观化现象, subjectivation 主体化过程, 116, 121, 413

Subjectivity 主体, 110, 121, 191, 231, 378

Sustainable development 可持续发展, 149, 347, 357, 358

Symbols 符号, 193, 194, 252

T

Teacher 教师, 77, 79, 144, 207, 323, 335, 358, 361, 371, 387, 403, 404, 407

 education 教师教育, 13, 83, 104, 105, 135, 389, 414

 interviews with 与教师的访谈, 204, 220, 287, 335, 370, 373, 407

 role of 教师的角色, 21, 35, 36, 39, 84, 104, 108, 131, 132, 324, 334, 335, 370, 373, 400-402, 407, 414, 417

 use of textbooks 教师对教材的使用, 37, 61, 132, 162, 370, 371, 373, 375, 400, 401, 403, 406, 407

Teaching methodology 教学方法论, 130-134, 164, 333

Technology

 concept of 技术的概念, 121

 new (smart) 新技术, 120 see also New media, 亦见新媒体

 regulatory 监管技术, 120

 of the self 自我技术, 121

Territories 领域/领土/地区, 17, 18, 20, 193, 218, 332, 359

Textbook 教材/教科书/课本

 adoption 教材/教科书的采用/选定, 84, 85, 88, 120

 analysis 教材分析, 43, 64, 65, 251-261, 270, 362

 commissions 教材委员会, 183, 184, 188, 215

 control 教材管控, 16-18, 105, 117, 145-147, 372, 375 (see also Regulation, political; State control, 亦见政治规定; 国家管控)

 controversy 教材争议, 184, 413

 definition 教材的定义, 25, 29, 60, 106

 design 教材的设计, 19, 39, 40, 82, 98, 103, 385, 386, 392, 393 (see also Communication, design, 亦见传媒设计)

development (process) 教材的开发过程, 14, 79, 84, 88, 89, 130, 323, 334

distribution 教材的分发, 41, 73, 107

effects 教材的效果, 29, 35, 36, 129, 165, 191, 331, 372, 373, 383–393

financing 教材的资金筹措, 76, 87

knowledge 书本知识, 21, 26, 61, 96, 99, 100, 109, 117, 123, 172, 414, 420

Textbook (教材)

    layout 教材的排版/版面, 160–162, 386 (see also Textbook, design, 亦见教材设计)

    marketing 教材市场营销, 40, 73, 85, 311

    market (segment) 教材市场, 41, 42, 98, 104, 107, 117–119, 134

    practices 教材实践, 59, 75, 100, 170, 172–174, 399–407

    provision 教材的供应, 76, 79, 87, 105, 107

    revision 教材的修订, 14, 27, 28, 32, 33, 41, 57, 59, 60, 64, 65, 182, 183, 187, 215, 337

    selection of 教材的选用, 36–39, 82, 85, 107, 162, 373

    structure 教材的结构, 64, 376, 415

    use 教材的使用, 36, 39, 107, 127, 129, 132, 133, 331, 369–379, 399, 401–403, 416

Transnational approach 跨国主义学派, 32–34, 216

Transnationalism 跨国主义, transnationality 跨国性, 200, 203, 208, 219

Typography 字体排印/版式, 20, 171, 172, 386, 387,

U

United Nations (UN) 联合国, 346, 347, 357

United Nations Educational, Scientific and Cultural Organization (UNESCO) 联合国教科文组织, 27, 28, 31, 183, 185, 190, 231, 317, 346, 384, 385

V

Value(s) 价值, 171, 191, 192, 202, 203, 206, 208, 347

    creation 价值创造, 78, 80, 86, 89, 90, 134

    education 价值教育, 254, 270, 271

    network 价值网络, 74, 79, 81, 82

Video-based observation studies 基于视频的观察研究, 371, 375, 377

Vietnam War 越南战争, 318, 320, 322, 324

Visibility 可见性/可见度, 231

    See also Invisibility 亦见不可见性

Visual 视觉

    communication 视觉传播, 29, 193, 385 (see also Communication, design; Communication, studies 亦见传媒设计;传媒研究

    culture 视觉文化, 67, 150, 360

    history 视觉史, 221, 302

    literacy 视觉素养/视觉能力, 150, 387

    media 视觉媒体, 67

    turn 视觉转向, 203

Visuality 可视性/视觉感, visualization 可视化, 19, 129, 143, 147, 172, 386, 387

W

White dominance 白人占主导地位, whiteness 白人化, 30, 230, 331

World culture 世界文化, 109, 322, 323, 414

    history 世界历史, 34, 201, 206, 233

    religions 世界宗教, 255, 257, 258, 261

World Bank 世界银行, 79, 87, 107, 334

The Palgrave Handbook of Textbook Studies
by Eckhardt Fuchs and Annekatrin Bock
First published in English under the title
The Palgrave Handbook of Textbook Studies
edited by Eckhardt Fuchs and Annekatrin Bock, edition: 1
Copyright © Eckhardt Fuchs and Annekatrin Bock, 2018
This edition has been translated and published under licence from
Springer Nature America, Inc..
Springer Nature America, Inc. takes no responsibility and shall not be made liable for the accuracy of the translation.

Simplified Chinese Translation Copyright © 2022 by East China Normal University Press Ltd.
All rights reserved.

上海市版权局著作权合同登记图字：09-2019-924号